이 책을 향한 찬사

마음 아픈 어른들의 혼란한 삶을 블랙 유머와 진한 감동으로 그려낸 동화.

— 재클린 윌슨(아동문학가, 올해의 영국도서상 수상자)

정신의학에 관한 흥미롭고 가슴 아픈 이야기. 내가 알던 세계가 확장되는 기분이다.

— 캐시 렌첸브링크(저술가, 《내가 글이 된다면》 저자)

재미있지만 냉철하며 예상치 못한 감동을 선사한다.

— 세바스천 폭스(소설가, 《새의 노래》 저자)

미친 듯이 재밌지만 심금을 울린다. 오랜만에 명작을 만났다.

— 헨리 마시(신경외과 의사, 《참 괜찮은 죽음》 저자)

워터하우스는 좋은 의사의 덕목을 갖추고 있다. 결점투성이에 나약하고, 미숙하고 복잡하며, 부서지고도 빛나는 동료 인간들을 향해 진심과 온기를 잃지 않는 것 말이다. 이토록 인간적이고 재치 있고 경이로운 이야기는 세상에 더 널리 알려져야 한다.

— 레이첼 클라크(호스피스 의사, 《아버지의 죽음 앞에서》 저자)

웃음을 터뜨리다가도 감동이 물밀듯이 차오른다.

— 맥스 펨버턴(NHS 정신과 의사, 칼럼니스트)

유쾌하고 신랄하며 가슴을 뭉클하게 한다. 사랑할 수밖에 없는 책.

— 사이먼 웨슬리(킹스 칼리지 런던 정신의학 흠정 교수)

정상과 비정상의 경계에서 분투하는 독특한 인물들에 관한 블랙코미디. 진솔함과 웃음, 슬픔, 희망이 한데 어우러진다.

— 조 브랜드(희극인, 전 정신과 간호사)

현대 정신의학의 민낯을 보여준다.

— 그웬 애즈헤드(법정신의학자)

완전무결하다. 지혜롭고 따뜻하며 재치와 통찰을 건네는 책.

— 필 해먼드(의학전문기자, 전 NHS 내과 의사)

매혹적이고 재미있고 가슴이 먹먹해진다. 부조리한 현실에서도 직업적 헌신을 잃지 않는 인간의 초상을 그려낸다.

— 〈타임스〉

살면서 중요한 무언가를 놓친 기분이 들 때 읽어야 할 책.

— 〈선데이 타임스〉

정신 병동에서 살아가는 의사와 환자들을 향한 러브 레터.

— 〈데일리 메일〉

정신과 의사의 삶을 생생하고 유쾌하고 인간적으로 그려낸다.

— 〈랜싯〉

최고의 회고록. 이 사회에 중대한 변화가 필요하다는 경종을 울린다.

— 〈이브닝 스탠다드〉

환자를 희화화하지 않는, 인간미 있게 웃긴 책. 여전히 우리 곁에는 환자들과 교감하고 서로를 돌보기 위해 최선을 다하는 의료진이 많다는 사실을 따뜻하게 일깨워준다.

— 〈선데이 텔레그래프〉

웃음과 인간애, 통찰이 절묘한 조화를 이룬다.

— 아이 뉴스

어떤 마음은
설명되지 않는다

우울증 걸린 런던 정신과 의사의 마음 소생 일지

어떤 마음은 설명되지 않는다

You Don't Have to Be Mad to Work Here

벤지 워터하우스 지음

김희정 옮김

어크로스

그 사람들, 널 완전 망쳐버리지. 엄마, 아빠 말이야.
일부러 그러는 건 아니지만, 널 망쳐버려.

— 필립 라킨Philip Larkin, 〈이것이 시라면This Be The Verse〉

어머니와 아버지에게 이 책을 바친다.

차례

2부

질병

3부

회복

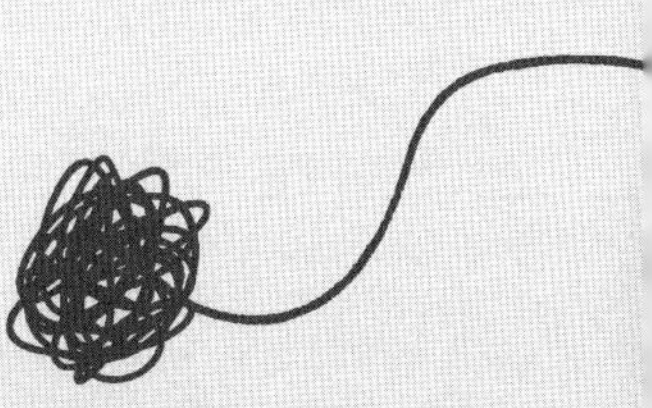

일러두기

- 이 책에 등장하는 인물 이름은 가명이다. 이 외에도 환자, 환자 가족, 동료 들의 신분을 노출시킬 수 있는 정보는 바꿨다.
- 저자주는 기호로 표기해 본문 하단에 달았다. 정보의 출처는 부 단위로 순번을 매겨 책의 미주로 정리했다.
- 도서명은 국내에 번역된 경우 한국어판 제목을 따랐다.

저자의 말

한번은 비행기를 타고 가는데 의료진이 필요한 응급 상황이 벌어졌다는 안내 방송이 나왔다. 의대를 졸업한 후 그런 일이 실제로 벌어진 건 처음이었다. 뽐낼 기회를 놓칠 수 없었다.

"비켜주세요, 제가 의사입니다." 환자를 둘러싼 사람들을 헤치고 나가니 영화 속 영웅이라도 된 듯한 기분이었다.

벌겋게 달아오른 얼굴에 김이 뿌옇게 낀 안경을 쓴 채, 복도에 누워 있는 사람에게 심폐소생술을 실시하던 착한 사마리아인이 내게 물었다. "무슨 과 의사예요?"

생각보다 더 경쟁적인 상황인 게 분명했다.

그래서 정신과 의사라고 말해줬다.

그는 한쪽 눈썹을 치켜올리고는 다시 누워 있는 사람에게로 몸을 돌리면서 중얼거렸다. "흠, 난 응급의학 전문의예요. 내가 심장을 다시 뛰게 만들어놓으면 나중에 이 사람 어린 시절에 대해 이야기를 나누든지 하세요."

이렇게 특수한 상황에서는 우선 맥박을 다시 뛰게 만드는 일부터 시작해야 한다는 건 나도 인정한다. 하지만 그의 태도는 널리 퍼져 있는 세간의 인식을 단적으로 보여주었다. 바로 정신 건강이 신체 건강보다 덜 중요하다는 생각 말이다.

신문, 라디오, 텔레비전, 팟캐스트, 트위터, 틱톡 등의 영향으로 대중들의 의식에 반가운 변화가 일어나긴 했다. 그러나 주로 불안증, 우울증, 강박 장애, 자폐 스펙트럼 장애, 그리고 점점 더 많은 사람이 진단받고 있는 주의력 결핍 과잉 행동 장애ADHD처럼 대중에게 익숙하고 비교적 받아들이기 쉬운 질환들에 초점이 맞춰지는 경향이 있다. 조현병이나 양극성 장애, 인격 장애, 약물 남용 장애와 같이 만성적이고 심각한 질환들은 관심을 덜 받을 뿐 아니라 골치 아프고 꺼림칙하고 두려운 것으로 여겨진다.

이 책은 그런 사람들에 관한 글이다. 찬물에서 수영을 하거나 마음을 돌보면서 색칠 활동을 하는 것으로는 문제가 해결되지 않는 사람들……. 의학계에서 가장 신비롭고 논쟁적인 분야에서 일해온 나의 지난 10년을 완충재를 덧댄 벽에 앉은 파리의 관점에서 설명해보려는 시도다. 또 정신과 환자와 의사, 관행 등을 둘러싼 신화를 깨부수고 싶어 쓴 책이기도 하다(예를 들어, 완충재를 덧댄 벽이 있는 입원실은 존재하지 않는다).

많은 사람이 여전히 우울증은 '화학적 불균형'이 원인이고, 양극성 장애는 창의적 천재를 낳고, 조현병은 '분열된 뇌를 가진' 도끼를 휘두르는 살인자를 만들어낸다고 믿는다.

정신과 의사, 심리학자, 심령술사의 차이를 아는 사람이 얼마나 될까?◆ 텔레비전의 영향으로 사람들은 내가 누군가의 마음을 읽거나(그건 심령술사다), 연쇄 살인마와 대결하거나(그건 법정신의학자의 일이다), 편안한 의자에 반쯤 누운 돈 많은 신경증 환자에게 어머니에 관한 질문을 할(그건 심리 분석가◆◆의 일이다) 것이라 생각한다. 그러나 일반 성인을 대상으로 한 정신과 의사인 나는 대부분의 낮과 꽤 많은 밤을 중증 정신 질환자를 도우며, 혹은 돕기 위해 노력하며 보낸다.

정신 질환이 다리 골절과 다르지 않다는 말을 많이들 한다. 나는 의대에서 6년을 공부한 다음 일반 병동에서 2년 동안 수련을 받았다. 그 기간 동안 응급실, 심지어 간혹 응급실 복도에서까지 수없이 많은 다리 골절 환자를 치료했다.

그런 환자를 치료할 때는 어디가 흔들거리거나 모양이 틀어진 걸 보고 문제를 간파했는데, 뼈가 튀어나와 있어서 진단하기 쉬

◆ 정신과 의사는 정신 질환을 진단하고 치료하는 것을 전문으로 하는 의사로, 약을 처방할 수 있다(그리고 정말 많이들 한다). 심리학자는 인지 행동 치료 등과 같이 말로 하는 치료를 받을 수 있을 정도로 가벼운 문제들이 있는 사람들을 돕는다. 심령술사는 상대방의 마음을 읽고 미래를 예측한다. 재미있는 사실 하나. 영국 일간지 〈더 선〉이 2015년 점성술 코너를 폐지할 때 해당 코너 운영자에게 보낸 해고 통지서는 '물론 이런 내용의 서한을 받을 것이라 이미 내다보고 계셨겠지만……'으로 시작했다고 한다.

◆◆ 고전적인 프로이트의 이미지를 떠올리면 된다. 환자는 꿈과 어린 시절에 대해 이야기하고, 건너편에 카디건 차림으로 다리를 꼬고 앉은 분석가는 환자가 실수로 드러내는 비밀에 귀를 기울인다. 예를 들어, 전혀 상관없는 이야기를 하는 듯하지만 실제로는 그게 어머니를 가리킬 때처럼 말이다.

운 경우도 있었다. 촉진을 해보면 손으로 부러진 데가 만져졌다(환자는 다친 곳에 내가 손을 대는 것이 싫었겠지만). 진단에 자신이 없으면 골수염처럼 뼈 통증을 일으키는 더 심각한 질환일 가능성을 배제하기 위해 혈액검사를 할 수도 있었다. 혹은 엑스레이를 찍어서 상처 부위를 그야말로 흑과 백으로 선명하게 확인하는 방법도 있었다. 효과적인 치료법도 나와 있었다. 정형외과 의사들에게 보내면 나사, 깁스 등으로 뼈를 다시 고정시켜줄 것이고, 환자는 얼마 가지 않아 다시 높이뛰기도 할 수 있을 정도로 회복될 것이었다.

그러나 정신과는 다르다. 망상 장애는 눈으로 확인할 수 없고, 양극성 장애를 촉진으로 진단할 수도 없다. 혈액검사를 해도 우울증을 찾아낼 수 없고, 정신적 붕괴로 인한 날카로운 상처들은 어떤 엑스레이로도 보이지 않는다. 청진기를 환자의 머리에 대고 그가 듣는 환청을 들을 수 있다면 얼마나 좋겠는가.

철학적인 관점에서 볼 때 우리는 '정상'이라고 부르는 것과 '장애'라고 부르는 것을 가르는 선을 어디에 그어야 하는 걸까? 게다가 그 선은 시간과 장소에 따라 자꾸 바뀌는데? 1970년대까지만 해도 동성애는 혐오 요법 등으로 '치료'해야 하는 정신 질환으로 간주되었다. 우리가 규정한 정상이라는 개념의 범주 밖으로 벗어나는 사람들을 어떻게 대하고 치료해야 할까? 누군가 자신이 예수라고 믿고 동네 수영장 물 위를 걸으려고 할 때 그런 문제에 대해 깊이 생각할 여유가 있을까?

문제를 더 복잡하게 만드는 것은, 건강하지 않은 환자가 현실과 단절되면 자기가 건강하지 않다는 사실을 인식하지 못하는 경우가 많아서 치료를 받으려 하지 않는다는 점이다. 적어도 부상을 당해 발이 뒤쪽으로 돌아간 사람은 뭔가 잘못된 것 같다는 눈치는 챈다.

마지막으로 우리의 발목을 잡는 또 하나의 함정은 실용적인 문제다. 통계적으로 네 사람 중 한 사람은 언젠가 한 번쯤은 정신 건강 문제를 겪게 되는데, 영국 전체 질병 부담의 28퍼센트가 정신 질환인 데 반해, 영국의 공공 의료 시스템인 국민 보건 서비스National Health Service, NHS 재정의 13퍼센트만이 이 질환에 할당된다.[1] 정신 건강 지원에 대한 수요가 늘어나는데도, 정신 질환 치료의 탈시설화와 최근의 긴축재정 때문에 잉글랜드 내 정신의학과 병상 수는 1988년 6만 7000개에서 현재 1만 8000개로 감소했다.[2]

그 결과 급성 정신 질환 병동은 병동 내 소파를 병상으로 만들거나 다용도실, 격리실, 심지어 의사의 진료실에까지 야전침대를 놓고 환자를 받아 한 달 평균 100퍼센트 이상의 가동률을 기록하고 있다. 어떨 때는 가장 가까운 병원을 찾다 찾다 결국 환자를 500킬로미터 떨어진 곳까지 보내서 입원을 시켜야 할 때도 있다. 2019년, '관할 지역 외 입원 시설'로 보내진 정신 질환 환자들이 이동한 총 거리는 지구를 스물두 번은 돌 거리였다.[3] (목발 짚은 환자를 그렇게 멀리 보내는 걸 상상이나 할 수 있겠는가?)

내가 환자를 치료하는 환경은 이런 맥락에서 만들어진다. 우디 앨런 영화에 나오는 차분한 심리 상담실 같은 세상이 아니다.

NHS에서 일하는 사람들은 블랙 유머로 이런 도전을 이겨나갈 때가 많다. 나도 가끔 이 책에 블랙 유머를 동원하곤 하는데 독자들이 부디 마음 상하지 않길 빈다. 나는 어려운 주제를 다룰 때 코미디가 유용한 도구가 될 수 있다고 생각한다. 또 신체적 건강과 정신적 건강의 중요성을 동등하게 여기는 분위기를 조성하는 측면에서라도, 응급실을 찾는 사람들 몸의 여러 구멍에 낀 각종 물건을 보고 웃어넘길 수 있다면, 가끔은 우리 마음에 존재하는 어두운 면모들도 인정할 줄 알아야 한다. 타이레놀을 100개 샀지만 그중 한 개를 바닥에 떨어뜨리고는 오염된 약을 먹고 배탈이 날까 봐 99개만 먹고 자살 시도를 한 일화처럼 말이다.

하지만 이 책을 읽는 독자들은 창피할 정도로 자금이 부족하고, 인력은 더 부족하고, 조악한 약물에 의존해 치료를 해야 하며, 거의 쓸 수 없을 정도로 느린 인터넷 로딩 시간보다 더 오래 치료를 기다려야 하는 환자들로 이루어진 풍경 속에서 작은 희망의 씨앗을 발견할 수 있기를 희망한다.

마지막으로 이 책은 나에 관한 이야기, 그리고 정신이 제대로 박힌 사람이 어쩌다 정신과 의사가 되었는지에 관한 이야기다. 이 이야기가 흰 의사 가운 뒤의 사람, 내 경우에는 팔꿈치에 패치를 댄 재킷 뒤의 사람도 인간이라는 사실, 그리고 우리가 건강한 정신 혹은 정신 질환이라고 부르는 것이 의사의 책상을 사이에 두고 깔끔하게 나누어지는 것이 아니라 흐릿하고 구불거리는 선을 경계로 하고 있다는 사실을 모두에게 상기시켜줄 수 있길 바란다.

프롤로그

새벽 4시. 탕비실의 전기 주전자에서 물이 끓는다. 카페인 효과를 배가하기 위해 머그잔에 홍차 티백 두 개를 넣고 끓는 물을 부은 다음, '안젤라 거'라고 쓰인 우유병 뚜껑을 열어 우유를 왕창 들이붓는다. 이 시간에는 나 말고 다른 사람은 없으니 들킬 염려는 없다.

나는 낡아빠진 관공서 전용 카펫이 깔린 꼭대기 층 복도를 따라 텅 빈 진료실들을 지나치며 터벅터벅 걷는다. 수련의인 내 사무실은 창문도 없는 코딱지만 한 방이다. 다른 데서는 벽장이라고 부를 만한 공간이다. 그 벽장을 내 것으로 만들어보겠다는 생각으로 책상에 화분을 가져다 뒀다. 생명의 상징으로. 사막 생명의 대표 주자인 선인장이었는데, 최소한의 자원으로 살아간다는 점이 NHS에 딱 맞는 은유이기도 하다. 우리 팀의 비서이자 정원 가꾸기에 일가견이 있는 셰릴은 자연광이 필요하다며 내 선인장을 자꾸 복도로 내놓는다. 하지만 일주일에 닷새를 이 벽장에서 보내는 나에게는 아무도 신경을 쓰지 않는 듯하다.

손에 든 머그잔에서 전해지는 따스함이 작은 위안이 된다. 차를 후루룩 조금 마시고 의자에 털썩 몸을 던진다. 교대 근무가 시작된 후 처음으로 의자에 엉덩이를 붙인다. 일곱 시간 일했고, 앞으로 여섯 시간 남았다. 이미 환자 여덟 명을 만나서 그중 다섯 명을 강제 입원 시켰고, 기록은 정확히 한 글자도 하지 않았다.

환청이 들리는 것을 멈추겠다고 외과의에게 귀를 잘라줄 수 있는지 물으러 응급실을 찾아온 남자가 있었고, 거식증이라고도 하는 신경성 식욕부진증을 앓고 있는 딸이 계속 먹기를 거부하자 걱정에 휩싸인 부모가 데리고 온 소녀도 있었다. 외상 후 스트레스 장애PTSD를 앓는 전역 군인은 입안에서 계속 피 맛이 나고 잠을 이룰 수 없다며 병원을 찾았다. 거기에 더해 늘 보는 술주정뱅이, 약물 과다 복용자, 자해 환자 등이 줄줄이 이어진 우울하고도 익숙한 근무시간이었다.

지금까지 잠자고 있던 컴퓨터를 부러워하면서 깨운다. 눈을 한 번 비빈 다음 방금 본 환자의 차트를 작성한다. 메스암페타민 중독으로 병원에 온 남자는 응급실에서 주는 샌드위치를 거울 앞에서 먹었다. 거울에 비치는 자기 그림자에게도 밥을 먹여야 하기 때문이라고 했다.

날마다 수백 명의 정신과 의사가 런던 동서남북 전역에서 정신이 아픈 사람들을 돌본다. 그러나 밤이 되면 다르다. 영국 수도의 세 자치구에 사는 백만 명이 넘는 인구를 커버하는 우리 관할

구역에서 밤 근무를 하는 의사는 다섯 명뿐이다(정신 질환자의 특징이 딱 하나 있다면 만족스럽고 긴 숙면 아니겠는가).

당직팀에는 우리 관할구역 내 정신병원 세 곳에 한 명씩 상주하는 수련의 셋, 그리고 레지스트라라고 부르는 조금 더 경험 있는 수련의가 있다. 그게 바로 나다. 나는 각 병원의 수련의들에게 전화로 조언을 하는 동시에 자전거로 런던의 밤거리를 돌면서 정신과 응급 사례들을 직접 리뷰하는 일을 한다.◆

종합병원에서도 정신과 병동은 항상 분리되어 있다. 마치 몸과 마음이 연결되어 있지 않기라도 한 것처럼 말이다. 많은 경우 병원 '본동'에서 길을 건너야 완곡어법으로 '다른 병동'이라고 부르는 곳에 갈 수 있다.◆◆

◆ 수련의는 아직 전문의가 되지 못한 의사들을 총칭하는 혼란스러운 용어다. 모든 의사는 의대에서 5~6년 공부를 한다. 그런 다음 F1, F2라고 부르는 과정을 각 1년씩 거치면서 기초적이고 전반적인 훈련을 더 받는다. 그다음에 과별로 정해진 기간 동안 전문의 수련 과정을 밟는다. 가정의학과는 3년, 정신과와 응급의학과는 6년, 소아과는 8년이다. 소아과 수련 과정이 특히 긴 까닭은 커다란 주삿바늘이 아프지 않다고 아이들을 설득시키는 데 몇 년을 낭비해야 하기 때문일지도 모르겠다. 이 모든 과정을 거친 후에야 '수련의' 딱지를 뗄 수 있다.

◆◆ 일반 병동에서 잠시 일할 때 내가 돌보던 환자 중 몸이 쇠약해진 나이 든 여성 환자가 한 명 있었다. 그녀의 헌신적인 남편은 날마다 병문안을 왔다. 어느 날 병원에 도착한 남편에게 누군가가 그의 아내가 '위로 올라갔다'고 말했다. 그는 의료팀 전원에게 지금까지 최선을 다해줘서 고맙다고 인사한 다음 집으로 돌아갔다. 며칠 후 아내의 죽음을 슬퍼하고 있던 그는 전화를 받고 깜짝 놀랐다. 노인병 전문 병동의 맨 꼭대기 층으로 옮긴 아내가 왜 병문안을 오지 않느냐고 물었기 때문이다.

정신과 전문 간호사와 사회복지사들도 응급실, 가정의 야간 진료 시설, 경찰서, 일반 병동 등에서 의뢰를 받고 홍수처럼 밀려드는 환자들을 보는 것을 돕는다. 그럼에도 해결하지 못하는 문제는 자택에서 언제라도 전화를 받을 수 있도록 대기 중인 전문의의 도움을 받을 수도 있다.

컴퓨터에 몇 단어 입력하기도 전에 무선호출기가 다시 울린다.

"빌어먹을! 제발…… 나 좀…… 내버려…… 둬!" 나는 그 작고 네모난 검은 물건에 대고 사정한다. 사람들이 전화를 받기 전에 내뱉는 말을 상대방이 듣지 못하는 건 참 다행스러운 일이다.

나는 호출기에 뜬 네 자리 숫자를 책상에 놓인 전화기 다이얼에 찍고 마술을 부리듯 다른 사람이 된다.

"여보세요, 정신과 보호 병동입니다. 어떻게 도와드릴까요?"

무뚝뚝한 데다 밤샘 근무로 지친 응급실 수간호사가 진료 의뢰를 한다. "그쪽으로 하나 보낼게요."

외과 의사가 될걸 그랬나. 적어도 이런 말투를 듣진 않을 테니.

"미안한데, 하나요?"

"정신과 환자 말이에요. 그쪽이 정신과 당직 레지스트라 맞죠?"

"네, 맞습니다. 환자 정보를 조금 더 주실 수 있을까요?"

수화기 건너편에서 신경질적인 한숨 소리가 들린다. 발자국 소리, 카트 바퀴가 삐걱거리는 소리, 의료진에게 환자가 아직 살아 있다고 확인시켜주는 삐삐거리는 기계음들을 배경으로 종이 부스럭거리는 소리가 들린다.

"……35세, '자살 다리'에서 뛰어내림." 그녀가 말한다.

수면 부족으로 멍해진 내 머리가 딴 길로 빠진다.

구청은 '자살 다리' 이미지 개선 사업을 해야 하지 않을까? 좀 더 명랑한 이름, 가령 '하지 마 구름 다리'나 '이제 좋아질 거야 고가도로' 같은 게 좋을 텐데.

"워터하우스 선생님?"

"아, 네, 미안합니다." 나는 이 환자는 피할 수도 있겠다는 희망을 엿본다. 그러면 처리해야 할 서류의 양을 조금이라도 줄이고, 어쩌면 이 차를 마실 행운을 누릴 수 있을지도 모른다. "상처 치료를 먼저 받는 게 좋지 않을까요? 환자가…… 살아 있긴 하죠?"

"아, 요령이 좋으시네. 맞아요, 운 좋게 가시덤불에 떨어졌어요. 얕은 자상을 많이 입어서 성형외과에서 꿰맸고, 손목 골절은 정형외과에서 이미 봤고요. 이제 정신과 차례예요."

나는 산더미 같은 서류를 한 번 쳐다본다. 이 환자를 다른 사람의 골칫거리로 넘길 기회가 한 번 더 남았다.

"자살 다리 어느 쪽으로 뛰어내렸나요?"

"네?"

"교회가 보이는 북쪽으로 뛰어내렸나요, 아니면 쇼핑센터가 보이는 남쪽으로 뛰어내렸나요? 그 다리가 두 구역을 나누는 경계거든요. 우리는 북쪽 구역이고요."

"맙소사." 그녀가 신음 소리를 낸다.

나는 이것이 인간 생명에 대한 무신경한 냉정함이 아니라 그저 NHS가 조직된 방식이라고 스스로에게 이른다. 내가 숨 쉴 틈도 없는 마당에 다른 팀 소관인 환자까지 떠맡을 필요가 있을까?

비행기가 추락할 때도 내 산소마스크부터 쓴 다음 다른 사람을 도우라고 하지 않나?

수간호사가 구급차 기록을 확인하느라 서류를 뒤적거리는 사이에 핸드폰을 확인한다. 어머니가 왓츠앱 가족 대화방에 여덟 시간 전에 남겨둔 메시지가 보인다. '할머니가 금방 돌아가실 것 같아.' 그냥 이 한 마디다. 남동생 셋 중 누구도 그 메시지에 별 반응을 보이지 않았다. 슬픈 얼굴 이모티콘조차 올라와 있지 않다. 우리가 할머니를 사랑하지 않아서가 아니라 어머니가 평소 호들갑스러운 경향이 있어서 이런 말을 자주 하기 때문이다.

그다음에 올라온 메시지는 동생 게이브가 몇 시간 뒤에 보낸 짤이다. 축구공이 폭발하는 짧은 영상을 담은 그 짤은 '다들 이거 봤어?' 하는 메시지와 함께 와 있었다. 할머니의 급환에 대한 반응으로 평범하지 않은 건 사실이지만, 모두들 다가오는 할머니의 마지막을 각자 다른 방식으로 준비하고 있을 뿐이라는 생각에 이른다. 그러던 중 오늘 밤 영국팀의 축구 경기가 있다는 사실이 기억난다. 수없이 빠져온 생일 파티, 결혼식, 크리스마스 파티들에 더해 또 한 번 의미 있는 문화생활의 기회를 놓치는 것이다. NHS 직원이라면 피할 수 없는 운명이다.

수화기 저편의 간호사는 아직도 소리 나게 서류를 뒤적이고 있다. 나는 다소 희망적인 마음으로 핸드폰에서 BBC 스포츠 뉴스 페이지를 열어 영국팀이 페널티킥에서 펼친 묘기에 관한 기사를 읽는다.

"구급차 보고서를 찾았어요." 수간호사가 전한다. "환자에게서 술 냄새가 강하게 났고⋯⋯ 죽고 싶다는 말도 했다고 하고⋯⋯ 어제 절친한 친구가 죽었다는데⋯⋯ 아, 여기 있네요. 세인트마틴 교회 주차장에서 반려견 산책을 시키던 사람이 발견했다고 되어 있어요. 여지없이 선생님 담당이네요!"

빌어먹을! 빌어먹을! 빌어먹을!

나는 정신 질환 환자들의 페이스북쯤 되는 전국 규모의 온라인 데이터베이스인 케어노트Carenotes를 연다.

"NHS 번호가 뭡니까?" 나는 불러주는 숫자를 시스템에 입력하고 검색 버튼을 누른 다음 골동품 컴퓨터가 로딩을 하는 동안 차를 한 모금 마신다.

이름이 뜬다. 내가 아는 이름이다.

내 인생이 영화로 만들어진다면, 지금 이 순간, 내가 손에서 떨어뜨린 머그잔이 바닥에 부딪치며 산산조각 나는 광경을 슬로모션으로 보여줘야 할 것이다. 그러고 나서 나는 울부짖고 비명을 지르며 머리카락을 쥐어뜯겠지. 하지만 현실에서 그토록 극적으로 반응할 이유는 전혀 없다. 어느새 나는 극도의 충격, 공포, 슬픔 같은 감정도 전문가답게 로봇처럼 흡수한다. 감정에 너무 많이 동요되지 않는 편이 더 견디기 쉬우니까.

"금방 갈게요." 나는 반사적으로 말한다. 그런 다음 반쯤 마시다 만 수많은 머그잔이 잠들어 있는, 머그잔들의 공동묘지가 된 책상 위에 김이 모락모락 피어오르는 머그잔을 또 하나 둔 채 응급실로 서둘러 간다.

1부

전구증

명사: 질병의 증상이 본격적으로 나타나기 전에 보이는 초기 징후

1

정신과 병동에서의 첫날

"오늘 일정표는 출력하지 않았어요. 우리 트러스트(NHS 내 운영 단위로, 병원을 포함한 의료 법인 – 옮긴이)가 진 빚이 2000만 파운드(한화 약 370억 원)나 되어서 종이값을 아껴야 하거든요." 3년 전 신입 직원 오리엔테이션 행사에 참여한 우리에게 랭 선생이 한 말이다. 나이팅게일 병원의 임상 담당 이사인 그는 키가 크고, 삭발한 머리 스타일에, 몸에 잘 맞는 슈트를 입은 남성으로, 따뜻함이라고는 고드름 정도 느껴지는 사람이었다. "뉴스에서 하는 말이 다 맞아요." 우리 일과표가 그려진 프리젠테이션 화면 앞에선 그가 말을 잇는다. "NHS는 위기 상황입니다. 정신 질환이 유행병처럼 번지고 있는데 전국적으로 병상이 부족합니다. 그래서 빈 병상을 찾는 게 어느 때보다 어렵지요. 사기는 땅에 떨어져 있고, 의사들의 실질 급여도 곤두박질치고 있어요. 하지만 환영합니다."

정신과 병동 근무 첫날 나는 의대 면접 때 착용하라고 부모님이 사주신 행운의 빨강 넥타이를 맸다. 면접에서 암을 '성장 산업'이라고 부르고, 너무 잘 보이고 싶은 나머지 피를 봐도 괜찮냐는 질문에 "체액을 다루며 일하는 게 정말 기다려집니다!"라고 대답했는데 어찌된 일인지 합격했다.

수련의로 일하면서 다른 분과 동료들이 정신과 의사는 '제대로 된 의사'가 아니지 않느냐고 비아냥거려도 모두 무시했다. 한 번은 병원에서 심장마비 환자가 발생했는데 내가 제일 먼저 현장에 도착했고, 운 좋게도 환자를 소생시키는 데 성공했다.◆ 환자가 중환자실로 실려 간 후 주치의가 내 어깨를 다정하게 꽉 쥐면서 말했다. "벤지, 자네가 정신과 전공을 한다니 아쉽군. 좋은 의사 하나 낭비하게 됐네."

심지어 우리 가족들이 하는 말도 무시했다. 페기 할머니는 우리 어머니와 굉장히 좋은 고부 관계를 맺고 있지만, 내가 심리학자까지는 아니더라도 그와 엇비슷한 정신과 의사가 되고 싶다고 하자 고개를 저으며 말했다. "그 말도 안 되는 분야를 어떻게 믿을 생각을 했니? 너네 엄마가 저 모양인데?"

나는 그 어느 것에도 신경 쓰지 않았다. 그리고 이제 정신과 수

◆ 심장마비 발생 현장에 가장 먼저 도착하는 것은 결혼식 피로연의 댄스 무대에 제일 먼저 나서는 것과 비슷하다. 누군가가 시작은 해야 하지만 자기가 하는 것은 피하고 싶은 그런 상황 말이다. 결혼식 피로연 댄스와 또 한 가지 공통점은 어느 시점엔가는 비지스의 노래에 맞춰 "아, 아, 아, 아……" 하고 후렴구를 넣게 된다는 것이다.

련의 과정을 시작하는 동기들과 함께 여기 서 있다. 모두들 자신의 선택이 과연 맞는 것이었는지 생각하고 있을 게 틀림없다.

우리 앞에는 NHS가 요구하는 장장 아홉 시간에 걸친 형식적인 오리엔테이션 과정이 기다리고 있다.

먼저 우리는 신분증에 들어갈 사진을 찍는다. 미니 프린터에서 사진이 출력되고, 플라스틱으로 된 신분증에도 사진이 들어간다. 신분증에는 나이팅게일 트러스트가 보건의료품질평가위원회CQC로부터 '평균' 점수를 받았다는 사실이 자랑스럽게 새겨져 있다. 환자들은 만족스러운 서비스를 받을 거라고 여기며 안심할 것이다.

휴식 시간에 신입들끼리 어울릴 기회가 주어진다. 나는 상류층 분위기가 물씬 나는 비어트리스라는 이름의 금발 여성에게 내 소개를 한다. "벤지?" 그녀가 말한다. "사람한테 붙이기에는 괴상한 이름이네요. 우리 엄마가 예전에 반려견으로 벤지라는 골든리트리버를 키운 적이 있거든요." 우리는 F1, F2를 하면서 겪은 무용담과 어쩌다 의사가 되겠다고 결심했는지 등에 관한 이야기를 나눈다. 나는 하도 많이 반복해서 잘 다듬어진 사연을 암송한다. 창의적인 아동심리학자 어머니, 우리 집을 혼자서 손수 복원한 아버지를 둔 다이아몬드 원석이 노섬벌랜드 시골에서 양들과 뛰놀며 자라다가 모든 역경을 극복하고 의대에 진학한 스토리다. 열네 살 때 가게에서 좀도둑질(뉴캐슬 유나이티드 축구팀 피규어를 가방 가득 넣어서 나오다가 들켰다)을 하다가 잡혀 경찰에게 경고를 받은 후, 할아버지가 돈을 내서 사립학교에 보내줬다는 걸 빼면 역경이다. 그리고 그 사립학교에서 입학시험 전에 보내준 말도 안 되게 어려운 '모의 시험지'를 아버지와 함께 풀어본 것도 빼야 할 것이다. 사무상의 착오로 학교에서 보낸 것이 '모의 시험지'가 아니라 실제 시험지였다는 것도. 시험을 본 후에 나는 아버지에게 이 사실을 학교에 알려야 할지 물었는데, 아버지는 "그러지 말자"라고 했다. 그래서 우리는 아무 말도 하지 않았고, 나는 합격을 했다. 시험 문제를 몽땅 미리 봤는데도 우수반에는 들지 못했다.

우리는 점심 전 마지막 교육을 받기 위해 자리에 앉는다. '폭력과 공격적 행동의 예방 및 관리 훈련'이다. 다른 말로는 '유도'라고도 부른다.

"우리가 배울 동작들은 환자를 상대로 사용해야 할 수도 있는 자기방어 기술입니다. 헐렁한 옷이 제일 적합해요. 한번은 셈 선생한테 들어던지기 기술을 쓰다가 정장 바지가 찢어졌어요. 훈련을 시작하기도 전이었는데 말이죠." 랭 선생이 설명한다.

그가 같은 농담을 매년 반복한다는 데 돈을 걸어도 좋다.

랭 선생은 우리에게 키스를 소개한다. 허튼 수작이 통할 것 같지 않은 중년의 전직 경찰관이다.

우리는 의자를 한쪽으로 쌓아 올리고, 신발을 벗어 던진 채 그를 가운데 두고 반원형으로 둘러선다. 바운시캐슬(공기를 주입해 그 위에서 아이들이 뛰어놀 수 있게 하는 성 모양의 놀이기구 – 옮긴이)에 들어가서 놀려고 기다리는 아이들이 된 것 같은 기분이다. 키스가 내 넥타이를 가리킨다. "목 졸리길 원하면 넥타이를 매세요."

나는 넥타이를 풀어서, 람보처럼 머리에 두르고 싶은 유혹을 물리치고 주머니에 쑤셔 넣는다.

"출입증은 괜찮은가요?" 한 동료가 묻는다.

"그건 목조름 방지 장치가 되어 있어요. 환자가 출입증 목걸이를 잡아채면 목을 내주지 말고 잠금장치 클립을 푸세요." 키스가 태평한 목소리로 대답한다.

키스는 학교에 찾아왔던 허풍이 심한 마약 방지 운동가를 떠올리게 한다. 그 사람은 마리화나 담배 연기만 잘못 맡아도 곧바로 헤로인 과다 복용으로 죽을 것처럼 이야기했었다.

키스는 우리 앞에 서서 근육질의 가슴을 내밀고, 양쪽 겨드랑이에 돌돌 만 카펫을 하나씩 집어넣어놓기라도 한 것처럼 팔을 벌리고 선다.

"작년 한 해 동안 NHS 직원들에 대한 공격이 7만 건 발생했고, 그중 대다수가 정신 병동에서 일어났습니다." 동료들 중 일부가 불편한 기색으로 몸을 움직인다. 아마도 얼마 전까지 비어 있던 방사선과 수련의 자리가 벌써 채워졌을까 궁금해하고 있을 것이다. "이 훈련은 다양한 무술에서 사용되는 기술을 차용해 왔습니다. 오늘 배울 기술은 힘이 약하거나 체격이 좋지 않아도 쓸 수 있어요." 키스는 나를 빤히 쳐다보면서 그렇게 안심시킨다. "가끔은 공격이 가장 좋은 방어이기도 합니다!" 그 말을 강조하기 위해 한쪽 손바닥에 다른 쪽 손날을 격파하듯 내리친다.

나는 그게 공식적인 NHS 정책일까 궁금하다.

그 부분에서 랭 선생이 한쪽 눈썹을 치켜뜨고는 앞으로 한 걸음 나와 분위기를 다시 장악해보려 한다. 하지만 양말 바람으로는 권위를 확보하기가 쉽지 않다. 특히 양말에 요일이 적혀 있고, 수요일인데 월요일 양말을 신고 있을 때는 더욱 그렇다.

"직원에 대한 폭력 사례는 드물다는 사실도 강조하고 싶습니다. 이 훈련은 그저 최악의 사태에 대비하기 위한 것입니다. 물리적으로 환자를 제어하거나 안정제를 주사하는 건 가급적 피하도록 항상 노력해야 합니다. 안정제가 효과를 발휘하려면 최대 30분까지도 걸리거든요." 그가 말한다.

폭력은 그게 문제다. 너무 시간 낭비가 많다.

"환자에게도 그게 더 낫겠죠." 누군가가 큰소리로 말한다.

"그것도 그래요." 랭 선생은 마치 자기는 그런 생각을 한 번도 해본 적이 없다는 듯 대답한다. "폭력 피해를 입은 직원은 육체적으로나 심리적으로나 손상을 입어 병가◆를 낼 것이고 그러면 트러스트에 재정적 부담을 주게 됩니다. 그러니 언제나 쉬운 방법부터 먼저 쓰는 게 좋아요. 차를 권한다든가……."

"하지만." 키스가 이혼 법정에서 싸우는 배우자처럼 끼어든다. "정신 병동 직원을 상대로 가장 흔히 사용하는 무기가 바로 뜨거

◆ 의대생으로 훈련을 받는 초기부터 병가를 내지 말아야 한다는 세뇌를 받는다. 병가를 내면 이미 너무나 많은 일을 하는 동료들의 업무를 더 가중시키기 때문이다. 응급실에서 수련의로 잠깐 일했을 때 한 동료는 복통이 너무 심한데도 계속 일을 하다가 결국 쓰러지고 말았다. 긍정적으로 생각하면, 맹장염이 걸렸는데도 계속 일을 하다 결국 맹장이 파열될 때까지 버틸 거면, 수술실에서 50미터도 채 떨어지지 않은 곳에서 쓰러지는 것도 행운이다. 그는 병상에 누운 채 밀린 서류 처리를 모두 끝냈다.

운 음료입니다. 그러니 입원 환자에게는 절대로 뜨거운 차를 권하지 마세요."

연기가 모락모락 나는 홍차가 눈에 들어가는 장면을 상상하다 깜짝 놀란 우리 표정을 눈치챈 랭 선생이 안심시키기 위해 다시 나선다. "그런 사건은 매우 드물게 일어납니다. 그런 상황을 피하는 것이 가장 좋은 전략이지요. 탈출로를 확보하기 위해 문에 더 가까운 쪽에 앉는다든지 하는 간단한 방법 같은 것 말이에요. 비상벨을 울리면 누군가가 즉시 도우러 달려올 겁니다."

"배터리가 다 닳지 않았다면 말이죠." 파국의 목소리로 키스가 덧붙인다.

"또 적극적인 청취 기술을 사용할 수도 있습니다." 랭 선생은 키스를 완전히 무시하며 말을 잇는다. "주의를 기울이고 공감한다는 느낌을 전달하는 것이죠. 공감을 표현하는 게 중요합니다."

"자, 자." 키스는 본론으로 얼른 넘어가 환자와 격투를 벌이는 연습을 시작하고 싶어 서두른다. "자원자 두 명 나오십시오."

그는 나와 두건을 쓴 나피사라는 동료를 반원 안쪽으로 손짓한 다음 우리에게 자기소개를 시킨다. 나는 프로레슬링 경기 스타일로 "홍코너에는……" 하고 외치고 싶은 충동을 억누르고 좀 더 점잖게 손을 살짝 흔들고 고개를 까닥인다.

"자, 이제, 둘 중 한 분이 공격적인 언어를 사용해보세요. 점잔 뺄 필요 없어요. 그리고 다른 한 분은 상대를 진정시켜보시고요. 시작!" 그가 명령한다.

"먼저 공격할래요, 아니면 내가 먼저 할까요?" 나피사가 친절한 미소를 띠고 묻는다.

"어느 쪽이라도 괜찮아요." 나는 예의 바르게 대답한다.

"이봐, 대머리, 네 머리를 싹둑 잘라서 먹어버리겠어!" 나피사가 으르렁거린다. 그냥 자기가 먼저 공격 역할을 맡겠다는 정무적 판단을 내린 모양이다.

나를 쳐다보는 모든 사람의 눈길이 느껴진다. 일부는 심지어 메모까지 하고 있다.

"음, 우리 잠깐 앉아서 이야기해볼까요?"

"그래, 원한다면 앉아서 네까짓 머리를 단번에 잘라서 먹는 과정을 읊어주지."

나피사가 좀 과하게 연기를 한다는 생각을 지울 수 없다. 나는 억지로 점잖고 어색한 미소를 지어 보인다.

"지금 날 비웃는 거야?" 나피사가 계속 소리친다.

"아니, 아니, 아니에요. 미지근한 차 한잔 드시겠어요?"

"자…… 멈춰요." 몇 분이 지난 후, 랭 선생이 이 언어 유혈극에 종지부를 찍는다. "모두들 이 광경에 대해 어떻게 생각했습니까? 좋은 것부터 이야기해보기로 하지요."

"벤지가 굉장히 차분한 태도를 유지했어요. 상대방이 소리소리 지르는 상황에서도요." 누군가가 말한다.

"나도 그렇게 생각했어요. 벤지, 흥분하거나 폭력적인 사람들을 대해본 경험이 있나요?"

직장에서는 없지요.

나는 고개를 젓는다.

"그 온화한 태도가 병동에서 빛을 발할 겁니다. 또 다른 좋은 것은요?"

체격이 다부진 돔이라는 훈련생이 내가 환자에게 보복으로 주먹을 휘두르지 않은 것이 좋았다고 말한다. 랭 박사가 고개를 끄덕인다. 그는 바보 같은 답이란 존재하지 않는다고 믿는 게 분명하다. 나머지 사람들은 돔을 조심해야겠다고 속으로 다짐하고 있을 것이다.

"자, 그럼 이번에는 좀 더 나아질 여지가 있는 부분에 대해서 이야기해봅시다."

여고 하키팀 주장을 연상시키는, 조용한 치열함이 엿보이는 비어트리스가 메모를 들여다보며 생각을 더듬는다. "벤지가 대머리는 아니죠, 그냥 머리숱이 적은……."

"그렇긴 해도 정수리 부분은 두피가 뚜렷이 보여요. 그냥 머리카락을 세워서 안 보이게 한 거예요." 나피사가 방어적으로 말한다. 모두들 수긍한다는 표정으로 고개를 끄덕인다. 심지어 랭 선생까지도 슬쩍 내 정수리를 쳐다본다.

탈모로 인한 부끄러움보다 더 별로인 것은 내가 아버지를 정말 닮았다는 말을 자주 듣는 일이다. 쇼윈도에 비친 내 모습을 볼 때면 아버지가 나를 쳐다보는 기분이 든다. 머리숱 면에서 아버지를 닮은 거라면 또 어떤 것을 닮았을까?

랭 선생이 나를 백일몽에서 깨운다. "이제 역할을 바꿔봅시다. 이번에는 벤지가 나피사를 공격해보세요. 이번에도 참을 필요 없어요. 시작하세요!"

역할극이 끝난 후 비어트리스는 내가 나피사가 '좀 어리석다'고 반복적으로 말한 게 속 시원하지 않다고 평한다. 돔은 내가 반이슬람주의를 표방했으면 좀 더 격한 반응을 이끌어낼 수 있었을 거라고 말한다. 투 스트라이크, 돔!

키스는 시간이 얼마 없다면서 본론으로 넘어간다.

"자, 먼저 워밍업으로 관절도 움직이고 근육도 좀 풉시다." 키스가 양쪽으로 크게 런지를 하면서 말한다.

"우리가 햄스트링 스트레칭을 하는 동안 환자가 공격을 안 하고 기다려줄까?" 나피사가 내게 속삭인다.

키스는 가장 흔한 형태의 공격을 시범으로 보인다. 주먹으로 치기, 발로 차기, 잡아채기, 조이기와 목조르기 등등을 보여주고, 그런 공격을 모면하거나 방어하는 방법을 가르쳐준다. 그런 다음 우리는 둘씩 짝을 지어 연습을 한다.

"마지막으로 알고 있어야 할 동작이 있어요." 키스가 말한다. "머리카락이 잡히면 어떻게 빠져나와야 할까요? 머리 가죽이 벗겨진 경우도 있고, 계속 끌려다니다가 목이 부러진 일도 있어요. 너무 처참한 사례는 이야기하지 않을게요." 마지막 문장은 사족이었다.

그는 그런 상황에서 빠져나오기는 거의 불가능하니 예방을 하는 게 최선이라고 설명한다. 짧게 치거나 묶은 머리 스타일을 추천하면서 참가자들을 둘러본다. 그러고는 랭 선생과 대머리 전문의 두 명을 가리키며 "좋아요…… 좋아요……" 하고 말한다.

점심시간에 나피사와 나는 병원 구내식당에서 아무도 찾지 않는 샐러드 코너를 지나 튀김 코너 앞의 움직이지 않는 긴 줄 끝에 선다. 언제인지는 모르지만 나피사는 우리가 친구가 될 수 있다고 결론을 내린 듯하다.

"내기 하나 할래?" 그녀가 제안을 한다. "정신과 환자냐 직원이냐 맞춰보는 거야. 분간하기 힘든 경우엔 보너스 1점."

그녀는 구내식당을 둘러본 다음 청사과를 씨와 심지까지 다 먹고 있는, 옷매무새가 단정치 않은 여자를 턱으로 가리킨다. 주머니에 꽂힌 청진기가 보여서 답이 바로 나와버린다.

"직원." 나피사가 말한다.

내 차례. 나는 시선을 돌려 튀김 대기 줄 앞쪽에 서 있는 몸집이 큰 남자를 눈짓으로 가리킨다. 지저분한 옷차림에 출입증도 없고 혼잣말을 중얼거리고 있다.

"환자." 나는 작은 소리로 말한다.

"너무 쉬운 것만 하면 안 돼." 나피사가 말한다.

머리망을 쓴 배식구 직원이 기름이 고인 빈 은색 쟁반 위쪽으로 몸을 내밀며 외친다. "감자튀김 안 받아도 되는 사람 있어요?" 아무도 움직이지 않는다.

갑자기 내 앞에 서 있던 남자가 뒤돌아 나를 보면서 손을 뻗친다. 나는 몸을 움찔하면서 주먹을 꽉 쥐고 방금 연습했던 공격 기피 동작을 할 태세를 갖춘다.

"실례합니다만." 남자가 말한다. 그제야 나는 그가 내 손목시계를 가리키고 있다는 것을 깨닫는다. "몇 시쯤 됐어요? 2시까지는 병동에 가서 약을 먹어야 하는데."

오후에 배운 것은 다음과 같다. 물품 이동 및 취급 규칙, 미끄러짐, 걸려 넘어짐, 낙상을 방지하는 법, 그리고 어떻게 무심결에 에볼라 바이러스를 퍼뜨리지 않을지 배웠다. 손 씻기 테스트도 통과했으니 앞으로 이력서를 작성할 때 이 기술을 제일 크고 중요하게 강조해야겠다. 화재 안전 훈련 시간이 끝날 때쯤 본 시험에서는, 컴퓨터가 스파크가 튀며 춤을 추는 전선을 매단 채 화염에 휩싸여 있을 때 가장 최선의 행동은 '평상시처럼 컴퓨터를 사용한다'가 아니라는 사실을 배웠다.

다음 시간에는 종합의료협의회General Medical Council와 영국의학협회British Medical Association에 회비를 내고, 문제가 있는 다리 말고 멀쩡한 다리를 자르는 실수를 범한 의사들을 위한 의료 면책 보험을 들으라는 조언을 들었다.

휴식 시간에 비어트리스가 자기가 계산해본 결과, 의사 초봉이 시간당 14.09파운드(한화 약 2만 6000원)[1]니 높은 런던의 월세, 각종 회비, 시험료, 3만 파운드(한화 약 5546만 원)의 학자금 융자 상환금 등을 내려면 아주 긴 시간 동안 일해야 할 것이라고 알려준다. 다행이다. 어차피 아주 긴 시간 일을 해야 할 테니까.

일과가 끝난 후 랭 선생은 각자의 내년 근무지를 알려주는 슬라이드를 화면에 띄운다. 나는 내일 아침 글릭이라는 사람에게 출근 보고를 하게 되어 있다.

"마지막으로, 이건 '근무시간 외' 당직표예요." 그는 슬라이드를 넘기며 말한다. 자고, 일하고, 시험공부하는 시간 외의 사회생활은 그 당직표에 달려 있다.

"오늘 밤에 일할 사람에게는 미리 사과합니다. 하지만 누군가는 해야 할 일이니까요."

나는 내가 그 운 없는 사람일 가능성이 높다는 생각에 마음의 준비를 단단히 하지만 정작 걸린 건 돔이다. 흠, 아마 '평등 및 다양성' 시간에 눈을 좀 붙였겠지, 생각하고 만다.

저녁에 어머니가 전화를 한다. 어머니는 중요한 날을 잊은 적이 없다.

"우리 아들, 오늘 어땠니?" 어머니의 목소리는 밝고 차분하며, 와인 한 잔 정도 마신 후 드는 바로 그 편안한 느낌을 준다.

나는 랭 선생과 키스에 관해 이야기한다. 함께 시작한 동료들에 관해서도 이야기하지만 여자 동료들의 이름은 언급하지 않도록 주의한다.

"좋은 사람은 만났니?" 어머니는 아무렇지도 않게 묻는다. '좋은 사람'이란 '손주를 낳아줄 수 있는 사람'을 뜻하는 암호다.

나는 그 말을 무시한다.

"사람들이 네 넥타이는 좋아했어?"

"네, 다들 좋아했어요. 고마워요, 엄마."

"다행이다. 난 오늘 일하다가 죽을 뻔했어." 어머니가 말한다.

어머니 말을 들으면 어머니의 직업이 특수교육이 필요한 어린 아이들을 돕는 심리학자가 아니라 불붙은 건물에 뛰어 들어가는 소방관이라도 되는 것 같다. 하지만 어머니의 의사소통 방식에는 생사가 달린 듯한 극적인 요소가 늘 빠지지 않는다. 어릴 적 잠자리에 든 내게 이불을 덮어줄 때마저 어머니는 "벤지, 네가 살인자라고 해도 엄만 널 사랑해"라고 말했다. 그냥 "사랑해"라고 하지 않고 늘 그렇게 이야기했다. 그래서 아주 어릴 때부터 나는 금방이라도 첫 살해 대상이 내 앞에 나타날 것을 반쯤 기대하며 살았다.

"아버지도 계세요?" 내가 묻는다.

"아니, 헛간에 나가 계셔."

우리 가족은 내가 일곱 살 때 뉴캐슬 도심에서 노섬벌랜드의 시골로 이사했다. 외딴 시골에 가족이 살 집을 짓고 싶다는 아버지의 낭만적인 꿈을 실현하기 위해서였다.

이사는 스트레스 지수가 가장 높은 일 중 하나로 꼽힌다. 토목, 배관, 전기, 건축 자격증 하나 없이 허물어져가는 물레방앗간을 손수 복원하겠다는 계획만 가지고, 중앙난방이나 수돗물, 집 전체를 덮는 지붕 등이 주는 안락함을 포기하지 않더라도 이사는 스트레스가 엄청난 일이다. 하지만 우리 아버지는 일곱 살, 세

살, 두 살, 한 살배기 아들들의 도움을 받을 수 있었으니 그런 작업이 어려우면 얼마나 어려웠겠는가?

30년이 지나고, 나와 동생들이 모두 자라서 집을 떠난 다음에도 아버지는 여전히 집수리를 끝내기 위해 노력하고 있다. 제2차 세계대전이 끝난 지 수십 년이 지난 후까지도 정글 안에 남아 부대를 사수한 일본 병사가 생각난다.

'헛간'은 창고, 작업실, 자재 보관소 등을 겸한 커다란 공간으로 우리 집 터의 가장자리에 있다. 아버지는 그곳을 다양한 연장과 각종 크기의 목재, 창틀, 시멘트 포대, 나사못과 못과 힌지 등이 담긴 수많은 그릇, 그리고 야적장에서 찾은 엉뚱한 물건들로 채워놨다. 아버지는 누군가가 부서진 피아노, 주물로 만든 욕조, 초등학생용 의자 마흔 개가 급히 필요하다고 하면 언제라도 도움을 줄 준비가 되어 있다.

"오늘 네 아빠가 벽 하나를 허물었는데, 이제 생각해보니 벽이 석면으로 꽉 차 있던 것 같다고 하네." 어머니가 덧붙인다.

아버지는 위생 및 안전 기준에 대해 느슨한 태도를 지니고 있다. 아주 어릴 때부터 나랑 동생들은 전동공구와 중장비를 능숙하게 다룰 줄 알았다. 하지만 마스크나 안전 고글, 보호용 헬멧을 쓴 적은 한 번도 없었다. 하지만 괜찮았다. 아버지가 우리 가족의 주치의 역할도 했기 때문이다. 아버지는 병원 심장내과에서 테크니션으로 몇 년 일한 경험이 있어 인체를 두려워하지 않았다. 동생이 나무에서 떨어져 머리가 깨지거나 내가 주머니칼 부상으로 2리터가 넘는 양의 피를 흘렸을 때도 차로 50분 거리에 있는 의료 전문가들을 귀찮게 하지 않고 직접 해결했다. 그리고 기적적으로 우리 모두 죽지 않고 살아 있다.

아버지는 주로 페인트가 묻은 작업복 차림으로 돌아다닐 때가 많지만, 어머니는 단정한 차림을 좋아한다. 휴가를 가서 캐러밴에 묵을 때도 어머니는 다리미판을 가져가 잘 다려진 흰 티셔츠를 입곤 했다. 어머니는 아니라고 하지만 나와 동생들은 어머니가 욕조에서 나오다가 손목 골절을 입었던 때를 기억한다. 늘 쓰는 쪽 손목이었다. 이번에는 아버지도 해결할 수 없는 부상이라 병원에 가자고 했지만, 어머니는 아버지의 손을 빌려 머리를 제대로 손질한 뒤에야 병원으로 향했다.

"하지만 네 이야기를 들으려고 전화한 거잖아."

어머니가 질문을 계속한다.

나는 오늘 받은 오리엔테이션에 대해 어머니에게 이야기한다. 위생 및 안전 기준, 유도, 그리고 어린이 안전 문제나 가정 폭력 등을 알아차리는 요령을 다뤘던 오후 교육에 관해서.

"비극적이야." 어머니가 끼어든다. "완전 비극이지. 지방 관청의 의뢰로 현장에 가보면 그런 일을 너무 자주 보게 돼."

어머니는 뛰어난 아동심리학자다. 어머니에게 고마워하는 부모들과 어린이들에게서 받은 감사 카드로 집 책상 서랍이 넘쳐난다. 어린이의 삶에 자신이 긍정적인 영향을 끼친다는 데서 행복을 느끼는 분이다. 그러나 그 만족감은 오래가지 않아서 어머니는 일중독자가 되었다. 그리고 어머니의 일은 우리 형제들 문제와 더불어 주된 화제의 중심에 놓인다.

어머니의 진단은 관청을 통해 만나는 어린이들에게만 국한되지 않는다. 어떨 때는 아버지에게 '자폐증' 혹은 '자폐 범주성 장애'가 있다고 하기도 하고, 나나 동생들이 어머니 말을 잘 이해하지 못할 때도 아버지와 똑같다는 암시를 준다. 우리 집 거실에 앉아서 텔레비전을 보다가, 경기 후 인터뷰를 하는 테니스 선수 앤디 머레이에게 자폐증 판정을 내린 적도 있다.

"넌 목가적인 아동기를 보냈잖니. 정말 행운이지." 어머니가 말한다. 뭔가를 삼키는 소리와 유리잔이 다시 채워지는 소리가 전화기 저편에서 들린다.

"맞아요, 엄마. 이제 내일 필요한 것 좀 읽다가 잘게요." 내가 공손하게 말한다.

"넌 정말 날 많이 닮았어. 내 직업윤리를 빼다 박았구나. 아빠 이야기는 하지도 말자. 경력이랄 게 없으……."

"엄마……."

"그래그래, 엄마가 너 자랑스러워하는 거 잘 알지?"

내가 의사라는 사실을 어머니보다 더 자랑스러워하는 사람은 없다. 어머니는 사람들과 대화할 때도 가능한 한 놓치지 않고 그 사실을 언급한다.

"우리 아들이 런던에서 정신과 의사로 일하다니!" 어머니가 말을 잇는다. "많은 사람의 삶을 바꿀 수 있을 거야!"

2

고통의 우선순위

다음 날 아침 8시, 나는 고층 콘크리트 건물에 들어가 끝이 안 보이는 잿빛 복도를 한참 걸어서 '수선화 병동'◆이라고 써 있는 강화 금속으로 된 철문에 도착한다.

앞으로 1년 동안 다닐 일터로 들어가기 위해 벨을 누르고 기다리는 동안 라미네이트 코팅이 되어 있는 표지판들을 읽는다. 하나는 금지 품목 리스트다. 마체테 칼이나 다이너마이트는 가져오면 안 된다. 또 다른 표지판은 환자와 방문객들에게 직원을 공격하지 말라고 정중히 요청하는 내용이다. 어제 무려 두 시간이

◆ 현대의 정신 병동에는 밝은 이름이 붙은 경우가 많다. 지방의 유명 인사, 보석, 꽃 이름 등이 애용된다. 디즈니 캐릭터 인물을 쓴 병원도 있다고 들었다. 사슬이나 쥐, 광기 등 정신병원 하면 떠오르는 끔찍한 이미지와 거리를 두기 위함일 것이다. 병동에 좀 더 평범한 이름을 붙이는 것이 나을지도 모른다. 말하는 거울을 가진 여자라든가 자기 카펫이 날아다닌다고 생각하는 남자 같은.

나 훈련을 받은 나한테 누가 감히 공격할 마음이나 먹겠나 싶다.

방탄유리처럼 보이는 조그만 창문을 통해 머리를 땋은 여성이 문 쪽으로 걸어오는 모습이 보인다. 그녀는 안쪽에 설치된 또 하나의 문을 열고 들어와 돌아서서 그 문을 잠근 다음 열쇠를 찾아서 내가 서 있는 문을 연다.

"안녕하세요, 벤저민이라고 합니다. 새로 부임한 의사 중 한 명이에요." 내가 설명한다.

"블레싱입니다. 간호사예요. 만나서 반가워요." 내가 기밀식 이중문 안쪽 공간으로 들어서자 그녀는 문을 잠그고 열고 다시 잠그는 복잡한 절차를 다시 밟는다. "오는 데 문제는 없었어요?" 그녀가 묻는다.

"네, 자전거 타고 왔어요. 그래도 직원 주차장이 넓은 걸 보니 안심이네요. 언젠가 차를 산다면 주차는 쉽겠어요!"

"그만두는 사람이 너무 많아서 그래요. 그래도, 맞는 말씀이에요, 주차는 쉬워요." 그녀가 억지웃음을 지어 보이며 말한다.

블레싱이 마지막 문을 잠그고 딸랑거리는 열쇠 꾸러미를 벨트에 다시 차고 난 후, 나는 그녀를 따라 샐러리색 페인트가 벗겨지기 시작한 복도를 걸어간다. 복도 양쪽에는 입원실로 보이는 방들이 늘어서 있다. 간호조무사가 침실 문에 난 작은 창문 너머로 아직 침대에 누워 있는 사람들을 하나하나 확인한다.

"주의 관찰 중이에요." 블레싱이 그쪽을 가리키며 말한다. "자살 방지 차원에서."

나는 정신 병동에서 스스로 목숨을 끊는 건 쉬운 일이 아니라는 사실을 앞으로 배우게 될 것이다. 병원 측은 입원하는 환자에게서 벨트와 신발 끈을 압수한다. 그리고 어차피 목을 매달 끈 같은 것을 고정시킬 문고리도 없다. 감독하에 면도를 하고, 나이프, 포크 등의 날붙이류는 식사 후 매번 숫자를 센다. 거기에 더해 환자들은 밤낮으로 모니터링된다. 조무사가 방 안을 들여다보고 환자가 움직이는 것을 확인하고 나면 클립보드에 확인했다는 서명을 한다. 공중화장실을 청소한 후 서명하는 것과 비슷한 시스템이다.

블레싱과 내가 다음으로 지나친 공간은 커다란 휴게실이다. 일찍 일어난 사람 몇몇이 벌써 소파에 우두커니 앉아 아크릴 상자 안에 든 텔레비전을 보고 있다. 몸집이 가장 큰 환자가 리모컨을 들고 있고, 시끄러운 음악이 울려 퍼진다.

"여긴 낮에 시간을 보내는 휴게실이에요. 환자들이 텔레비전 시청이랑…… 뭐, 그런 활동을 하는 곳이죠. 병상이 열여덟 개 있고 다양한 상태의 환자가 섞여 있는 병동이에요. 환자는 보통 비슷한 경로로 들어오죠. 글릭 선생은 병원에서 입원 기간을 가장 짧게 유지하는 분이세요. 72시간 내에 퇴원을 시키든, 치료 병동으로 이전하든 하죠." 블레싱이 말한다.

"드라이브스루네요." 내가 말한다.

블레싱은 나를 보면서 눈을 가늘게 뜬다. "아, 농담하는 걸 좋아하는 분이로군요. 아이고, 우리가 운이 좋네." 그녀는 직원 사무실을 가리킨다. 환자들을 항상 관찰할 수 있도록 휴게실 한가운데 커다란 어항처럼 유리 패널들을 붙여놓은 방이다.

"저기서 아침 회의 시간까지 기다리세요. 글릭 선생이 금방 오실 거예요. 전 아침 약을 투약하고 나서 돌아올게요."

나는 직사각형 어항으로 다가가서 노크를 한다. 손가락 관절이 아플 정도로 문을 두드려도 안쪽에 앉아 키보드를 두드리고 있는 평상복 차림의 직원은 노크 소리를 못 들은 척하는 데 아주 뛰어난 재능을 과시한다. 결국 나는 영화에 나오는 경찰처럼 내 출입증을 유리에 갖다 댄다. 청바지에 티셔츠 차림을 한 체격 좋은 간호사가 벌떡 일어나 문을 연다.

"안녕하세요, 벤저민이에요. 새로 온 의사입니다."

"안녕하세요, 선생님. 전 오마르예요. 죄송합니다. 환자인 줄 알았어요."

내가 기다리는 동안에도 그 직원은 끝도 없는 행정 업무에 집중하려 애를 쓰고, 환자들은 각종 요청을 하며 유리를 계속 두드린다. "집에 잠깐 다녀올 수 있을까요?" "아침 식사 한 번 더 해도 돼요?" "왜 의사들이 날 개구리로 변하게 하는 주사를 놓죠?"

9시가 되기 직전에 온통 검은색 옷을 입은 여성이 들어온다. 완벽한 일자로 꼭 다문 입술만큼이나 머리도 완벽하게 뒤로 넘겨 단단히 묶었다. 신발이 번쩍거려서 내 피곤한 얼굴이 비쳐 보일 정도다. "벤이에요?" 그녀가 묻는다.

"네, 벤저민입니다. 벤지라고 부르셔도 되고요." 내가 미소를 지으며 대답한다.

무슨 이유에서인지는 모르지만 나는 항상 벤이라는 이름이 그냥 싫었다. 적어도 정신의학과에서 내 경력을 시작하는 지금, 처음부터 내가 벤이 아니라는 사실은 확실히 하고 넘어갈 수 있게 됐다.

“벤, 사무실에서 기다리고 있었잖아요. 다음에는 더 일찍 출근하세요.” 그녀가 말한다.

그녀가 자기소개를 하지 않기에 그녀의 목에 매달린 NHS 출입증을 살펴본다. 맞다. ‘정신과 전문의 이바 글릭’, 내 상사이자 멘토다. 병원 출입증 사진을 찍는데 미소도 짓지 않는 사람은 도대체 어떤 사람일까?

“자, 시작할까요? 안녕하세요, 블레싱.” 그녀는 블레싱이 환자 약물 투여 차트를 들고 오는 것을 보고 말한다. “아, 그리고 오늘은 병상 관리 매니저도 오셨어요. 안녕하세요, 브라이언.”

갈색 직사각형 뿔테 안경을 쓴 창백한 사람이 공책을 들고 볼펜을 입에 문 채 들어와서 책상 빈 곳에 걸터앉는다.

오마르는 여러 개 중 제일 덜 마른 마커 펜을 들고 화이트보드 옆에 선다. “모두들 안녕하세요? 밤사이 신입 환자가 여섯 명 있었습니다.”

“여섯 명?” 모두 수군거린다.

“네, 웬일인지 모르겠어요. 보름도 아닌데. 먼저 1번 병상 환자는 페이지 브라운입니다.”

“도대체 그 환자는 어떻게 입원을 한 거예요?” 브라이언이 항의하듯 묻는다.

“어젯밤 당직의가 입원시켰겠죠.”

“그 환자 차트에 빨강 펜으로 크게 ‘입원 치료 효과 없음. 입원

시키지 말 것'이라고 써 있는 거 못 봤나?" 브라이언이 말한다.

"어제가 검은 수요일이었다는 거 잊지 마세요." 글릭 선생이 말한다.◆

컴퓨터 옆에 앉아 있던 블레싱이 말한다. "어제 당직의가…… 도미닉 보엔 선생이었네요?"

글릭 선생이 코를 찡그린다. "모르는 사람이네요. 신입인 거 같은데. 이야기를 한번 할게요."

나는 이 악의 없는 실수를 두고 분위기에 맞춰 긴장된 미소를 짓고 있지만 돔이 뭘 잘못한 것인지 이해가 되지 않는다.

글릭 선생이 나를 보더니 차트 몇 장을 손에 쥐여준다. "좋아요, 벤. 도둑을 풀어 도둑을 잡는 전술을 써보죠. 왜 이 동료가 페이지 브라운을 급히 입원시켜야 한다고 판단한 거 같아요?"

내가 서류를 뒤적거리는 동안 사무용 회전의자에 앉은 사람들이 의자를 돌려 나를 쳐다본다. 휘갈겨 쓴 메모와 여기저기 박스에 체크가 된 곳을 훑으며 내려가다 보니 맨 마지막에 '전체적 인상' 부분에 쓴 메모가 보인다.

"아, 간단하네요. 브라운 씨가 자살하겠다고 말해서 급히 입원시킬 필요가 있었나 봅니다." 이건 누가 봐도 명백한 사례라는 확신에 차서 나는 말한다.

◆ 검은 수요일은 모든 수련의가 근무지를 옮기는 날로, 통계적으로 사망률이 상당히 높아진다. 검은 금요일, 즉 블랙 프라이데이하고 혼동하지 않도록 주의해야 한다. 그날은 세일 상품을 사기 위해 사람들이 목숨을 거는 날이다. 그리고 그중 몇몇은 반값 텔레비전을 손에 넣는 데 성공하기도 한다.

그 말에 팀 전체가 웃음을 터뜨린다.

"그럼 난 산타클로스야. 최고로 우수한 수련의가 우리한테 왔네. 그렇죠, 글릭 선생님?" 브라이언이 말한다.

"제일 먼저 알아둬야 할 건 이거예요, 벤. NHS 병상 하나 유지 비용이 얼마인 줄 알아요? 하룻밤에 400파운드(한화 약 74만 원)예요. 리츠 호텔보다 더 비싸죠." 글릭 선생이 말한다.

"리츠 호텔 조식이 좀 더 낫다고는 하더라고요." 브라이언이 거든다. 아직 볼펜을 물고 있는 걸 보고 나는 잠시 그가 볼펜을 삼켜 목이 메는 장면을 상상한다. "그냥 인격 장애예요. 그 여자 '단골'◆인데 병상을 차지하고 안 나가는 걸로 악명이 높죠. 차트 메모에 따르면 그렇다고 하더라고요. 난 아직 직접 알현할 영광은 못 누려봤지만." 브라이언은 그렇게 말하고 글릭 선생에게로 고개를 돌린다. "오늘 중으로 퇴원시킬 수 있죠?"

"최선을 다해볼게요." 그녀가 말한다.

브라이언이 나를 보고 말한다. "벤, 글릭 선생을 멘토로 만나서 행운인 줄 아세요. 최고거든요."

그 말에 글릭 선생이 미소를 짓는 것 같았지만, 판단하기가 쉽

◆ '단골'이라는 이 비아냥거리는 표현은 응급실을 자주 찾는 사람을 가리키는 말이라는 걸 나중에 알게 됐다. 이 사람들을 '약쟁이', '경계성 장애', '시간 낭비'라고 부르기도 한다. 다른 산업의 단골과 다르게 이들은 특별 대우를 받지도 않고, 싸구려 항공사의 비행기에서 소리소리 지르며 울어대는 아기만큼이나 냉대를 받는다. 미국에서는 전산 시스템에서 환자 이름 옆에다 공식적으로 이런 표시를 하는 곳까지 있다고 한다.

지 않다.

브라이언은 자기 노트에 적힌 페이지라는 이름에 X표를 한다. "다음 환자는요?"

"4번 병상에 테리 콜이 입원했습니다."

"테리 콜……." 모두가 한숨을 쉬며 합창을 한다. "어쩌다가 그 사람이 또 입원했지요?"

회의가 끝난 후 글릭 선생이 종이 몇 장을 내게 건넨다. "좋아요, 벤, 내가 말할 테니 받아 적어요." 그녀가 지시한 대로 나는 그녀를 따라 1호실로 공손히 들어간다.

페이지 브라운이 우리 앞에 놓인 침대에 누워 있다. 나는 싸구려 염색약으로 물들인 듯한 밝은 금발을 포니테일로 묶은 그녀의 모습이 너무 어려 보여 깜짝 놀란다. 하지만 바다처럼 푸른 눈은 인생을 여러 번 살아본 사람의 눈이다. 그녀는 어제 정신을 잃은 채 거리에서 발견되었는데 팔에 주삿바늘이 매달려 있고, 동공이 완전히 수축되어 헤로인 과용 의심 환자로 처리됐다. 응급실에서 한 간호사가 차 한잔 마시겠냐고 묻자 그러느니 창문 밖으로 뛰어내려버리겠다고 대답했고, 그 때문에 정신과로 넘겨진 것이다. 전날 밤 돔의 의무는 페이지가 자살 충동이 있는지 아니면 정말로 차를 죽도록 싫어하는지 여부를 판단하는 일이었다. 그는 전자라고 생각했지만, 우리 팀 사람들은 후자라고 생각하는 듯하다.

글릭 선생의 강렬한 시선이 환자에게 꽂힌다. "안녕하세요, 페이지, 정신과 전문의 글릭입니다. 어젯밤에 당직 의사하고도 이야기를 나눴겠지만 처음부터 전부 되짚어볼 필요가 있어서요. 죽고 싶다고 했다고 들었는데, 맞나요?"

"네, 이젠 지긋지긋해요."

"뭐가 지긋지긋해요?"

"삶이요. 내 삶이. 날마다 살아가는 게 고통이에요."

글릭 선생은 그 자리에 미동도 없이 서 있다.

"정말 힘든 것처럼 들리는군요." 나는 의대에서 배운 의사소통 기술을 발휘해 글릭 선생에게 좋은 인상을 남기려고 그렇게 말한다. "좀 더 이야기해주시겠어요?" 그 말에 글릭 선생은 내가 환자를 하우스보트로 운하를 누비는 여행에 초대하기라도 한 것처럼 눈을 크게 뜬다.

페이지가 이야기를 하는 사이에 나는 15분 차에 접어든 내 정신과 의사 경력에서 들은 이야기 중 가장 끔찍한 사연을 바쁘게 받아 적는다. 아버지로부터 엄청난 무관심과 상상할 수 있는 모든 종류의 학대를 받았다는 내용이다. "하지만 상황이 정말, 정말 나빠진 건……."

"거기까지 하죠. 고마워요, 페이지." 글릭 선생은 사탕을 너무 많이 먹은 아이를 달래듯 말한다. "복용 중인 약은 있어요? 알러지는요?"

옛날이야기를 하는 동안 눈물이 고여 페이지의 눈이 흐려져 있다. 억수처럼 흐르기 직전의 눈물이 고통, 환희, 감상 등이 액체 형태로 보관되는 신비한 저수지로 후퇴하고 나자 글릭 선생은 괴물 석상의 눈에서 느껴지는 것과 버금갈 정도의 동정심을 담아 그녀와 눈을 맞춘다.

"어, 아뇨. 그냥 밤에 먹는 메타돈(헤로인 중독 치료에 쓰이는 약물 – 옮긴이)이랑 항우울제, 항정신병 약물하고 멍하게 만들어주는 디아제팜만 먹고 있어요."

아, 탐정이라면 놓치지 않아야 할 단서다. 열린 창문, 떨어진 머리카락에 버금가는 단서 아닌가. "페이지, 왜 멍하게 만들어주는 약을 먹어요?" 내가 묻는다.

"아픈 걸 못 느끼게 해주니까요. 약이 없으면 너무 생생하게 옛날 기억들이 떠올라요." 그녀의 목이 멘다.

"울지 말아요, 페이지." 글릭 선생이 말을 막는다. "건강상 문제는 없어요? 고혈압이나 당뇨 같은."

글릭 선생은 목록을 만들어서 장보기를 하는 사람처럼 무신경하게 질문을 하나하나 짚어나간다. 제일 먼저 과일과 채소, 다음은 빵, 다음은 유제품 순서로 바구니에 담는 사람처럼. 환자는 마트를 뛰어다니며 필요 없는 물건들을 아무렇게나 집어 드는 어린아이처럼 대해야 한다는 생각을 하고 있다는 인상이 강하게 든다.

"머리를 몇 번 세게 부딪힌 적이 있어요. 뇌에 피가 몇 번 났고요. 뼈가 부러진 적도 몇 번 있어요. 어제 갈비뼈 하나가 나간 것 같아요. 이 진통제는 아무 효과가 없네요. 좀 더 강한 걸 줄 수 있어요?"

"마약은 어떤 걸 써요?" 글릭 선생이 묻는다.

"난 마약 같은 거 안 해요."

짓누르는 듯한 침묵이 잠깐 흐르자 페이지가 못 이기겠다는 듯 한숨을 쉰 다음 니코틴으로 물든 손가락을 내려다본다. "그러니까 헤로인 같은 거랑, 크랙 조금, 가끔 코카인도 좀 하고…… 대마초 가진 사람 만나면 그것도 좀 피우는 정도예요. 하지만 메스암페타민은 절대 손 안 대요." 그녀는 넘지 않아야 할 선을 아는 사람의 권위를 보이며 말한다.

"알겠어요." 글릭 선생이 말한다.

페이지는 검게 물든 치아를 드러내며 웃는다. "길에서 만난 약쟁이들이 행복한 집에서 자란 고상한 의사들은 항상 '알겠어요, 알아요, 이해해요'라고 한다고 웃더니만 진짜네. 기분 나쁘게 하려는 건 아니지만 솔직히 말해서 뭘 어떻게 안다는 말이에요?"

"정신과 상담으로 다시 돌아갑시다." 글릭 선생이 말한다. "교도소 수감 경력이 있습니까?"

"말하고 싶지 않아요."

"기록을 보니 아버지를 공격해서 중상해죄로 유죄판결을 받은 적이 있군요."

"아무 일도 없었다는 듯이 거리를 돌아다니는 걸 봤는데 그럼 가만두라고요? 그나저나 갈비뼈 아픈데 약 안 줄 거예요?"

"런던 소재 가정의에 등록되어 있나요?" 글릭 선생이 계속한다. 냉동식품까지 모두 담은 후 계산대로 직진하는 느낌이다.

"진짜 빌어먹겠네!" 페이지가 소리친다. "아, 지겨워. 내 말이 들리기는 하는 건가요? 여기 사람들은 정말 도움이 안 돼. 갈비뼈가 아파서 죽겠다고."

"계속 욕설을 하면 이 면담을 끝낼 수밖에 없습니다." 글릭 선생은 화가 날 정도로 차분하게 말한다.

"걱정 말아요. 그냥 죽어버릴라니까."

"그럴 준비는 됐어요?" 글릭 선생이 맞받아친다. "응급실에서도 늘 그 말을 한다고 여기 적혀 있는데 아직 살아 있네요." 그녀는 학생에게 실망한 선생님처럼 말한다. '좀 더 노력하지 그러니.'

페이지는 다리를 옆으로 돌려 침대에서 뛰어내린다.

"가고 싶으면 가세요." 글릭 선생이 옆으로 비켜주며 말한다. "확실히 하는 게 좋으니까 하나만 더 물어볼게요. 간호사에게 침실 창문으로 뛰어내리겠다고 했다던데 몇 층에 살아요?"

"3층이요." 페이지가 가져온 비닐백들을 챙기며 대답한다.

"아, 그 정도면 됐네요. 잘 가요." 글릭 선생이 말한다.

나는 혼란스럽기 그지없지만 공손한 태도로 체격이 가느다란 글릭 선생을 따라 그녀의 사무실로 들어간다. 돔이 작성한 면담 평가서를 읽어보니 첫인상과 달리 그에게서 환자를 돌보고 싶은 마음을 지닌 좋은 정신과 의사가 될 소질을 엿보았다. 내가 어젯밤 당직이었더라도 다른 방식으로 일을 처리하진 않았을 것이다.

글릭 선생의 사무실에는 화분이나 사진 액자, 그림 같은 것이 하나도 없다. 자살 방지 조치를 거친 입원실만큼이나 텅 비어 있다. 딱 하나 다른 점은 두툼한 컴퓨터 모니터가 있다는 것인데, 그녀는 내게 환자 면담 평가서를 입력하라고 손짓한다.

"진정한 의미의 정신 질환은 없음." 그녀는 내 어깨 너머로 빈 화면에 깜박거리는 커서를 쳐다보며 말한다. "인격 장애와 약물 취득을 위한 행동만 관찰됨. 그에 대한 적절한 약물은 없음."

"음, 이 환자의 충동적 성향을 ADHD의 특징으로 볼 수는 없을까요?" 나는 여전히 좋은 인상을 주려고 애를 써본다.

"그럴 정도로 돈 있는 집이 아니라서 해당 안 돼요. 다른 계층에서 태어나 엄마 아빠가 할리가(진료비를 개인적으로 부담하거나 개인 의료보험에 가입한 환자만 받는 전문의가 밀집한 런던 지역 – 옮긴이)에 찾아가서 좋은 ADHD 약을 사줄 돈이 있었다면 그렇게 진단할 수도 있겠죠. 하지만 우리는 NHS 병원이에요. 돈 나올 곳도 없고요. 그러니 사탕발림할 필요 없어요. 페이지에게는 인격 장애가 있을 뿐이에요."

팩트 폭탄이 빠른 속도로 떨어지고 있다. 정신 질환은 사람을 차별하지 않고 누구나 걸릴 수 있는 병이어서 다리 골절과 다르지 않다고 반복적으로 외던 주문은 아무 의미가 없다. 이제 사회 계층이 진단명에 영향을 끼친다는 사실을 배우고 있으니. 이에 더해 나중에는 성별, 심지어 인종까지도 진단에 영향을 끼친다는 사실을 배울 것이다. 찾아간 곳이 NHS 병원이냐, 비용을 개인이 부담하는 병원이냐에 따라서도 달라진다.

글릭 선생은 뒷짐을 진 채 방 안을 서성거리기 시작한다. "환자가 폭언을 했고, 의학적 조언에 반해 자발적으로 퇴원을 했다고 적는 거 잊지 말아요. 어차피 우리가 해줄 수 있는 일은 없었어요. 치료에 참여하지 않는다, 입원 치료는 약물 및 시설 의존도를 높일 뿐이다, 항상 뛰어내린다는 위협을 해왔지만 실행에 옮긴 적은 한 번도 없다, 그리고 최악의 사태가 벌어진다 해도······ 뭐죠?"

나는 내가 자판을 두드리면서 인상을 쓰고 있었다는 사실을 깨달았다. 포커페이스를 유지하는 연습을 할 필요가 있다.

"몇 층에 산다고 했죠?"

그녀는 크게 한숨을 내쉰다. "벤, 창문으로 뛰어내리겠다고 협박하는 환자가 오늘 중에도 여럿 있을 거예요. 3층 가지고 겁먹을 필요는 없어요." 나는 이 즉흥 수업이 반가워 공책을 펴고 펜을 쥐고 새 페이지에 메모할 준비를 갖춘다.

"벤, 정신과 의사의 가장 큰 의무는 일반 의사와 마찬가지예요. 환자가 죽지 않도록 하는 것."

'환자가 죽지 않도록 하는 것.' 나는 그렇게 적고, 밑줄을 긋는다.

"당직을 서는 중에 환자가 자살 충동을 느낀다고 말하면 어떻게 해야 하죠?"

내가 아는 주제다. 아마 시험에도 나올 게 거의 확실하다. "입원시켜 치료하면서 안전하게 보호해야 합니다." 내가 대답한다.

글릭 선생이 눈살을 찌푸린다. "그런 사람을 전부 입원시킨다고? 마술이라도 부려서 병상을 수천 개 만들어낼 건가 보지?"

컴퓨터를 보니 그녀 메일함에 읽지 않은 메일이 6만 개 정도 있고, 1분에 하나씩 새로 이메일이 들어오는 게 보인다. 새로 오는 이메일 중 '긴급'이라는 단어가 제목에 포함되어 있는 경우가 많다. 그녀의 눈이 받은 메일함에서 내게로 향했다가 다시 받은 메일함으로 향한다. 마치 차가 쌩쌩 달리는 대로를 건너려는 사람 같다.

"자살 가능성이 정말 높은 사람만 입원시켜야 해요." 그녀가 말을 잇는다. "자살하고 싶다는 생각이 사람들의 머리를 스쳐 지나가는 건 흔한 일이에요. 그렇다고 해서 진짜 자살을 할 거라든지 진짜 죽고 싶다든지 하는 건 아니에요."

나는 한편으로 안심이 된다. 나도 가끔 반갑지 않은 생각이 들 때가 있어서 이해가 안 되는 바는 아니다. 절벽 꼭대기에 서 있을 때나 고속 열차가 들어오는 플랫폼에 서 있을 때 머릿속에 울려 퍼지는 내 목소리……. '뛰어내려…… 바로 지금이야!' 하지만 한 번도 정말로 뛰어내리고 싶었던 적은 없다. 그리고 그런 목소리가 들리는 게 병이 아니고 정상이라니 안심이다.

"바로 자살하지 않을 거면 집으로 보내고 위기관리팀에 넘기면 돼요." 글릭 선생이 계속한다.

"하지만 그 차이를 어떻게 알아요?" 내가 묻는다.

"위험성 평가, 정신의학의 기본이죠. 환자가 무슨 말을 하는지, 어떻게 하는지를 관찰해야지요. 정신 질환 병력이나 실제 자살 기도를 한 적이 있는지도 고려해야 하고. 입원을 해서 다른 부가적인 목적을 달성하려는 건 아닌지도 물론 살펴야 해요. 그리고 환자를 보호해줄 수 있는 요소나 안전하게 지킬 수 있는 다른 방법은 없는지도 고려해야겠죠."

"그러니까 과학적인 방법이 있다는 말씀이신가요?"

"그렇다고 볼 수 있죠. 거기에 더해 육감도. 하지만 진짜 일을 내는 사람들은 항상 예상치 못했던 사람들이에요. 최고의 정신과 의사도 놓치는 환자가 생기게 마련이죠."

거참 안심되는 말이군. 갑자기 견딜 수 없을 정도로 더워진다. "창문 좀 열어도 될까요?"

글릭 선생은 여섯 층 아래에 있는 주차장을 내려다본다. "이 건물 창문은 안 열리게 되어 있어요. 사람들이 뛰어내릴까 봐."

"정신과 의사 사무실 창문도요?"

"특히 정신과 의사 사무실 창문이라." 그녀가 말한다.

나는 화제를 바꾸기로 결심한다. "제가 오늘 큰 실수를 하진 않았나요?"

"그럭저럭 괜찮았어요. 하지만 친구 사귀려고 정신과 의사가 된 게 아니라는 걸 명심하세요. 역할을 확실히 해야 해요. 좋은 정신과 의사는 환자들이 좋아하지 않아요. 환자들이 좋아하는 의사는 어려운 결정을 할 준비가 되어 있지 않다는 뜻이에요."

나는 그 말은 받아 적지 않는다. 비논리적으로 들린다.

"그리고 상관없는 질문을 너무 많이 했어요. 그 부분에 대해 잘 생각해봐요."

"죄송합니다. 다음번에는 더 잘할게요. 선생님 진찰하시는 걸 지켜봐도 될까요?" 병동 운영에 더해 글릭 선생은 일주일에 하루는 통원 환자들을 만나 상담하는 일까지 해야 한다.

"병동 일을 잘 처리할 수 있으면 그렇게 하세요."

책상 위의 전화가 울리지만 그녀는 받지 않는다. 그러자 핸드폰이 붕붕하면서 진동하기 시작하지만 그녀는 그것도 무시한다. "자, 제일 중요한 문제로 넘어가죠." 그녀가 강조하기 위해 책상을 가볍게 두드린다. "케어노트에 클러스터링(환자의 증상이나 행동을 여러 그룹으로 묶어서 분류하는 것 - 옮긴이)을 꼭 기입해야 해요. 진단명을 적지 않으면 트러스트에 돈이 지급이 안 돼요."

"하지만 진단명을 모르면요?" 내가 말한다.

"뭐라도 써넣어야 해요."

정신의학에서는 다양한 증상에 대한 명칭이 있고 교과서에서 정신 건강 질환을 분류하는 것이 천식이나 당뇨병 진단과 다를 바 없다고 배웠지만, 인간의 고통은 온갖 종류의 형태와 강도로 찾아온다는 사실을 벌써 깨닫는 중이다. 페이지는 여러 진단명에 모두 해당되는 동시에 어느 하나에도 딱 들어맞지 않는다.

"필요하면 나중에 언제라도 바꿀 수 있어요." 그녀가 나를 안심시킨다.◆

◆ 한번 붙은 꼬리표를 없애는 일이 실제로는 꽤 어려울 수 있다. 2017년, 정신 질환 진단을 한 번도 받은 적이 없는 한 미국인 남성이 조현병이 있는 사람과 혼동된 적이 있다. 병원에서는 그에게 정신 질환 이력이 있다고 생각을 하는데 그가 의사에게 자기는 조현병을 앓은 적이 없다고 하자, 의사들은 그 말을 그가 아프다는 증거로 간주했다. 그는 강제 입원, 투약을 당하면서 2년간 갇혀 지내다가 마침내 처음부터 진실을 말했었다는 것이 받아들여져서 풀려났다. (〈가디언〉 2021년 8월 4일 자)

글릭 선생의 책상 위에 놓인 전화가 다시 울리기 시작한다.

"좋아요!" 그녀는 손으로 자기 무릎을 치는 것으로 내 수업이 끝났다는 사실을 알린다. "이 전화 아무래도 받아야 할 것 같군요. 블레싱한테 가서 다음 환자가 누군지 물어보세요."

가보니 블레싱은 커다랗고 무섭게 생긴 개를 끌고 온 남자에게 병동 안에는 커다랗고 무섭게 생긴 개를 끌고 들어오면 안 된다는 사실을 공손하게 설명하고 있다. 개 공포증이 있는 나는 그 남자가 나갈 때까지 기다렸다가 임상실의 해치문을 열어놓고 환자들에게 약을 나눠주고 있는 블레싱에게 다가간다. 그녀는 줄 맨 앞에 있는 환자에게 약이 든 종이컵을 건넨다. 분홍색, 하얀색, 파란색 약이 들어 있다. 약을 받은 환자는 물과 함께 약을 한 번에 삼킨 다음 입을 벌려 안을 보여주고 혀도 들어 올린다. 약을 다 삼켰다는 것을 블레싱이 확인한 후에야 가도 된다는 안내를 받는다. 대부분의 환자가 하루에 네 번 약을 먹어야 하고, 경우에 따라 다섯 번 먹는 사람도 있다.

줄이 천천히 움직이는 가운데 블레싱은 내게 조금만 기다려달라고 말한다. 사무실로 돌아가는데 페이지가 보인다. 눈물은 다 닦았고, 잠겨 있는 병동에서 내보내줄 사람을 기다리고 있다.

"몸조심하세요." 내가 말한다.

"새로 온 분이죠?" 페이지가 말한다. 내 머리가 조금 위아래로 움직였는지 그녀가 덧붙인다. "비난하는 게 아니에요."

뭔가 마음이 불편하다. "페이지, 뭐 하나 물어봐도 돼요?"

"그러세요."

"어릴 적에 그런 일을 당해서 정말 안됐어요. 그런데 문신에…… 팔에 새긴 문신에 '아빠'라고 적혀 있던데요?"

그녀는 옷소매 아래로 드러난 왼쪽 팔 피부를 당겨서 문신을 본다. 흐릿한 하트 안에 녹청색으로 새겨진 '아빠'라는 글자가 오른팔의 '엄마'와 균형을 이룬다.

그녀는 이 어려운 개념을 설명하려고 애쓰면서 잠시 생각에 잠긴다. "아빠가 그 나쁜 짓들을 내게 하긴 했어요." 그녀가 마침내 말문을 연다. "그래도 다른 면에서는 좋은 아빠였어요. 임시 보호 가정에 있을 때도 내 생일에 카드를 보낸 사람은 아빠뿐이었어요. 그리고 아빠는 아빠잖아요. 아마 항상 사랑하긴 할 거예요. 가족이란 게 복잡해요. 아시죠?"

"알죠." 내가 말한다.

나는 막냇동생 샘과 함께 얼마 전에 이사한 방 하나짜리 월세 아파트로 퇴근한다. 내가 NHS에서 받는 월급이, 샘이 독학으로 익혀 만든 은세공품을 팔아 벌어들이는 수입보다 더 안정적이라 월세의 대부분은 내가 부담한다. 그래서 내가 방에서 자고 동생은 해리 포터처럼 계단 아래 창고에 구겨 넣은 싱글 매트리스에서 잔다. 건축 현장에서 성장한 덕분에 동생은 머리 바로 위에 두꺼비집이 있다는 것쯤은 신경도 쓰지 않는다.

나와 내 동생들은 물리적으로, 정서적으로 항상 가까웠다. 나보다 네 살 어린 조시는 예술가로, 우리 집에서 10분 거리에 반려인과 함께 살고 있다. 조시보다 한 살 아래인 게이브는 일주일에 80시간씩 일하는 셰프다. 우리 집에서 아주 가까운 곳에 집이 있지만 실은 레스토랑 부엌에서 살다시피 한다.

긴 근무시간을 마치고 집이라는 안식처로 돌아갈 수 있다는 것이 정말 다행이라는 느낌이 든다. 문제가 하나 있다면 집을 구할 때 부동산에서 우리 아파트가 유럽에서 가장 큰 보디빌딩 헬스장과 이웃해 있고 벽이 매우 얇다는 사실을 이야기해주지 않았다는 것이다. 우리는 거의 이사한 직후부터, 거기서 운동하는 우람한 사람들은 아령이나 웨이트 기구를 조심스럽게 내려놓지 않는다는 사실을 알게 됐다. 아무리 공손하게 요청을 해도 소용이 없었다.

노란색으로 페인트칠된 부엌 겸 거실로 들어서니 옆 건물의 헬스장에서 들리는 소리가 온 집을 쿵쾅거리며 뒤흔드는 가운데 샘이 우리 물건이 담긴 상자를 풀고 있다.

"형, 이제야 돌아온 거야?" 샘이 말한다. "엄마가 형 아직 살아 있는지 확인하라는 문자를 보냈는데."

"어제 엄마랑 통화했는데도?"

"엄마가 오늘 보낸 문자에 답장을 안 해서 걱정된다고. 직장에서 혹시 좋은 사람 만났냐고 묻더라고." 샘은 감정을 담지 않고 이 말을 하느라 무진 애를 쓴다. 여자친구를 오래 사귀지 못하는 내 능력은 우리 가족의 오랜 관심사다.

"출근 첫날이라 환자들한테 데이트 신청을 못 했다고 엄마한테 전해."

샘이 씩 웃는다. "엄마가 인생에서 딱 한 가지 부족한 게 있다면 그건 바로 손주라고 하더라고……. 아, 전기 주전자가 여기 있었구나!" 샘은 싱크대 쪽으로 가서 주전자에 물을 채운다. "오늘 여러 사람의 생명을 구했어?" 그러다가 말을 고쳐 한다. "오늘 여러 사람의 정신을 구했어?"

"수백 명." 내가 농담을 한다.

우리는 바닥에 앉아 차를 마신다. 동생에게 정신과 의사의 기술은 사람의 정신을 구하는 것보다 병상을 구하고 NHS의 한정된 재원을 환자를 돌보는 데 사용하지 않을 이유를 찾아내는 데 있다는 사실을 말해줄까 말까 망설인다. '어떻게 하면 안 도와드릴 수 있을까요?'가 숨은 메시지다.

그날 밤늦게까지 잠을 이루지 못했지만, 옆 건물에서 들려오는 소음 때문은 아니었다. 기억하는 한 나는 늘 정신과 의사가 되고 싶었다. 페이지 같은 사람이 더 행복하고 만족스러운 삶을 살 수 있도록 돕고 싶은 것이 그 이유 중 하나였다. 사람들이 고통을 받는 것이 합당한 일인지 의문을 품게 될 줄도, '쓸데없이 병상만 차지하는 환자' 같은 표현을 쓰게 될 줄도, 창문에서 뛰어내렸을 때 철퍼덕 소리가 날 만큼 높은 층에 사는 사람에게만 도움을 제공하게 될 줄도 상상하지 못했다.

3

조증이 사랑과 만났을 때

첫 주말 당직을 서느라 응급실에서 일하고 있다. 응급실에는 앞으로 너무 자주 오게 될 테니, 언젠가는 나도 납을 달아 묵직해진 가구의 일부가 된 듯한 날이 올 것이다.◆

글릭 선생에게서 사람들을 '정상적인' 생각, 행동, 정서의 범주로 돌려놓는 것이 정신과 의사의 일이라는 것을 배웠다. 따라서 우울증 환자는 기분을 고양시켜주도록 노력해야 한다. 그 외의 경우는 반대로 조치해야 한다. 사실 이 모델은 내 첫 환자를 봤을 때 직관에 반한다는 생각이 들었다.

"심각하게 우려되는 조증 환자가 있어서 긴급하게 리뷰를 요

◆ 응급실의 가구들은 정신과 병동에 있는 가구들과 마찬가지로 납을 달아 무겁게 만들어놓았다. 환자들이 이따금 가구를 들어 의료진의 머리에 던지는 사태를 방지하기 위해서다.

청합니다. 행복 수치가 10점 만점에 10점이고, 구름 위를 걷는 기분이고, 지금만큼 상태가 좋았던 적이 없다고 해요." 응급실의 간호 실습생이 말했다.

"아, 문제가 있군요." 내 입에서 그런 말이 술술 나오고 있었다. "금방 갈게요. 환자를 다시 정상으로 돌릴 수 있는지 봅시다."◆

전화를 끊기 전에 나는 몇 가지 사실을 더 확인한다. "마약류를 복용했나요? ……아, 그럼 그건 아니겠군요. 조증 병력이 있나요? ……그것도 아니고요. 아, 환자가 미국인이라고 하셨죠. 어쩌면 그래서 그렇게 보일 수도…… 아, 하지만 영국으로 날아온 이유가 원 디렉션의 멤버 해리 스타일스랑 결혼하기 위해서라고요? 금방 갈게요."

"바버라 에이버리 씨?" 혼잡한 대기실에 서서 환자의 이름을 부르는 내 목소리에 자신감이 부족한 내 마음이 덜 묻어나길 바라본다.

한 여성이 의자에서 벌떡 일어나 뛰듯이 내게 다가온다. "안녕하세요, 의사 선생님. 오랜만이에요!"

◆ 조울증이라 불리던 양극성 장애라는 병명을 자기 자신에게 농담 삼아 아무렇지도 않게 붙이는 사람들도 있고, 심지어 공식적으로 진단을 원하는 사람들도 있다. 로빈 윌리엄스, 스티븐 프라이, 빈센트 반 고흐 등과 같이 고뇌하는 천재를 연상시키는 병이기 때문이다. 그러나 광기와 창의성 사이의 연관성은 그저 근사하고 낭만적으로 보이도록 포장된 것일 뿐이다. 좋은 화가가 되기 위해 귀를 잘라낼 필요는 전혀 없다. 진정한 양극성 장애는 도움이 되지 않는 경우가 훨씬 많다. 예술가를 발굴하고 싶어 하는 큐레이터가 우리 수선화 병동의 미술 치료실을 찾는 것은 본 적이 없다.

나는 우리가 전에 만난 적이 있나 잠시 생각을 더듬으면서 시간을 벌기 위해 손을 내민다. 이런 형식적인 제스처에 만족하지 못한 그녀는 내가 대처할 겨를도 없이 내 볼에 입을 맞춘다.

"선생님께 드리려고 가져왔어요." 그녀는 병원 로비에 꽂혀 있던 꽃을 내 손에 쥐여준다. 내가 그녀를 따라 응급실에 딸린 정신과 상담실로 가는 사이 그녀는 "선생님 눈이 정말 파랗군요. 오늘따라 파란색이 더 돋보여요" 하고 재잘거린다.

내가 바버라를 한 번도 만난 적이 없는 건 확실하다.

그녀는 내가 앉아야 할 회전의자에 편하게 앉아 컴퓨터 화면에 뜬 자신에 관한 기록을 읽는다. "바버라 에이버리, 1966년 3월 12일생……."

"음, 바버라, 우리 자리 바꿔 앉을까요? 보통 정신과 의사가 그 자리에 앉아요."

"걱정 마세요. 난 정신의학에 대해 다 알고 있어요. 내 뇌가 두 개라고 생각하는 사람들까지 있다니까요. 자, 앉으세요." 그녀는 자기 옆에 있는 빈 의자를 가리키며 말한다. "제가 정신의학 좀 가르쳐드릴게요."

그녀는 풍부한 어휘를 사용해 빠르게 말한다. 단어들이 슬롯머신에서 동전 떨어지듯 술술 쏟아져 나온다. 소용돌이처럼 휘몰아치는 그녀의 에너지에 휘말린 나는 저항을 포기하고 들고 있던 꽃을 책상 위에 내려놓은 다음 환자 의자에 가서 앉는다. 위상 관계를 재정립해보려고 했지만 내가 문에서 멀리 떨어진 구석에 갇힌 상황에서는 그마저도 쉽지가 않다. 나는 간호 실습생이 우려한 바를 두고 일장 연설을 늘어놓으려 시도한다.

경찰은 아침 7시에 결혼식 복장을 하고 세인트폴 성당으로 가는 방향을 묻는 바버라를 정신 건강법 136조에 의거해 병원으로 데려왔다. 긴급한 정신의학적 리뷰가 필요한 사람을 공공장소에서 병원으로 데리고 갈 수 있도록 하는 법령이다. 원 디렉션 출신의 인기 아이돌과의 결혼식은 오후 3시라고 했다. 경찰은 잘못된 것이 없음이 확실하다면 결혼 서약을 할 시간에 늦지 않게 성당에 갈 수 있을 거라고 바버라를 안심시켰다.

이 중년 여성은 웨딩드레스 차림으로, 동료 승객들에게 자기가 런던으로 날아가서 〈글래머〉에서 뽑은 '세계에서 여섯 번째로 섹시한 남자'와 결혼할 거라고 하는데도 이상하다고 말리는 사람 하나 없이 비행기에 타서 대서양을 건너고 출입국 관리소까지 무사히 통과했다. 어쩌면 다들 그게 미국인의 자신감이라 여긴 건지도 모르겠다. 이렇게 같이 앉아서 나는 그녀가 기내식을 옷에 흘리지 않으려고 애쓰는 광경을 상상해본다.

"흠…… 그래요…… 흥미롭군요……. 매우 흥미롭네요." 바버라는 내가 경찰의 우려 사항을 열거하는 것을 집중해서 듣고 있다. 내 볼펜 끝을 눌러 심이 나왔다 들어갔다 하게 하면서 귀를 기울이는 그녀의 모습이 만화 속 정신과 의사를 연상케 했다. 꽤 잘하고 있다는 생각을 하지 않을 수 없다.

"좋아요." 그녀는 지금까지의 내 말을 모두 무시하고 말한다. "정신의학에 대해 제일 먼저 알아야 할 점은 바로 정신의학이 존재하지 않는다는 사실이에요. 이 분야가 존재한다는 현실적인 증거가 하나도 없어요. 그저 사회적 제어 수단일 뿐이죠. 토머스 사스Thomas Szasz의 《정신병의 신화》를 읽었거든요. 현대 정신과 의사들은 정신병자 수용소를 없애고 사람들 머리에 구멍을 내서 송곳으로 뇌를 으깨는 일은 더 이상 하지 않지만, 이제는 환자들을 화학적으로 구속해서 좀비로 만들어버리잖아요. 안 그래요?"

나도 '정신의학의 역사' 시험을 보기 위해 토머스 사스, 로널드 랭R. D. Laing, 어빙 고프먼Erving Goffman 같은 반정신의학자에 대해 공부했었다. 이들은 정신의학에서 부르는 소위 '질병'이라는 것의 과학적 엄격함에 질문을 던지고, 정신병원 바깥에서는 인권 침해라고 할 만한 행동을 정신병원 내에서는 할 수 있는 의료인들의 자격에도 이의를 제기한다.◆

머랭처럼 보이는 웨딩드레스를 입고 해리 스타일스와 결혼할 예정이라고 주장하며 앉아 있는 사람의 말에 부분적으로나마 수긍을 하고 있자니 매우 괴상한 느낌이 든다. 그러나 그 사실을 바버라에게 들키면 그녀와 나 사이에 쌓인 눈곱만큼의 신뢰마저 잃게 될 것이다.

"바버라, 꽃 고마워요." 나는 화제를 바꾸기 위해 그렇게 운을

◆ 정신과는 여러 의학 분야 중에서 유일하게 '생존자'라는 명칭이 병을 이겨낸 생존자(암 생존자처럼)가 아니라 병에 대한 치료와 관행을 이겨낸 사람에게 주어지는 분야다. 거기에 더해 '반정신과 운동'이라는 기치 아래 이 분야 자체를 폐지해야 한다는 운동이 전개되는 유일한 의학 분과이기도 하다. 예를 들어 반피부과 운동 같은 것은 아예 존재하지도 않고, 바셀린 로션의 사악함을 외치며 사람들이 거리로 나서는 광경은 상상하기 힘들다.

뗀다. "뭘 이런 것까지 가져오셨어요." 정신과에서 일하는 의사들이 다른 과 의사들보다 선물을 훨씬 덜 받는다는 사실은 이미 나도 눈치챘다. 정신과에서는 환자가 선물을 하면 오히려 우려를 한다. "최근 들어 선물 쇼핑을 많이 하시나요?" 조증의 흔한 증상 중 하나가 과도한 소비이기 때문에 나는 그렇게 묻는다.◆

"쇼핑을 많이 했으면 또 어때요? 돈이라는 건 그냥 종이에 불과하잖아요. 그래서 비행기도 비즈니스석을 탔어요. 요즘은 모두들 나무를 더 많이 심으니까 돈이 떨어질 일은 없죠!"

조증을 앓는 환자들은 간혹 나중에 후회할 일을 하기도 한다는 게 문제다. 글릭 선생은 신용카드로 쇼핑에 나선 조증 환자가 람보르기니 차를 세 대 산 뒤, 다음 날 아침 다 녹아 카펫을 적신 1만 파운드(한화 약 1846만 원)짜리 얼음조각을 사고, 예금을 모두 찾아 테이트 미술관 꼭대기에서 현금을 비처럼 뿌린 이야기를 들려준 적이 있다.

나는 '과도한 지출'이라고 공책에 적고, 걱정해야 할 만한 또 다른 증상으로 넘어간다. "바버라, 해리 스타일스와의 관계에 대해 이야기 좀 해주시겠어요?"

"그냥 해리라고 부르세요. 둘 다 첫눈에 반했죠. 처음부터 '아, 이거구나' 하고 감이 올 때 있잖아요, 아시죠?" 그녀가 말한다.

◆ 만일 조증으로 인해 쇼핑 신이 강림해서 이 책을 50권쯤 사서 쌓아놓고 있다면 즉시 응급실로 향하기 바란다. 하지만 그 전에 먼저 온라인 서점에 추천평을 남겨줄 것을 부탁드린다.

나는 알지 못한다. 나는 사랑에 관해 상담해줄 인물이 못 된다. 하지만 우리 부모님과 할머니, 할아버지가 상대를 처음 만났을 때 벌어졌다는 일과 꽤 비슷하게 들리긴 한다.

바버라는 전화기의 초기 화면을 간절한 눈으로 바라본다. 윗옷을 벗은 해리 스타일스가 하얀 시트가 깔린 침대에 누워 카메라를 응시하는 사진이다. 연인 혹은 〈GQ〉의 사진작가가 아니면 찍지 못할 사진이다.

그녀는 해리 스타일스가 원 디렉션의 일원으로 월드 투어를 하던 중 코네티컷에 왔을 때 자기에게 사랑을 고백했다고 말한다. 공연장을 꽉 채운 관중들을 바라보고 있었지만 그가 그런 눈길을 준 사람은 딱 한 사람밖에 없었다. 바버라에게 확신을 준 것은 해리가 그녀를 그런 눈길로 바라보던 바로 그 순간 손가락으로 머리를 넘겼다는 사실이다. 그건 바로 암호였다.

나는 바버라가 조증과 함께 색정 망상도 겪고 있지 않나 의심한다. 색정 망상이란 높은 위상을 가진 사람이 자기와 (이런 표현을 써서 미안하지만) 미칠 정도로 사랑에 빠졌다고 확신하는 망상 장애다.◆◆

그녀는 그렇게 처음 만난 후 해리 스타일스가 트위터, 노래 가사, 유튜브 영상 등을 통해 자기와 소통해왔다고 말한다. 뮤직비디오에 그녀가 제일 좋아하는 색인 노랑 스웨터를 입고 나온 모습을 보고 청혼한다는 걸 알았고, 생일에 관해 이야기한 대목에서 그녀의 60번째 생일날 결혼식을 올리자는 메시지를 알아차렸단다. 아니나 다를까 응급실에서 넘어온 차트를 보니 오늘이 그녀의 생일이다. "생일 축하합니다." 나는 신나는 목소리를 내려고 노력하면서 그렇게 말한다.

바바라는 남편이 될 사람을 실제로 한 번도 만난 적이 없고, 두 사람이 수천 킬로미터 떨어진 지역에 살고 있으며 해리 스타일스가 테일러 스위프트와 사귄다는 가십 기사들이 나오고 있다는 사실을 이상하게 여기지 않는다.

"어떤 사람들은('어떤 사람들'이라는 표현은 글릭 선생에게서 배운 것으로 '나'라고 하는 것보다 훨씬 덜 대립적으로 들린다) 해리 스타일스가 머리를 만진다든가 노란색 옷을 입는다든가 하는 것이 사랑을 고백하거나 청혼하는 것이라고 생각하지 않을 수도 있지 않을까요? 그런 사람들한테는 뭐라고 하시겠어요?"

"아무것도 모르면 입 닥치라고 하고 싶어요. 그건 어디까지나 느낌이니까요." 그녀는 불쌍하다는 표정을 지으며 고개를 옆으로 살짝 젓힌다. "선생님은 한 번도 사랑에 빠져본 적이 없군요, 그렇죠?"

•• 색정 망상을 겪은 여성에 대한 가장 오래된 기록 중 하나는 버킹엄 궁전 밖에 몇 시간씩 서서 커튼이 조금이라도 움직이면 조지 5세가 자신에게 비밀스러운 사랑을 전하고 있다고 믿은 여성의 사례다. 환자들의 상대는 보통 돈이 많고 유명하고 큰 권력을 가졌거나 위상이 높은 사람이다. 배우, 뮤지션, 교수, 정치인이 그 대상이 될 때가 많다. 하지만 아마 NHS 의사들은 아닐 것이다.

나는 몸을 움찔한다.

“제 이야기를 하자고 만난 건 아니죠.” 정신과 의사들이 답을 피할 때 쓰는 좋은 핑계지만 불행히도 우리 어머니한테는 통하지 않는다. 나는 대화를 좀 더 발전시켜보기로 한다. “해리 스타일스가 유명한 가수하고 사귄다고 하던데 아닌가요?”

그녀의 말투가 바뀐다. “테일러 말이에요? 언론을 속이려고 위장하는 거예요. 해리는 그 여자 경멸해요!”

그녀는 오늘 밤 첫날밤을 지내기 위해 호텔 방을 잡았다는 묻지 않은 정보까지 털어놓으면서 트래블로지(영국의 저가 체인 호텔－옮긴이)라는 곳을 들어봤는지 묻는다.

나는 정신과 의사로서 열린 마음으로 환자를 대하는 법을 배우고 있다. 수수께끼의 중년 여성이 중저가 호텔에서 유명 인사를 만나는 일보다 이상한 일이 세상에는 많이 일어난다. 정신 질환 환자가 하는 모든 말을 믿을 수 없는 것으로 치부할 순 없다.

최근 수선화 병동에 입원해 있던 한 남성이 여왕을 만나야 하니 외출을 허락해달라고 한 적이 있다. 글릭 선생은 환자에게 있는 모든 망상이 그렇듯 이번에도 과대망상일 것이라 생각해 그의 요청을 단번에 거절했다. 하지만 알고 보니 그 환자는 실제로 대영제국훈장 수훈자였고, 서훈식에 그가 나타나지 않아 여왕을 기다리게 하는 일이 벌어졌었다.

“좋아요, 모든 가능성을 살펴보죠. 해리가 세인트폴 성당에 나타나지 않으면 어떻게 하죠?”

“집으로 찾아가야죠. 해리가 날 만나는 걸 그 천박한 년 테일러가 막고 있을 게 뻔하니까."

아이쿠.

"집에 찾아가서는 대화를 하실 건지, 아니면……."

"그년을 죽여버릴 거예요!" 자기 말을 내가 잘못 알아들었을까 봐 바버라는 손가락으로 자기 목을 긋는 동작을 해 보인다.

맙소사.

바버라가 비유적인 표현을 쓰는 것인지 확실히 알 수는 없지만, 나는 그녀를 막고 있는 실제적인 장애가 나를 구해줄지도 모른다고 생각한다. "하지만 해리 스타일스가 사는 곳을 아세요?"

"주소는 물론 알고 있죠." 그녀가 쏘아붙인다. "날 위해 인터넷에 주소를 남겨놨어요. 거기로 선물이랑 편지를 모두 보내고 있거든요. 다 그년이 가로채버리겠지만." 바버라는 핸드폰 잠금을 풀고 이미 다 외우고 있는 주소를 구글 맵에 입력한다. "가깝네요. 3킬로미터도 안 돼요. 걸어서 35분 정도."

하이힐 차림으로는 조금 더 걸릴 것이다.

나는 해리 스타일스의 호화 저택에 바버라가 찾아가는 장면을 상상해본다. 망상이라는 것은 본질적으로 확고부동하기 때문에 모든 징표는 그녀에 대한 해리의 영원한 사랑의 증거로 받아들여질 것이다. 유명한 여자친구의 손을 꼭 잡고 현관문에 서서 "바버라, 당신을 사랑하지 않아. 당장 꺼져!"라고 외쳐도 그녀는 "오, 해리, 역시 당신다운 말이에요" 하고 답할 것이다.

바버라가 입원하는 데 동의하지는 않겠지만, 그녀는 테일러 스위프트, 심지어 해리 스타일스를 위험에 빠트릴 가능성이 있는 충격적인 발언들을 했다. 오늘 내가 이 두 사람을 걱정하게 될 줄은 정말 몰랐다.

정신 건강법은 자기 자신에게나 타인에게 위험하다고 생각되는 사람을 본인의 의지에 반하여 병원에 입원시키거나 치료할 수 있도록 하는 법적 기반을 제공한다. '정신 건강법에 의한 강제 입원'을 줄여서 '강제 입원' 혹은 '섹셔닝sectioning'이라고 하는데, 두 명의 서로 독립적이고 경험이 있는 정신과 의사와 간호사 혹은 사회복지사가 모두 동의해야만 실행할 수 있는 특이한 권한이다. 정신과 의사 한 명이 아주 사소한 핑계를 대고 아무나 정신병원에 무한정 가둘 수 있었던 과거의 직권 오남용을 방지하기 위한 안전장치다. 수련의인 나는 누군가의 자유를 제한하는 것을 결정할 책임을 지지 않아도 된다. 아직까지는.

"바버라, 저보다 좀 더 경험 있는 의사하고 대화를 좀 해보시는 게 좋겠어요." 그녀가 나를 따라 면담실에서 나오려고 하지만 자상 방지 조끼를 입은 덩치 큰 경비원 두 명이 그녀 앞을 가로막는다. 그녀는 한숨을 내쉬고는 자리에 앉아 전화에서 〈왓 메이크스 유 뷰티풀What Makes You Beautiful〉을 찾아서 듣는다.

내 전화를 받은 당직 선임 레지스트라는 필요한 사람을 모두 데리고 방문하겠다고 동의한다. 나는 필요한 서류 작성을 끝낸 다음 응급실에서 들려오는 작은 음악, 삐삐거리는 기계음과 전화 소리 사이로 다음 환자들에 관한 차트를 읽으려고 애를 쓴다. 칸막이가 쳐진 침대에 누워 몸을 잘 가누지 못하는 나이 든 남성이 가느다란 목소리로 "여기요!" 하고 부른다. 아무도 도우러 나타나지 않자 다시 한번 불러본다. "여기요?"

간호사들과 간호조무사들은 모두 다른 일로 바쁘다. 의사들은 고개를 푹 숙이고 앞에 놓인 서류를 뚫어져라 응시하고들 있다.

"도와줘요!" 그 쇠약한 남자가 계속 도움을 구한다. '도움' 버튼을 눌러도 소용이 없다. "제발 누가 좀 도와줘요!"

그를 돕기 위해 가보니 다행히도 쉬운 요청이다. 물 한 잔 달라는 것이었다. 물을 가져다주자 그는 파킨슨병에도 불구하고 컵에 담긴 물 대부분을 흘리지 않고 넘기는 데 성공한다.

잠시 후 바버라가 도주를 시도해서 경비원들이 문을 닫고 문에 난 작은 유리창으로 그녀를 모니터링한다. 나는 실연을 당하고 손목을 칼로 그은 젊은 남성과 면담을 한다. 사랑이 가져오는 정신 건강 위기의 전형적인 형태다. 면담 도중에 바버라가 문을 크게 두드려대는 소리가 들린다.

마침내 도착한 동료들이 바버라의 증상을 확인한 다음 입원에 필요한 절차를 밟는다. 잔인한 운명의 장난처럼 그녀를 데려갈 차가 3시 정각에 도착한다. 마차나 리무진이 아니라 정신병원으로 향하는 구급차다. 그녀는 고분고분 따라가지 않는다. "어떻게 내게 이럴 수 있어요, 내 결혼식 날인데!" 하고 외치는 소리가 내가 있는 곳까지 들린다. 나는 면담 중인 젊은 남성에게 양해를 구하고 우리가 앉아 있는 공간에 둘러쳐진 커튼을 젖히고서 소동이 벌어지는 쪽을 쳐다본다. 경비원들이 실랑이를 벌인 끝에 바버라를 부축해서 복도를 걸어가고, 그녀의 소지품을 든 간호사들이 신부 들러리들처럼 줄지어 따라가고 있다.

바바라를 강제 입원 시키는 사람이 엄밀하게는 내가 아니지만, 그녀의 자유를 박탈할 뿐 아니라 그녀의 혈관을 타고 흐를 강한 약물의 종류를 결정하게 될 일련의 과정을 촉발한 데에 책임감을 느끼지 않을 수 없다. 혼외 자식을 낳았다거나 자위를 한다거나 히스테리증이 있다는 말도 안 되는 이유로 남성 의사가 여성을 정신병자 수용소에 가두었던 길고도 괴로운 역사가 자꾸 떠오른다.[2]

바바라에게 색정 망상이 있다는 걸 거의 확신하지만, 동시에 정신 질환이 우리가 생각하는 것처럼 단정적인 것일까 하는 의문이 들기 시작한다. 어떤 사람에게 우울증이나 조현병이나 양극성 장애나 색정 망상이 있는지 없는지를 분간할 수 있는 척만 하면 간편해진다. 그에 따라 80억에 달하는 사람들을 제정신인 사람과 제정신이 아닌 사람으로 딱 가르는 것이다.

현실에서 이 문제는 더 입체적이고 하나의 긴 스펙트럼 위에 놓여 있다는 느낌이 든다. 예를 들어 우리가 누군가의 속내를 어떻게 정확히 알 수 있을까?

짬이 날 때 구내식당으로 뛰어가서 음식을 욱여넣어야 하는 점심시간에도 나피사는 끊임없이 남자친구에게서 온 암호 같은 문자를 해석해보려고 애쓴다. 그가 나피사와 인생의 남은 시간을 함께 보내고 싶다고 말하는데도 그녀는 진의에 대해 확신을 하지 못하는 듯하다.

정신과 의사로 일하려고 런던으로 가는 중에 기차 안에서 나는 옆에 앉아 있던 매력적인 여성과 강하게 연결된 느낌을 받았다. 대화를 하고 함께 웃으면서 우리 두 사람이 함께하는 미래를 상상했다(내가 뉴캐슬로 다시 돌아가야 할까, 아니면 그녀가 런던으로 이사 올 수 있을까?). 그녀가 약혼자와 곧 돌입할 출산휴가 이야기를 꺼내기 전까지는 그랬다.

자라면서 나는 사람들이 서로에게 해를 끼치는 모습을 보았다. 그것만 보면 그 사람들은 사실상 사랑이 전혀 없는 관계라고 생각할 수도 있을 것이다. 만일 부모님이 실제로 있지도 않은 사랑이 두 사람 사이에 존재한다는 망상에 빠져 있다면 그들에게도 색정 망상이 있다고 할 수 있을까?

퇴근 후 마트에 들른 나는 그런 생각들로 머릿속이 복잡해진다. 진열대 사이를 걸으며 물건들을 둘러보는데 주변에 펼쳐지는 모습들이 눈에 들어온다. 한 엄마가 아장거리는 아이를 태운 카트를 밀며 장을 보고, 아이는 과자 한 봉지를 안고 만족스러워하고 있다. 행복해 보이는 젊은 커플이 함께 든 바구니에 음식 재료를 말없이 담고 있다. 그 둘은 나중에 그 재료로 함께 요리를 할 것이다.

긴장성 두통이 느껴진다. 아마 스트레스와 병동의 소음, 밝은 컴퓨터 화면 때문일 것이다. 바구니에 진통제도 담는다.

"파라세타몰 세 상자는 판매가 금지되어 있어요."◆ 허튼 수작은 통하지 않을 듯한 분위기를 풍기는 계산대 점원이 회사 로고가 박힌 플리스 차림으로 그렇게 말한다.

피곤하고 머리가 쪼개질 것처럼 아프다. "왜요?" 내가 퉁명스럽게 묻는다.

"마트 정책이에요. 게다가 손님이 이 약을 털어 넣고 오늘 밤에 죽어버릴지 누가 알아요?"

나는 한 번도 자살 충동을 느껴본 적이 없다. 계산대 위에 놓인 내 물건들을 바라본다. 1킬로그램짜리 슈거 퍼프 시리얼. 고온 처리된 장기 보존 우유. 다 먹으려면 한 10년쯤 걸릴 듯한 마마이트 병(맥주 효모 농축물에 각종 야채 추출물과 향신료, 소금을 첨가해 만든 페이스트로 빵에 발라 먹는다 – 옮긴이). 어쩌면 내 나이까지 슈거 퍼프 시리얼을 먹는 게 이상 신호일지 모르지만 이 사람은 정말로 이게 내 마지막 만찬이 될 수 있다고 생각하는 걸까?

'오늘 밤에는 아무것도 안 할 거예요. 딴 것보다 이게 장기 보존 우유라는 거 안 보여요?' 하고 말하고 싶다.

나는 약 한 상자를 마지못해 돌려주고는, 그녀가 어떤 표정을 짓는지 보려고 약을 표백제나 면도칼과 바꿔줄 수 있는지 물어볼까 잠시 고민한다.

집에 들어오니 아파트 전체가 냉랭하고 텅 비어 있다. 샘은 아직 작업실에서 일하는 중인 듯하다. 옆 건물에서 덤벨을 떨어뜨

- 패키지 용량을 줄이고 처방전 없이 구매 가능하고 한 번에 살 수 있는 약의 개수를 줄인 덕분에 파라세타몰 과용으로 인한 사망이 상당히 줄었다. 필요한 양을 채우기 위해 여러 가게를 들러서 약을 사 모으는 일은 충동적인 자살 욕구가 잦아들고 상황을 재고할 시간을 벌어준다.

리고 신음을 내는 남자들의 소리마저 들리지 않는다. 장바구니에서 음식들을 꺼내 정리하고 전화를 확인한다. 문자가 하나도 안 왔다. 심지어 어머니 것도 없다.

'아무도 널 좋아하지 않아. 그냥 그 비닐백이나 머리에 뒤집어 써버리지 그래?'

그런 말 해줘서 고마워, 두뇌야. 내 뇌는 가끔 이렇게 도움 되지 않는 말을 던지지만 글릭 선생 덕분에 내가 괜찮다는 사실을 이제는 알고 있다. 나는 차를 만든 뒤 마마이트를 바른 토스트를 들고 부엌 테이블에 앉는다. 먹으면서 포장지 뒤에 적힌 글자들을 읽는다. 영양 성분 정보에 온 정신을 팔 수 있어서 마음이 편안해지는, 어릴 때부터 들여온 습관이다.

버터 맛 마가린 패키지 뒷면에 고객 센터 전화번호와 함께 친근한 글자체로 '이야기를 나누고 싶으신가요?'라고 쓰여 있다. 내 마음 한구석에서 거기에 전화하고 싶다는 생각이 슬며시 고개를 든다.

4

전기충격요법

"회의 할까요?" 월요일 아침, 글릭 선생이 말한다.

우리는 일주일에 한 시간을 할애해 전반적인 점검을 하고 각자 업무에 대해 생각해보는 시간을 갖기로 되어 있다. 그 한 시간은 다른 일로 방해받지 않아야 한다는 규정도 있다. 하지만 시간은 늘 모자라기 때문에 내가 일을 시작한 첫 주에 딱 한 번, 13분을 확보하는 데 그쳤다. 나는 고개를 끄덕이고 하품을 참으면서 졸린 몸을 끌고 그녀의 사무실로 따라 들어간다.

"자, 여러 가지로 어때요?" 그녀가 문을 닫으며 묻는다. 여러 가지라…….

바바라의 강제 입원을 촉발해서 그녀의 자유를 박탈한 게 얼마나 마음이 불편한지 이야기해야 할까? 아니면 당직을 설 때 시간 낭비 하게 만드는 '단골'들을 태연자약하게 무시하는 일에 내가 얼마나 빨리 적응했는지에 관해서? 어차피 대화를 통한 치료를 제공할 만한 병동 전속 심리학자가 없으니 그냥 항우울제와 항정신성 약품이 나오는 자판기를 설치해두는 편이 더 낫지 않은가 물어볼까? 최근에 이 문제에 대해 불만을 털어놓자 블레싱이 내 팔을 툭 치며 말했다. "벤저민 선생님, 참 살기 힘들겠어요."

하지만 그 모든 이야기를 하는 대신 나는 글릭 선생에게 수선화 병동에 적응하려고 노력하다 보니 조금 고단할 뿐이라고 이야기한다. 피를 뽑고, 검사를 의뢰하고 검사 결과를 추적하고, 새로 입원한 환자들을 진단하고, 피를 더 뽑고…… 거기에 더해 시험공부를 하면서 그 많은 당직 근무도 해야 하고.

글릭 선생은 공감과 연민의 표시로 고개를 끄덕인다. 아마 훈련받은 날에 배운 기술일 것이다. "왜 정신과를 선택했어요, 벤?" 그녀가 묻는다.

무슨 일이 있어도 부모 이야기는 하지 마.

조금 난데없는 질문일뿐더러 그녀가 나에게 처음으로 관심을 보인 순간이다. "잘 모르겠어요. 항상 정신과에 끌렸어요." 내가 말한다.

그녀는 의자에 편히 기대앉으면서 책상 위에 놓여 있던 머그잔을 두 손으로 감싸 쥔다. 하루 종일이라도 기다릴 수 있다는 신호다. 그리고 정신과 의사와 침묵을 누가 먼저 깨는지 대결해봤자 절대 이길 수 없다는 것을 나는 너무도 잘 알고 있다. 용맹하게 7~8초 기다린 다음 입을 연다. "정신과 의사가 다른 과보다 5년 먼저 은퇴할 수 있다는 게 끌렸나 보죠."

그녀는 눈을 가늘게 뜬다. "그게 다 우리가 통계적으로 번아웃

을 겪거나 자살할 확률이 더 높아서 그렇다는 건 알고 있죠?"◆

그건 전혀 몰랐던 사실인데.

"무엇보다 그 정책은 오래전에 폐지됐어요." 그녀가 덧붙인다. 글릭 선생은 머그잔에 든 음료를 한 모금 마시고는 몸을 움찔한다. 커피가 차갑게 식은 것이 틀림없다. "상담받고 있나요?"

"아니요!" 나는 내가 제일 좋아하는 섹스 체위에 대한 질문이라도 받은 것처럼 반응한다.

"상담을 받아야 한다고 알려주는 게 내 의무예요. 영국에선 아직도 상담받는 것을 부끄러워하는 경향이 있지만 미국에선 상담을 안 받는 사람이 없어요. 심지어 반려견 상담도 있다니까. 진짜 글자 그대로 반려견을 위한 인지 행동 치료가 유행이라잖아."

나는 의자에 못 앉도록 훈련받은 개가 상담 의자에 안 앉으려고 하면 어떡하냐는 농담이 터져 나오려는 걸 겨우 참는다.

"보통 난 수련의들한테 상담을 권해요. 특히 무언가에 평생을 걸고 그 일을 시작하면서, 왜 하고 싶은지 이유를 잘 모르는 경우에는 더더욱." 나는 그녀 얼굴에 떠오른 것이 미소라는 걸 깨닫는다. 얼굴 사용 안내서 같은 데서 설명을 읽고 하는 행동 같아 보이지만, 적어도 노력을 하고 있다는 것만으로도 의미가 있다. "내가 상담받던 심리 치료사와 연결시켜줄 수도 있어요. 원하면."

◆ 정신과 의사들이 정신 질환을 앓거나 약물을 남용하거나 자살할 확률이 높은 것으로 악명 높다는 사실을 이제는 나도 안다. 기대 수명 면에서 정신과 의사는 상어 조련사보다는 조금 더 오래 살고, 블라디미르 푸틴의 기미 상궁보다는 조금 더 수명이 짧을 것이다.

"선생님도 상담을 받았다고요?" 나는 놀란 마음을 감추는 데 실패하고 만다. 글릭 선생은 난공불락처럼 보이는데.

"물론이죠. 종합의료협의회 가이드라인에 환자를 돌보려면 우리부터 돌봐야 한다고 되어 있잖아요. 그리고 환자들이, 미친 건 당신들이고 도움이 필요한 것도 당신들이라고 말할 때 그렇게 하고 있다고 말할 수도 있고."

"하지만 전 괜찮아요." 나는 반항을 해본다. 어쩌면 필요한 수준보다 조금 너무 강하게 반발을 한 것 같다. 그저 날마다 잠을 잘 못 자고, 이를 갈고, 소리를 지르며 잠에서 깨어나는 증상이 있을 뿐인데. 누구나 그러지 않나.

"괜찮을 수도 있지요. 하지만 이 분야를 선택했다는 것 자체가 좀 이상한 구석이 있다는 뜻이긴 해요. 제정신을 가진 사람이 자신의 경력 전체를 인간의 고통을 대하며 보내겠다고 선택하는 이유가 도대체 뭘까? 정신의학과 종사자가 다른 정신의학과 종사자의 도움을 구하는 건 전혀 부끄러운 일이 아니에요. 자기 머리를 자기 손으로 자르면 얼마나 엉망이겠어요?" 글릭 선생이 말한다.

우리 가족이야말로 제 머리 깎는 바로 그 스타일이다. 아, 이 사람 진짜 날카로운데!

"정신과 의사들은 무료 상담을 받을 수 있었는데 이젠 아니에요. 알죠, 예산 삭감. 내가 보냈다고 하면 할인해줄지도 몰라요." 그녀는 종이에 뭔가를 휘갈겨 쓴 다음 내게 건넨다. "자, 이제 시작해볼까요? 새 입원 환자들을 만나야지." 나는 시계를 확인해본다. 딱 13분 지났다.

병원 침대 가장자리에 허리를 곧추세우고 앉은 채, 글래디스는 버스라도 기다리는 것처럼 앞을 뚫어져라 바라보고 있다. 병원이라 난방을 꽤 세게 틀어놨는데도 그녀는 더플코트를 벗지 않는다. 춥기 때문이란다. 아, 그리고 자기가 죽었다고 주장하고 있다.

"글래디스, 편해 보이지 않네요." 내가 글릭 선생 옆에 선 채 그렇게 말을 건넨다. "따님 말씀이 일주일 내내 한숨도 못 잤다던데, 좀 누워서 쉬세요."

"날 무덤에 데리고 가면 그때 누울게요." 그녀가 내뱉듯 중얼거린다.

염라대왕 만날 날이 머지않아 보이긴 한다. 오래되고 낡은 코트 안으로 보이는 그녀의 몸이 걱정스러울 정도로 말랐다. 병색이 짙은 피부는 내가 의대 시절에 해부하면서 '클라이브'라고 이름 붙였던 해부용 시체보다 아주 조금 더 핏기가 돌고 물기가 전혀 없어 셀로판지처럼 얇고 바삭거려 보인다.

정신병원에 앉아 있는데 예뻐 보이는 사람은 한 명도 없다는 걸 아는 나는 눈을 게슴츠레 뜨고 질병 뒤에 숨은 그녀의 원래 모습을 보려고 시도해본다. 기록에 있는 것처럼 그녀가 친절한 과학 선생님의 모습으로 아이들에게 복도에서 뛰지 말라고 타이르는 광경을 상상해본다.

글래디스는 최근에 자기 몸속의 장기들이 제자리에 있지 않다고 말해서 딸을 놀라게 했다. 심장은 폐가 있어야 할 자리에 있고, 뇌가 자궁에 처박혀 있는 대신 그 자리에 장이 가 있다는 것이었다. 당연히 딸은 어머니를 응급실에 데리고 왔다.

물을 마시지 않아서 전해질 균형이 완전 미쳐 있었다(나트륨과 칼륨 수치가 극단적인 수준이 되면 그런 표현을 써도 된다. 사람에게 미쳤다는 표현을 쓸 수는 없다). 하지만 다른 검사 결과는 모두 정상이었다. 글래디스는 영양과 수분이 부족한 상태지만 장기가 모두 제자리에 있었고, 말 그대로 살아 있다는 사실이 공식적으로 확인됐다.◆ 그래서 그녀에게 강제 입원 결정이 내려졌고, 그녀는 본관 뒤에 숨어 있는 '건너편 병동'으로 이관됐다.

글릭 선생은 그녀가 침대 옆 테이블에 놓인 물병에 손도 대지 않은 것을 보고 말한다. "글래디스, 물을 좀 마셔야 해요."

"죽은 사람들은 물을 안 마셔요." 글래디스는 앞에 있는 벽을 똑바로 응시하면서 대답한다.

글릭 선생이 기침을 한다. "항우울제가 효과가 없군요. 다른 걸 써봐야겠어요. 오늘 오후부터 시작할게요."

입원실에서 나와 다시 긴 복도를 따라 걸으며 글릭 선생이 내

◆ 의과대학 학생들은 산 사람과 죽은 사람을 구별하는 법을 배우는 데 5년가량을 바치지만 그럼에도 충분치 않을 때가 있다. 시체 안치실의 냉장고에 열한 시간 보관되어 있던 한 폴란드 여성이 움직이기 시작했다. 그러고는 집에 가서 수프를 먹고 몸을 덥혔다(BBC, 2014). 아마 가장 아슬아슬했던 경우는 해부대 위에 누워 병리학자의 칼이 몸에 닿기 직전에 깨어난 베네수엘라 남성의 사례일 것이다. 시신 확인을 하기 위해 슬픔에 잠겨 안치소에 찾아온 아내는 복도에서 기다리는 남편을 보고 말문이 막혔다(로이터통신, 2017).

게 말한다. “응급실에서부터 같은 소리를 하고 있어요. 전형적인 코타르 증후군이에요. 직접 보게 되다니 운이 좋네요.”◆◆ 우리는 간호사 사무실로 들어가 의자에 앉는다. “글래디스에게 전기충격요법을 써야겠어요.” 글릭 선생이 덧붙인다.

나는 웃음을 터뜨릴 뻔했지만 글릭 선생은 농담을 하지 않는다는 사실을 상기하고 웃지 않는다.

“음…… 요즘도 그 요법을 쓰나요?” 내가 묻는다. 우리 가족 중 한 명이 충격요법을 받은 적이 있긴 하지만 아주 오래전 일이다.

그녀가 한숨을 쉰다. “벤, 영화 좀 덜 보고 책을 더 읽어야겠어요. 충격요법은 지금도 정신과에서 가장 효과적으로 사용되는 방법이고, 약물보다 훨씬 더 회복이 빨라요. 환자가 조만간 물을 마시기 시작하지 않으면 죽을 거예요. 달리 좋은 방법이 있어요? 내가 모르는 새로 나온 기적의 정신과 치료제라도 있나?”

나는 바닥으로 시선을 떨군다.

“다행히 체를레티 선생이 긴급으로 글래디스를 오늘 전기충격요법 환자 명단에 넣어줬어요.” 그녀가 내 표정을 보더니 말한다. “가서 보고 와요. 아니, 보기만 할 게 아니라 직접 하세요. 훈

◆◆ ‘걷는 시체 증후군’이라고도 부르는 코타르 증후군은 환자가 자신이 죽었다거나 신체 장기가 없어졌다거나 몸이 썩고 있다고 믿는 매우 드문 망상증이다. 초기 사례 중에는 환자가 수의를 입혀서 눕혀달라고 요구했고, 1788년 당시만 해도 다른 해결책이 없었던 그녀의 가족이 환자의 요구대로 해줬으며, 심지어 가짜 장례식까지 치렀지만 환자가 만족하지 못한 경우도 있었다. 환자는 뚜껑이 열린 관에 누워 수의 색깔이 마음에 들지 않는다고 불평했다고 한다.

련 과정의 일부니까 어차피 해야 해요. 그래야 1년 뒤에 수련 과정 잘 마친 걸로 서명을 해줄 수 있지. 먼저 채혈부터 하세요. 꼭대기 층, 해바라기실, 오후 5시예요."

일요일에는 강제 입원 조치를 하고, 월요일에는 전기충격요법을 하다니. 이런 추세라면 화요일쯤 되면 물고문을 하겠군.

나는 마지못해 채혈용 병, 바늘, 압박대 등을 임상실에서 집어 들고, 식당에 혹시라도 글래디스가 있는지 희망을 품고 둘러본다. 바닥에 고정된 테이블에 앉아 플라스틱 포크와 나이프로 식사를 하고 있는 환자들에게 봄 햇살이 환하게 쏟아지고 있다. 직원들이 문 근처에서 예의주시하고 있어서 환자들은 그들의 시선을 의식하면서 조용히, 그러나 가능한 한 '정상적으로' 식사를 하고 있다. 포크로 수프를 먹는다든지, 토스트 양쪽에 버터를 바른다든지, 바나나 껍질을 벗기는 것을 잊고 입에 넣는다든지 하는 등의 조그만 실수도 모두 글릭 선생에게 보고가 되어 입원 기간이 늘어날 수 있다는 걸 잘 알기 때문이다. 유일한 소음은 배식을 담당하는 아주머니들이 내는 소리와 아직 여기 분위기를 제대로 파악하지 못한 조증 환자가 음식을 입에 넣으면서 부르는 〈징글벨〉 노래 소리뿐이다. 지금은 4월이다. 그리고 어디에도 글래디스는 없다.

나는 그녀의 입원실로 가는 길에 주방에 들른다. 그녀가 음식을 먹고 물을 마시게 할 수만 있다면 모든 걸 취소할 수 있다. 전기 주전자에서 물이 끓는 동안 나는 양쪽 귀 사이에 있는 1.5킬로그램짜리 젤리에 전기충격을 주는 것이 어떻게 치료가 될 수 있는지 의아해한다.

"들어가도 돼요?" 나는 양손에 찻잔을 들고 묻는다. 찻잔을 테이블 위에 놓은 다음 비닐에 싼 샌드위치 두 개를 뒷주머니에서 꺼낸다. "룸서비스 좋아하시지 않을까 해서 가져왔어요!"

글래디스는 20분 전과 정확히 똑같은 자세로 앉아 있다. 고전적인 긴장증(정신 질환으로 인해 오랫동안 움직이지 못하는 증상 – 옮긴이)이다.

"제 소개를 제대로 못 했네요. 저는 벤저민이라는 의사예요." 나는 그렇게 말하면서 의자를 끌어당겨 앉는다. "햄 샌드위치하고 토마토 치즈 샌드위치가 있는데 어느 쪽이 좋으세요, 글래디스? 글래디스?"

전략을 바꿔 이번에는 차를 한 모금 마시고 만족스럽게 "아아아아아" 하는 소리를 내본다. 어린아이에게 채소 주스를 마시게 할 때처럼.

그다음 전략은 침묵이다. 대부분의 사람은 침묵을 잘 견디지 못하고 그 사이를 뭔가로 채우고 싶은 강박을 느낀다. 엘리베이터 안에서 휘파람을 부는 것처럼. 하지만 어쩌면 글래디스에게 너무 큰 압박을 가하고 있는 것인지도 모르겠다. 나는 의자에 기대앉아 창문 밖을 바라보면서 오후에 벌어질 일을 생각해본다.

양심에 따라 반대할 용기를 내야 하는 걸까? 아니면 그 악명 높은 연구◆ 참가자들처럼 실험 가운의 권위에 굴복해서, 세상에서 가장 예민한 컴퓨터 시스템인 두뇌에 전기충격을 줄 것인가?

시간이 10분쯤 흘렀을까. 이미 병동 업무가 밀린 상황이어서 나는 포기한다. "좋아요, 글래디스. 이제 더 이상 귀찮게 하지 않을게요." 나는 이제 식어버린 그녀의 찻잔을 든다. "혹시 모르니 샌드위치는 그냥 둘게요." 그때 일종의 결실이라고 부를 만한 반응이 나온다.

"죽은 사람들은 음식을 안 먹어." 그녀가 속삭인다.

나는 다시 앉아서 그녀의 이성에 호소해보려고 애를 쓴다. "글래디스, 따님이 그러는데 생물학 선생님이셨다고요?"

"은퇴할 때까지는."

"우리 아버지도 잠깐 생물을 가르치셨어요!" 조금이라도 공통점을 찾으려고 발버둥을 쳐보지만 그녀의 얼굴에는 아무 반응도 떠오르지 않는다. 내 생각에도 그다지 흥미로운 인연은 아니다. "생물학, 그러니까 살아 있는 것들에 대해 가르치셨죠? 그런데 죽은 상태라면 저랑 이야기하는 걸 어떻게 설명하시겠어요?"

그녀는 내 질문에 잠깐 망설인다. "당신도 죽었나 보지."

그 사실을 이런 식으로 발견하게 되다니! 게다가 내가 죽어서

• 1960년대에 스탠리 밀그램(Stanley Milgram)은 평범한 사람들이 홀로코스트처럼 잔혹한 일을 저지르는 행위를 '복종심'으로 설명할 수 있는지 연구했다. 실험에 참가한 사람들에게는 전기의자에 묶인 '학습자'를 가르치는 '선생' 역할이 주어졌다('학습자'는 사실은 배우였고, 전극에는 실제로 전기가 통하지 않았다). 학습자가 잘못된 답을 하면, 참가자들은 실험실 가운을 입은 실험자로부터 학습자에게 15볼트에서 450볼트까지 점점 더 강해지는 전기 충격을 가하라는 지시를 받았다. 학습자가 애원을 하고, 비명을 지르고, 나중에는 심지어 반응을 보이지 않는데도 모든 참가자가 300볼트까지 전기 충격의 강도를 올렸고, 그중 3분의 2는 사망에 이르게 하는 450볼트까지도 올렸다.

까지도 NHS에서 일하고 있다는 사실은 내 평판에도 도움이 되지 않을 것이다.

패배를 받아들인 나는 압박대를 묶고 그녀의 가늘고 구불거리는 혈관을 바늘로 찌른다. 짙은 선홍색의 액체가 주사기에 부착된 병으로 흘러든다. 병 몇 개가 다 차기를 기다리는 동안 나는 내가 이상한 꿈을 꾸고 있는 건 아닐까 생각해본다. 하지만 글래디스의 방을 나설 때 내 손에 들려 있는 작은 유리병들은 이것이 현실이라는 반가운 증거가 되어준다. 튜브 속에 암적색을 띤 그녀의 혈액이 보인다. 거기에 더해 따뜻한 피의 온기가 내 손에 전해진다.

이제는 구내식당의 밥을 도저히 더 먹을 수가 없다. 샌드위치에 든 새우를 볼 때마다 작은 대뇌가 머리에 떠오르곤 한다. 오후 5시가 되기 직전에 해바라기실로 향한다. 문 위에 명랑한 글씨체로 '해바라기실'이라고 써 있다.

오프화이트색으로 페인트칠된 대기실에서는 클래식이 흘러나오고, NHS 환자복을 입은 글래디스가 침대에 앉아 있다. 길 건너 본관에서 온 진지한 표정의 마취과 의사가 수술복과 수술화 차림으로 캐뉼라를 삽입하려고 하지만 그녀는 자기 몸에 혈관이 하나도 없다고 설명하고 있다. 마취과 의사의 얼굴에 떠오른 불편한 기색으로 봐서 왜 그가 환자를 잠재우는 과를 선택했는지 알 것도 같다.

침대 반대편에서 체크리스트를 확인하고 있던 간호사가 나를 올려다본다. “체를레티 선생이 회복실에서 필요한 준비를 모두 하고 계세요.” 그녀가 말한다.

“들어와요! 들어와요!” 키가 작고 활력이 넘쳐 보이는 사람이 바비큐 크기는 족히 되어 보이는 전기충격요법 기계의 단추들을 열심히 만지며 외친다. 나는 ‘위험! 고압 전류!’라는 만화 같은 스티커가 붙어 있지 않은 걸 보고 조금 놀란다. ‘광기 어린 교수’의 외모를 완성하고 싶기라도 한 듯 그의 머리가 완전히 헝클어진 채 꼿꼿이 서 있다. 마치 전기충격요법을 받은 것 같다.

“벤저민인가 보군요.”

“네, 안녕하세요, 체를레티 선생님.”

“혈액검사 해줘서 고마워요. 결과가 그리 나쁘진 않아요!” 그는 명랑하게 말한다. “급성 신부전이 있긴 하지만 저 불쌍한 환자가 마른 낙엽처럼 바짝 말라 있으니 당연하죠. 글릭 선생에게 직접 하고 싶다고 했다더군요?”

그런 말 한 적 없는데.

열성적인 새 수련의 시늉을 하기 위해 나는 부인하지 않는다.

그는 흥분한 전자제품 판매원처럼 이 최신 기기의 전선과 화면, 전극 등을 자랑스럽게 보여준다. 이미 처방전도 완성해놓았다. 약물을 몇 밀리그램씩 얼마나 자주 복용하는지 적혀 있는 대신 이 처방전의 ‘약’은 전류의 세기와 지속 시간이다.

“시작하기 전에 궁금한 거 있어요?” 체를레티 선생이 묻는다.

"바보 같은 질문 같지만 전기충격요법의 원리가 뭔가요?"

"아무도 몰라요. 삶의 커다란 수수께끼 중 하나죠. 버퍼링에 걸린 컴퓨터를 켰다 껐다 해보는 거랑 약간 비슷해요." 그가 장난기 어린 미소를 지어 보이며 말한다.

정말 엄청나게 과학적인 기술이로군.

"전기충격요법의 역사를 좀 알아요?"

나는 고개를 젓는다.

"사람들이 뇌전증 발작을 일으키고 나면 광기가 호전되는 걸 고대 그리스인들과 히포크라테스가 관찰한 것에서 '충격요법'이 유래했어요. 1930년대 말부터 의사들은 처음에는 화학물질, 나중에는 전기를 사용해 인위적으로 발작을 유도하는 시도를 했지요. 그리고 지금도 이렇게 사용되고 있어요."

"와아, 그렇군요. 그런데, 음, 마취과 의사는 왜 필요한가요?"

그는 어리둥절한 표정으로 나를 바라본다. "물론 전신마취를 하기 위해서죠. 전기충격요법을 의식이 있는 상태에서 할 거라고 생각하진 않았겠죠?"

나는 전기충격요법에 관해 내가 알고 있는 지식이 모두 영화 〈뻐꾸기 둥지 위로 날아간 새〉에서 얻은 것이라는 사실을 인정하고 싶지 않다.

"원래는 환자가 깨어 있는 상태에서 전기충격요법을 시행했지만, 마취 기술이 발전한 요즘은 환자를 먼저 잠들게 한 다음 실시해요." 그는 고개를 저으며 덧붙인다. "지금이 그 옛날……." 나는 체를레티 선생이 석기시대라고 말할 거라 생각했지만 그는

"……60년대도 아니고"라고 말을 맺는다.

그는 병실 문을 밀고 글래디스가 기다리는 방으로 들어가 그녀의 머리 옆에 기계를 놓고는 전원을 꼽는다.

마취과 의사가 글래디스를 눕히고 산소마스크를 대준다. 그러고는 근육 이완제를 주사한다. 체를레티 선생은 근육을 이완시켜 몸이 축 늘어지게 해야 경련으로 인한 '원치 않는 골절'을 방지할 수 있다고 귓속말로 알려준다. "자, 이게 피냐 콜라다예요." 마취과 의사가 늘 하는 듯한 농담을 던진다. 아마 일반 병동의 환자라면 예의 바르게 웃어줬을 것이다. "바닷가 백사장에 누워 휴가를 즐긴다고 상상하세요." 환자가 아무런 반응을 보이지 않는데도 그는 계속한다. "30분 후에 다시 만나요!"

글래디스가 완전히 의식을 잃자 우리는 세면대로 가서 분홍색 수술용 비누로 손을 씻는다. 체를레티 선생은 고객의 다락방을 개조하러 온 건설 노동자처럼 휘파람을 분다.

"벤저민, 어떤 의사들은 정신과 의사는 사람 목숨을 구하지 못하니까 우리 과를 선택하지 않았다고 말하기도 해요. 하지만 난 전기충격요법실에서 수백 명의 목숨을 구했어요." 그는 종이 타월로 손을 닦으며 덧붙인다. "카트에 보면 물림보호대가 있을 거예요. 환자가 발작을 일으키면서 혀를 깨물거나 치아가 깨지는 일을 방지하는 데 필요해요. 맞아요, 바로 그거예요."

나는 글래디스의 바싹 마른 입술을 억지로 벌려 고무로 된 물림보호대를 끼운다.

"자, 준비가 다 됐어요……. 벤저민, 전극을 붙이세요."

나는 머뭇거린다. 진짜 내 손으로 이 일을 하게 된다고?

"프로포폴 효과가 떨어지기 전에 하는 게 좋겠죠." 산소마스크와 산소백으로 호흡을 시키고 있던 마취과 의사가 쏘아붙인다.

모든 게 조이는 느낌이다. 내 팔꿈치가 침대 옆에 서 있는 다른 의사들에게 부딪히는 것만 같다. 모두들 너무 가까이 서 있어서 마취과 의사의 입에서 나는 커피 향이 맡아질 지경이다.

"벤저민?" 체를레티 선생이 말한다.

나는 떨리는 손을 진정시키고 시키는 대로 전극을 글래디스의 관자놀이에 붙인다. 상황에 전혀 어울리지 않는 잔잔한 피아노 소리와 낭만적인 현악기 소리가 여전히 라디오에서 흘러나오고 있다. 그리고 체를레티 선생이 빨강 단추를 누른다.

나는 스파크가 튀고, 전기가 번개 모양을 그리며 공기를 가르고, 눈을 부릅뜬 채 일어나는 경련과 나무 수저도 부러뜨릴 듯 꽉 다문 입을 볼 거라 상상하지만 그런 일은 벌어지지 않는다. 글래디스의 감은 눈이 머리 감다 비누가 눈에 들어간 사람처럼 살짝 움찔했을 뿐이다. 턱에 힘이 들어가 젤리로 만든 물림보호대가 조여진다. 몸이 뻣뻣해지지만 경련은 일어나지 않는다. 1분 만에 모든 게 끝나고 그녀의 몸은 다시 긴장이 풀린다. 라디오에서 들리는 음악도 마무리가 되어간다. 잠시 침묵이 흐르고 목소리가 달콤한 클래식 FM 디제이가 뭐라고 말을 하기 시작한다.

체를레티 선생이 뇌파 활동을 보여주는 뇌전도를 출력하더니 의기양양하게 들어 올린다. "와, 이거 보세요. 진짜 멋지지 않아요? 모두 잘했어요! 정말 훌륭한 발작이었어요!"

지금까지 한 번도 발작을 축하해본 적이 없는 나는 적절한 에티켓이 뭔지 모른다. 박수를 쳐야 할까? 간호사와 마취과 의사가 글래디스가 누운 침대를 밀고 회복실로 간다. 거기서 그녀의 뇌에 대한 '컨트롤, 알트, 딜리트' 치료가 끝나고 깨어나기를 기다리면 된다.

"괜찮을까요?" 내가 묻는다.

"괜찮을 거예요." 체틀레티 선생이 말한다. "15분 후면 깨어날 거예요." 그는 벽에 걸린 시계를 흘끔 쳐다본다. 거의 6시가 다 됐다. "먼저 퇴근해요, 벤저민. 서류 처리는 내가 할게요. 우리가 나중에 환자를 병동에 데려다줄 테니 걱정 말고."

집에 돌아와보니 온 집이 내 차지다. 샘과 공동으로 쓰는 공간에 들어갈 물건은 모두 상자에서 꺼내 정리했고, 침실도 마찬가지다. 물론 샘의 침실은 정리하는 데 별로 시간이 들지 않았지만.

나는 요즘 앤드루 스컬Andrew Scull의 《광기와 문명》을 읽고 있다. '정신의학의 역사'를 주제로 한 시험 준비의 일환이다. 책을 읽으면서 인간적 고통의 경험은 고금을 막론하고 언제나 피할 수 없는 상수인 것 같다는 생각을 하게 된다. 그러나 고통을 어떻게 개념화하고, 거기에 어떤 이름을 붙이고, 어떻게 관리하는지는 시간이 흐르면서 변화해왔다.

과거에는 정신 질환을 광기라고 부르면서 머리에 구멍을 뚫어

사악한 기운이 '빠져나가도록' 하는 방법, 이 질병이 무슨 딸꾹질이라도 되는 것처럼 우리에 환자를 가두고 얼음처럼 차가운 물에 담가 거의 익사할 지경까지 몰고 가는 '충격'을 줘서 광기의 상태에서 빠져나오게 하는 방법, 환자를 회전의자에 앉히고 엄청난 속도로 돌리는 방법, 치아와 편도선, 결장, 자궁경관 등 광기에 감염되었다고 추정되는 신체 부위를 제거하는 방법, 청산가리나 말라리아 혹은 엄청난 양의 인슐린을 주사해서 인위적으로 혼수상태에 빠지게 하는 방법, 얼음 깨는 송곳 같은 물체를 안구를 통해 집어넣어 뇌의 일부를 파괴하는 방법 등이 사용됐다. 각 치료법 모두 당시에는 기적의 묘약으로 칭송받았다. 뇌엽절리술의 개척자 에가스 모니스Egas Moniz는 1949년 노벨의학상을 수상하기까지 했다. 그러나 효과는 과장하고 해악은 최소한만 밝힌 채 자행됐던 이런 관행은 이제 모두 폐기되었다. 논란이 분분함에도 여전히 사용되는 것은 전기충격요법뿐이다. 효과가 있다는 증거가 일부 나와 있긴 하지만 흥미롭게도 '사기 전기충격요법'(마취를 한 다음 요법을 실시하지 않고 깨어난 환자에게 시술을 했다고 말하는 일종의 플라세보 요법)을 받은 환자도 증상이 호전됐고, 조금 걱정스럽게도 1980년대 이후로는 전기충격요법을 지지하는 연구가 전혀 없었다. 이 요법을 반대하는 사람들은 두통, 일부 기억 상실, 그리고 최악의 경우 영구적 뇌손상 등의 장기 부작용이 일어날 수 있다는 사실을 이유로 든다.

"오늘 재미있는 거 좀 봤어, 형?" 샘이 방에 들어오면서 묻는다.

인간 컴퓨터를 껐다 켰다 한다는 비유로 설명하는 건 창피할 정도로 조악한 느낌이 든다. 게다가 오늘 일에 대한 생각을 아직 정리하지 못했다. 시험공부를 하다가 알게 된 또 다른 개념이 떠오른다. 더닝 크루거 효과라는 것으로 더 많이 배울수록 아는 것이 더 없다고 느끼는 불안하기 짝이 없는 현상이다.

역사적으로 정신과 의사들이 환자에게 도움이 된다는 믿음에서 행한 치료가 시간이 흐른 후에 사이비 과학, 최악의 경우에는 야만적인 행위로 여겨져 폐기되는 일이 너무 잦았다.

나는 탁 하고 소리 나게 책을 덮는다. 이래서 사람들이 책을 안 읽고 텔레비전만 보는 건가.

"아니, 뭐 별로 없었어. 그냥 〈컴 다인 위드 미Come Dine with Me〉나 같이 보자." 내가 말한다.

샘은 내가 앉은 소파 옆자리에 털썩 앉아 텔레비전을 켜려고 한다. 리모컨이 말을 듣지 않아 몇 번 손으로 내리치니까 텔레비전이 켜진다. 글래디스가 좋아지지 않으면 내일 우리도 저런 방법을 쓰게 되는 걸까. 나는 잠시 생각에 잠긴다.

다음 날 아침 나는 곧장 글래디스의 입원실로 향한다. 비어 있다. 제기랄.

사무실로 급히 가서 묻는다. "글래디스 어딨어요?"

블레싱은 밤사이 새로 온 입원 환자들 차트를 읽다가 나를 올려다본다. "좋은 아침이라고 인사해줘서 고마워요. 글래디스는 식당에 있어요."

"네?"

"글래디스가 식당에 있다고요."

"거기서 뭐 하는 거예요?"

블레싱은 재미있다는 표정으로 나를 쳐다본다. "뭘 한다고 생각하세요?"

나는 베이컨 냄새를 따라 복도를 걸어 식당으로 간다. 오트밀이나 따뜻한 아침 식사를 제공하는 곳 앞에 환자들이 줄을 서 있다. 그 옆에 놓인 과일 바구니에는 아무도 손댄 흔적이 없다.

그리고 바로 거기, 절대 못 알아볼 수 없는 똑바른 자세로 글래디스가 앉아 있다. 다시 더플코트를 입었고, 여전히 수척한 모습이다. 그러나 그녀 앞에는 거의 다 마신 사과 주스 병과 베이크드 빈을 깨끗이 먹은 흔적이 있는 빈 접시가 놓여 있다.

단 하나의 사례가 전기충격요법이 '효과가 있다'는 증거가 될 수 없고, 수선화 병동에서 나는 이 요법이 전혀 효과가 없는 사례를 수없이 많이 보게 될 것이다. 하지만 당장 글래디스에게는 효과가 있었다. 아무도 그 이유를 알지 못해도, 이 수수께끼 같은 의학 분야에서는 사용할 수 있는 수단은 모두 동원해보지 않을 수가 없다. 첫째, 해를 끼치지 마라. 둘째, 어떻게든 좋은 일을 하라. 셋째, 진단 코드를 입력해서 트러스트가 비용을 청구할 수 있도록 하라.

5

F코드 붙이기

접수 담당자가 글릭 선생의 휑한 사무실에 머리를 쏙 들이민다. "방금 2시 예약 환자가 약속을 취소했어요. 집에 물이 샌다고 하더라고요." 그렇게 말한 다음 그녀는 금방 사라져버린다.

"좋아요." 글릭 선생은 기쁜 표정을 감추지 못하고 말한다. "밀린 이메일 처리할 시간이 생겼네." 그녀는 받은 메일함을 클릭한다. 나는 그녀가 읽어야 할 메일이 6만 개가 있다는 걸 기억해낸다.

수선화 병동에서 일을 시작한 지 몇 달이 지난 지금, 그녀는 외래환자 상담을 할 때 내가 옆에 앉아서 참관하는 것을 허락했다. 나는 일 처리가 점점 빨라지고 있고, 날마다 새로운 입원 환자를 받고, 병력을 기록하고, 정신에 대한 안전 검사에 해당하는 정신상태 검사를 하고, 유기적 문제를 배제하기 위한 채혈 등을 한다. 그런 다음 진단명을 선택하고, 시스템에 적절한 클러스터명을 입력한다. 방대한 인간 경험의 다양성을 글자 하나와 숫자 몇 개로 표시하는 코드로 줄이고 나면, 글릭 선생이 치료를 시작한다.

환자들은 가공 처리되기 위해 컨베이어 벨트에 실려서 움직이는 과일과도 같다. 사과, 오렌지, 바나나 등에 붙는 스티커 대신 우리의 베스트셀러는 조현병, 양극성 장애, 우울증, 감정 불안정성 인격 장애다.

글릭 선생은 주요 증상이 있는지 없는지에 주목하는 것이 요령이라고 가르쳐줬다. 기분이 가라앉았거나 들떠 있는지, 환청 혹은 환각을 겪는지, 피해망상이나 과대망상이 있는지 등을 살피라는 것이다. 환자의 인생 이야기, 다시 말해 '개인사'에 말려들면 안 된다.

이제 밤에 당직을 서면서 혼자 환자를 진단하는 일에 좀 더 자신감이 생겼다. 환자를 입원시키지 않을 수 있는 창의적인 방법을 찾아내서 상사들로부터 점수를 따는 일에도 좀 더 능숙해지고 있다. 환자 주소가 우리 관할 지역이 아니거나, 신체 질환이 너무 심해서 정신 병동에 있기에 부적절하거나, '그냥 단순한' 인격 장애에 지나지 않거나, 정신 질환과 비슷한 증상을 보일 수 있는 약물이나 알코올 섭취를 한 상태라서 등 입원을 거부할 이유는 많다. 지금까지 딱 한 번 입원 환자 담당 전문의에게서 '부적절한 입원'에 항의하는 무례한 이메일을 받았을 뿐이다. 입원시키는 데 적절한 대답을 모두 한 노숙자였고, 새벽 1시에 병원 밖으로 냉정하게 내쫓을 수 없어서 입원시킨 환자였다. 하지만 그 사이 내가 이뤄낸 가장 큰 성취는 블레싱을 거의 웃게 만든 농담을 한 것이었다.

그리고 우리 병동의 구내식당에서 일하는 분들과도 좋은 관계를 유지하고 있다. 건강 및 위생 관리 규정 때문인지 보험 때문인지는 몰라도 매년 병원 음식이 손도 대지 않은 채 6000톤씩 버려지고 있지만 직원들이 그 음식을 먹을 수는 없다고 한다. 이제는 환자 점심시간이 끝난 후 남은 음식을 모두 버리는 대신 테이크아웃 상자 여러 개에 음식을 가득 담아 깨끗한 비닐 봉투로 싸두어서 시간이 날 때 식사를 할 수 있게 됐다. 어떨 때는 병동에서 나가는 구내식당 직원이 내게 윙크를 하기도 한다. 영화 〈오션스 일레븐〉에서 카지노 금고를 털기로 한 사람들끼리 신호를 주고받는 것처럼 말이다. 이 공짜 '쓰레기봉투' 점심으로 채소 패스티, 으깬 감자, 베이크드빈, 초콜릿 스폰지 케이크 4인분을 먹을 때가 내 하루 일과의 절정일 때가 많다.

이 엄청난 음식 낭비와 최고 온도로 고정된 채 끄는 것이 불가능한 라디에이터를 생각하면 홍수, 가뭄, 산불 등 자연재해 소식이 들릴 때마다 기후변화에 대해 걱정하지 않을 수가 없다. 어쩌면 NHS의 환경오염 문제를 내가 걱정할 필요는 없을지도 모르겠다. '그린 플랜'에 확고하게 참여하고 있다고 알리기 위해 우리 트러스트는 최근 이메일에 첨부되는 회사 안내란에 푸른 이파리 하나를 더했다.

글릭 선생이 산더미 같은 이메일을 헤쳐나가는 기회를 틈타 나는 주머니에 넣고 다니던 《옥스퍼드 정신의학 핸드북》을 읽는다. 여기저기 접혀 있고, 가장자리가 해져가고 있는 책이다.

"무슨 책 읽어요?" 한참 후 글릭 선생이 묻는다.

나는 고개를 들고 대답한다. "정신과 진료 체계에 관해서 읽고 있어요."

그녀는 눈썹을 한 번 치켜떠 보이고 계속 자판을 두드린다. "난 책 대신 영화가 나오길 기다릴 거야."

방금 그건 농담이었을까? 글릭 선생이 농담을?

우리 트러스트에서도 영국 다른 병원과 마찬가지로 ICD-10, 다시 말해 국제질병분류법을 따른다. 이 분류법은 정신 질환을 포함한 모든 질병을 망라한다. 당뇨병, 조현병, 폐인성 순환기 질환 등이 다 같이 알파벳과 숫자로 분류된다. 정신 및 행동 장애는 모두 F로 시작하는데 'fuuuuuuuuck'의 약자일 수도 있고 아닐 수도 있다.◆

무슨 말이냐면 환자를 본 다음 그냥 단순히 '우울증'이라고 쓸 수 없다는 뜻이다. 그 환자가 경미한 우울 증상(F32.0)인지, 중간 정도의 우울 증상(F32.1)인지, 정신증적 증상이 없는 심각한 우울 증상(F32.2)인지, 정신증적 증상이 있는 심각한 우울 증상(F32.3)인지, 비전형 우울증(F32.8)인지, 혹은 미확증 우울 증상(F32.9)인

◆ 이 분류법을 '정신의학의 바이블'이라 부르는 미국의 《정신 질환 진단 및 통계 매뉴얼(Diagnostic and Statistical Manual of Mental Disorders)》과 혼동하면 안 된다. 《정신 질환 진단 및 통계 매뉴얼》은 일부 정신과 의사들이 병원에서 접한 임상적 사례에 근거한 질병들을 기록한 것으로 시작했다. 1952년, 106가지 증상으로 시작한 DSM-1은 현재 DSM-5로 발전하면서 질병 숫자가 400개 이상으로 늘어났다. 인간에게 벌어질 수 있는 온갖 비참함을 총망라한 백화점 카탈로그라 할 수 있겠다. 가장 최근 버전에 실린 질병의 69퍼센트가 제약 회사들과 재정적 연관성이 있다는 사실은 살짝 우려되는 부분이다.

지, 재발성 우울 장애(F33)인지 결정해야 한다.

의대에 다닐 때는 왜 현대 의학계가 여전히 아주 기술적인 용어를 써서 환자들을 혼란스럽게 하는지 궁금했지만, 이제는 환자들을 혼란스럽게 하는 게 현대 의학의 기능 중 하나라는 사실을 안다. 동기식 횡격막 플러터synchronous diaphragmatic flutters라는 진단을 내리는 의사가 딸꾹질이라는 진단을 내리는 의사보다 더 존경받을 확률이 높다.

"치료법 일부를 얼른 검토해볼 수 있을까요?" 나는 요행을 바라는 마음으로 묻는다. 글릭 선생이 마우스를 클릭하자 휘익 하고 이메일이 발송되는 전자음이 들리고, 그녀가 뒤를 돌아 나를 본다. 하나 보냈으니 5만 9999개 남았군.

"좋아요." 그녀가 말한다.

"F32.0 말인데요……."

"경미한 우울 증상. 임상적인 우울증을 치료할 때는 항상 선택적 세로토닌 재흡수 억제제SSRI를 먼저 사용하죠. SSRI는 뇌의 화학적 불균형을 교정해서 효과를 발휘한다고 여겨지고 있어요."

납득이 간다고 생각하면서 나는 고분고분 글릭 선생이 설명해 준 메커니즘을 받아 적는다. "그러면 병원 밖에서 환자를 볼 때 저도 그런 증상에 약 처방을 할 수 있나요?"

"의사니까 처방을 하는 게 일이죠. 약 처방을 안 할 거면 심리학자보다 나을 게 뭐 있어요?" 그녀가 말한다.

나는 심리학자들과 정신과 의사들이 전쟁 중인지 몰랐다. 말과 화학약품 사이의 전쟁. 어머니와 나 사이의 대결.

"이거 받아요." 글릭 선생은 이렇게 말하면서 첫 번째 서랍에서 뭔가를 꺼내 준다. "다음 직장에서 필요할 거예요."

정신과 처방전 용지를 받아 든 이 순간이 중대하게 느껴진다. 청진기를 처음으로 목에 건 순간, 혹은 '의사'라는 명칭이 찍힌 현금 카드를 처음 손에 쥔 순간처럼.

나는 얇은 처방전 용지들을 엄지손가락으로 훑으면서 미소를 짓는다. 종이 색이 초록색이다. 생명과 성장의 색. 그리고 만화에 나오는 돈의 색.

지시를 받은 나는 2시 30분에 환자 안톤을 데리러 간다. 스물두 살에 미술대학 대학원생인 안톤은 그의 가정의가 여러 증상을 열거하며 의뢰해온 환자다. 의사들은 항상 환자의 증상을 미리 알고 시작하는 것을 좋아한다. 환자들이 자기 증상을 검색하지 않아야 하는 이유가 바로 이것이다. 의사들이 두 번 일할 수 있기 때문이다.

그는 어깨를 움츠리고 머리를 덮은 채로 대기실에 앉아 있다. 내가 이름을 부르자 뒤꿈치를 꺾어 신은 컨버스화를 끌며 복도를 따라 걸어온다. 글릭 선생의 상담실에 들어온 안톤이 검은 후드티 모자를 내리자 분홍색으로 염색한 머리가 드러난다. 뿌리 부분에 원래 머리색이 보인다.

"어떻게 오셨어요?" 글릭 선생이 묻는다.

안톤은 공부에 아무 흥미가 없고, 사실 그 어떤 것에도 흥미를 느낄 수가 없다고 말한다. 그리고 최근에 남자친구와 헤어졌다고 한다.

“며칠 전에 마주쳤어요. 완전히 극복했다고 생각했는데.” 그가 묻지도 않았는데 자진해서 술술 털어놓는다. “역에서 기차를 탔는데, 제가 탄 기차가 움직이는 줄 알았건만 실제로는 옆 차가 움직이는 거였을 때 있잖아요. 바로 그거였어요.”

글릭 선생이 고개를 끄덕인다. 이런 비유 같은 것에 시간을 낭비할 수 없다. “기분이 어때요? 잠은 잘 자나요? 즐겁게 하는 일이 하나라도 있어요?”

“기분은 똥 같고…… 잠은 못 자고…… 아니요, 즐거운 건 하나도 없어요.”

“식사는요?” 글릭 선생이 묻는다.

“잘 못 해요. 표백제를 1리터쯤 마셔버리고 싶다는 생각을 하긴 했지만. 뭐, 진짜 마시겠다는 건 아니고요. 아마도.”

“그렇군요.” 글릭 선생이 처방전 용지 쪽으로 손을 뻗으며 말한다. “약을 매일 먹고 2주 후에 다시 오세요. 벤이 나가는 문을 안내해줄 거예요.”

다시 돌아온 내게 글릭 선생은 차트를 쓰면서 진단에 대한 내 의견을 묻는다.

얼마 전까지도 안톤의 진단명은 ‘동성애’로 혐오 요법이나 심지어 화학적 거세 등으로 치료해야 하는 환자로 여겨졌다. 다행히도 상황이 개선되어서 1973년부터는 동성애가 《정신 질환 진단 및 통계 매뉴얼》에서 삭제됐지만, 이는 정신의학계에서 사용하는 단어가 냉철한 과학에 기반을 둔 것이 아니라는 불편한 진실을 상기시켜준다.

"우울 장애, 아마 중간 정도의 증상인 것 같아요." 내가 말한다.

"왜죠?"

"핵심 증상이 두 개 있고, 생물학적 증상도 일부 있으니까요. 우울한 기분, 수면 장애, 집중력 저하, 즐거움 상실, 식욕부진, 자살 충동과 그에 대한 방법 고려 등이 특징적인 증상이고요. 이 모든 증상이 2주 이상 지속됐다는 것도 문제라고 생각합니다." 나는 교과서에서 배운 대로 줄줄 읜다.

"치료법은요?"

"SSRI를 사용해야 할 것 같아요. 선생님이 처방하신 대로 플루옥세틴 20밀리그램을 처방하는 게 적절한 것 같습니다."

"2주에서 4주 내에 향상되지 않으면?"

"약의 용량을 늘려야겠지요. 최대 용량으로도 진전이 없으면 다른 종류의 항우울제를 쓰거나 미르타자핀이나 벤라팍신 같은 약을 가이드라인에 따라 보충제로 쓰면 될 것 같습니다."

"좋아요." 그녀가 말한다. 글릭 선생에게서 칭찬을 받는 일은 아주 드물기 때문에 내가 정신과 의사로서 요령을 익혀간다는 것이 자랑스럽다.

마음 한구석에서는 안톤의 뇌에 정말 문제가 생긴 것인지 아니면 사랑을 하면서 겪는 자연스러운 기복을 경험하고 있는 것인지 궁금하다. 중학교 영어 시간에 배운 셰익스피어 작품에 나오는 인물들과 비슷하지 않은가? 아니면 로미오와 줄리엣도 진단받지 않은 심각한 우울 증상(F32.2)을 겪고 있었던 걸까?

"음, 글릭 선생님?" 내가 운을 뗀다.

그녀는 자판을 밀치고 고개를 들어 나를 본다. "네?"

그러나 그 순간 접수 담당자가 다시 문 안으로 고개를 들이민다. '3시 환자'가 기다리고 있단다.

어떨 때는 삶이 너무 복잡하게 느껴진다. "아니에요." 나는 그렇게 말하고 다음 환자를 데리러 간다.

금요일이 두 번 지난 후, 병동이 놀라울 만큼 조용한 날, 나는 클리닉에서 글릭 선생의 외래환자 상담에 입회할 기회를 다시 잡았다. 이번에도 안톤은 대기실에서 기다리고 있었지만, 머리를 숙이고 있지 않았던 터라 나와 눈을 마주치자 벌떡 일어난다.

"어떻게 지냈어요, 안톤?" 상담실 안에서 글릭 선생이 펜을 손에 쥔 채 묻는다.

"이제 괜찮아요. 기분이 훨씬 나아졌습니다. 감사합니다. 잠도 자고……. 밥도 다시 먹어요. 생각도 훨씬 긍정적으로 하고요."

"표백제 마실 생각은 없어요?"

그는 2주 전 자기 상태가 너무 웃기다는 듯 웃음을 터뜨린다. "하수구에 버렸어요."

"좋아요." 글릭 선생이 말한다. 그녀가 나에게 눈길을 주는 순간 나는 이 승리를 공유하는 느낌이 든다. 물론 약이 거의 모든 일을 해냈지만 말이다.

"우리가 더 해드릴 일은 없을 것 같아요. 이쯤에서 여기서 하는 치료는 마치고 가정의 선생님께 차트를 넘겨 지금까지 하던 대로 치료를 계속해달라고 하겠습니다."

만족해하는 고객과 함께 복도를 걸어가면서 나는 상담을 지켜볼 수 있도록 허락해줘서 고마웠다는 말을 한다.

"정말 많이 배웠어요. 환자분께 SSRI가 효과가 있어서 정말 다행이에요."

"뭐라고요?"

"아, 죄송해요. 항우울제 말이에요. 글릭 선생이 처방한 약."

우리가 비슷한 나이라서인지 아니면 남자끼리여서인지 아니면 글릭 선생의 컨베이어 벨트식 상담 시간에 말할 기회가 없어서였는지는 모르지만 안톤이 내게 털어놓는다.

"아, 그 약은 한 번도 안 먹었어요." 그가 조심스럽게 말한다.

"네? 하지만 너무나…… 달라지셨는데요?"

"아마 남자친구랑 다시 만나게 되어서 그런 거 같아요." 그가 씩 웃으며 말한다. 그는 커다란 유리문을 통해 밖으로 나가 손으로 만 담배를 피우고 있던 남자친구와 만난다.

두 사람이 손을 잡고 멀어지는 것을 지켜보다 보니 이해되지 않았던 볼테르의 인용구가 떠오른다. "의학의 기술은 자연이 질병을 치료하는 동안 환자가 지루해하지 않도록 하는 것이다."◆

사무실에 다시 돌아가보니 글릭 선생이 가정의에게 보낼 의뢰

확인 서류를 작성하고 있다. "벤, 안톤의 뇌에서 플루옥세틴이 효과를 발휘한 메커니즘을 말해볼래요?"

"음, 실은……." 내가 그렇게 운을 떼자 그녀의 얼굴에 낙담한 기색이 돈다. 저 표정은 어쩌면 이 환자가 우리가 포장한 것만큼 간단하지가 않으리라는 우려 때문일까?

나는 상황을 복잡하게 만들고 싶지 않다. 게다가 내년 훈련 과정으로 넘어가려면 글릭 선생의 서명이 필요하다. 안톤이 나아진 건 사실이고, 왜 나아졌는지는 별로 중요하지 않다.

"안톤의 기분이 개선된 것은 주로 세로토닌에 영향을 미치는 모노아민의 시냅스 내 수치가 높아졌기 때문으로 보입니다." 그렇게 말해놓고 보니 '남자친구랑 다시 만나기로 했어요'보다 훨씬 더 좋게 들린다.

"훌륭해요, 워터하우스 선생." 그녀의 표정이 다시 밝아진다. "이제 제대로 된 정신과 의사 같은데요?"

◆ 많은 정신 질환이 본질적으로 '재발과 완화'를 거듭한다고들 말한다. 병이 좋아졌다 나빠졌다를 반복한다는 의미다. '평균으로의 통계적 회귀'라는 개념에 따르면, 이상 증상이 있는 환자는 평균적으로 볼 때 자동 향상된다. 예를 들어, 포스터낙(Posternak)은 치료 없이도 심한 우울증 환자의 85퍼센트가 1년 이내에 회복되었다는 연구 결과를 내놓았다. 따라서 그 기간 동안에 약이 처방되었다면(그리고 환자가 약을 복용했다면), 치료 덕분에 환자가 회복되었다는 잘못된 결론을 도출하게 된다. 마야문명에서 신을 기쁘게 하려고 인간 제물을 바친 것과 비슷한 경우다. 불쌍한 제물의 고동치는 심장을 꺼내서 신에게 바치지 않았더라도 해는 다시 뜬다는 사실을 깨달을 기회가 없었던 것이다.

자전거를 타고 집에 가는데, 미뤄뒀던 생각들이 한꺼번에 덮쳐온다.

의대생 시절에 정신과 의사가 되고 싶다는 내게 심장의학과 교수님이 했던 말이 기억난다. “청진기만 들었지 사회복지사인데 그걸 하고 싶다고?”

이제야 그 교수님이 왜 그런 말을 했는지 이해가 된다. 아주 짧은 경력이지만, 그사이 본 환자들이 가진 문제의 대부분은 이른바 정신 질환이라고 부를 수도 있지만 살아가면서 겪는 문제로 설명할 수도 있는 것들이었다.

안톤의 경우에는 남자친구와의 결별이 문제였지만, 업무 스트레스, 빈곤, 반사회적 이웃, 집 문제, 사별, 외로움, 기회 부족, 목표나 희망의 부재 혹은 만족스러운 삶에 필요한 요소들의 결여 등으로 인해 문제를 겪는 사람도 많다.

내가 끝없이 작성하지 않으면 안 되는 서류들에 들어가는 의학적으로 들리는 진단명, 클러스터, 진단 코드들을 그냥 정직하게 ‘젠전모(젠장, 전혀 모르겠음)’, ‘똥인증(똥 같은 인생 증후군)’ 혹은 ‘실꽤정(실은 꽤 정상)’ 같은 걸로 대체하면 어떨까 하는 생각을 가끔 하곤 한다. 하지만 사람들의 삶을 깊이 이해할 시간이 없고 이미 훼손된 사회 보호 시스템으로는 그들의 삶을 변화시킬 능력이 전혀 없는 데다가 더 사려 깊은 치료를 쉽게 제공할 수 없는 마당에, 과중한 업무에 짓눌린 가정의들이나 정신과 의사들이

'뭔가를 해야 한다'는 생각으로 작성에 1분도 걸리지 않는 SSRI 처방전을 남발하는 것을 과연 나라고 비난할 수 있을까?

집에 도착해서 핸드폰을 보니 나피사에게 문자가 와 있다. '아직 살아 있니? 아님 환자들이 주는 핫초콜릿 과다 복용으로 사망하심?'

빌어먹을, 퇴근 후에 동료 수련의 몇 명을 펍에서 만나기로 했던 걸 깜빡했다. 나는 사과 문자를 보내고 다음번에는 꼭 참석하겠다고 말한다.

'그건 그렇고 잘 지내?' 그녀의 답장이다.

나는 지금 내가 선택한 전공 분야에서 근본적인 위기를 겪고 있다. 내가 엄청난 실수를 한 건 아닌가 하는 생각. 내가 시간을 그나마 잘 타고난 또 한 명의 '야만적인' 정신과 의사에 지나지 않는 건 아닐까 하는 피해망상. 거기에 더해 오늘 걱정거리가 새로 하나 더 늘었다. 정신의학은 일상생활을 의학화하는 죄를 짓고 있지는 않은가?

나는 이 모든 감정을 아우를 수 있는 이모티콘을 찾아보다가 이내 포기하고는 이두박근을 불끈 과시하는 이모티콘을 보낸다.

6

페기 할머니

이번 주말은 당직이 아니라서 페기 할머니를 만나기 위해 북쪽 지방에 올라왔다. 어머니 말과는 달리 할머니 상태는 죽기 일보 직전이 아니었는데 할머니는 그 사실에 꽤 실망스러워하고 있었다.

"할아버지는 어디 계시니?" 할머니가 다시 한번 묻는다.

나는 머뭇거리면서 이제 고인이 된 할아버지의 모습이 담긴 흑백사진을 바라본다. 해군 정복에 훈장을 단 모습이다. 우리 할아버지는 성격이 급한 옛날 남자여서 아무 때나 폭발하곤 했다. 제2차 세계대전에 참전했을 때의 일은 전혀 입에 올리지 않으셨지만 전장에서의 경험도 그리 도움은 되지 않았을 것이다. 할아버지가 살아 계실 때, 온 가족이 할아버지를 뵈러 가면 어머니는 항상 차에서 내리기 전에 앞자리에서 팔을 뒤로 돌려 우리 다리에 다정하게 손을 얹고 말했다. "애들아, 전쟁, 휴가, 게이 이야기는 하면 안 되는 거 알지? 꼭 기억해." 할아버지는 아무것도 아닌

일, 가령 모자의 앞이 뒤로 가게 쓰기만 해도 우리 뒤통수를 세게 쳤다. 기대치는 높고 성격은 급했지만 마음이 정말 따뜻한 분이었다. 지역사회를 위한 자원봉사로 대영제국훈장을 받았고, 내게 자전거 타는 법을 가르쳐준 사람도 할아버지였다. 아버지의 실용적인 성격과 체격은 할아버지에게서 물려받은 듯하다.

예전에는 할머니에게 할아버지가 돌아가셨다고 상기시켜드리곤 했지만, 치매 때문에 할머니는 하루에도 스무 번씩 할아버지의 죽음을 새롭게 슬퍼했고, 스무 번째도 첫 번째만큼이나 고통스러워했다. 할머니의 슬픔은 잠시 애인과 결별했을 때 안톤이 느꼈던 슬픔만큼이나 쓰라려 보였다. 할머니에게 할아버지 일을 상기시키는 것이 불필요하게 잔인한 일인 듯해서 최근부터는 전략을 바꿨다.◆

"할아버지는 우유 사러 나가신 것 같아요." 어떨 때는 이것저것 고치느라 밖에 계신다거나, 빨래를 널고 계신다거나, 편지 부치러 나가셨다고 하기도 한다.

그러면 할머니는 "네 할아버지는 참 좋은 사람이야" 하고 대답한다. 어쩌면 사랑은 과대평가된 것이 아닌지도 모른다.

최근 전에 없이 흥분한 할머니가 호흡을 잘 못 하기 시작했고, 걱정된 요양사들이 구급차를 불러서 병원까지 실려 간 적이 있

◆ 정신의학에서 다루는 대부분의 질병과 달리 알츠하이머병과 혈관성 치매는 병인과 병리가 밝혀져 있다. 머리를 스캔하거나 뇌를 해부해보면 이 질병들이 머리에 끼친 영향을 눈으로 볼 수도 있다. 그러나 그런 지식이 있다고 해서 치매 치료법이 발전한 것은 아니다.

긴 했다. 어머니는 항상 할머니가 돌아가시기 일보 직전이라고 생각하지만, 내가 보기에 할머니는 난공불락의 요새다.

여느 때처럼 할머니는 담요에 푹 싸인 채 휠체어에 앉아 있다. 뇌졸중을 겪은 후 근육이 뒤틀려서 사지가 부자연스럽게 굳은 탓에 계속 엉덩이를 들썩이면서 편한 자세를 찾으려고 애를 쓴다. 하지만 지난 20년간 열심히 자세를 고쳐 앉았음에도 편한 자세는 아직 찾지 못하고 계신 듯하다.

"요즘 어떻게 지내니?" 할머니가 백만 번째 같은 질문을 한다.

나는 이가 빠지고 손잡이는 순간접착제로 붙여놓은 여왕 즉위 25년 기념 머그잔에 담긴 차를 한 모금 마신다. "별일 없어요. 병원에 실려 가고 난리도 아니었던 것 같은데 몸은 괜찮으세요?"

"하느님이 더 노력하라고 땅에 다시 내려보내셨나 봐. 일찍 죽는 복은 착한 사람들만 누리는 거지, 벤지." 할머니는 장난스러운 미소를 던지며 말한다.

"그럼 할머니는 영원히 사시겠네요." 나는 늘 하는 대답을 다시 반복한다.

할머니를 만날 때마다 하는 대화를 이제는 단어 하나도 틀리지 않고 예측할 수 있다. 지난번에 호흡 곤란이 왔을 때도 같은 얘기를 했었다. 뇌졸중은 팔다리뿐 아니라 음식을 삼키는 근육도 마비시키는 경우가 많다. 기억력에도 도움이 되지 않는다.

내가 차 한 잔을 더 권하면 할머니는 "더블 위스키로 줘" 하고 대답할 것이다. 원래 술은 입에도 대지 않았고, 파티에서 와인을 따라주면 화분에 부어버리곤 하셨지만. 그런 다음 내게 좋은 사람을 만났냐고 물을 것이고, 내가 아니라고 하면, "이제 너도 한물갔어, 이제 스물네 살이나 됐으니 누가 널 원하겠니" 하고 농담을 던질 것이다. 그러면 나는 요즘 사람들은 열여덟에 처음 만난 사람하고 결혼하지 않는 경우도 많다고 대답한다. 하지만 내가 스물네 살이었던 건 벌써 몇 년 전이라는 말은 하지 않는다. 그다음 할머니 질문은 "의과 공부는 어때?"일 것이고, 내가 정신과를 전공하기로 했다는 사실을 상기시켜드리면 할머니는 늘 하던 대답을 또 할 것이다. "그 말도 안 되는 분야를 어떻게 믿을 생각을 했니? 너네 엄마가 저 모양인데?"

할머니의 뇌졸중이 전두엽 피질(보통 자제력을 담당하는 뇌의 영역)에 온 덕에 누리는 작은 장점은 예전에는 혼자만 했던 생각을 이제 더 이상 혼자만 하지 않는다는 점이다.◆ 많은 경우, 자제력을 잃는다고 하면 와인 바 테이블 위에 올라가서 춤을 추는 것 정도를 떠올리겠지만, 우리 할머니에게는 사람들에게 뚱뚱해졌다고 말하는 증상으로 나타났다. 내게는 머리가 더 벗겨졌다고 말하는 증상이 되었지만. 할머니는 또 가족 간의 비밀을 거리낌 없이 다 말해버렸다. 할머니는 우리 외할아버지, 외할머니와 친구

◆ 1848년, 철도 공사 감독관이었던 피니어스 게이지(Phineas Gage)는 철근이 머리를 완전히 관통하는 사고를 겪은 후 '신경 과학을 시작한 남자'가 되었다. 그는 기적적으로 생명을 구했지만 전두엽이 크게 손상되었고, 친구들은 그의 성격이 변했다는 것을 알아차렸다. 이를 계기로 다양한 뇌의 영역이 서로 다른 기능을 한다는 개념이 생겼고 이제는 널리 받아들여지게 되었다(그리고 공사장에서 안전모를 쓰는 관행도 시작되었을 것으로 추측된다).

였고, 그런 인연으로 아버지와 어머니가 열네 살 때 서로 첫사랑에 빠지게 되었다. 그래서 할머니는 어머니 쪽 가족들도 잘 안다.

"너네 엄마가 정신과 의사를 처음 찾아간 게 여섯 살 때였다는 거 아니? 아마 너무 슬퍼서 그랬다고 한 거 같아. 언니하고 관계가 안 좋았거든."

이 문제를 어머니한테 물어보면 어머니는 아니라고 부인하면서 할머니가 치매 때문에 그런 거라고 일축하곤 했다.

"대물림이야." 할머니는 계속 말을 잇는다. "너네 엄마의 할머니가 정신병원에서 돌아가셨거든."

어머니도 이 부분은 부인하지 않는다. 성격이 활달했던 외증조할머니는 지팡이로 누군가를 공격하는 사건이 벌어진 후 정신과 의사들로부터 '관리 불가능'이라는 판정을 받고 정신병원에 갇혔다고 한다. 어머니에게 왜 그 이야기를 해주지 않았냐고 묻자 어머니는 "안 물어봤잖아" 하고 대답했다.

우리 집에 가훈이 있다면 그건 '안 물어봤잖아'(라틴어로 '논 포스툴라스티Non Postulasti')라고 해야겠다. 직접 물어보지 않는 이상 우리 가족의 비밀은 절대 알 수가 없다. 물론 묻는다 해도 정직한 대답을 들을 수 있다는 보장은 없지만.

나는 여전히 편안한 자세를 찾기 위해 계속 엉덩이를 들썩이고 있는 할머니를 다시 바라본다. 아버지 쪽 친척들은 정신 질환 가족력을 인정하려 들지 않지만, 그것도 모를 일이다. 어릴 때 이상한 행동을 하면 우리 집에서는 "세인트 닉스로 보내버린다"라는 말을 듣곤 했다. 뉴캐슬에 있는 세인트 닉스는 빅토리아 시대의 정신병자 수용소를 개조해서 현대식 정신병원이 된 곳이다. 아이들에게 채소를 먹지 않으면 오븐에 머리를 박고 죽어버리겠다고 위협하는 어머니들이 하는 말과 비슷한 종류의 협박이었다. 책임감 있고, 모범적인 북부 지방의 자녀 교육법이다.

우리 가족 모두가 정신병원의 잠긴 문 바깥쪽에 머무르는 데 성공한 것은 아니다. 돌아가신 할아버지 사진 옆에는 우리 아버지가 어렸을 때 남동생과 찍은 사진이 놓여 있다. 엠블턴 해변에 여름휴가를 가서 찍은 사진이다. 성격이 별난 토머스 삼촌은 무슨 이유에선지 해변인데도 교복을 입고 있다. 짓궂은 장난을 좋아하던 삼촌은 친구들과 함께 도버에서 영국해협을 카누로 건넌 적도 있다. 그러다 요크대학교에 진학했고, 20대에는 건축가로 일했다. 어느 봄날, 삼촌은 난데없이 차를 몰고 다리에서 떨어지려고 시도했다. 자신을 고문하는 사람들의 추격을 따돌리려던 게 이유였다. 다행히도 목숨은 구했지만 응급 구조 대원들은 곧바로 삼촌의 정신 건강이 완벽하지는 않다는 사실을 눈치챘다. 결국 강제 입원 조치가 내려져서 삼촌은 정신병원에 입원했다. 여러 번 입원과 퇴원을 거듭했는데, 할아버지는 특히 길었던 첫 번째 입원 기간에 삼촌을 찾지 않았고, 심지어 조현병이라는 진단도 인정하지 않았다. 대신 그날 아들이 '상태가 좀 좋지 않은 날'이었다고 생각하는 쪽을 선호했다. 그래서 할머니는 혼자서 아들을 찾아갔다. 6개월에 달했던 삼촌의 첫 입원 기간에 아버지도 거의 날마다 혼자서 병원을 방문했다.

어릴 때 우리는 토머스 삼촌을 그저 말수가 적고, 가끔 우리랑 축구를 하며 놀아주는 사람으로 알았다. 삼촌은 또 소파에 앉아서 항상 고개를 끊임없이 돌리고 있었는데 이제는 그게 항정신성 약물의 부작용이라는 걸 나는 안다. 또 우리는 삼촌이 가끔 병원으로 돌아가 460볼트에 달하는 전기충격요법을 받는다는 사실도 알았다.

늘 그러듯 할머니는 화제를 돌리고 나를 지그시 바라보면서 자기가 정신이 없어지기 '시작하면', 비참한 삶을 끝내도록 내가 도와줄 것이라 믿는다고 말할 것이다. 나는 어색하게 웃으면서 그렇게 할 수는 없다고, 다른 것보다 할머니가 너무 보고 싶어서 못 한다고 말할 것이다. 그러면 할머니는 "내가 개였다면 이미 안락사시켰을 거야"라고 말할 것이다. 나는 아직까지 그 말에 대한 답은 찾지 못했다.

치매를 치료할 수 있는 방법은 없다. 프랑스 보건 당국은 치매 치료제의 효과가 거의 전무하다는 이유로 더 이상 치매 치료제를 국가 예산으로 지원하지 않는다. 아무리 등 푸른 생선을 많이 먹고, 숫자 퍼즐을 많이 해도 우리 할머니를 구할 방법은 없다. 치매는 악화되기만 할 뿐이고, 환자와 가족은 뇌에 점차적으로 불이 꺼지는 그 잔인하기 짝이 없는 과정을 속수무책으로 지켜보는 것 말고는 달리 할 수 있는 일이 없다.

할머니와의 그런 대화 때문에 나는 가끔 할머니의 소원을 이루어드리는 데 필요한 약을 구하거나 심지어 쿠션으로 할머니 얼굴을 누르는 광경을 상상할 때도 있다. 하지만 설령 내가 그런 용기를 낸다 하더라도 우리 가족 모두가 내게 고마워하지는 않

을 것이다. 게다가 나는 감옥에 가게 될 것이다.◆

하지만 '자발적 안락사', 다시 말해 자연의 순리대로 일이 벌어지도록 지켜만 보는 소극적 방관자 역할을 하는 것은 어떨까? 할머니가 저번처럼 또다시 고기 덩어리가 기도 쪽으로 내려가서 목이 메는 상황이 벌어진다면?

다행히도 현실에서 그건 내가 고민해야 할 가능성이 전혀 없는 윤리적 딜레마인 듯하다. 항상 명랑한 헝가리인 요양사 리타가 할머니의 식사를 가져온 걸 보니 구운 소고기와 채소 요리를 각각 다 갈아서 초록, 베이지, 갈색 스무디로 만들어놓았기 때문이다.

"리타는 며칠 전에 내가 음식 먹다가 질식할 뻔했다고 이젠 뭐든 다 갈아버리는구나." 할머니가 말한다.

"알아요."

한쪽에 켜진 텔레비전에서는 유명한 요리사가 나와 할머니는 절대 맛보지 못할 음식들을 만들고 있다.

"하지만 하느님이 더 노력하라고 땅에 다시 내려보내셨나 봐. 일찍 죽는 복은 착한 사람들만 누리는 거지, 벤지."

"그럼 할머니는 영원히 사시겠네요."

할머니가 미소를 짓는다. "그래서, 여자친구는 있니?"

◆ 디그니타스 병원은 이제 조력 사망 서비스를 제공하고 있다. 그리고 스위스항공은 섬뜩하게도 영국에서 스위스로 가는 '편도' 항공편을 59파운드(한화 약 11만 원)에 예약할 수 있다는 광고를 한다.

7

방 안의 흰 코끼리

"너희 미친놈들은 이걸 재밌다고 하는 거냐?" CCTV 카메라를 노려보면서 자말이 소리친다. 그러곤 돌아서서 바지를 내리고 '집에 계신 수백만 명의 시청자를 위해' 엉덩이를 까서 보여준다. 사실 그 진귀한 광경을 보는 것은 나와 동료들뿐이다.

자말은 며칠 전 입원을 했다. 자신이 리얼리티 텔레비전 쇼에 출연하고 있다고 믿는다. 흔히들 '트루먼 망상'이라고 부르는 증상이다. 일부 정신 병동에서는 직원들이 바디캠을 착용하고 일을 한다. 환자들로부터 받는 공격을 기록하고, 동시에 직원들이 환자를 거칠게 다루는 것을 방지하기 위해서이기도 하다. 그러나 빨강 불이 깜빡거리고 가끔 윙윙 소리도 내는 카메라는 자신이 리얼리티 쇼 〈빅 브라더〉에 출연하고 있다는 자말의 망상적인 신념을 더 강하게 만들 뿐이다. 그 때문에 자말은 최근에 간호사 한 명을 공격하고 그녀가 착용하고 있던 바디캠을 부숴버렸다.

정신과에서는 머리를 쓰는 데 실패하면 힘을 동원한다. 공격을 받은 간호사는 비상벨을 울렸고, 동료 간호사 십수 명이 몰려가서 자말을 제어한 다음 '격리실'로 데리고 갔다. 현대 정신병원의 격리실은 과거 악명 높았던 정신병자 수용소의 '완충재를 댄 방'을 대체했다.◆ 요즘의 격리실은 환자가 받는 자극을 최소화하기 위해 가구도 많이 두지 않고 벽도 흰색으로 칠하는 경우가 많으며, 특히 상태가 좋지 않거나 위험하다고 판단되는 환자들에게만 사용된다. 혹은 정신과 의사가 다른 좋은 생각이 더 이상 떠오르지 않을 때에도.

누군가의 자유를 박탈해서 정신과 병동에 있도록 제한하는 데서 그치지 않고, 매트리스와 변기만 있는 작은 독방에 있게 하는 관행에 대해서는 논란이 분분하다. 따라서 그 방에 있는 환자를 정기적으로 세심하게 확인하는 일을 밤낮으로 하게 되어 있고, 지금 바로 그 일을 나와 블레싱, 그리고 비상대응팀이 하러 가는 길이다. 비상대응팀은 보통 다른 병동에서 물리적 제어 훈련을 받은 체격 좋은 사람들로 구성되어 있고, 다정하거나 세심한 화술보다는 근육 위주로 채용된 사람들이다. 그리고 내가 있다.

글릭 선생은 자기가 클리닉에서 일하는 동안 내게 이 일을 하라고 지시했다.

◆ 강력한 항정신성 약물이 등장한 1950년대부터 완충재를 댄 방과 구속복 같은 물리적 제어 도구들은 점점 폐기되었다. 항정신성 약물로 흥분한 환자를 효과적으로 제어할 수 있게 되었기 때문이다.

나는 숨을 깊이 한 번 들이쉰다. 가장 체격이 큰 간호사가 문을 활짝 열자 우리는 격리실로 들어간다. 자말은 이 방을 '일기방'이라고 부른다. 여러 상황을 고려할 때 내가 더 이상 뉴캐슬 지방 억양을 쓰지 않는 게 나을 듯하다. 비상대응팀이 자말을 중심으로 반원 모양으로 서 있고 내가 그 바로 뒤에 서 있다.

"안녕하세요, 자말, 저는 벤저민이에요. 의사입니다."

"이러쿵저러쿵하지 말고요, 감독 만나게 해줘요. 나가고 싶어요. 서류 가져오면 서명할게요."

"자말, 여기는 정신병원이에요……."

"여기가 텔레비전 세트장이라는 거 다 알아요. 미친놈들 가둬두는 곳도 이렇게 나쁘진 않을 거야."

나는 정신병원 중에는 그나마 좋은 편에 속하는 이곳에 대해서도 이렇게 혹독한 평을 하는 것에 웃음이 나오려는 걸 겨우 참는다.

"방이 휑하긴 하죠, 하지만 여기가 정신병원인 건 맞아요." 어쩌면 직원 주차장이 아주 편하다는 말을 덧붙이는 게 좋을지도 모르겠다.

"네, 네. 당신도 가짜 의사인 거 다 알아요. 대본에 나오는 대로 이야기하겠죠. 근데 연기자들이 너무 못하네. 프로덕션도 구리고, 대본도 구리고, 배우도 구리고."

정신과 의사 흉내를 잘 못 낸다는 말을 듣는 건 나의 가면 증후군(자신의 성취를 인정 못 하고, 보상을 받을 자격이 없다고 확신하는 심리 현상 – 옮긴이)을 해소하는 데 전혀 도움이 되지 않는다.

내가 자격을 갖춘 사람이라는 걸 알려줘야겠다는 절박함에 내 출입증을 자말에게 보여준다. 8개월 전 오리엔테이션 날 받은 출입증이다.

"이거 가짜네. 사진이 딴 사람인데. 사진에 나온 사람은 머리가 덜 벗겨졌잖아."

나는 얼굴을 붉히며 블레싱과 오마르, 그리고 다른 사람들을 쳐다본다. 모두들 웃지 않으려고 얼굴 근육을 과도하게 긴장시키고 있다.

"음, 자말, 약을 가져왔어요." 나는 더듬거리며 말한다.

"가짜 약 안 먹을 거예요. 색깔도 안 맞게 가져왔네."

블레싱이 나를 노려본다. 다른 선택지를 알리라는 무언의 메시지다.

"약을 거부하면, 안됐지만 주사를 놓는 수밖에 없어요."

자말은 간호사 군단을 바라본다. 간호사들이 모든 것을 고해상도로 녹화하고 있는 바디캠을 몸에 착용하고 있는 것도 놓치지 않는다. 그런 다음 그는 이제는 익숙해진 강낭콩 모양의 병원용 접시로 눈을 돌린다. 보통 약물이 가득 든 주사기나 알약이 든 종이컵을 놓는 접시다.

어느 쪽이 더 괴로운지 모르겠다. 환자를 찍어 누르고 강제로 주사를 놓는 것, 아니면 72시간 동안 격리된 후 이제는 지치고 상황이 어떻게 전개될지 다 아니까 그냥 굴복하고 시키는 대로 하는 자포자기한 환자를 보는 것. 자말은 마지못해 바지를 내리고 익숙한 엉덩이를 드러낸다. 바늘이 피부를 찌르자 움찔한다. 그러고는 바로 매트리스에 털썩 드러눕는다.

"고마워요, 자말. 궁금한 거 있어요?"

"질문을 한들 무슨 소용이 있겠어요? 다들 거짓말만 하는데." 그가 몽롱한 목소리로 말한다.

"나한테 물어보세요. 난 거짓말 안 해요. 약속할게요."

그는 레게머리를 천천히 얼굴에서 걷어낸다. "이게 리얼리티 쇼가 아니라면, 무슨 말도 안 되는 실험을 하고 있는 거예요?"

"무슨 말씀이세요?"

"여기서 당신 같은 백인 의사들이 우리 흑인들한테 의학 실험을 하고 있는 거잖아요. 뭔지는 모르겠지만. 피부색 옅게 만드는 거? 아기를 못 가지게 하는 화학물질?"

"정말 아니에요, 자말. 이건 생각을 더 명확하게 할 수 있도록 돕는 항정신성 약품이지, 인종하고는 아무 상관이 없어요."

"그런데 왜 이 병동에 있는 사람 대부분이 흑인이죠? 환자, 청소원, 구내식당 직원, 저 사람들" 하면서 그는 힘 빠진 손으로 블레싱, 오마르, 비상대응팀을 가리킨다. "모두 흑인이고, 지금까지 만난 의사는 하나같이 다 백인이잖아요. 당신도 그렇고, 글릭 선생도 그렇고."

건강상의 격차는 성별뿐만 아니라 인종 간에도 나타난다. 가끔은 건강을 잃은 사람이 정신 질환을 앓지 않는 많은 사람은 감히 하지 못하는 말을 하기도 한다. 처음에는 내 머리 빠지는 이야기를 하더니 이제 인종 간 건강 격차까지. 자말은 오늘 불편한 진실을 몽땅 폭로하기로 결심했나 보다.

내 얼굴이 다시 붉어지는 게 느껴진다. 하지만 이번에는 더 깊은 감정을 건드렸는데, 창피함보다는 수치스러움에 가깝다. 그리고 이번에는 함께 온 팀을 쳐다보며 도움을 구하지도 못한다. 이번엔 아무도 웃고 있지 않다.

인종 문제에 관한 한, 정신의학계는 나치 우생학 프로그램과 야합한 독일 정신과 의사들에서부터 시민권 운동가들을 '미쳤다'며 환자 취급한 의사들에 이르기까지 매우 어두운 과거를 가지고 있다. 1800년대에는 해방을 원하는 흑인 노예들에게 드라페토마니아drapetomania라는 정신 질환 딱지를 붙였다. 주인에게서 도망가려고 시도하는 이해할 수 없는 그들의 욕구를 설명하기 위해 만들어낸 용어다.

심지어 현대에 와서도 흑인 남성들은 과도하게 높은 비율로 정신과에 입원을 하는데, 강제 입원될 확률이 네 배, 정신병 진단을 받을 확률은 열 배나 된다.[3] 흑인 남성은 또 백인 남성보다 물리적으로 제어되고, 격리실에 감금되고, 정신과 중환자실에 입원할 확률이 더 높으며, 더 공격적인 약물 치료를 받고, 병원에서 사망할 확률이 더 높다.

아프리카나 카리브 연안 지역에서는 동일한 정신병 유병률이 나타나지 않는 것을 보면 이것이 생물학적 요인 때문이 아니라는 것을 알 수 있다. 흑인 남성과 백인 남성이 대마초를 피우는 양이 비슷하다는 통계로 봐서 이제는 라이프스타일의 문제도 아니라고 생각된다(스컹크위드라는 독한 대마초는 특히 정신병 발병 위험을 높일 수 있다). 흑인 공동체 구성원들은 불이익을 당해온 역사 때문에 공권력에 불신을 가질 것이고, 도움을 구할 확률도 낮을 수밖에 없으니, 공적 서비스와 접촉할 땐 이미 건강이 악화되어 더 공격적인 치료를 하게 되는 것일까? 아니면 정신적 외상을 남기는 삶의 다양한 사건과 마찬가지로 인종주의라는 사회적 차별이 사실상 조현병의 원인이 된 것일까? 아니면, 이건 내게 가장 괴로운 가능성이긴 하지만, 정신과 의사들이 무의식적으로 흑인 남성에게 무거운 진단을 내리고 강제 입원을 더 쉽게 집행하며, 그들이 사회에 '위험을 끼친다'는 선입관 때문에 더 쉽게 강제적인 약물을 투입하는 결정을 내리는 것일까?◆

"실망이에요, 형제님들." 자말이 비상대응팀에게 말한다. 안정제가 효과를 발휘하기 시작하자 그의 입에서 침이 나와 매트리스로 떨어진다. "사슬만 없지, 우리 모두 노예 신세예요."

나는 인종 문제에 관한 대화를 할 때 덜 방어적으로 굴기 위해 노력하는 중이다. 격리 조치 리뷰나 직원회의를 할 때 내가 유일한 백인, 방 안의 흰 코끼리라는 것을 알아차리고 나면 인종이 아무 상관 없는 척할 수가 없다. 영국에서 인종적 다양성이 가장 적은 지역인 북동부 지역의 외딴 시골에서 자란 내가 그런 것을 알

◆ 2018년, 수많은 인종 간 격차를 이해하기 위한 목적으로 독립적인 연구 단체가 정신보건법을 검토했다(애석하게도 이 프로젝트에는 의회 '백서', 다시 말해 '화이트 페이퍼'라는 이름이 붙여졌지만). 여러 권고 사항 중에는 아프로캐러비안계 고위 직원 수를 늘려서 의사 결정에서 생기는 편향을 수정해야 한다는 내용이 포함되어 있었다. 그러나 그로부터 몇 년이 지났는데도 상황은 별로 달라진 것 같지 않다.

아차리지 못한다는 게 이상할지도 모르겠다. 우리 동네에 있던 작은 가게에서 한번은 에담 치즈를 '외국 음식' 코너에서 발견한 적도 있다.

"자말, 저도 그 말에 동의해요. 환자도 그렇고 심지어 의사랑 병원 직원도 우려할 만한 인종 격차가 있다는 건 인정합니다. 하지만 그렇게 큰 사회적 문제를 오늘 당장 해결할 수는 없어요. 그리고, 한 마디 더 하자면, 백인 환자가 직원을 공격하고 바디캠을 부숴버렸다 해도 격리실에 수용됐을 게 거의 확실해요. 그러니 이번 일은 인종주의 때문이라고 생각하지 않습니다."

"선생님 말씀이 맞기를 바랍니다." 그가 말한다.

수련의 동료들과 좀 더 친해지기 위해 퇴근 후 비어트리스의 집들이에 간다. 애쓰지 않아도 쿨내가 쩌는 사람 몇 명이 현관문 앞에서 대마초를 피우고 있다. 나는 좀 더 재미있는 사람처럼 보이기 위해 셔츠 자락을 바지에서 꺼내 입는다.

나피사가 거실에서 비욘세의 〈싱글 레이디스〉를 목청껏 부르면서 춤을 추고 있다가 나를 보고 손을 흔든다.

"오랜만이야, 드디어 왔구나!" 그녀가 말한다. 나는 오는 길에 산 맥주를 냉장고에 넣고 오겠다는 몸짓을 하고 부엌 쪽으로 간다. "즐기려고 애써봐! 다른 사람 하는 대로! 그냥 오늘은 다른 사람이 됐다고 상상하는 거야!" 그녀가 내 뒤에 대고 소리친다.

나는 대체로 시끄럽고 사람이 많이 모인 곳을 피하지만, 용기를 내서 파티에 가는 날이면 신발 속에서 발가락을 잔뜩 움츠리고 맥주를 스트레스 볼처럼 움켜쥔 채 그 집 부엌으로 숨는다. 아무것도 없는 허허벌판에서 자라면서 동생들 말고는 아무하고도 놀아보지 않은 탓일 수도 있다. 아니면 어머니가 가끔 하는 농담처럼 자폐 스펙트럼 장애(F84.0)가 있는 것인지도 모른다. 어쩌면, 내가 사회성이 부족한 사람이라고 먼저 말한 다음, 더 이상 그에 관해 신경 쓰지 않는 게 이런 상황을 견디는 하나의 방법이 될지도 모르겠다.

음악 소리에 훌겹 창문이 진동하는 동안 나는 불쌍한 이웃들을 걱정하지 않을 수 없다. "꽤 시끄럽네요, 그렇죠?" 나는 부엌 싱크대에 기대선 여성에게 말한다. 그녀는 한 손에는 스트롱보 맥주를, 한 손에는 봉지에서 꺼낸 수수께끼의 하얀 가루를 들고 있다.

"뭐라고요?"

"꽤 시끄럽다고요!"

"파티잖아요." 그녀는 좀 더 나은 말 상대를 찾기 위해 주변을 두리번거린다.

얼굴에 바른 글리터가 이미 다 번져 있다. 그녀는 손에 들고 있던 하얀 가루를 대부분 콧속에 집어넣는 데 성공한다. 그러고는 열쇠 끝으로 가루를 조금 더 떠서 내게 내민다.

"케타민이에요." 그녀가 말한다.

케타민보다는 따뜻한 차를 훨씬 더 마시고 싶지만, 다른 파티에서 주전자에 찻물을 끓이다가 놀림을 받은 뒤로는 자제하는 편이다. "고맙지만 괜찮아요." 나는 오늘 이미 말도 진정시킬 만큼의 약물을 복용했다는 투로 말한다.

그녀는 어깨를 으쓱해 보이고는 내게 내밀었던 약을 코로 흡입하며 묻는다. "그래서 뭐 해요? 그러니까 직업 말이에요."

정신과 의사로 일한 지 얼마 되지 않았지만, 병원 밖에서 처음으로 만난 사람들에게 내 직업을 말하는 순간, 다들 내가 자기 마음을 읽어내기라도 할 듯이 두려워하며 핑계를 대고 자리를 피한다는 걸 깨달았다. 나피사가 항상 내게 긴장 좀 풀고, 즐기고, 다른 사람이 되는 실험을 해보라고 한 것이 생각난다. 어차피 이 여성을 다시는 보지 못할 게 틀림없다. 나는 영감을 얻기 위해 손에 들고 있던 맥주를 꿀꺽 마시고, 처음으로 머리에 떠오르는 직업을 내뱉는다. "군인이에요."

"아, 정말요?"

내 대답에 나만큼 놀란 사람도 없었을 것이다. 우리 가족은 평화주의자로 유명한 퀘이커 교도다.

"네……. 아프가니스탄에서 돌아온 지 얼마 안 됐어요."

"와아, 거긴 어때요?"

"먼지가 많죠."

그녀는 열성적으로 고개를 끄덕인다. 내가 말을 적게 할수록 그녀는 내가 내뱉는 단어 하나하나에 매달린다. 트라우마를 겪은 전쟁 영웅의 분위기를 내본다.

"음…… 실례가 안 된다면…… 질문 하나 해도 돼요?"

"뭐든 물어보세요." 내가 관대한 표정으로 대답한다. 꽤 능숙하게 이 연극을 해내고 있다는 느낌이 든다. 어쩌면 나도 재미있는 사람이 될 수 있을지 모른다.

"그러니까…… 음…… 사람 많이 죽였어요?"

나는 잠시 생각에 잠긴다. 군인이라면 어떻게 답을 할까? 많을수록 좋을 게 틀림없다. 아마 내 머릿속에 처음으로 떠오른 직업이 군인이었다는 사실이 우연은 아닐 것이다. 희생자 수가 많다고 하면 상대방이 움찔하게 되는 의사와 완벽하게 반대되는 직업이 아닌가.

그녀가 아직 나를 기대에 찬 눈으로 바라보고 있다.

너무 많은 숫자를 말하고 싶지도, 너무 적은 숫자를 말하고 싶지도 않다. 그래서 모호하게 말한다.

"딱 단정 지어 말하긴 힘들죠."

그녀는 존중한다는 태도로 고개를 끄덕인다. 더 이상 나를 채근하지 않는 게 좋겠다는 표정이다. 하지만 내가 참지 못한다.

"하지만 아마도…… 수천 명쯤……."

그녀의 얼굴이 창백해진다. 수천 명은 확실히 너무 많았다. 그녀가 갑자기 자리를 뜬다. 내가 정신과 의사라고 말했더라도 이렇게 빨리 도망가지는 않았을 것이다.

찻물을 끓일까 생각하며 주전자를 쳐다보고 있는데 또 다른 사람이 와서 비어트리스의 친구 클레어라고 자기를 소개한다. 대화를 하다가 그녀가 내 희미한 사투리 억양을 언급한다. 내가 원래 뉴캐슬 출신이라고 하자 그녀는 술에 취해 어눌해진 발음으로 자기가 3년 전에 친구 결혼 축하 파티 여행을 뉴캐슬로 간 적이 있다며 이런 우연이 또 어디 있겠냐고 한다. 그녀의 어깨 너머로 나피사가 냉장고에서 청량음료 한 병을 또 꺼내 드는 게 보인다. 나피사는 클레어를 슬쩍 훑어보고는 과장된 몸짓으로 엄지를 척 올려 보이고 다시 댄스판이 벌어진 쪽으로 돌아간다. 클레어는 자기가 패션 디자이너라고 하면서, 나는 '뭘 하는지' 묻는다. 피할 수 없는 질문이다. 오늘 누릴 재미는 이미 다 누렸으니 이번에는 정직하게 정신과 의사라고 고백한다.

"아, 나랑 오래 있으면 안 되겠네요. 사람들이 날 미친 클레어라고들 하거든요."

나는 격리실에 혼자 누워 있을 자말을 떠올린다. 자말 같은 사람들이 '정신 건강에 관한 대화'에서 거의 언급되지 않는 게 불공평하다는 생각이 든다. 보통 이 주제는 훨씬 증상이 가벼운 혹은 자가 진단을 한 고기능의 사람들이 장악하고 있다.

마음 한구석에서는 클레어에게 이렇게 말하고 싶은 생각이 든다. '아, 그렇군요. 자기가 이집트의 여왕이라고 생각하나요? 아니면 월경혈로 벽에다 메시지를 쓰곤 하나요? MI5에서 치아 필링에 도청기를 넣었다며 어금니를 직접 뺀 적이 있나요?'

하지만 나는 예의 바르게 묻는다. "그래요, 어쩌다가 그런 별명을 얻었나요?"

그녀는 자기에게 ADHD가 있지만 '진단 미확정'일 뿐이라고 답한다. 그러면서 자랑스러운 표정으로 활짝 웃는다. 카리브해 여행 패키지를 경품으로 딴 사람 같은 얼굴이다. 이럴 땐 어떻게 행동해야 하는 걸까? 축하한다고 말해야 하나? 나는 그녀를 껴안고 정말 좋은 소식이라고 말하진 않는다. 정신과에서 사용하는 논쟁의 여지가 있는 진단이 도움이 된다고 하는 사람들이 있다는 것을 나도 안다. 하지만 그런 진단명이 패션 액세서리가 되기 시작하는 것은 옳지 않다.

나는 어떤 증상을 경험하는지 묻는다.

"아, 전화기를 손에서 놓지 못하고요, 인터넷 브라우저 창을 한 스무 개쯤 열어놓을 때도 많아요. 그리고 재미없는 일에는 집중을 잘 못 하고요."

정신 질환에 대한 '대중적 인식'을 높인다는 숭고한 목적을 수행하는 과정에서 우리가 일상적으로 마주하는 문제들까지도 '정신 질환'과 한 덩어리로 묶어버리는 건 아닌가 하는 생각이 든다. 《정신 질환 진단 및 통계 매뉴얼》에 등재된 400개가 넘는 의학적으로 들리는 용어를 빌려 바람직하지 않은 행동, 감정, 개성 등을 병리화하거나 합리화하고 싶은 유혹이 얼마나 강한지 이해는 되지만, 그렇게 하는 게 심각한 정신 질환으로 큰 고통을 경험하고 있는 사람들의 경험을 희석하는 것도 사실이다. 자말 같은 사람들은 몇 주, 몇 달, 몇 년, 심한 경우 몇십 년을 정신병원에 갇혀 지내지만 그들의 이야기는 사회에 알려지지 않는다.

아니면 내가 벌써 NHS 일선에서 급한 불을 꺼야 하는 정신과 의사의 차갑고 군살 배긴 마음을 갖게 된 것일까? 환자들을 분류하지 않으면 안 되는 상황에서 정말로 심각한 질병에만 신경 쓸 여유밖에 없는 그런 냉혹한 정신과 의사가 된 걸까? 발에 생긴 발가락 염증에 대해 길게 이야기하면서 응급실 의사가 끝까지 경청해주길 기대할 수 없는 것처럼? 정신과 의사가 충분히 많고, 정신 건강에 들일 재원이 무한정으로 있다면 아무 문제도 없을 것이다. 그러나 현실은 그렇지 않다.

"사실 저도 그런 증상이 모두 있어요." 내가 말한다.

"그럼 검사를 받아보셔야겠네요." 그녀가 말한다.

호기심에 나도 최근에 온라인 테스트를 해본 적이 있다. 그리고 'ADHD에 일치하는 증상'을 보이니 '의학적 조언을 구하라'라는 결과를 보고 놀랐다. 주의가 산만하고, 쉽게 지루해하는 성격에 가끔 충동적인 행동을 할 때도 있지만 나는 그게 뇌 질환의 증상이라기보다는 21세기의 디지털 세계에 살면서 상품화된 우리의 주의력을 테크 기업들이 서로 차지하기 위해 다투게 되었기 때문인 것 같다고 생각한다.

"그런 게 모두 말하자면…… 정상 아닌가요?" 내가 슬쩍 내 의견을 더 강하게 주장해본다.

그녀는 미동도 하지 않고 가만히 서 있는 데다 전혀 산만하지 않다. 대화를 할 때도 내 말을 끊지 않고 자기 차례가 오길 기다려서 말을 한다. 맙소사, 내가 그녀보다 훨씬 더 꼼지락거리는데도 나는 ADHD라고 생각하지 않는다. 한 가지 우려스러운 게 있다면 그녀가 실내에서 페도라를 쓰고 있다는 점이다.

그녀가 나를 향해 아무 일도 아니라는 듯 손을 흔들어 보이고는 화제를 바꾼다. "정신과 의사 선생님, 행복해지는 비결이 뭔가요?"

이건 정신과 의사들이 흔히 받는 또 다른 질문이다. 삶의 그 모든 복잡성을 명쾌하게 한 마디로 줄여달라는 것이다.

하고 싶은 말은 이것이다. "정말 간단해요. 건강하게 태어나서, 애착 관계를 형성하고, 행복한 아동기를 보내면서 트라우마를 겪지 않거나 조금만 겪고, 스트레스에서 잘 회복할 줄 알고, 사랑하는 친구들과 가족과 배우자가 있고, 성취감을 주는 직업과 재정적 안정, 달성 가능한 목표, 여덟 시간 수면, 규칙적인 운동, 건강한 식생활, 자연과의 접촉, 알콜, 약물, 소셜 미디어에 대한 절제, 신앙 혹은 영적 생활, 실패와 죽음을 받아들일 줄 아는 능력, 큰 슬픔을 소화하는 능력, 타고난 긍정적인 세계관, 거기에 반려동물과 감사 일기가 있으면 더 좋지요. 추가로 항우울제, 심리 상담, 100퍼센트 충전된 핸드폰이 필요할 수도 있고, 필요하지 않을 수도 있고요."

하지만 나는 그냥 맥주를 길게 들이켠다.

"염증 때문인 것 같아요. 어디서 읽었어요. 우울증은 장내 미생물 때문이라더군요." 그녀가 말한다.

2030년쯤 서방세계를 짓누르는 가장 큰 질병이 우울증이 되었을 때 엄청난 양의 야쿠르트만 만들어내면 문제를 해결할 수 있을 테니 안심이다.

나중에 자전거 잠금장치를 풀고 있는데, 아까 만났던 얼굴에 글리터가 번진 여자가 문 앞 계단에서 담배를 피우다 내게 엄숙한 경례 동작으로 인사를 한다.

8

신의 아들

사람들은 예수를 인생의 다양한 시점에 만난다. 사도 바울은 다마스쿠스로 가는 길에 예수를 만났고, 성 아우구스투스는 '책을 들고 읽으라'고 재촉하는 어린아이의 목소리를 들은 후였다. '겟 핏 레저 센터'에서 오후 3시부터 4시까지 열리는 노인들을 위한 아쿠아로빅에 참가하는 사람들은 그가 수영장의 깊은 쪽에서 물 위를 걷는 시연을 하다가 안전 요원에게 구조되었을 때 예수를 만났다.

그가 자신이 신의 아들이라고 말하자 모두들 수영 강습만으로는 안 되겠다는 생각을 했고, 그래서 구급차를 불렀다. 응급실에서 진단을 받은 그는 수선화 병동으로 보내졌고, 옷이 마르기를 기다리는 사이 병원에서 지급하는 가운을 입고 앉아 있다.

그가 도착한 때는 신도 싫어할 만한 시각이었다. 오후 6시가 막 지나서 나는 얼른 퇴근을 하고 동생을 만나러 가려던 참이었다. 동생 조시가 BP초상화상 수상자로 선정됐기 때문이다. 조시가 방금 문자를 보내 아직도 전시회 개막 파티에 올 수 있는지 묻는다. 와인을 홀짝거리면서 예술 작품들을 향해 고개를 까딱거리는 광경을 떠올리니 다른 세상 같은 느낌이 든다. 나는 예수 재림을 처리하고 퇴근하는 대로 가겠다고 답장을 한다. 이제는 이런 답을 보면 조시도 '아니, 못 가'라는 뜻인지 안다.

직원 사무실에서 블레싱이 내게 환자에 대한 정보를 알려준 다음 이름과 생년월일, NHS 번호가 적힌 종이쪽지를 건네준다. 생일이 12월 25일이 아닌 건 확실하다.

겉모습으로 사람을 판단하면 안 된다. 하지만 정신의학에서는 다른 객관적인 기준이 없을 경우, 하는 수 없이 작은 단서라도 잡으려고 노력을 한다.

"그러니까, 바로 저기 저……?" 나는 환자 휴게실 쪽을 들여다보며 묻는다.

"머리 길고 맨발에 하얀 옷을 입고 있는 사람, 맞아요. 셜록 홈스, 뛰어난 추리력이에요." 블레싱이 말한다. 그녀는 밤 당직표에 빈 곳을 채우는 작업을 하던 중에 고개를 들어 나를 본다. "우리 예수님께서 기적을 행하실 기분이 드신다면 오늘 밤에 직원을 몇 명 더 보내줄 수 있는지 여쭤봐주세요."

내가 사무실에서 나오자 그가 내게 가까이 오라는 몸짓을 한다. 치유를 기다리는 군중 가운데 한 사람에게 알현을 허락하는 것처럼. 신의 아들이라는 환자의 과대망상을 강화하고 싶지 않아서 나는 그의 기록에 적힌 법적 성명을 사용한다. 그의 부모가

지어준 이름.

“안녕하세요, 그레이엄. 저는 병동 담당 의사 벤저민입니다.”

“나는 네가 누군지 알고 있노라, 나의 어린 양.”

나는 들고 있는 공책을 가리키며 묻는다. “몇 가지 적어도 괜찮겠습니까?”

그는 옅은 갈색 눈으로 친절하게 나를 바라본다. “내 복음을 기록하고 싶은가?”

“음, 그런 건 아니고요. 잘못 인용하고 싶지 않아서요. 그리고 환자분이 말씀하신 내용을 우리 팀원들과 공유해도 될까요?”

“물론이지.” 내가 자신의 복음을 전파한다는 것이 자랑스러운지 그는 미소를 짓는다. “나사렛 예수, 왕 중의 왕이 그들의 영혼을 구하기 위해 다시 서셨다고 전하라.”

“그래요, 꼭 전할게요.” 나는 그가 한 말을 한 자도 틀림없이 기록하기 위해 공책에 빠른 속도로 받아 적는다.

고개를 들어보니 그는 새로운 거처를 둘러보고 있다. “내가 무엇을 해야 한다고 생각하는가?” 그가 묻는다.

“음, 당분간은 병원에 계셔야 할 것 같습니다.”

“그대 말이 맞는 것 같구나.” 그는 길게 한숨을 쉬며 대답한다.

아, 이 정도면 놀라울 정도로 쉬운걸. 어쩌면 이 사람은 자기의 병에 대한 인식이 조금이나마 있는 게 아닐까?◆

“여기 머물면서 아픈 자들을 치유해야겠군.” 그가 덧붙인다.

그레이엄이 지금보다 더 화를 내지 않는 유일한 이유는 자신이 여기에 전문가 자격으로 일하러 와 있다고 생각하기 때문이라는 사실을 그제야 깨닫는다. 어쩌면 더 많은 직원을 원하는 블레싱의 기도를 들었는지도 모르겠다.

"최선을 다해서 돕겠노라." 그가 겸손하게 말한다.

나는 그레이엄의 양극성 장애가 재발해서 이른바 과대망상을 경험하고 있는 것이 아닌가 의심해본다.

정신분석학파에서는 정신병이 견디기 힘든 현실에 대한 자연스러운 방어기제가 작동한 것이라고 믿는다. 치유의 힘을 지닌 전능한 예수, 글자 그대로 신의 오른팔로 변신하는 것은 그레이엄이 사회의 잊힌 구성원으로 하루하루 속세를 살아가야 하는 삶에서 탈출하는 수단이다. 그리고 그의 삶에는 부재했던 아버지 역할을 해볼 기회가 되기도 한다. 이것은 심리학자와 함께 이야기해보면 유익할 주제인 것 같다. 하지만 우리 병동에 심리학자가 있다 해도 심한 정신병에는 심리 치료가 별 도움이 되지 않는 것으로 알려져 있다.◆◆

◆ '인식'이라는 표현은 환자가 자신의 질병을 이해하는 능력을 묘사하는 데 사용되는 단어다. 그러나 동시에 정신과 의사가 한 진단에 환자가 동의할 때 이 표현을 쓰기도 한다.

◆◆ 1960년 심리학자 밀턴 로키치(Milton Rokeach)는 자신이 신의 아들이라고 믿는 망상증 환자 세 명을 한 방에 같이 있게 하는 실험을 했다. 그는 서로 부딪히는 주장을 접하고 나면 망상이 치료될 것이라 믿었지만 효과가 없었다. 그들은 각자 다른 사람이 미쳤다고 생각하거나 기계라고 믿었다. 그리고 심지어 신의 아들에게는 어울리지 않는 몸싸움까지 했다. 실험이 끝난 후 기가 죽은 로키치는 이렇게 말했다. "이 세 예수의 과대망상을 고치는 데 실패하기는 했지만, 그들은 내 병을 고치는 데 성공했다. 바로 내가 그들을 치료할 수 있을 거라고 믿은 과대망상 말이다."

요즘 현대 서구의 정신의학에서 주류로 받아들여지는 모델은 뇌 결함과 화학적 불균형이다. 글릭 선생은 그 두 가지 말고 다른 아무것도 입에 올리지 않는다. '제대로 된 의사'들은 그 두 가지만 이야기한다. 그녀가 준 처방전 용지는 다음 부임지에서 사용되기를 기다리면서 가방 안에 얌전히 들어 있다. 글릭 선생은 이제 입원 환자들에게 내리는 처방을 적는 일을 내게 맡기기도 한다.

"약을 복용하는 것에 대해 어떻게 생각하시나요?"

"무슨 약인가? 종합비타민 같은 거?"

'네, 종합비타민이요.' 그레이엄이 그 항정신병 약을 복용하게 하고 싶은 유혹이 크지만, 거짓말을 '하지 말라'는 것이 십계명 중 하나라는 사실을 어렴풋이 기억해낸다. 혹은 글릭 선생이 가장 자주 사용하는 올라자핀을 병동 식사로 제공되는 오트밀에 섞고 싶은 유혹도 크긴 하다. 어릴 때 열이 나면 아버지는 해열제를 갈아서 잼 샌드위치에 섞어 내게 먹이곤 했다. 그러나 요즘은 과거의 가부장적 권위 대신 자율권이 강조되는 경향이 있어서 환자 몰래 약을 먹이는 것은 유행이 아니다.

"딱 그건 아니에요. 올라자핀이라는 항정신병 약이에요. 하지만 종합비타민처럼 환자분을 더 건강하게 해주는 약입니다."

"내 임무를 완수하려면 건강해야지. 약을 먹겠노라."

그레이엄이 마음을 바꾸기 전에 나는 얼른 올라자핀 20밀리그램을 밤에 복용하라는 새 처방 차트를 작성한다.

고개를 들어보니 그는 푸른 가죽 장정으로 된 킹제임스 버전 성경을 뒤적이고 있다. 성경책을 가운 주머니에 넣어두었나 보다. 호텔 방에도 그렇듯 병동에는 가벼운 소설 몇 권과 함께 성경을 비치해두고 환자용 '도서관'이라고 부른다.

"벤저민은 좋은 히브리어 이름이야." 그가 성경을 툭툭 치면서 말한다. "야곱의 열세 번째 아들이지." 그는 엄숙한 표정으로 나를 바라본다. "벤저민, 그대에게는 믿음이 있는가?"

나는 믿음이 있다고 생각하지 않는다. 침례도 받지 않았다. 우리 시골 동네에 있던 학교가 교육기준청 감사를 통과하는 데 실패한 후 어머니는 나와 동생들을 읍내에 있는 가톨릭계 학교로 전학시키는 데 성공했다. 우리가 해당 학군 안에 살지도 않고 가톨릭 교도도 아닌데 말이다.

그런 개인적인 질문을 받으면 글릭 선생은 "지금은 제 이야기를 하는 시간이 아니에요" 혹은 "정신과 치료를 위한 상담으로 돌아갑시다" 하고 말한다. 하지만 나는 조금 양보를 하는 것도 가끔은 괜찮지 않을까 하고 생각한다. 그레이엄은 아직 감지하지 못하고 있지만, 환자와 의사 사이 힘의 불균형을 조금이나마 교정한다는 의미도 있지 않은가. 그가 약 복용을 거부하거나 문이 잠겨 있는 병동에서 나가려고 시도한다면 곧바로 이 힘의 불균형을 명백히 느끼게 될 것이다. 나는 원하는 대로 들어왔다 나갔다 할 수 있고 밖에서 하고 싶은 일을 할 수 있는 자유가 얼마나 좋은지 기억해낸다. 적어도 이론적으로는 그렇다. "마음을 결정하지 못했어요. 불가지론자지요." 그렇게 말하면서도 인색하다는 느낌을 지울 수가 없다. "일하면서 어떤 결정을 할 때마다 신이 돌봐준다고 믿는 나피사가 부럽기는 하지만요……."

그가 내 말을 끊는다. "나피사라고? 어느 신이지?"

나는 그녀의 신은 알라라고 알려준다. 그레이엄이 벌떡 일어서자 리놀륨 바닥에 의자 다리가 긁히는 소리가 난다.

"아니, 아니, 아니, 아니야." 그는 고개를 젓는다. "벤저민, 그대는 옳은 신을 선택해야 하느니라." 그의 목소리에서 느껴지는 열의가 살짝 걱정스럽다. "지옥불은 뜨거우니라, 형제여!" 그가 내 코 바로 앞에서 손가락을 흔든다. "지옥불은 정말 뜨거우니라!"

어쩌면 이래서 의사들이 이런 대화를 피하는 것인지도 모르겠다.

"그레이엄, 지금은 제 이야기를 하는 시간이 아니잖아요. 정신과 치료를 위한 상담으로 돌아갈까요?" 내가 말한다.

나는 전시회 개막 파티가 끝나고 와인잔을 식기세척기에 넣고 있을 즈음에야 비로소 병원 정문을 나선다. 조시에게 사과하려고 전화를 하지만 녀석은 내 전화를 받지 않는다.

자전거 잠금장치를 풀고서 어둠을 뚫고 집으로 향한다. 날마다 지나치던 교회, 유대교 사원과 이슬람교 사원 앞에서는 저녁 기도를 올리기 위해 줄 서서 들어가는 신자들을 더 눈여겨보게 된다. 페달을 밟으면서 나는 자신이 신의 아이들이라고 생각하는 사람들과 자신이 신의 아들이라고 믿는 그레이엄 같은 사람 사이에 어떤 차이가 있을까 생각해본다. 일요일마다 팔레스타인

지역에서 태어난 2000살짜리 유대인의 몸을 먹고 피를 마시는 것은 일종의 광기가 아닌가? 진화생물학자이자 무신론자인 리처드 도킨스Richard Dawkins는 저서《만들어진 신》에서 종교를 일종의 정신 질환에 비유한다.

나는 그 정도까지라고 생각하진 않는다. 우리 할머니 같은 사람들에게 신앙은 유익한 기능을 한다. 할머니는 신앙을 통해 공동체와 친구를 얻었다. 어떤 믿음이 그 문화에서 널리 받아들여지지 않고 그 믿음을 지닌 사람이나 다른 사람을 위험에 빠트리면 정신 질환의 영역으로 들어가는 것이리라. 동네 수영장에서 물 위를 걸으려고 하다가 물에 빠져 죽을 뻔한 것이 그 예다.

신이 정말 존재하는 것일 수도 있다. 하지만 가짜 선지자들이 너무도 날뛰는 요즘에는 예수가 기후 재앙이나 핵전쟁에서 인류를 구하려고 재림한다 해도 정신병원에 강제 입원되지 않고 얼마나 버틸 수 있을까?

다음 날 아침 오마르가 아침 회의를 막 시작하려는데 병상 관리 책임자 브라이언이 우리 팀 사무실로 들어온다.

"늦어서 미안해요." 그는 책상 위에 걸터앉는다. "병원 앞에 경찰이 철창에 가둔 사람을 데리고 와서는 그 사람을 입원시켜주지 않으면 가지 않겠다고 버티고 있어요. 병상 남은 거 있어요?"

글릭 선생이 고개를 젓는다.

브라이언은 안경을 벗고 관자놀이를 문지른다. "그래요, 그럼 한 명씩 확인해보죠."

"모두들 좋은 아침." 오마르가 이름들이 적힌 화이트보드 앞에 서서 회의를 시작한다. "자, 어제저녁에 새 입원 환자가 들어왔어요. 3번 병상. 벤저민이 진단을 했죠?"

나는 목을 가다듬는다. "아직 모르는 분들을 위해 설명하자면요, 이름은 그레이엄 존스, 30대 남성, 과대망상증으로 자신이 예수그리스도라고 생각합니다. 병원에는……."

"한동안 예수님은 없었는데." 브라이언이 말을 끊는다. "그들은 항상 구세주나 억만장자나 세계 지도자지, 절대 환경미화원이나 교통경찰은 아냐. 재밌어."

그가 그 와중에도 남성이나 여성으로 특정하지 않고 정치적으로 올바른, '그들'이라는 중립적 대명사를 쓰는 것에 몸이 움찔한다. 글릭 선생은 그의 아재 개그에 눈까지 맞추며 정당화해줄 생각은 없었는지 화이트보드에 대고 대답을 한다. "브라이언, 이왕 과대망상을 하려면 월급이 높은 쪽을 목표로 하는 게 더 낫겠죠. 뛰어난 사람이라는 망상이 아니라면 과대망상 대신 평범 망상이라고 불러야 할 테니까."

브라이언 0, 글릭 선생 1.

"어젯밤에 올라자핀 20밀리그램 처방했습니다." 내가 말한다.

"좋은 생각이에요, 벤." 그게 거의 모든 환자에게 하는 처방이긴 하지만 글릭 선생은 그렇게 말한다. "초기에 약을 쓰는 게 좋지. 약을 먹긴 먹어요?"

오마르가 그레이엄의 약물 투여 기록지에 적힌 서명을 확인하고 말한다. "먹었네요."

브라이언이 기회를 포착한다. "그 환자가 안정적이고 약을 잘 복용하는 상태면 병원에 있을 필요가 있을까요? 자살 위험이 높아요?"

"제 생각에는 낮습니다. 이제 막 부활해서 우리를 구원하려던 참이라고……."

"다른 사람에 대한 위험은요?" 그가 말한다.

"거의 없어요. 대체로 평화롭고 차분합니다. 하지만 사고 위험이 있어요. 예를 들어, 어제도 익사할 뻔했어요. 물 위를 걷……."

"어느 환자죠?" 브라이언이 내 말을 끊고 환자 휴게실을 내다본다. "바보 같은 질문이네. 흰 가운 입은 저 남자 같네요, 맞죠?"

그레이엄의 옷과 신발은 이제 말랐을 게 확실하지만, 그는 보송보송하고 하얀 드레싱 가운에 상당한 애착을 보인다. 그리고 아직 맨발이다.

"아, 꽤 차분해 보이네요." 브라이언은 5초도 지나지 않아 그렇게 말한다. "약이 잘 듣는 게 분명해요. 약을 잘 복용하고 있고 위험이 낮다면 집으로 퇴원시키거나 노숙자 보호소인 크라이시스 하우스로 이전합시다. '최소 제한적 치료 정책'에도 부합하고. 병상이 비면 철장에 갇혀 있는 환자를 받을 수 있겠네요." 그는 벨이 울리는 핸드폰을 꺼내 들고는 수신 거부 버튼을 누른다. "경찰 전화였어요."

'최소 제한적 치료 정책'은 정신병원 시설에서 벗어나 가능한 한 지역사회 내에서 환자를 치료하고자 하는 강령이다. 숭고한 목표이긴 하지만 의료계 종사자들이 이 말을 준비도 되지 않은 환자를 병원에서 내보내는 핑계로 사용하는 경우를 많이 목격한다.

“꽤 나아 보이잖아요. 그렇죠, 글릭 선생님?” 그레이엄을 오늘 아침에 처음 보는 브라이언이 말한다.

“음, 조금 나아 보이긴 하네요.” 글릭 선생이 자신 없는 목소리로 대답한다. 우리는 텔레비전에 나오는 집 경매 프로그램을 보고 있는 환자들에게 플라스틱 컵에 담긴 물을 뿌려서 침례를 하려는 그레이엄을 지켜본다.

나는 그의 퇴원에 동의하고 서류를 준비하겠다고 약속한다.

오마르가 화이트보드에 적힌 환자 검토를 계속한다. “벤저민, 7번 병상에 선생님 친구가 돌아왔어요. 남자친구랑 다시 문제가 생겼나 봐요. 남자친구가 현관문을 부수었다고 하더라고요.”

“페이지 좀 맡아줄 수 있어요?” 글릭 선생이 묻는다.

이제 나도 그 말이 ‘퇴원시켜’라는 의미라는 걸 안다.

“네, 그럴게요. 하지만 부서진 현관문은 어떻게 하죠?”

“우리 문제가 아니죠. 경찰이나 구청에 전화하라고 하세요.” 브라이언이 말한다.

페이지가 경찰에 전화할 것 같지는 않다. 다른 환자들에게 들은 이야기로는 임대주택에 물이 새거나 쥐가 다니거나 곰팡이가 피어도 구청이 그 문제를 해결하는 데 몇 달이 걸린다고 한다.

점점 익숙한 절망감이 밀려든다.

“하지만 집으로 퇴원을 시키면 애초에 입원하게 된 원인을 제공했던 것과 똑같은 환경으로 돌아가는 셈인데, 1~2주 후에 상태가 악화되어 다시 오게 되지 않을까요?

"어쩌면 그렇겠죠. 하지만 우리 병원으로 오지 않을 수도 있죠." 글릭 선생이 조급하게 말한다.

내가 미미한 항의마저 더 이상 하지 못하자 회의가 계속된다. 회의가 끝난 후 나는 비어 있는 컴퓨터에 로그인을 한 다음 페이지의 차트를 읽어보려고 하지만 바버라를 비롯한 불만에 찬 환자들이 끊임없이 어항처럼 생긴 사무실의 유리 벽을 두드려댄다. 밖에서 인터콤이 울리자 블레싱이 응답을 하더니 수화기를 내려놓으면서 내게 말한다.

"벤저민, 크리스마스 선물이 일찍 도착했네요. 경찰이 서류 작성을 끝내고 밴에서 환자를 데리고 올라왔어요."

"아, 그래요? 고마워요."

화가 많이 났고 뭔가에 취한 듯 보이는 남성이 수갑을 찬 채 경찰에게 이끌려 병동으로 들어온다. 수백 명의 환자를 본 터라 정말 정신 질환을 앓는 사람인지 아닌지 이제 좀 감이 잡힌다. 이 사람은 반사회적 성향이 있는 주정뱅이로, 요령을 잘 부려서 정신 병동으로 들어온 느낌이 든다. 내가 일행을 상담실로 안내하는 동안에도 남자는 계속 큰 소리로 욕을 퍼부어댄다. 경찰이 환자의 서류를 건네고, 나는 우리가 그를 '받았다'는 것을 확인하는 서명을 한다. 마치 택배를 받을 때처럼. 그러나 이 경우 이웃에게 대신 받아달라고 부탁할 수 있는 종류의 택배는 아니다.

"그리고, 음…… 저걸 다시 가져가야 합니다." 경찰이 수갑을 가리키며 말한다. "수갑 풀어도 될까요?"

"모르겠어요. 처음에 왜 수갑을 채우셨나요?"

"경찰관 여러 명에게 폭행을 가하고 있었습니다."

이 환자는 정신 질환 집중 치료 병동으로 가는 게 맞지만 아마 거기도 남은 병상이 없을 게 틀림없다.

나는 환자를 제어하기 위해 폭동 진압복으로 완전 무장을 한 건장한 체격의 경찰 여섯 명을 쳐다본다. 그리고 나를 도우려고 비닐 앞치마를 두르고 내 뒤에 서 있는 여성 간호 실습생을 쳐다본다. 아직 햄스트링 스트레칭도 못 했는데…….

"수갑은 그대로 두는 게 좋겠습니다."

'감자튀김 먹고 싶어? 이야기할 게 있어.' 나피사에게 문자가 온다. 한 시간쯤 답장을 하지 않자 다시 '중요한 이야기야'라는 문자가 온다.

그녀는 구내식당의 창가 쪽 테이블에 앉아 우리가 제일 좋아하는 주식, 금빛을 발하는 감자튀김이 담긴 커다란 접시 두 개를 앞에 두고 있다.

"벤지, 나 일냈어." 그녀는 인사도 없이 바로 본론으로 들어간다.

나피사는 요즘 병동 전문의가 출장 중이라서 자기가 병동을 담당했다고 한다. 가끔 있는 일이다. 하지만 전문의가 없으면 레지스트라라도 있어야 한다. 우리 같은 수련의와 전문의 사이에 존재하는 게 레지스트라지만 정신과 의사는 항상 부족하다.

그녀는 우울증 환자 한 명이 약물을 과다 복용한 후 입원했다고 말한다.

"기분이 좀 밝아진 것처럼 보였고, 책도 다시 읽기 시작했어. 간호사도 그렇게 말했고. 환자가 병동에서 나가 공원에 앉아서 책을 읽어도 되겠냐고 묻더라고. 날씨가 좋았고 환자도 괜찮아 보였거든. 게다가 내가 너무 바쁜 상황이라 그 사람에게 30분 동안 보호자 없이 외출을 해도 된다고 말했어. 환자랑 같이 외출해 줄 직원이 없었던 건 물론이고." 나피사는 이제 울고 있다. 손도 대지 않은 감자튀김에 눈물로 염분을 더하고 있다. "하지만 그 환자는 공원으로 가질 않았어. 빌어먹을 템스강에 가서 물에 뛰어든 거지."

그녀는 마음을 진정시키려 자세를 고쳐 똑바로 앉고, 한 번 훌쩍거리고는 손등으로 코를 문지른다. "경찰이 시신이랑 환자가 읽고 있던 책을 발견했어. 난 너무 바빠서 무슨 책을 읽고 있는지 물어볼 겨를도 없었는데 말이야. 근데 책이 하필 실비아 플라스의 《벨 자》였어."

"망했네." 나도 모르게 튀어나온 말이지만 상황에는 거의 도움이 안 됐다. 사람을 위로하는 기술을 더 연마할 필요가 있다. "너무 슬프다. 하지만 아무도 네 잘못이라고 생각하진 않을 거야." 나피사를 안심시키려고 해보지만 내 말에 나도 확신이 서질 않는다.

수백만 명의 독자가 실비아 플라스의 책을 읽지만, 그렇다고 책장을 덮은 다음 모두 오븐으로 가서 자기 머리를 집어넣고 자살하지는 않는다. 하지만 나는 속으로, 필연적으로 벌어질 조사 단계에서 사람들이 직원이 부족하다거나 나피사가 맡지 않아야 할 책임을 맡은 데다 그런 책임을 수행하는 데 필요한 훈련도 받지 않았다는 사실을 모두 간과하고, 그녀를 나쁜 정신과 의사로 몰아 희생양으로 삼지 않을까 걱정이 된다. '외국인' 의사라는 사실도 통계적으로 그녀에게 유리하게 작용하지 않을 것이다.[4]

"환자는 확실히 좋아지고 있었어. 활력도 더 생기고 말이지. 그럴 때가 위험한 시기라는 걸 알았어야 했는데."◆ 나피사가 말을 잇는다.

내년에 우리가 외래환자 클리닉에서 일할 때 볼 환자들은 우리와 30분 동안 진료실에서 만난 다음 세상으로 나갈 것이고, 사실상 항상 외출 중인 상태로 하고 싶은 일은 전부 할 수 있는 자유를 누릴 것이라는 사실이 머리에 스치지만 일단 그 생각은 나중으로 미뤄두기로 한다.

"근데 진짜 역겨운 게 뭔지 알아?" 나피사가 말한다. "병상 매니저 브라이언이 그 이야기를 듣고 한다는 말이 '그러니까 튤립 병동에 병상이 하나 나왔다는 거죠?'였다는 사실."

◆ 자살을 하려고 해도 '일어나서 그 일을 실행에 옮길' 에너지가 필요하다. 그래서 정신과 의사들은 심각한 우울증 환자가 호전될 때가 바로 자살 충동을 실행에 옮길 에너지를 발견할 때라는 사실을 잊지 않아야 한다. 정신과 의사들은 우울증 환자가 악화될 때도 자살을 하지 않을까 우려해야 하고, 호전도 악화도 되지 않고 일정한 상태에 계속 머물러 있을 때도 안심하면 안 된다. 결국 마음 편할 날은 거의 없다고 할 수 있겠다.

9

아무 일도 아닌 것처럼

나는 런던 북쪽, 가로수가 우거진 부자 동네에 있는 커다랗고 하얀 건물 앞에 서 있다. 크리스마스 리스가 문에 걸려 있다. 7호실의 벨을 누르고는 숨을 크게 들이쉰 다음 인터콤에 내 이름을 말한다. 아무 말 없이 문만 찰칵하고 열린다. 납득이 가는 일이다. 심리 분석가들은 말을 아낀다고 들었다. 아마 일부러 침묵을 유지하고 있는가 보다.

정신과 의사들도 상담을 받아야 한다는 조언을 많이 들었지만 지금까지 미루고 미뤄왔다. 나피사에게 일어난 일과는 전혀 상관이 없다고 믿는다.

머리가 센 신사가 계단 꼭대기에 서서 나를 맞이한다. 면바지, 갈색 카디건, 편안한 신발 차림을 한 60대 후반 남자다. "안녕하세요, 벤지. 난 무어예요." 그가 따뜻한 미소와 함께 자기소개를 하면서 나와 악수를 한다. 그와 유일하게 물리적 접촉이 있었던 순간이다. 안으로 들어가자 그는 현관문을 닫고, 나를 안내해 작은 대기실을 지나 문이 두 개 달린 치료실로 들어간다.

"들어온 다음 문 닫아주세요." 그가 말한다.

나는 시키는 대로 바깥쪽 문을 닫은 다음 안쪽 문을 닫는다. 두 문 사이가 2센티미터 정도밖에 떨어져 있지 않다. 엉터리 건축업자가 치수를 잘못 재고 공사한 느낌이다.

"방음에 좋아요." 무어 박사가 내 마음을 읽기라도 한 듯 말한다. "사람들의 무의식이 이 방 밖으로 알려지지 않도록."

"극적으로 방에서 뛰쳐나가는 데는 안 좋겠네요. 쾅 닫아야 할 문이 두 개나 되니까." 내가 농담을 한다.

"여기서 어떻게 탈출할지 이미 계획을 세워놓은 것 같네요."

무어 박사는 빵빵하게 쿠션이 채워진 기다란 가죽 소파 상석에 자리를 잡는다. 심리 상담실의 소파! 첫 상담부터 누워서 하는 걸까? 그는 머뭇거리며 서 있는 나를 지켜본다. 다리를 꼬고, 깍지 낀 손에서 뻗은 두 검지를 입술에 댄 채 미동도 없이 앉아 있다.

"오늘은 그냥 서로 알아가는 시간이죠?" 내가 말한다.

"맞아요."

"다행이에요." 나는 내가 늘 차지하는 방 반대편 의자 쪽으로 걸어간다. "제가 소파에 누워야 하는 건가 잠깐 생각했어요."

"제대로 생각했어요. 소파에 누워서 서로 진짜 알아가는 시간을 가질 거예요." 그가 말한다.

나는 우디 앨런 영화에나 나올 법한 체스터필드 소파를 바라본다. 한쪽에 베개가 놓여 있다. 맙소사, 내가 어디 앉는지에 의미가 있는 거였나?

“그림이 좋네요.” 나는 맞은편 벽에 걸려 있는 추상적인 판화 액자를 보고 말한다. 도로를 건너다 차에 깔려 죽은 피에 젖은 동물 사체 자국 말고는 절대 다른 걸로 보이지 않는 얼룩과 반점이 섞여 있는 로르샤흐테스트(카드에 나타난 좌우대칭의 잉크 얼룩을 보여주고 피험자의 반응을 바탕으로 그의 정신 상태와 인격을 진단하는 기법 – 옮긴이) 같은 이미지다.

“뭐로 보여요?’ 무어 박사가 이제는 얼굴에 대고 있던 손을 무릎 위에 펴고 손가락 끝만 서로 닿게 한 채로 묻는다. 그의 두 손은 절대 떨어지지 않나 보다. 잘못해서 순간접착제로 붙여버리기라도 한 걸까.

“나비처럼 보이는데요?”

그는 다 안다는 듯 미소를 짓는다. “자, 벤지, 어떻게 시작하고 싶어요?”

“음, 궁금한 게 한 가지 있어요. 선생님이 저를 벤지라고 부르시니, 저는 선생님을 조지프라고 불러도 될까요?”

“사람들 대부분은 날 무어 선생이라고 불러요. 아시다시피 의사와 환자 사이의 관계 유지, 뭐, 그런 것 때문에…….”

나는 그의 말을 끊고 다시 말한다. “네, 잘 알아요. 하지만 전 환자가 아니잖아요. 전 그냥 교육 목적으로 왔을 뿐이에요.” 나는 그렇게 말하면서 우리가 담소를 나누는 동료나 되는 것처럼 최대한 자연스러운 동작으로 바지 주머니에 손을 찔러 넣는다.

“그러세요?”

"네, 제 훈련의 일부로요. 아시겠지만. 글릭 선생님이 상담을 하면 더 나은 정신과 의사가 될 수 있을 거라고 하셨거든요. 그러니까 그냥 서로 이름을 부르는 게 낫지 않을까요. 덜 형식적이고."

무어는 낮게 내려 쓴 안경 너머로 나를 빤히 바라본다. "좋아요, 그렇게 하지요. 상담실은 실험적인 공간이기도 하니까. 그런데 상담받을 때마다 늘 그렇게 서서 받을 건가요?"

내가 아직 서 있다는 게 사실 조금 이상하긴 하다. 나는 납작하게 깔려 죽은 오소리 그림에서 몸을 돌려 의자에 가서 앉는다.

"먼저 몇 가지 규칙을 정하고 시작하지요. 우리가 만날 때는, 아마 일주일에 네다섯 번쯤 될 텐데……."

내 입이 쩍 벌어진 채 닫히질 않는다. "뭐라고 하셨어요?"

"벤지, 자신의 무의식을 대면하고 싶어 하지 않는 건 자연스러운 반응이에요."

"조지프, 제 의식도 완전 무일푼이 되고 싶어 하지는 않네요."

"난 항상 NHS 직원들에게는 할인을 해줘요. 50분 상담에 50파운드(한화 약 9만 4000원). 어때요?"

고급 폰섹스랑 같은 가격이네. 그렇다고 들었다는 뜻이다. 전문적인 상담사라기보다는 시장에서 구스베리를 무게로 달아 파는 상인하고 흥정하는 느낌이다.

"좋습니다. 하지만 재정적으로 일주일에 한 번 이상 올 여력은 안 돼요. 게다가 일주일에 다섯 번이나 상담을 받아야 할 정도로 상태가 나쁘진 않습니다."

조지프가 잠시 생각에 잠긴다. "좋아요. 거기서부터 시작을 하죠. 크리스마스에는 쉴 테니까 1월부터 시작하기로 합시다. 그때부터 매주 나를 보러 오는 거예요. 아니, 상담실 천장을 보러 오는 거지요. 이상적으로는 소파에 눕는 게 좋으니까."

그는 자기 바로 옆에 있는 푹신하게 생긴 가구를 가리킨다. 그 가구가 거기 있는 것을 내가 보지 못하기라도 한 듯이.

"그리고 인생은 뒤에서부터 돌이켜볼 때 제일 잘 이해가 되지요. 그래서 가끔 가족, 아동기, 학창 시절, 친구, 트라우마, 섹스 등에 관해 물어볼 수도 있어요."

내가 고개를 끄덕인다. "좋아요. 그럼 상담을 끝내도 될 때가 왔다는 건 어떻게 알게 되나요?"

그가 웃는다. "어느 날 아침에 일어나서 '완치됐다' 하고 느끼는 일은 없어요. 심리 분석은 자신을 발견하는 끝없는 여정이에요. 어떤 사람들에게는 평생 계속되는 여정이기도 하지요."

끝나지 않는 대화 치료는 쓸모가 없을 것 같다는 느낌이 든다. 조지프 뒤로 보이는 책장에는 예술과 철학에 관한 책이 가득 꽂혀 있다. 과학책은 거의 보이지 않는다.

"그런데 왜 그렇게 오래 걸리나요? 인지 행동 치료 같은 건 6회에서 8회면 끝나지 않나요?"◆

그는 쿡쿡 웃으며 말한다. "맞아요, 하지만 임시변통은 보통

◆ NHS는 보통 8회 상담이 끝난 후에는 치료를 끝내는 인지 행동 요법을 선호한다. 기간 제한이 있고 비용이 더 낮기 때문이다. 인지 행동 요법에서는 생각을 다르게 하는 방법을 가르치지만 왜 그런 생각을 하게 되었는지에는 관심이 없다.

오래가질 않아요. 인지 행동 치료나 약물 치료나 모두 일회용 반창고에 지나지 않아요. 약을 먹으면 고통이 무뎌지긴 하지만 문제의 뿌리를 해결하는 건 아니죠. 치통이 있을 때 썩은 이를 뽑는 대신 진통제를 먹는 거랑 비슷합니다."

나는 고개를 끄덕인다.

"그리고 이 방 안에서는 점잔을 빼거나 예의를 지키지 않아도 돼요. 자기 개성을 충분히 발휘하고 실험적으로 굴어도 되는 안전한 공간이니까요. 내게 화가 나면 화를 내세요. 그냥 물리적 경계만 지켜주면 됩니다."

"걱정 마세요, 조지프. 제가 그다지 폭력적인 사람은 아니에요."

"아, 아니겠죠. 본인과 비슷한 환경에서 자란 사람들은 대부분 절대……."

"저랑 비슷한 환경이요?"

"미리 보낸 환자 설문지 생각나죠?"

수선화 병동에서 끊임없이 일상적으로 벌어지는 온갖 혼란과 소동 속에서 살다보니 상담 약속을 잡으려고 몇 주 전에 작성해서 보냈던 환자 설문지에 대해서 완전히 잊고 있었다. 가능한 한 솔직하게 답변하라는 요청이 있었고, 각 질문마다 커다란 공간을 비워둬서 한 단어 혹은 한 문장으로만 답을 하면 뭔가 충분하지 않은 것처럼 보였었다.

"네, 음…… 그 설문지는…… 모든 게 비밀에 부쳐지겠죠?"

"거의 전부. 누군가 살해할 거라고 말하지 않는 이상. 그런 경우에는 법적으로 경찰에 신고할 책임이 있어요."

"밀고자!"

그는 내 가벼운 농담을 무표정한 얼굴로 받는다. "벤지, 내가 보기에는 유머를 방어기제로 사용하는 것 같군요."

"죄송합니다. 그냥 좀 긴장한 것 같아요."

"그건 당연한 겁니다. 하지만 평생 모든 걸 아무 일도 아닌 것처럼 웃어넘기면서 아픈 데를 덮을 수는 없어요. 몇몇 코미디언도 상담하러 오는데 내가 만나는 환자들 가운데 제일 우울한 사람들이에요. 아마 정신과 의사들보다 조금 나은 수준이겠지요."

조지프 앞 낮은 테이블에 놓인 휴지 한 통으로 눈길이 간다.

"휴지는 코스트코 같은 데서 대량으로 구입하시겠네요." 내가 말한다.

조지프은 내 말을 못 들은 척한다. 그가 다리를 바꿔 꼬자 바지가 들리면서 형형색색의 줄무늬 양말이 보인다. 그런 다음 그는 커피 테이블에서 종이 몇 장을 집어 든다. "설문지 답변 중 몇 가지가 눈에 띄었어요." 그는 페이지를 넘길 때마다 손가락에 침을 묻힌다. "첫 번째가 정신과 수련의라는 점이었고, 두 번째가 가족에 관한 것이었어요. 물론 연애 부분은 완전히 백지로 남겨뒀다는 사실도."

10

크리스마스 도둑과 꾀병

즐거운 명절 시즌이다. 정신과 병동에 입원한 환자가 아니라면, 혹은 그곳에서 일하는 직원이 아니라면 말이다. 복싱데이(12월 26일, 영국에서는 공휴일이다 – 옮긴이) 아침 8시가 되기 직전, 대부분의 사람들이 아직 일어나지 않았거나 어제 남은 음식이 있는 부엌으로 졸린 걸음을 옮기고 있을 시간에 나는 나이팅게일 병원에 들어선다. 익숙한 소독약 냄새가 코를 찌른다. 입구에는 플라스틱으로 만든 크리스마스트리에 초라한 방울들이 매달려 있다. 하지만 기다란 반짝이 장식은 없다. 환자들이 목 매다는 데 사용할 위험이 있기 때문이다.

내가 속한 NHS 트러스트는 집으로 각자 이름이 적힌 카드를 보냈다. 감동적인 처사이긴 하지만, 사무 착오로 인해 모든 이름이 잘못 기입되어 있었다. 하지만 내 고용주가 성탄을 축하하고 그동안의 노고에 감사한다는 메시지를 적어 '멀린다'에게 보낸

카드는 영원토록 소중히 간직할 예정이다.

의사가 된 지 3년 만에 처음으로 나는 크리스마스 당직에 걸리지 않았다. 그래서 크리스마스인 어제 하루는 북부 지방에 사는 가족들과 함께 보낼 수 있었다. 열여섯 시간밖에 되지 않는 짧은 방문이기는 했지만 말이다.

"눈 때문에 갇혀서 못 간다고 하면 안 되니?" 아침으로 시리얼을 먹고 있는 내게 어머니가 말한다. 어머니는 크리스마스 만찬을 준비하면서 벌써부터 레드 와인을 홀짝거리고 있다. 크리스마스 날 아침에는 술을 마셔도 아무도 뭐라 하지 않는다는 것을 잘 아는 사람만이 가질 수 있는 당당한 태도로.

사실 어머니 말도 일리가 있긴 하다. 그 전날 또다시 엄청나게 많은 눈이 내렸고, 도로에 염화칼슘을 뿌리는 차는 절대 우리 집 근처까지 오지 않기 때문에 이동이 불가능했다. 인사과에 말할 수 있는 결근 이유는 충분하지만, 나를 대체할 인력을 복싱데이에 구하는 건 불가능할 것이다.

아버지가 수도관을 녹이는 작업을 마치고 뒷문으로 들어온다. 콘크리트와 페인트가 여기저기 튀어 있는 아버지의 트레이드마크인 점퍼에, 노끈을 벨트 대신 임시변통으로 묶은 바지 차림이다. 아버지의 커다란 손은 오랜 육체노동으로 굳살이 배겨 있고 항상 부어 있다. 적어도 손톱 하나는 늘 망치에 잘못 맞아 멍이 든 상태다. 아버지는 힘이 정말 세서 쇼핑 가방 들듯 양손에 브리즈 블록을 하나씩 가볍게 들 수 있을 정도다. 물론 지금도 장갑, 모자, 코트 하나 없이 밖에 있다가 들어오는 길이다.

"우리가 어떻게든 방법을 찾아줘야지." 우리 대화를 들은 아버지가 말한다.

어머니가 손을 머리 위로 번쩍 들고 외친다. "아, 존!"

아버지는 복장을 덜 갖춰 입은 오츠 대위(스콧 탐험대 일원으로 남극 원정에 나갔다가 행군을 계속할 수 없게 되자, 팀의 부담을 줄이기 위해 텐트에서 몰래 나와 강풍 속으로 사라져 얼음판에서 최후를 맞이한 인물 – 옮긴이) 차림으로 눈보라가 치는 바깥을 향해 발길을 돌린다. 우리는 아버지의 녹슨 빨강 트랙터로, 언덕과 나무에 둘러싸여 밖에서는 보이지도 않는 우리 집까지 이르는 수직에 가까운 가파른 언덕길에 무릎 높이로 쌓인 눈을 치운다. 눈을 치우다가 집 쪽을 보니 앞치마를 입은 어머니가 부엌 창문으로 우리를 내다보면서 고개를 젓고 눈을 다 못 치우기를 기도하는 모습이 보인다.

그런 다음 늘 그러듯 즐겁지만 이따금 긴장감이 흐르는 가족들과의 식사를 즐긴다. 아동심리학자인 어머니는 텔레비전을 보면서 식사를 하는 게 가족을 해체시킨다고 생각했고, 그래서 우리 가족은 항상 식탁에 둘러앉아 제대로 식사를 했다. 식탁에 둘러앉는 것이 우리가 여전히 정상적으로 기능하는 가족임을 증명하기에 충분한 것처럼. 동생 중 한 명이 테이블 세팅을 맡았다. 완벽을 기하기 위해 포크와 나이프를 한 치의 오차도 없이 줄 맞춰 정렬해두었다. 어머니는 빨강 테이블보를 깔고 호랑가시나무 가지들과 엄청나게 많은 수의 촛불로 식탁을 장식했다. 우리는 늘 촛불을 켜고 밥을 먹는다. 차분한 분위기를 연출하기 위해서일 거라고 나는 짐작한다. 심지어 아침을 먹을 때도 촛불을 켠다.

크리스마스 만찬을 즐기는 동안 모두가 모범적으로 행동했고, 어머니는 계속 창문 밖을 흘끔거리면서 눈이 더 와서 아들들 전부가 집에 더 있을 수 있게 되길 바랐지만, 눈은 더 이상 내리지 않았다. 나는 어머니와 동생들을 꼭 껴안고 작별 인사를 한 다음 아버지의 차에 탔다. 아버지는 긴장한 나머지 손마디가 하얗게 되도록 운전대를 꽉 쥔 채 가파른 언덕길을 지그재그로 몰았다. 그러다가 차가 미끄덩하더니 마을로 향하는 3킬로미터가 넘는 내리막길을 미끄럼 타듯 내려갔다. 나는 내내 손을 계기판에 댄 채로 몸을 버티고, 아버지는 "괜찮아, 괜찮아"를 연발하며, 마침내 우리는 마을까지 별 문제 없이 도착했다. 차 두 대가 폐차를 해야 할 정도로 엄청나게 망가진 사고가 있었다는 것만 빼면 지금까지 별 문제 없이 다니긴 했다. 마을에서부터는 염화칼슘을 잘 뿌려놓아 눈이 콜라색 빙수가 되어 있었고, 우리는 그 길을 달려 뉴캐슬 버스 정류장까지 갔다. 거기서 나는 고속버스를 타고 런던으로 향했다.

그렇게 엄청난 노력을 기울여 오늘 아침 여기에 서 있게 된 것이다. 나는 팀원으로서 내 책임을 다하고, 크리스마스 대공세에 맞서 싸우는 동료들과 어깨를 나란히 할 준비를 갖췄다.

"오늘은 응급실과 병동들을 모두 감당해야 합니다." 밤 당직 의사가 명랑하게 말한다. "다른 수련의 한 명이 못 왔거든요. 눈 때문에 갇혔다고 하더라고요. 그건 그렇고, 메리 크리스마스!"

나는 길 건너 일반 병동으로 가서 산타 모자를 쓴 수위를 따라 응급실로 간다.

첫 환자는 가이 리치 감독의 영화에서 런던의 뒷골목을 주름잡고 다닐 듯한 인상을 풍기는 남자다. 스킨헤드에 의심쩍어 보이는 흉터가 난 얼굴, 밀월 축구팀(런던 남동쪽 버먼지 지역에 연고를 둔 프로 축구팀 – 옮긴이) 유니폼 차림이다. 병원 침대 한쪽 레일에 고정된 수갑을 차고 있는 것도 범죄자 같은 인상을 누그러뜨리는 데 도움이 되지 않는다. 경찰관 두 명이 환자 양옆에 서 있다. 눈에 띄지 않으려고 경찰 모자를 벗었지만 별 효과는 없다.

"안녕하세요, 데이미언 씨. 저는 정신과 의사 워터…… 아앗, 여기 도움이 필요해요!"

그가 발작을 일으키기 시작한다. 직원들이 도우려고 달려든다. 데이미언의 눈이 희번덕거리고 팔과 다리가 격렬하게 경련을 일으키면서 목이 완전히 뒤로 젖혀지지만 모든 게 30초도 지나지 않아 멈춘다. 다행히도 이런 발작을 할 때 많이들 그러듯 혀를 깨물거나 소변을 지리지는 않았다.

그는 경찰의 손에 이끌려 오늘 일찌감치 응급실에 왔다. 자동차의 라디오를 훔치려다 들켰는데 불행히도 바로 그 순간 발작이 시작돼서 도망가질 못했다. 응급실에서는 정확한 발작 원인을 찾지 못했고, 깜빡이는 불빛이 아니라 권위 있는 인물을 봤을 때 발작이 일어난다고 추측하고 있다. 의료진은 존재만으로도 환자에게 고혈압을 유발할 수 있다. '진찰 전 혈압 상승' 혹은 '화이트 코트 고혈압'이라고 부르는 현상이다. 데이미언의 발작도 흔치는 않지만 그런 현상과 비슷한 종류일까? 권위 있는 인물을 보고 발작을 일으켰다니 살짝 기분이 좋아지려고 한다. 정신과 의사들이 '제대로 된 의사'가 아니라고 하는 사람들에게 한 방 먹인 기분이다.

데이미언은 환청도 들린다고 했다. 모든 게 매우 이상하다.

파란색 수술복을 입은 응급실 당직 의사가 상황을 설명한다. 데이미언의 관찰 결과와 검사 결과는 정상이었다. 두개골 및 말초신경은 '특이 사항 없음'이다(좋은 소식이다. 의학적으로 '특이 사항 있음'은 바람직하지 않다). 뇌전증 검사로 가장 널리 쓰이는 뇌 스캔과 뇌파 검사 결과는 곧 나올 예정이다. "하지만 보신 바와 같이 발작 증세가 좀…… 전형적이지 않아요." 당직 의사는 그렇게 말하고 침대 주변에 쳐둔 커튼을 젖히고 나간다.

"데이미언, 좀 어떠세요?" 나는 커튼을 다시 닫으며 말한다. "이제 정신이 좀 드세요?'

"네."

"여기 어딘지 아시겠어요? 제가 누군지 기억나세요? 오늘이 며칠이죠?"

"머리를 그 정도로 세게 부딪히지는 않았어요. 여기는 병원이고, 당신은 정신과 의사고, 오늘은 12월 26일이에요."

뇌전증에서 목격되기도 하는 발작 후 혼돈 증세는 없는 것이로군.

"그런가요. 지금 머릿속으로 퍼즐을 짜맞춰보려고 하는 중이에요. 아까 무슨 일이 일어났는지 이야기해주실 수 있겠어요?"

데이미언은 오늘 벌어진 사건을 전혀 기억하지 못한다. 경찰은 그가 자동차 라디오를 훔치려고 했다지만 그럴 수가 없단다. 그는 밤 10시 이후에는 텔레비전도 보지 않는다. 심야방송에서 허용되는 욕설 등을 참을 수가 없기 때문이다.

나는 그의 개인사에 관해 묻는다. 아동기는 '어려웠다'. 파트타임으로 공장에서 일하는 어머니와 풀타임으로 마약을 하는 아버지를 둔 8남매 중 막내였다. 차량 절도와 폭주를 둘러싼 '오해'로 인해 열다섯 살에 학교를 그만뒀다. 그가 사는 동네의 펍에서 바텐더로 일하는 그의 여자친구가 곧 두 사람의 첫아이를 낳을 예정이다.

"좋은 아빠가 되고 싶어요. 우리 아버지하고는 다른." 그가 덧붙인다. 그러고는 핸드폰으로 최근에 찍은 아기 초음파 사진을 보여준다.

"야아, 좋네요." 나는 초음파 사진에 보이는 흑백 얼룩을 보면서 미소를 지어 보인다.

그는 다시 한번 사진을 들여다보고 미소를 짓더니 핸드폰을 주머니에 집어넣는다.

다시 본론으로 돌아오고 싶어 하던 경찰이, 막다른 골목에서 절도를 하고 있던 데이미언을 보고 멈추라고 소리친 후 체포했다고 자진해서 설명한다. 그가 발작을 일으킨 건 그때였다.

둘 중 더 계급이 낮은 경찰관, 체취 제거제 냄새가 물씬 나는 경찰관이 열을 내며 말한다. “큰 소리가 발작을 유발할 수 있다고 들었어요. 우리가 고함을 쳐서 발작이 시작된 걸까요?”

아까 만났던 의사가 허술한 커튼을 조금 열어젖힌다. “뇌 CT랑 뇌파 검사도 정상으로 나왔어요.” 얼굴만 빼꼼히 집어넣고 그렇게 말하더니 의사는 곧바로 사라져버린다.

“아, 좋은 소식이네요.” 내가 데이미언에게 말한다.

“청각적 환각 증상은요?” 그가 말한다.

의학 전문 용어를 사용한다는 것은 의료진이거나 그 방면으로 미리 공부를 한 일반인이라는 뜻이다.

“‘청각적 환각 증상’이라니 무슨 뜻으로 하는 말이에요?”

“내 머릿속에서 들리는 목소리요.”

“머릿속에서 누군가가 말하는 소리를 얘기하는 건가요, 아님 지금 내가 말하는 소리처럼 밖에서 들리는 걸 얘기하는 건가요?”

“……머릿속이요.”

재미있군.

글릭 선생에게서 환청을 위치에 따라 분류하는 방법을 배운 적이 있다. 더 심각하고 조현병적인 환청은 머리 밖에서 들린다. 그러니 머리 밖에서 소리가 들리는 증상을 더 걱정해야 한다.◆

“그 목소리가 뭐라고 하나요?”

“음, 무슨 짓을 하라고 해요…… 말도 안 되는 짓…… 가령…… 자동차 라디오를 훔치라든가 하는 거요. 적어도 아까는 그랬어요.”

아까 일은 전혀 기억 못 하는 걸로 알고 있었는데?

"기록에는 환청에 관한 언급이 하나도 없는데요." 내가 넌지시 떠본다. "이 문제에 관해 누구랑 상의한 적이 있거나 가족력이 있나요?"

"아니요."

"술 자주 마셔요? 맥주나 와인, 독주 등등?"

"아니요! 그런 질문에 대한 답은 이미 다 했어요. 얼마나 더 물어봐야 해요? 지금 소변이 마려워서 죽을 지경이라고요."

시간이 흐르면서 데이미언은 대화하는 것을 점점 더 불편해하며 이마에 땀이 송골송골 맺히기 시작한다. 어쩌면 정신 질환이 아니라 신경 질환일 수도 있다. 사회 불안증일까?

"화장실 다녀오세요. 기다릴게요."

"경찰관도 같이 가야 해요? 모욕적이군. 똥을 싸야 할 수도 있는데."

데이미언은 '2 대 1 관찰 대상', 즉 화장실에 갈 때마저도 두 사람 시야 밖으로 벗어나면 안 되는 대상으로 분류되어 있다. 그렇지만 내가 이 규칙을 조금 어기게 허용해주면 마음을 열지도 모

• 반대로, 덜 심각한 위환각, 다시 말해 자기비판적인 독백, 인격 장애 혹은 침해적인 강박 장애성 생각들은 보통 머리 안에서 들리는 소리다. 상대적으로 말해서 지하철 승강장에 지하철이 들어오는 순간 앞사람을 밀어버리라거나, 고양이를 걷어차라거나, 할머니에게 프렌치 키스를 하라거나 하는 식의 목소리가 머릿속에서 들리는 건 괜찮다. 적어도 의학적으로는 말이다. 그런 생각이 드는 건 하지 않아야 하는 일을 신경학적으로 과도하게 인식하고 있고, 그 생각을 행동으로 옮기지 않을 확률이 거의 100퍼센트이기 때문이다. 일이 제대로 돌아가는 행운이 따른다면.

르는 일이다. 게다가 데이미언의 상황에 공감이 가지 않는 바도 아니다. 나도 바로 옆 소변기에 사람이 있기만 해도 오줌을 잘 누지 못하니까.

"좋아요, 하지만 문은 열어둬야 해요."

나이가 더 많고 머리가 벗겨지기 시작한 경찰관이 침대 틀에 고정되어 있던 수갑 한쪽을 풀어서 자기 손목에 찬다. 돈이 많이 든 서류 가방을 운반하는 사람 같다. 우리는 한 칸짜리 화장실로 그를 데리고 가 수갑을 풀어준 다음 문을 완전히 잠기지는 않게 닫으려고 경찰관의 신발을 문과 문틀 사이에 둔다.

"괜찮아요?" 몇 분 후 내가 묻는다. 아무런 반응이 없다. "데이미언?"

맙소사, 발작을 일으켰나? 아니면 전깃줄에 목을 맸나? 어쩌면 영화 〈쇼생크 탈출〉에서처럼 변기 구멍으로 빠져나가 하수구를 통해 탈출해서, 밖에 나가 자동차 라디오를 또 훔치고 있기라도 한 걸까?

우리는 서둘러 안으로 들어간다.

다행히 데이미언은 살아 있다. 그는 세면대 옆에 서서 고개를 옆으로 돌린 채 입으로 손 소독제 통 입구를 리드미컬하게 눌러 투명한 젤을 입으로 받아먹고 있다.

그가 우리를 올려다보더니 "잠깐만요" 하고 말하고는 몇 번 더 손 소독제 입구를 누른다. 소변을 본 후 손 씻는 건 잊었지만 데이미언의 식도만큼은 전에 없이 깨끗할 것이다. 데이미언을 침대로 다시 데려가는 더 나이 든 경찰관의 손길이 조금 덜 조심스럽다.

턱에 솜털이 난 경찰관이 관자놀이 옆에다 손가락으로 원을 그린다. '이 사람 진짜 미친 것 같죠?' 하고 말하고 싶은 듯하다.

나는 그 경찰관이 정신과 의사들은 이런 식으로 의사소통을 할 거라고 생각하는지 알고 싶다. 병이 깊을수록 손가락으로 더 크고 더 빠르게 원을 그릴 거라고 생각하는 걸까?

그 경찰관은 병원에서 사용하는 손 소독제가 세균의 99.9퍼센트를 죽이는 효과를 내고, 그와 동시에 70퍼센트가 알코올로 이루어져 있다는 사실을 모른다는 것을 나는 직감한다.

데이미언은 새로 태어난 사람이 되어 침대로 뛰어 올라간다. 침대 틀에 수갑을 다시 고정시키는데도 미소만 짓는다. 그리고 나는 그의 손 떨림이 사라졌다는 것을 알아챈다. 더 이상 금단증상을 겪고 있지 않은 것이다.

"알로에 맛이었죠? 꽤 괜찮더라고요." 그가 좋은 와인을 평가하듯 명랑하게 말한다. 손 소독제 감정사.

술에 든 알코올 섭취에만 주의를 기울인 내 잘못일 수도 있어. 세면대에 설치된 상업용 알코올도 있는데 말이야.

"좋아요, 데이미언, 이제 좀 더…… 편안해져서 다행이에요. 머릿속에서 들리는 소리에 대해 이야기하고 있었죠. 내가 여자친구에게 전화해서 최근에 이상한 일은 없었는지 물어봐도 괜찮겠어요?"

"아니요, 하지 마세요." 그렇게 말하는 그의 얼굴에 정말로 걱정하는 기색이 떠오른다. "스트레스 받으면 태아에게 좋지 않아요."

나는 고개를 끄덕여 그를 안심시킨다. "지금도 환청이 들려요?"

"네, 계속 들려요."

"하지만 저랑 대화도 할 수 있네요. 환청에 정신이 팔리거나 혼란스러워하지 않고요."

그 말에 데이미언은 손바닥으로 자기 머리를 친다. 귀에 들어간 물을 빼내는 동작을 닮았다. "입 닥쳐!" 그가 허공에 대고 소리친 다음 내게로 고개를 돌린다. "제 생각에는 정신병원에 가야 할 것 같아요."

이 정도의 연기력으로는 마을 촌극에서도 배역을 얻지 못할 것이다.

수선화 병동에서의 경험을 통해 나는 바바라, 자말, 그레이엄처럼 정말 많이 아픈 환자들은 자기가 아프다는 사실을 깨달을 만한 통찰력도 없다는 사실을 배웠다. 따라서 역설적이지만 페이지처럼 도움을 구한다는 사실 자체가 안심해도 될 정도로 환자가 건강하다는 의미로 해석될 수 있다. 병상이 만성적으로 부족한 상황이기 때문에 정신 병동의 병상은 정말 많이 아픈 환자들이나 정신보건법에 따라 비자발적으로 입원해야 하는 환자들에게만 제공되고 있다.[5]

"의사 선생님, 이 녀석 입원시킬 건가요?" 더 나이 든 경찰관이 묻는다. "정신 질환이 없다고 진단하시면 경찰서로 데려가야 합니다. 보석 조건을 위반했으니 구치소로 돌아갈 거고요."

"이전에도 문제를 일으켰었는지 몰랐습니다." 내가 말한다.

"보석 중이었어요." 경찰관이 지친 듯한 목소리로 대답한다.

내 생각에는 블랙애더 대령(영국의 코미디 시리즈 〈블랙애더Blackadder〉에서는 전장에 나가 무의미한 죽음을 맞이할 운명을 피하기 위해 주인공 블랙애더 대령이 미친 척을 한다 – 옮긴이)처럼 데이미언도 꾀병, 그러니까 원치 않는 결과를 피하기 위해 증상을 위장하는 것 같다. 흔치 않은 전략이고, 속옷을 머리에 뒤집어쓰고 연필을 콧구멍에 꽂는 행동(블랙애더 대령이 한 짓이다 – 옮긴이) 이상의 지식이 필요하다. 하지만 정신과 의사 입장에서는 꾀병 환자와 정신이상 환자를 구분하기가 보통 복잡하고 어려운 일이 아니다.◆

나는 당직 전문의의 조언을 구하기 위해 전화를 한다. 수련의의 좋은 점 한 가지는 언제라도 상관의 결정 뒤에 숨을 수 있다는 것이다. "너무나 뻔한 꾀병처럼 들리는군요. 아픈 척하는 거예요. 치료 끝내고 경찰서로 보내세요." 그가 말한다.◆◆

◆ 이제는 악명 높은 1970년대의 '미친 곳에서 미치지 않기'라고 부르는 연구에서는 배우들이 정신병원에 와서 환청이 들린다고 주장했다. 그들 중 실제로 정신 질환을 앓고 있는 사람은 아무도 없었고, 할리우드에서 훈련을 받지도 않았지만, 모두 입원에 성공했고 조현병 진단을 받았다. 단 하나의 예외는 NHS가 아닌 자비 부담 병원에 간 배우가 양극성 장애 진단을 받은 사례뿐이었다(주는 만큼 받는다는 말이 진리다). 문제는 증상을 가장했던 이 건강한 사람들이 더 이상 환청이 들리지 않는다고 말하고 완전히 정상적으로 행동하는데도 퇴원을 할 수 없었다는 사실이다.

◆◆ 정신병원 간호보조원으로 일하던 켄 키지(Ken Kesey)가 썼고 후에 잭 니컬슨을 주연으로 한 영화로 제작된《뻐꾸기 둥지 위로 날아간 새》에서 범죄자인 랜들 맥머피는 감옥에 가는 것을 피하기 위해 정신병자로 위장한다. 그러나 정신병원은 그가 상상했던 것만큼 안락한 곳이 아니다. 강제 충격요법과 전두엽 절제술 등으로 인해 그는 식물인간이 되고 만다(스포일러 주의!). 오히려 강간범, 살인범들과 함께 수감되는 쪽이 나을 수도 있었을 것이다. 적어도 감옥은 출소일이 정해져 있지 않은가.

수화기를 통해 들려오는 얼굴도 모르는 의사의 목소리는 자전거 바퀴에 난 펑크를 어떻게 때우는지 알려주기라도 하는 것처럼 스스럼없는 분위기다. 얼굴을 보지 않은 사람에 대해서는 결정을 내리기 더 쉬운 게 분명하다. 그에게 데이미언은 장난스러운 축구 팬도, 켈리의 남자친구도, 곧 태어날 아기를 기다리는 예비 아빠도 아니다.

나는 문제가 생기면 나타나서 비싼 사립학교로 보내주는 우리 할아버지 같은 사람이 모두에게 있지 않다는 사실에 죄책감을 느낀다. 그리고 크리스마스에 NHS 병원의 손 소독제가 아니라 레드 와인을 살 돈이 있다는 사실에도 죄책감을 느낀다.

"감옥에 보내는 게 데이미언에게 도움이 될 것 같지가 않아요." 내가 말한다.

당직의가 소리 내서 웃는다. "별 희망이 없다는 데는 나도 동의해요. 하지만 가벼운 알코올중독에 반사회적 행동이 조금 가미된 것일 뿐이라는 게 내 의견입니다. '정신 질환'이라고 하기엔 의심 가는 부분이 너무 많아요. 심지어 구급 대원조차 발작이 수상쩍다고 했잖아요. 진짜 아픈 게 아니라 전형적인 꾀병처럼 들려요. 범죄 정의 측면에서 다룰 문제지, 우리가 걱정할 문제가 아닌 것 같습니다."

여자친구와 태어날 아기를 두고 데이미언을 감옥에 가두는 것은 매우 이상한 정의처럼 들린다. 그리고 크리스마스 정신에도 위배된다는 생각이 든다.

"알겠습니다." 나는 감정을 담지 않고 대답한다.

"이봐요, 이런 어려운 결정을 내려야 할 때가 많아요. 이게 바로 우리가 하는 일이죠." 전화를 끊기 전에 그가 나를 안심시킨다. "걱정 말아요. 익숙해질 겁니다."

나는 다시 데이미언이 있는 침대 쪽으로 돌아가면서 그의 얼굴에 대고 거짓말쟁이라는 말을 어떻게 해야 할지 궁리한다. "전문의랑 상의를 해봤어요." 내가 말을 시작한다. 데이미언은 더 이상 다른 데로 주의를 돌리지 않고 나와 눈을 맞춘다. "여러 가지 행동이 모순적이라는 사실은 인정하실 겁니다. 발작, 환청, 알코올 젤 등등이요. 왜 그런 행동을 하는지 이해는 합니다만 오늘은 정신병원에 입원하지 못하십니다."

나는 주먹이나 욕설 등 몰아닥칠 공격에 대비해 몸과 마음의 준비를 한다. 어려운 대화를 해야 할 모든 상황에 경찰이 입회한다면 얼마나 좋을까. 놀랍게도 데이미언은 날마다 교도소에서 아침을 먹을 일을 별로 걱정하지 않는 눈치다. 이미 경험이 있어서 그럴지도 모른다는 생각이 든다. 아니면 그가 보이는 이 애매한 태도가 아직 진단 못 한 정신 질환으로 인해 사고가 흐릿해져서 그런 걸까?

정신의학에서는 어떤 것에도 100퍼센트 확신을 할 수 없다는 사실이 나를 불안하게 한다. 정신과 의사는 항상 회색 구름 속에서 일을 할 수밖에 없다. 그러다가 가끔 사이키델릭한 광기의 색이 주변을 밝히곤 한다. 정신 질환 사례는 같은 것이 하나도 없다. 우울증이라는 진단을 내리기에 충분한 증상만 해도 수천 가지 조합이 존재한다. 데이미언의 '비전형적인 증상'은 이상하지만, 따지고 보면 이상한 것을 전문으로 하는 게 우리 직업 아닌가?

“그러니까 이제 경찰서로 데리고 가도 된다는 거지요?” 솜털 난 경찰관이 그렇게 묻고 나는 고개를 끄덕인다. 확실하냐고 다시 묻지 않는 게 고맙다.

두 경찰관은 데이미언을 침대에서 내려오게 한 다음 침대 틀에 고정시켰던 쪽 수갑을 나이 든 경찰관의 통통한 손목에 차고는 커튼을 젖히고 나간다. 데이미언이 내 앞을 지나칠 때 나는 마지막으로 그의 표정을 살핀다. 장난스러운 윙크나 능글맞은 웃음이라도 지으면 꾀병일 것이라는 내 추측이 맞을 텐데. 확실하게 알 수만 있다면 내게 침을 뱉는 것도 참을 수 있겠다는 생각이 든다. 그러나 그런 행운은 없고, 경찰관들에게 끌려가는 데이미언의 얼굴에는 아무 표정도 떠오르지 않는다.

한편 병원 밖에서는 영국 전체가 새해를 맞기 전까지 남은 시간을 죽이면서, 영국인들답게 술에 절어 있다.

11

마음을 이해하지 못하는 마음

수련의 과정의 핵심은 부임지에서 막 익숙해질 만하면 다음 병원으로 옮겨 가야 한다는 점이다.

"음, 오늘이 제 마지막 날이에요." 나는 수선화 병동에서의 마지막 아침 회의를 마치고 그렇게 선언한다. "그래서 감사한 마음을 여기에 담았습니다."

일요일에 어머니와 통화하면서 얻은 아이디어였다. 사려 깊은 선물을 하는 것으로 정평이 난 어머니가 화분은 어떠냐고 제안했고, 나는 팀원들이 초콜릿 한 상자보다는 그 편이 나를 조금 더 오래 기억해줄 수도 있겠다고 생각했다.

그래서 오늘 아침 출근하기 전에 자전거로 꽃집에 갔다. 레몬이나 라임 나무를 사고 싶었다. 뭔가 재미있고 색깔이 화려해서 사무실을 밝혀줄 만한 나무. 그러나 꽃집 주인은 새 제품 배달이 늦어져서 남은 식물이 얼마 없다고 설명했다. 붉은 장미는 너무 낭만적이고, 하얀 백합은 너무 엄숙하다. 결국 선인장밖에 없었다. 나는 제일 덜 치명적으로 보이는 녀석을 골랐다.

"조심하세요." 나는 금색 선물 봉투를 글릭 선생에게 건네며 말한다.

"혹시 와인?" 블레싱이 희망을 담아 말한다.

글릭 선생이 봉투 안을 들여다본 다음 화분 쪽을 잡고 천천히 선물을 꺼낸다. "고-마워요." 살짝 길게 뺀 말투가 마음에 걸린다. 그녀는 억지웃음을 지어 보이지만 입술을 가시로 꿰맨 듯하다.

"흠, 저걸 여기 둘 순 없지요!" 브라이언이 초조한 기색으로 뒤쪽을 살피며 말한다.

그는 말도 안 되는 규칙에 매달릴 때가 많고, 내 점심을 두고도 잔소리를 했었다. 의사가 쓰레기봉투에 든 음식을 먹는 게 '보기 좋지' 않다는 게 이유였다. 나도 할 수만 있다면 까만 비닐봉지에서 음식을 꺼내 먹고 싶진 않았다. 게다가 직원들도 식당에서 환자들과 함께 남은 음식을 먹는 게 어떠냐고 제안하기까지 했다. 음식물 쓰레기도 줄이고, 직원들은 공짜 점심을 먹을 수 있어서 좋고, 환자와 직원 사이의 간극을 좁힐 수 있다는 장점까지 있다. 하지만 그는 그렇게 하는 것은 '부적절하고', 시간을 잘 활용하는 일이 아니라고 했다. 그래서 대부분의 직원이 15분 정도 시간을 들여 구내식당에서 비싼 샌드위치를 사다가 컴퓨터 앞에 앉아 혼자 먹는 쪽을 선택했다.

"왜 여기 두면 안 되죠?" 나는 용기를 짜내서 묻는다.

"아, 환자들이 이걸 무기로 사용할 수도 있어서 그렇죠, 뭐." 브라이언은 내가 무슨 정육점 칼이라도 선물한 것처럼 말한다.

이제 기억이 나기 시작한다. 나이팅게일 병원에는 꽃 반입조차 금지되어 있다. 바버라의 동생이 미국에서 오면서 꽃다발을 사왔었다. 하지만 방문 시간이 지난 뒤에 왔으니 다음 날 다시 오라는 말을 들었다. 누군가가 바버라에게, 신원 미상의 신사분이 꽃다발을 가지고 왔지만 병원 내에 튤립 같은 꽃에 알레르기가 있는 사람이 있을 가능성에 대비해 꽃다발은 폐기해야 했다고 말해줬다. 다음 날 동생이 병문안을 오기 전까지 거의 24시간 동안 바버라는 해리 스타일스가 꽃을 가지고 온 거라고 믿었다. 그 일이 그녀의 회복에 도움이 되지 않은 것은 물론이다.

나는 다시 내 선인장을 쳐다본다. 짙은 초록색 줄기에서 튀어나와 있는 아이보리색 가시들. 그걸 만지면 주삿바늘 폐기 통 안에 손을 넣고 휘젓는 느낌이 들 것이다.

하지만 글릭 선생은 마지막 날이라 내 실수를 눈감아주기로 결심한 것 같다. 그녀는 몇 마디 인사말을 하기 위해 목을 가다듬는다. "벤, 우리는 아무 선물도 준비하지 못했어요. 미안해요. 그러니 이걸 우리가 주는 선물로 다시 받아주면 어때요?" 그렇게 말하고 그녀는 선인장을 다시 내게 건넨다.

일과가 끝난 후 나는 내일 새로 올 수련의를 위해 열쇠를 사무실에 가져다 둔다. 그러고는 직원들과 지금 입원해 있는 환자들에게 작별 인사를 한다.

일반 병동 수련의로 2년간 일할 때는 고마움의 표시로 환자들이 보내온 초콜릿이 항상 있어서 살이 쪘었다. 하지만 정신과 의사로 일하는 1년 사이에 쪘던 살은 다시 다 빠졌다.

지난주에 일어난 일 중 가장 인상 깊었던 사건은 강제 입원 조치된 환자에게 내가 집에 갈 수 없다고 하자 환자가 "너같이 머리에 피도 안 마른 머저리가 무슨 권리로 나를 집에도 못 가게 하는 거야?" 하고 소리친 사건이었다. 내가 아직도 어려 보인다는 말을 들으니 마음이 따뜻해졌다.

한 환자는 심각한 정신 질환을 앓고 있음에도 내게 작별 선물을 줬다. 화장지에 그린 꽃 한 송이였다. 종합의료협의회와 영국의학협회는 환자에게서 선물을 받는 사안에 관해 엄격한 규칙을 정해놓았지만, 그 환자가 차세대 반 고흐이고 그 그림이 그의 수선화 병동에서의 시절을 담은 귀중한 원화가 아닌 이상 나는 안전할 것 같다.

이제는 새로운 환자들이 차지하고 있는 병실이 있는 긴 복도를 나를 문까지 배웅해주겠다는 블레싱과 같이 걷다 보니 수미일관하다는 느낌이 들었다. 1년 동안 나는 여러 환자가 입원하고 퇴원하는 것을 지켜봤다. 그들 중 일부, 페이지 같은 사람은 다시 돌아왔다. 그레이엄도 최근에 수선화 병동으로 되돌아왔는데, 그가 자신이 묵고 있던 노숙자 보호소에 설치되어 있는 생수통에 든 물을 와인으로 바꾸려고 시도했기 때문이다.

하지만 정신 건강 의료 시스템을 거쳐 간 수백 명의 환자, 안톤, 바버라, 글래디스와 같은 환자를 나는 다시는 만나지 못할 것이고, 그들의 이후 이야기를 더 이상 알지 못할 것이다.

공동체 안에서 치료를 받는 외래환자들을 돌보게 될 시간이 기대된다. 입원 환자들보다 덜 심각한 상태의 환자들을 1년 정도는 쭉 볼 수 있을 것이기 때문이다. 진단명이라는 꼬리표 뒤에 숨은 사람의 본모습을 볼 기회가 반갑다.

블레싱과 나는 두 겹으로 설치된 문과 문 사이에 들어선다. 이 이상한 곳에서 벌써 1년이나 지냈다는 게 실감 나지 않는다. 일부 환자들의 세상처럼 이곳에서는 시간이 왜곡된 느낌이 든다.

블레싱은 나를 문의 바깥쪽 세상으로 놓아주면서 한 번 꼭 안아준다. 물론 내가 들고 있는 선인장에 찔리지 않도록 조심하면서.

"행운을 빌어요, 벤저민. 우리 너무 그리워하지 말고요." 그녀가 쿡쿡 웃으며 말한다. "우리 병동 음식 진짜 좋아한 거 알아요. 그리고 주차장도."

그러고는 안쪽으로 들어가 문을 쾅 닫는다. 수선화 병동에서의 1년에 그렇게 큰 소리로 마침표를 찍은 나는 다시 자유 세상으로 돌아왔다.

저녁에 나는 정신과 의사로서의 첫 1년을 무사히 마친 것을 축하하기 위해 나피사와 만난다.

"우리 살아남았어!" 나는 내 맥주잔을 청량음료가 담긴 그녀의 잔에 부딪히며 외친다.

"우리 다는 아냐."

"앗, 미안. 하지만 그 일은 네 잘못이 아니잖아, 알지?"

"그 일 이야기한 거 아니야. 하지만 상기시켜줘서 고마워." 나피사가 손에 들고 있던 오렌지 주스를 독한 스카치위스키라도 되는 듯 한 모금 꿀꺽 마신다. "돔 말이었어."

"아아아!"

돔은 정신과 의사를 그만두고 치즈 가게를 운영하는 더 단순한 삶을 선택했다. 그가 한 선택을 축복해주고 싶지만, 한 사람이 떠나서 우리가 추가로 떠맡게 될 시간 외 당직 말고 다른 생각은 할 수가 없다. 외래환자를 보는 일을 하는 동안에도 병원 당직 의무는 피할 수 없다.

나피사와 나는 동네 코미디 클럽의 바 자리에 앉아 있다. 유머를 방어기제로 사용하는 것을 두고 조지프가 뭐라고 하든, 우리는 나쁜 일이 벌어질 때마다 이곳을 찾았다.◆

"우리가 키스의 자기방어 수업을 들은 게 벌써 1년 전이라니 이상한 느낌이 들어." 내가 감상에 젖어 말한다.

"그래서 올해 양손으로 어깨 걸어 업어치기 기술은 몇 번이나 사용했어?" 나피사가 묻는다.

"여러 번 할 뻔했지. 업어 치고 싶은 사람이 대부분 침상 관리

◆ 유머는 '명약'이라고 널리 받아들여진다. 하지만 성병의 일종인 클라미디아에는 페니실린이 아재 개그보다 훨씬 효과적이다.

담당자 브라이언이었지만."

나피사는 눈을 한 번 굴려 보이고는 빨대로 주스를 젓는 일에 열중한다. 그녀는 아직 브라이언을 용서하지 못했다. 목숨을 끊은 그녀의 환자에 대해 이야기를 나누는 게 오히려 도움이 되지 않을까 하는 생각을 가끔 하곤 한다. 하지만 나피사는 그 일이 일어나지 않은 것처럼 행동하면서 다시는 입에 올리지 않는 쪽을 선택했다. 나는 정신과 의사들은 자기감정에 대해 좀 더 잘 이야기하지 않을까 생각했었다. 하지만 길 건너 일반 병동 건물 밖에서 담배를 피우는 사람들 중에는 호흡기 전문의들도 섞여 있다는 걸 이제는 안다.

"음, 우리가 많이 변한 거 같아?" 내가 조심스럽게 묻는다.

"솔직히 말해도 돼?" 그녀가 점점 더 숱이 줄어드는 내 머리 쪽으로 시선을 보내며 말한다.

"저리 꺼져버려."

내가 그녀에게서 들은 것은 검시관이 그녀의 잘못이 없다는 판정을 했다는 게 전부다. 정신 건강 트러스트도 같은 결론을 내렸다. 그저 엄청나게 슬픈 일이 벌어진 것일 뿐이었다. 정신과 의사로서 경험하는 산업재해.

"새로운 게 있다면 이거?" 나피사는 반쯤 미소를 띤 얼굴로 반짝이는 약혼반지를 낀 손을 보여준다. 알고 보니 그녀의 남자친구는 진심으로 그녀와 함께 여생을 보내고 싶어 한 것으로 판명됐다. 우리는 다시 한번 건배를 한다.

머리가 더 벗겨진 것 말고도 나는 1년 전과 같은 사람이 아니라는 느낌이 든다. 하지만 조금씩 일어난 변화는 알아채기가 더 힘들다. 일반 병동에서 일할 때 황달이 들어서 〈심슨 가족〉의 바트 심슨처럼 피부가 노래졌지만 날마다 조금씩 더 노래져서 눈치채지 못했었다.

"전공 뭐 할지 정했어?"◆ 그녀가 화제를 바꾼다.

나는 고개를 젓는다.

"외래환자들을 보게 되면 정말 좋을 것 같아." 나피사가 깊은 한숨을 쉬며 말한다. "시간도 더 많아질 거고, 덜 심한 환자들일 거고. 우리 진찰실도 생기고. 차랑 비스킷도 충분할 거고. 가정의들이 일하는 거랑 비슷할 거라 그러더라고."

"요즘 가정의들도 업무가 엄청나게 많다고 하던데, 아닌가?"

나피사는 그런 작은 문제 따위는 무시하고 넘어간다. "뭐든 정신 병동에서 일하는 것만큼 힘들겠어?"

다사다난한 코미디 공연 1부가 끝나고 휴식 시간이 되어 불이 들어온다. 관객들이 방광은 비우고 잔은 채우기 위해 쏟아져 나

◆ 정신과 의사로 경력을 쌓으면 더 세분화된 전공을 선택할 수 있는데, 출산기 정신의학, 아동 및 청소년 정신의학, 일반 성인 정신의학, 노인 정신의학 등의 분야가 있다. 그 외에도 범죄심리학을 다루는 정신의학(법정신의학), 학습 장애가 있는 사람들을 돌보는 정신의학(학습 장애학), 약물 남용 문제를 다루는 정신의학(중독 정신의학) 등이 있다.

온다. 내가 바에서 줄을 서 있는 동안 나피사는 빈 테이블을 찾아 헤맨다. 1부 공연에서 여성혐오적인 발언을 한 코미디언에게 야유를 퍼부은 매력적인 여성이 내 근처에 서 있다. 끝부분을 파란색으로 염색한 검은 머리에 커다란 금색 링 귀걸이를 하고 아몬드 모양의 갈색 눈은 클레오파트라처럼 눈꼬리를 길게 빼 화장을 했다. 그녀가 입은 주황색 점프슈트가 내가 입은 지루한 검은색 진과 진회색 윗옷 차림과 크게 대조를 이룬다. 여름만 됐어도 좀 더 재미있는 티셔츠, 가령 옅은 회색 티셔츠를 입었을 텐데 아쉽다.

"괜찮으세요?" 내가 묻는다. 선 자리에서 몸이 흔들거리는 걸 보니 그녀는 꽤 취한 듯하다.

"맙소사, 나 지금 완전 취했어요." 그녀가 말한다.

"제가 술 한잔 사도 될까요? 물이 나을까요? 아니면 정맥주사라도."

"감자칩이 좋겠어요." 그녀가 말한다. 바에서 일하는 여자 직원에게서 스위트 칠리 맛 감자칩을 받아 그녀에게 건네자 그녀는 곧바로 감자칩을 봉투째 자기 핸드백에 쑤셔 넣는다.

"그건 그렇고 전 벤지예요." 나는 내 제안을 자기 집 간식 서랍을 채워주겠다는 것으로 받아들인 듯한 이 사람에게 호기심이 생긴다.

"강아지한테 참 어울리는 이름이네요."

"야유 보내는 게 직업이에요?" 나는 약간 마음이 다쳤지만 그렇게 묻는다.

"아, 아니에요. 저는 과학관에서 해설사로 일해요. 이름은 에스더고요."

"제2차 세계대전 당시 전쟁 과부한테 어울리는 이름이네요." 내가 농담을 되던진다.

그녀가 소리 내서 웃는다. "싱가포르 사람들은 모두 다 이름이 할머니 같아요. 그건 그렇고, 이만 가봐야겠어요. 친구들이랑 왔는데 2부는 안 보는 게 낫겠다고 결론을 내렸거든요. 더 있다가는 또 망신스러운 짓을 하게 될 것 같아서." 그녀는 맥주잔 받침에 뭔가를 적어 내게 건넨다. "감자칩 또 사주고 싶으면 전화하세요."

이게 신호일까? 노란색 옷을 입거나 머리를 쓰다듬는 것보다 좀 더 확실한 신호인 것 같긴 하다.

나는 나피사가 기다리고 있는 테이블로 내 맥주와 나피사의 라임 소다를 가지고 돌아간다. "그게 뭐야?" 자리에 앉는 내게 나피사가 묻는다. 내 손엔 아직 맥주잔 받침이 들려 있다.

"이건…… 어……. 바에서 만난 여자 전화번호."

"장난치지 말고. 진짜 뭔데?"

매년 새로 근무를 시작하는 전 수련의들은 지도 교수 역할을 하는 의사를 만나 그간의 발전 사항을 점검받도록 되어 있다.

"의사라고 하기엔 조금 많이 어려 보이는군요." 파텔 선생은 탕비실에서 커다란 컵에 커피를 따르며 농담을 한다. 나는 그녀가 너무 키가 작은 덕분에 머리가 벗겨진 내 정수리를 보지 못해 다행이라고 생각한다. "수련의들이 어려지고 있거나 내가 늙어가고 있거나 둘 중 하나겠죠. 아, 그리고 '파텔 선생님' 같은 식으로 부르진 말아요. 그냥 시타라고 부르세요."

우리는 함께 마티스의 추상 판화 작품이 벽에 걸려 있고 구석에 자주달개비 화분이 놓인 그녀의 사무실로 들어간다. 각자 자리에 앉은 다음 그녀가 종이 한 묶음을 모아 들고 책상에 두드려 가지런히 정리하는 사이, 나는 내게 주어진 30분 사이에 이 모든 것을 어떻게 다 해낼 수 있을까 궁금해한다.

"그래서 벤저민, 정신과 의사로 일한 첫해는 어땠나요?"

의사들이 해마다 거쳐야 하는 의례다. 정해진 안무대로 동작을 하고 정해진 동작으로 재주를 넘어야 훈련의 다음 단계로 넘어가도 된다는 허락을 받는다.

내 첫해가 어땠냐고? 흠, 모든 것에 의혹을 품게 됐고, 사람 목숨을 좌우하는 실수를 할까 봐 끊임없이 공포에 시달리고 있다.

"좋았어요, 감사합니다." 내가 말한다.

이렇게 점검을 하는 자리에서 수련의들은 괜찮은 것 같다고 답하고, 심사를 하는 쪽은 자기들도 모두 거친 과정이라 얼마나 상황이 안 좋은지 잘 알지만 그냥 모르는 척, 수련의들의 말을 믿는 척해주는 것이 불문율로 통한다.

"그렇다니 기쁘네요. 업무량은 할 만한 정돈가요?"

지금은 아침 7시 30분이다. 내가 열두 시간의 당직 근무를 시작하기 전에 뺄 수 있는 시간이 지금뿐이라서 억지로 정한 약속이니 그녀도 정확한 대답이 무엇일지 잘 알 것이다.

'그렇다' 칸 위에 펜을 가져다 놓고 기다리고 있는 걸 보면 어차피 그녀는 내가 무슨 말을 할지 다 아는 것 같다. 그 바로 아래 '아니오'라는 칸이 있고 이유를 딱 한 줄 쓸 만한 공간이 있다. 아마 불평의 길이를 제한하려는 의도겠지.

나는 저녁 늦게까지 근무한 날들을 떠올린다. 그리고 주말 저녁에 집에서 해야 했던 산더미 같은 행정 업무들도 떠올린다. 당직 근무, 그리고 그만두는 사람이 생기기 시작하면서 남은 사람 몫이 된 추가 당직 근무. 하지만 근무 기록을 조작해서 '유럽 근무시간 지침'에 위배되는 추가 근무를 하지 않는 것처럼 만드는 게 관례다. 지침의 최대한도인 주당 72시간을 넘겨서 고용주의 체면을 깎아서는 안 된다.

가정의 병원에서 근무할 때 누군가가 소란을 피웠다. 자기가 근무한 시간을 모두 보고해야겠다며, 자신이 마치 숭고한 내부 고발자라도 되는 것처럼 행동했다. 병원에서는 그를 탈락시켰다.

"업무량은 괜찮았습니다." 나는 전혀 의도치 않았던 하품을 하면서 대답한다.

"좋아요, 좋아요." 그녀가 '그렇다' 상자에 체크하면서 말한다. "글릭 선생하고 일하는 건 어땠어요?"

나는 페이지를 떠올린다. 시스템 안에서 이리저리 떠돌아다니고, 자살 시도가 진지하게 받아들여지기에는 너무 낮은 층에 살고 있는 그녀. 나중에 역사책에 '야만적 치료 관행' 목록에 오를까 걱정이 되는 충격요법에 대해서도 생각해본다. 우리가 환자들에게 내주는 의심스러운 화학물질들과 너무 빨리 퇴원시켜버린 환자들. 하나하나의 사례를 더 깊게 이해하기 위해 호기심을 보이거나 시간을 좀 더 투자하지 않고 별 생각 없이 신속하게 사람들을 환자화해버리는 방식들.

"글릭 선생 밑에서 근무해서 좋았습니다, 감사합니다." 내가 외교적으로 말한다.

그녀는 미소를 지으며 체크를 한다. "상담은 받고 있나요?"

나는 심리 분석을 꽤 오래 받은 사람처럼 고개를 천천히 끄덕여 보이려고 노력한다.

"아, 좋아요." 그녀는 서류에 또 다른 체크 표시를 하며 말한다. "언제 시작했어요?"

"아, 음, 실은 몇 주 전에 시작했습니다."

"난 심리 분석 광팬이에요." 그녀가 갑자기 활기를 되찾으며 자기 책상에 놓인 시가를 든 지그문트 프로이트의 피규어를 턱으로 가리킨다. "상담에서 어떤 주제를 다루고 있는지 물어봐도 될까요?" 그녀의 말투가 너무 편안해서 마치 조지프와 내가 내 마음속 깊은 곳을 파헤쳐 들어가는 것이 아니라 비행기 모델을 같이 조립하고 있기라도 한 것 같다.

"제가 왜 항상 정신과 의사가 되고 싶어 했는지를 분석하고 있어요."

"흥미롭네요. 어떻게 진행되는지 알려줘요." 그녀는 정말로 흥미롭다는 듯 펜을 내려놓고 의자에 기대앉는다. 그 덕분에 나도 살짝 긴장이 풀린다. 어쩌면 이 면담이 상자에 체크하기 위해서만은 아닌 것 같기도 하다. "새로 시작하는 해는 어떨 것 같아요?" 그녀가 묻는다.

"아, 솔직히 말씀드리자면 조금 덜 심각한 환경에서 일하게 되어 기대됩니다. 병동 일은 꽤 심각해질 때가 있거든요."

"외래환자 보는 일도 나름의 스트레스가 있어요. 병원에서는 적어도 문이랑 창문을 잠글 수 있고, 환자가 시야에서 떠나지 않게 할 수 있잖아요. 우리가 환자를 6주에 한 번 30분씩 본다 하더라도 99.9퍼센트의 시간 동안은 환자가 우리 손을 떠나 있는 것이라는 계산을 누가 한 적이 있어요. 잘못될 시간이 엄청나게 많은 거죠." 나는 익사한 나피사의 환자를 떠올리지 않으려고 애를 쓴다.

시타가 머그잔에 든 커피를 한 모금 마신다. 잔에는 이렇게 쓰여 있다. '미쳐야 여기서 일할 수 있는 건 아니에요. 우리가 가르쳐줄게요.' "하지만 괜찮을 거예요. 환자들이 당신을 좋아할 거예요. 당신은 차분하고 온화한 사람이니까."

나는 내가 '온화한' 사람으로 묘사되는 게 웃긴다는 생각을 한다. 사람들이 내게 '차분하다'고 할 때도 많다. 그게 어디서 할 수 없이 배우게 된 태도가 아니라 타고난 성격이라도 되는 것처럼. 게다가 성인 남성이 항상 '차분하고 온화하다'는 평을 듣는 걸 어떻게 생각해야 할지 모르겠다. 그런 형용사는 보통 캐모마일 차를 묘사할 때 쓰는 말 아닌가?

"세상에, 시간이 벌써 이렇게 됐네? 어서 서둘러야겠어요." 시타는 나를 '통과'시키기 위해 작성해야 할 서류 더미를 엄지손가락으로 넘기며 말한다. "매년 양이 더 늘어나는 게 분명해……. SUI를 경험한 적은 있어요?"

"아니요, 아직은요." SUI는 '예상치 못한 심각한 사건serious untoward incidents'을 의미한다. 뭔가가 아주아주 잘못된 경우를 의료계 특유의 미사여구로 표현한 용어다. "의대 다닐 때 이후로 없었어요." 내가 설명을 덧붙인다.

그녀가 앞으로 몸을 기울이며 묻는다. "의대 다닐 때?"

"학생 때 목격한 일이긴 한데요……."

"목격을 했다고요?"

"네, 자살 시도였어요. 경찰에 파견 근무 나가 있을 때였어요."

그녀는 아무 말도 하지 않고 커피가 든 머그잔을 두 손으로 부여잡은 채 내가 말을 잇기를 기다린다.

"무전으로 들어오던 메시지가 기억나요. 남성이 열차에 치였다는……."

아직도 그때 일이 눈에 선하다. 내가 담당하던 경찰관 캐런이 파란 불을 켜고 무전으로 받은 좌표 지점을 향해 빠르게 차를 몰았던 것, 가능한 한 가까이 접근했지만 여전히 몇 킬로미터나 떨어진 곳에서 차를 멈추고 철조망을 넘어 쓰레기가 널린 들판을 지나서 자갈이 깔린 철도를 따라 뛰었던 일. 멀리 보이는 다리를 향해 뛰고 또 뛰는 동안 종아리가 젖산으로 타는 듯 아려오던 감각. 내가 먼저 도착했고, 나보다 두 배는 나이가 많고 온갖 장비 때문에 늦어진 캐런은 어디에도 보이지 않았었다.

40대 남자가 철도에 가로질러 누워 있는 모습이 보였다. 일광욕이라도 하는 사람처럼. 통증을 느끼지 않는 것처럼 보이는 게 참 이상했다. 어쩌면 쇼크 때문인지도 몰랐다. 그가 나를 올려다보던 눈길…….

사방에 뼛조각이 널려 있고, 남자의 정수리에는 구멍이 나 있었다. 기차에 부딪힌 부분인 듯했다. 피가 흐르는 아래로 보이는 하얀 건 두개골이거나 뇌였을 것이다. 가장 비현실적인 부분은 그의 발과 손이 더 이상 몸에 연결되어 있지 않다는 사실이었다.

"빌어먹을." 그런 말을 내뱉었던 기억이 난다.

의식이 들어왔다 나갔다 하는지 그는 계속 눈을 떴다 감았다 했다. 말을 시켜야 한다는 생각이 들었다.

"괜찮으세요?" 말도 안 되는 질문이지만 일단 했다.

그는 잠꼬대하듯 의미 없는 말을 웅얼거렸다.

나는 방 안에 침묵이 흐르고 있다는 사실을 깨닫는다. 시타가 내가 말하기를 기다리고 있다.

"어떻게 된 일인지 물었더니 그 사람이 위쪽에 있는 다리에서 뛰어내렸는데 죽지 않아서 철도로 기어갔고, 기차에 치었는데도 아직 죽지 않았다고 웅얼거리며 말했어요."

올려다보니 다리는 높이가 15미터도 넘었다. 제일 높은 다이빙대에서 물이 없는 수영장으로 뛰어내린 것이나 마찬가지다. 기차에 치인 것은 차치하더라도 그 높이에서 떨어지고도 죽지 않았다는 게 믿기지가 않았다. 피도 흐르지 않았다. 기차 바퀴의 열과 마찰로 상처 부위가 지져져서 지혈이 되기도 한다고 나중에 누군가에게서 들었다.

캐런은 여전히 자취도 보이지 않았기에 그저 나랑 그 사람 둘만 있었다. 그는 자기 이름이 리언이라고 말했고, 나는 스웨터를 벗어서 그의 정수리 상처 부위를 눌렀다. 그러고는 기차 길에 앉아 다른 손을 그의 어깨에 얹었다.

다리 건너편 몇백 미터 떨어진 곳에 기차가 멈춰 있는 게 보였다. 기관사는 아마도 그때쯤 명랑한 목소리로 사과 방송을 하고, 승객들은 한숨을 쉬며 투덜거리고 있었을 것이다.

"리언에게 왜 뛰어내렸는지 물었어요. 그랬더니 자기 몸을 통제하는 힘들이 그에게 자기를 희생해 세상을 구하라는 '마지막 임무'를 줬다고 하더라고요."

시타가 고개를 젓는다.

"그제야 도착한 캐런이 구급용 헬기를 요청했고, 금방 헬리콥터가 왔어요. 그 전까지는 구급대원이 뛰어오는 걸 본 적이 없었어요. 구급대원들이 피가 흥건한 제 스웨터를 자갈밭에 던져버리고 하얀 소독 패드와 붕대로 상처를 감쌌어요. 리언을 들것에 실은 다음 누군가가 가방에 그 사람 발과 손을 주워 담았죠."

나는 그에게 괜찮을 거라고 말했다. 그때까지만 해도 지킬 수 없는 의사의 약속이 얼마나 위험한 것인지 알지 못했다. 그리고 눈 깜짝할 사이에 도착한 헬리콥터가 빠른 속도로 떠나갔다.

캐런과 나는 너무 많은 것을 목격해버린 참전 용사처럼 서로를 바라봤다. 그녀는 너무 오래 걸려서 미안하다고 사과했다. 나를 안아준 것 같기도 하다. 누군가가 철도에 전기가 흐르지 않은 건 어떻게 알았냐고 물었고, 나는 그게 금시초문이 아닌 것처럼 굴었다.

"그 일로 경찰 공식 행사에서 '기차에 치여 끔찍한 부상을 입은 사람에게 현장에서 도움을 준 행동'으로 용감한 시민상을 받았어요. 아마 역사상 제일 긴 상 이름일 거예요."

시타는 여전히 아무 말도 하지 않는다.

그 상장은 내 침대 아래 어딘가에 아직도 보관되어 있다. 샘이 목욕탕 벽에 걸고 싶어 하는 종류의 것이 아니기 때문이다.

"구급대원들이 리언을 살렸고, 외과 의사들이 팔다리를 다시 붙이는 데 성공했죠. 하지만 그 뒤로 저는 온통, 그 사람을 애초에 뛰어내리게 한 원인을 이해하지 못하면 그런 게 다 무슨 소용인가 하는 생각뿐이었죠. 정신과 의사로 일하고 싶다는 제 생각을 재확인해준 사건이었습니다."

시타는 고개를 끄덕이고 최선을 다해 공감한다는 표정을 지어 보이며 휴지를 내게 건넨다.

내가 그녀에게 말하지 않은 것은, 나를 울기 직전까지 몰고 간 게 그 사고의 기억이 아니라 작년 한 해 동안 내가 인간의 마음을 이해하는 데서 한층 더 멀어졌다는 느낌을 받는 것이라는 사실이었다.

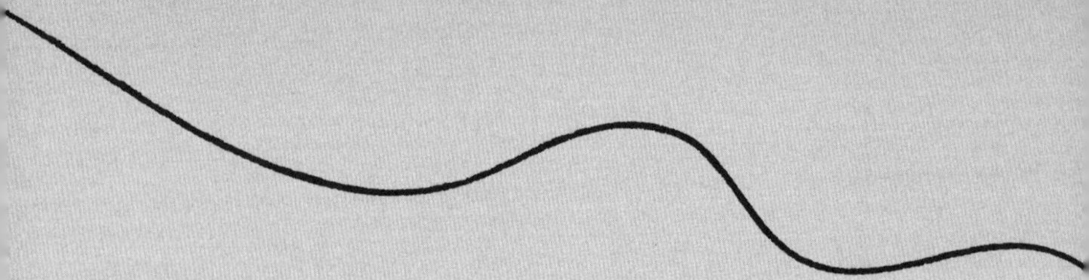

2부

질병

명사: 신체나 정신에 영향을 미치는 병이나 그 병을 앓고 있는 상태

12

행복의 주문이 풀릴 때

“벤저민, 여기서 제일 중요한 분을 소개할게요.” 웰빙 센터에 처음 출근한 날 아침, 코튼 선생이 내게 말한다. 그는 프런트 데스크에 팔꿈치를 기대고 서 있다. “우리 접수 담당자 셰릴이에요. 우편 업무도 맡고 있고요, 여기 있는 복사기랑 팩스기를 다룰 줄 아는 신화적인 존재죠.”

프런트 데스크 뒤쪽에서 전화를 받고 있는 여성이 활짝 웃어 보인다. 붉은 곱슬머리에 모성애를 떠올리게 하는 풍만한 가슴 위로 두 손을 포개고 있다.

나는 코튼 선생이 이미 좋다. 매력적이고 사교적인 데다 내 이름을 벤이라고 줄여 부르지도 않는다.

“벤저민, 내가 셰릴에게 환자 예약을 부탁해뒀으니 직접 하지 않아도 돼요.”

게다가 나를 도와주려는 마음까지 넘친다!

셰릴은 수화기를 턱과 어깨 사이에 끼고는 "만나서 반가워요" 하고 입 모양으로 속삭이면서 가죽 다이어리를 내게 건넨다.

코튼 선생이 커다란 초록색 눈을 깜빡이며 윙크를 하자 그녀는 얼굴을 붉히며 다시 전화로 주의를 돌린다.

나는 재킷을 어깨에 걸친 코튼 선생을 따라 내 진찰실로 간다. 앞으로 1년간 대부분 시간을 보내게 될 방이다.

"자, 여기가 벤저민 전용 진찰실이에요!" 코튼 선생이 말한다.

"멋지네요!" 그의 열성에 최면이 걸린 나는 그 방이 실은 벽장 정도 크기에 낡은 컴퓨터가 놓여 있고 여기저기 마시다 만 커피 컵에서 새로운 항생제 원료가 자라나고 있는 공간이라는 건 무시한다. 계단 밑 샘의 침실과 비슷하다.

"화분이랑 가족사진 같은 것들로 꾸며도 돼요. 아이 있어요?"

나는 고개를 젓는다.

"결혼은?"

"안 했어요. 하지만 선인장이 있어요."

"좋은 선택이에요." 그가 말한다.

나는 학년이 올라 새로 교과서를 받은 아이처럼 종이 다이어리를 슬슬 넘겨본다. 놀랍게도 환자 이름이 줄줄이, 여백 하나 없이 앞으로 몇 달간 빼곡히 적혀 있다. 그리고 첫 환자가 30분 후에 도착할 예정이다. 갑자기 가슴이 답답해진다.

"무슨 문제라도 있어요?" 코튼 선생이 정색을 하고 묻는다.

"음, 팀원들부터 만나봐야 하지 않을까요? 먼저 선생님을 따라다니면서 일을 좀 배우고 나서……."

"지체 없이 곧바로 뛰어드는 게 제일 좋다는 게 내 지론이에요! 난 오늘 하루 종일 진짜 지루한 경영팀 회의가 있어요. 그런 회의에 따라다니는 거 진짜 별로일 거예요. 내 말을 믿어도 좋아요."

"하지만 제가 환자 상담하는 걸 몇 번은 보셔야 하지 않을까요? 제가 제대로 하고 있는지…… 위험하지는 않은지 아시려면요."

코튼 선생은 친숙한 태도로 내 어깨를 툭 치며 말한다. "잘할 거라 믿어요, 벤저민. 2년 차지요?"

"네, 하지만 외래환자를 혼자서 보는 건 처음이거든요."

나는 상담 중에 내가 잘못된 발언을 해서 환자의 상태를 악화시키지나 않을까 걱정하고 있지만 코튼 선생은 내가 나 자신의 안전을 걱정하고 있다고 생각하는 듯하다.

"혼자서 환자를 볼 땐 항상 문 쪽에 앉는 걸 잊지 마세요. 그러면 탈출 경로를 확보할 수 있으니까."

나는 방의 구조를 살펴본다. 의사의 책상과 의자는 방 안쪽 벽에 붙어 있고, 환자용으로 추정되는 의자 하나가 문 쪽에 놓여 있다. 도망갈 창문조차 없다.

"아니면." 코튼 선생이 말을 잇는다. "그게 어렵다면 비상벨을 누르면 됩니다." 그는 춤추듯 방 저편으로 걸어가 책상 아래에 숨겨져 있는 빨강 단추를 가리킨다. "도와줄 사람이 금방 올 거예요."

"정말요?"

내 목소리에 의심의 기운이 묻어났는지 코튼 선생은 나를 안심시키기 위해 애쓴다.

"물론이죠! 최악의 사태를 상상해봅시다. 환자가 문을 막고,

덮쳐서 목을 조른다고 생각해봐요." 아마 코튼 선생도 최근에 키스의 자기방어 수업을 다시 들었나 보다. "기도가 막힌 상태라면, 흠, 인간의 뇌는 산소 없이 2~3분 정도 견딜 수 있지요?"

"네에."

"일단 비상벨이 울리고 나면 신속한 대응이 필요하지요. 내 말을 믿지 못하는 것 같은데, 자, 보여줄게요." 그는 시계의 버튼을 눌러 스톱워치 기능을 찾는다. "준비됐어요?" 그가 활짝 웃으며 말한다. 코튼 선생은 비상벨을 누른 다음 곧바로 타이머를 작동시킨다. 귀가 먹먹할 정도로 크게 사이렌이 울리는 동안 그는 손목시계 근처에 손을 가져다 대고 기대에 찬 표정으로 기다린다. 우리 둘 다 문 쪽을 바라보면서 기다린다…….

무슨 일이 벌어질까? 나를 공격하는 상상 속의 환자에게 주사할 안정제를 들고 간호사들이 뛰어 들어올까? 셰릴이 문을 왈칵 열고 들어와서 전화 줄로 환자를 포박할까?

8초, 9초, 10초가 흐른다……. 보호 장구를 착용하려면, 아니, 무슨 준비가 필요하더라도 적어도 그 정도 시간은 걸릴 것이다. 30초가 흘러도 여전히 아무 반응이 없자 코튼 선생의 얼굴에서 미소가 사라지기 시작한다.

머리 위 천장에 달린 비상벨이 비명을 지르는 소리를 들으며 1분이 흐르는 동안 나는 환자에게 목이 졸린 내 얼굴이 자주색으로 변하는 광경을 상상한다. 코튼 선생은 초조한 기색으로 두 발에 번갈아 체중을 싣기를 반복한다.

2분이 지나자 나는 의식이 가물가물해지면서 어릴 적 기억이 눈앞에 주마등처럼 지나가는 것을 상상한다.

3분이 지나면서 내가 영구적인 식물인간 상태에 돌입할 즈음 코튼 선생이 화난 기색으로 걸어가 문을 벌컥 열고 복도를 내다본다. 그쪽으로 가보니 다른 직원들도 각자 진찰실에서 머리를 빼꼼히 내밀고 귀를 손가락으로 막은 채 혼란스러운 표정들을 짓고 있다.

빨강 머리로 봐서 셰릴이 분명한 여성이 접수창구에서 일어나 출구 쪽으로 가고 있다.

"셰릴, 지금 뭐 하는 거예요?" 코튼 선생이 소리친다.

"옆방에서 이 서류를 완성하려고요." 그녀는 겨드랑이에 낀 파일을 가리키며 큰 소리로 말한다. "너무 소란스러워서 집중을 할 수가 없어요. 이거 누가 시험하고 있는 걸까요?"

"맞아요, 시험이에요!"

"아, 다행이에요." 그녀는 그렇게 말하고는 몸을 돌려 가던 길을 간다.

우리는 시설 보수 담당자를 찾아서 시스템을 재설정하고 소음을 멈추게 한다. 보수 담당자는 코튼 선생에게 앞으로는 예고 없이 시스템을 시험하지 않는 게 좋겠다고 하면서, 직원들은 미리 예고된 비상벨에 더 잘 반응한다고 조언한다.

코튼 선생은 다시 내 진찰실로 들어와 나를 안심시키려는 노력을 계속한다. "방금 일은 신경 쓰지 말아요. 자, 최악의 사태를 상상해봅시다." 그가 다시 같은 말을 한다. "환자가 출구를 막아섰는데 벤저민보다 덩치도 크고 무기도 가지고 있어요. 비상벨을 눌렀지만 아무도 와주질 않아. 어떻게 해야 할까요?"

나는 어깨를 으쓱해 보인다.

"물 한 잔 가져다주겠다고 하는 거예요." 그는 눈썹을 치켜뜨며 그렇게 말하고는 자기가 낸 아이디어에 매우 흡족한 표정을 짓는다. "그러면 방에서 나가 경찰을 부를 수 있죠."

그는 긴급사태에 대비한 대책이 있다는 것에 안심이 되는 듯했지만, 나는 이 계획에서 허점을 발견하고 만다. 환자가 목이 마르지 않다고 하면? 내가 그렇게 말하자 코튼 선생은 머리를 긁적인다. "음, 그런 상황이 오면 닥쳐서 대응해야겠군요. 난 서둘러 가봐야 해요. 첫 회의에 늦겠어. 문제가 있으면 언제라도 전화해요." 그는 그렇게 말하고 나서 서둘러 방에서 나간다.

피할 수 없는 운명을 맞이하게 될 내 죽음의 방을 돌아보다가 나는 코튼 선생이 자기 번호를 주지 않았다는 사실을 깨닫는다.

방 정리를 조금 한 다음 육중한 컴퓨터를 켜고 오늘 만날 환자들의 기록을 살펴본다. 작년에는 그저 글릭 선생의 상담 내용을 받아 적기만 하면 됐지만, 이제는 삶과 죽음을 가를 수도 있는 결정을 내가 내려야 한다.

내 첫 환자는 덩치가 크고 사나운 로트와일러와 쇠사슬로 연결되어 있다. "개 데리고 들어와도 괜찮지요?" 타리크가 묻는다.

손에 땀이 나고, 심장이 빨리 뛰고, 등에 식은땀이 난다. 이 방에서 탈출해야 한다는 생각이 든다. 전형적인 투쟁-도피 반응이다. "아, 괜찮아요." 나는 정신없이 내뱉는다. 전문가 분위기를 팍팍 풍기는 동시에 지금 무서워서 진땀을 흘리고 있으며 서랍에는 곰팡이가 슨 커피 컵이 가득하다는 사실을 숨기려고 애쓰면서.

나는 개 공포증이 있지만 타리크의 의뢰서를 보니 자살을 고려한다는 말이 있어서 가능한 한 그에게 맞춰주고 싶은 마음이 든다.

"과자 좀 주는 것도 괜찮겠지요?"

타리크의 어깨 너머로 '진찰실 내 식음료 섭취 금지'라는 포스터가 붙어 있지만, 로트와일러는 이미 침 범벅이 된 개 비스킷 조각을 카펫에 짓이기고 있다.

"괜찮습니다." 내가 말한다.

개에 관한 병원 트러스트의 정책이 어디엔가 장황하게 쓰여 있겠지만, 나는 이 개가 타리크를 정서적으로 지탱해주는 반려견이라고 합리화한다.

"정말 괜찮으신 건가요? 개 말이에요." 타리크가 다시 묻는다. 나는 그의 견공 친구에게서 한순간도 눈을 떼지 못하고 있다.

무슨 이유에서인지 나는 솔직하게 고백하기로 한다. "사실 개 공포증이 있어요. 어릴 때 개에게 공격당한 적이 있거든요."

세 살 때 캐러밴 캠프장에서 휴가를 보내던 중 내가 경비견 사육장으로 아장아장 걸어 들어간 적이 있다. 독일 셰퍼드가 나를 쫓아오더니 내 티셔츠 뒷자락을 한 입 물어뜯어서 뒤가 터진 미용실 가운처럼 만들어버렸다. 그러고는 다시 입을 벌려 나를 두 동강 내려 했지만, 바로 그 순간 묶여 있던 목줄이 팽팽해지면서 내게 닿지 못했다. 그 광경을 목격한 부모님은 기적이라고 했다.

"진료실 밖에 묶어둘 수도 있어요. 원하시면." 타리크가 제안한다.

"아니에요, 괜찮습니다. 제게도 좋은 노출 요법이 되겠지요."

녀석이 나를 노려본다. 늘 그렇듯 내가 느끼는 공포의 냄새를 맡은 것이 틀림없다. 녀석의 튼튼한 근육질의 몸을 거친 털이 감싸고 있다. 석탄처럼 까만 잇몸에 박힌 이빨은 딱딱한 개 비스킷을 껌처럼 잘근잘근 깨물고 있다.

"정말이지, 파리 한 마리도 해치지 못하는 놈이에요." 타리크가 말한다.

"애초에 파리채를 휘두르질 못하겠지요." 내가 말한다.

"네?"

"웃기지도 않은 농담을 했네요. 이름이 뭔가요?" 주의를 돌릴 수만 있다면 어떤 화제도 좋다는 마음에 그렇게 묻는다.

"타이슨이에요."

"남의 귀를 물어뜯은 그 권투 선수 이름을 딴 거예요?"

그 말에는 타리크도 희미한 미소를 짓는다. "원하시면 입마개를 씌울게요."

도대체 왜 입마개는 가지고 다니기만 하는 걸까?

나는 괜찮다고 대답한다. 그리고 점점 내 심장도 안정을 찾아간다. 홍수 치료 혹은 노출 요법은 아드레날린과 불안감이 영원히 높은 상태로 유지될 순 없다는 원칙을 기반으로 한다. "그건 그렇고, 지금이 저를 위한 시간은 아니잖아요. 제가 도움을 주는 역할을 맡고 있으니 그렇게 해보지요."

나는 병원 시스템에서 타리크의 주소를 확인한다. 타리크에게는 일정한 주소가 없기 때문에 쉬운 일이다. 그의 옷은 각종 오물로 더러워져 있고, 풍성한 수염과 머리카락도 기름에 찌들어 있다. 그가 이 세상에서 가진 모든 소유물이 담긴 배낭에는 매트리스로 쓰는 골판지 상자가 고무줄로 묶여 있고 그 아래 침낭이 매달려 있다.

노숙자 돌봄팀에 더 적합한 일인 것 같지만, 파일을 보니 그가 오늘 진찰실을 찾은 건 예외적인 상황인 듯하다. 지금 당장 적합한 곳을 찾지 못하면 그는 영원히 돌아오지 않을지도 모른다.

"차트에는 생년월일이 1984년 10월 31일로 되어 있네요……. 아, 저는 그 전날 태어났어요."

지금 뭐 하는 거야. 다음으로는 내가 좋아하는 축구팀, 아이돌 멤버, 가족의 비밀까지 털어놓을 건가?

나는 가끔 글릭 선생이 환자를 대하는 태도를 비판하곤 했는데 막상 해보니 생각보다 쉬운 일이 아니다. 내 상담 스타일은 과도한 자기 정보 노출인 듯하다.

"네, 전 핼러윈 베이비예요. 선생님도 엄마가 병원에 버렸나요? 최악의 핼러윈이었어요."

우리 어머니는 내가 태어난 날이 인생에서 가장 행복한 날이었다고 자주 말한다. 물론 세 동생 앞에서는 그렇게 말하지 않지만 말이다. 나는 그게 어느 정도는 나를 힘들게 임신했기 때문이라고 생각한다. 당시 어머니는 자몽과 폴로 사탕만 먹었으니 임신이 잘 되지 않았던 것도 무리가 아니었다. 신경성 식욕부진증(F50.0)?

나와는 달리 타리크를 임시 보호해준 부모는 알코올중독이었던 그의 생모가 출산 후 바로 펍으로 달려간 뒤로 다시는 돌아오지 않았다고 말해줬단다. 첫 유기 이후 그의 삶은 가혹한 거부의 연속이었다. 임시 보호 가정과 학교, 미숙련 저임금 직장, 임대주택에서 차례로 쫓겨나고 사회 전반으로부터 거부를 당한 끝에, 그는 집에서 사는 삶 대신 혼란스럽지만 어느 정도 예측할 수는 있는 길 위의 삶을 선택했다.

"시궁창에 있으면 더 이상 떨어질 곳이 없어요. 그렇지, 아가야?" 그는 타이슨의 머리를 쓰다듬으며 말한다. "개들은 사람처럼 실망시키지 않고요."

타이슨을 방 밖으로 쫓아내지 않아서 너무 다행이다!

그가 반려견의 배를 쓰다듬으려고 몸을 숙이는데 알코올 냄새가 내 코를 훅 스친다. 타리크는 타이슨 다음으로 가장 친한 친구는, 실망시키지 않고 감각을 무뎌지게 해주는 위스키라고 고백한다. "모전자전이죠?" 그가 말한다. "엄마도 술 많이 마시다가 죽었어요. 술이 나와 엄마를 연결시켜주는 거죠." 그는 수상쩍은 갈색 액체가 든 병을 꺼내 코카콜라 페트병에 붓는다. 요즘은 술을 담기에 갈색 종이봉투 대신 코카콜라 병이 더 유행인가 보다. "이거 좀 마셔도……?"

개는 양보해도 진찰실에서 술 마시는 덴 선을 그어야겠다는 생각이 든다. "안 마시는 게 낫겠어요, 타리크. 알코올 섭취에 대해 이야기 좀 해주시겠어요?"

아이고…… 알코올 섭취라니…… 너무 딱딱하고 의학적이네.

"음, 어떤 날은 하루 종일 술을 마시고요, 다른 날에는 그보다 더 마셔요. 위스키랑 타이슨 밥을 살 정도로 충분히 구걸을 하고 나면 나머지 시간엔 책을 읽어요. 도서관에는 보통 난방이 되어 있거든요."

"술 마시는 것에 단점이 있다고 생각하나요?" 내가 묻는다.

물론 그는 지금까지 의료진에게서 이런 질문을 많이 받았을 것이다.

"레드 와인이 심장 질환 발병률을 낮추는 거 아시죠?" 그가 말한다.

심장 질환 위험이 약간 낮아진다 하더라도 간과 위 질환, 암, 발기부전, 머리 부상, 정신 질환이 발병할 확률이 훨씬 더 높아지니 별 도움이 되지 않는다. 게다가 타리크가 마시는 건 레드 와인이 아니다. 그는 위스키를 서너 병씩 퍼붓는 사람이 아닌가.

"전 그렇게 많이 마시지 않으니 괜찮아요." 중독자가 늘 하는 현실 부정이다. 그의 부인에도 불구하고 그의 눈에 다 나타나 있다. 눈이 살짝 노랗게 변한 걸 보니 상황을 짐작할 수 있다.

"예전에 알던 사람 하나는 하루에 보드카를 5리터씩 들이켰던 걸요."

"그 사람은 어떻게 됐어요?"

"모르겠어요. 한동안 안 보이더라고요."

자기가 세상에서 가장 심한 알코올중독자가 아니라고 생각함으로써 타리크는 변화를 직면하는 일을 미루고 있다. 이런 식의 정신적 공중제비 기술을 발휘하는 사례를 여러 번 보아왔다. 수선화 병동의 환자들, 그리고 더 가까이에서 찾자면 우리 가족에게서도. 하지만 그 이야기야말로 과도한 자기 정보 노출이 될 것이다.

타리크가 잊고 있는, 혹은 의식하지 않으려고 애쓰고 있는 사실이 있다. 애초에 그의 정신과 진단 의뢰서는 그가 갑작스러운 복통으로 방문한 진료소에서 왔다는 것이다. 혈액검사 결과 그는 간 질환 초기였고, 이렇게 술을 마시면 죽을지도 모른다는 의사의 말에 그가 어차피 가끔 자살을 생각한다고 대답했다. 이를 들은 의사가 우리에게 정신과 진료를 의뢰한 것인데, 나는 타리크가 이 진료 약속을 실제로 지켰다는 사실이 놀랍다.

"타리크, 살아봐야 다 무슨 소용이냐 싶은 생각이 들 때가 있어요?"

"난 이승에 아무것도 없어요. 죽으면 적어도 엄마는 볼 수 있지 않을까 싶어요."

"그렇다고 서두를 필요는 없죠, 그렇죠? 어머니도 기다려주실 거예요."

"그건 그래요." 타리크도 수긍한다.

글릭 선생의 가르침에 따르면 자살 위험 환자가 죽고 싶은 충동을 실행에 옮기는 것을 방지해주는 보호 요인에는 친구, 가족 혹은 반려자, 강한 종교적 신념, 자살 수단에 대한 접근성 부족,

혹은 실행에 옮기는 것에 '두렵다'는 표현을 한 경우 등이 있다. 그런 요인들이 있다는 걸 확인할 수 있다면 내가 밤에 잠을 좀 잘 수 있을 것이다.

"타리크, 살아갈 가치가 있다고 느껴지는 것이 하나라도 있어요?"

내 질문을 받은 그는 잠시 생각에 잠긴다. "타이슨? 내가 있어야 이 녀석이 밥을 얻어먹을 테니까요."

내 컴퓨터 케이블을 잘근잘근 씹어대고 있는 개에게 익숙치 않은 고마움이 밀려들면서 가슴 한 켠이 먹먹해진다.

시간이 다 됐다.

"타리크, 혹시라도 '약물 및 알코올 남용 방지 서비스'의 전문가를 만나볼 생각이 있으세요? 아니면 알코올중독자익명모임AA 같은 데 나가보시거나."

"그런 곳은 도움이 안 돼요." 그가 날카롭게 쏘아붙인다.

"입원해서 알코올중독을 치료할 수 있는 방법을 제가 찾아볼 수도 있어요."

"그게 다 무슨 소용이겠어요?"

'핑' 하면서 셰릴에게서 이메일이 오는 소리가 들린다. 내가 봐야 할 다음 환자 두 명이 이미 와서 대기 중이고 점점 더 안절부절못하고 있다는 메시지다.

시간이 더 있으면 타리크의 신뢰를 얻을 수 있을 텐데.

"오늘은 여기서 멈춰야 할 것 같아요. 하지만 우리 팀 심리학자에게 상담을 의뢰해드릴 수 있어요. 그리고 다음번에 만나서는 삶에 뭔가 다른 것을 주입하는 방법에 대해 생각해볼 수도 있지 않을까 싶어요…….”

주입이라니…… 맙소사. 방금 내가 ‘주입’이라는 단어를 썼나? 이제 알코올을 정복했으니 조금 더 센 걸로 가자는 말 같잖아.

“……목적의식 같은 거 말이에요. 다른…… 게 아니라요. 아시죠? 공부나 일 같은 거. 다시 올 수 있으시죠?”

타리크는 거절할 핑계를 찾으려고 몸을 뒤척인다.

“다른 건 몰라도 제 개 공포증 극복에 도움이 될 것 같은데요?” 내가 반농담조로 덧붙인다.

“좋아요, 생각해볼게요.” 그가 말한다.

그 후로는 한순간도 빼꼼할 틈 없이 환자가 계속 밀어닥친다. 저녁 7시에 진찰 내용을 정리하고 있는데 셰릴이 방문을 열고 들여다본다. 어깨에 이미 가방을 들쳐 멘 상태로 껌을 씹고 있다.

“벤저민, 이제 보안 시스템을 작동시켜야 해요. 집에 가서 마저 하면 어때요? 여기서 잘 게 아니라면.”

“늦어서 죄송합니다. 자전거 바퀴에 펑크가 났어요.” 나는 소파에 누우면서 말한다.

“그렇지만 늦은 진짜 이유는 뭔가요, 벤지?” 조지프가 말한다.

나는 요즘 심리 분석가들의 문제 중 하나는 모든 것에서 의미를 찾으려 한다는 점이라는 사실을 알게 됐다. 지금처럼 내가 탄

자전거 바퀴에 유리 조각을 박고야 말겠다는 우주의 계획을 내가 상담을 통한 회복에 무의식적으로 저항하고 있다는 의미로 해석하는 것처럼 말이다.

"방금 말씀드렸잖아요. 자전거 바퀴에 펑크가 났다고요."

있지도 않은 것을 찾아 헤맨 경우가 이번이 처음은 아니다. 상담을 시작한 지 얼마 안 돼서 내가 온몸이 가려운 증상을 겪자 조지프는 그게 내가 환자로서의 새로운 정체성에 적응하는 과정이라고 했다. 샘이 새로운 효소 세탁 세제를 샀다는 사실은 나중에야 알게 되었다.

"조지프, 프로이트가 어떨 때는 시가가 그냥 시가일 수도 있다고 말했던가요?"

"프로이트는 그 말을 하지 않았어요. 출처가 불분명한 말이죠. 하지만 그게 맞는 말일 수는 있겠군요. 그 인용구에 관해 재밌는 농담이 하나 있는데." 조지프은 내게 농담이랑 우화를 이야기해주는 걸 좋아한다. "새 환자가 왔는데 상담사는 아무 말도 하지 않고 환자가 무슨 말이라도 하길 10분 동안 기다려요. 결국 환자가 턱이 아프다고 하죠. 상담사는 조용히 그에 관해 생각해본 다음 묻죠. '말하기조차 너무 고통스러운 비밀인가요?' 그러고 다시 10분 동안 침묵이 흐르고 있는데 상담사의 비서가 전화를 하죠. '상담 중에 죄송한데요, 지금 계신 신사분은 위층 치과 환자분이세요.'"

우리는 함께 웃음을 터뜨린다. 나는 이미 조지프를 좋아하게 됐고, 심리 분석 과정을 신뢰하려고 노력하는 중이다. 뭔가 있는 게 분명하다. 그렇지 않고서야 심리 분석에 관한 책이 왜 이렇게 많겠는가?

몇 번 상담을 한 뒤, 나는 은유적으로 말하자면 깊은 물, 현실적으로 말하자면 그의 소파에 몸을 맡기게 되었다. 천장에 거미가 사는 것을 발견했는데, 그 거미에게 내 이야기를 한다고 생각하면 좀 더 쉬웠다.

조지프는 나의 과도한 자기 성찰을 완화하기 위해 애쓰고 있다. 그리고 그와 만나는 월요일 저녁 시간을 나보다 더 필요로 하는, 더 심각한 문제를 지닌 세상의 다른 사람들에 대한 내 죄책감도 함께. 물론 그들에게 상담받을 돈이 있어야 하겠지만 말이다. 최근 조지프는 내게 이렇게 물었다. "다리 하나가 부러진 사람이 다리 두 개가 부러진 사람을 만났다고 해서, 다리 하나가 부러졌다는 문제가 사라지나요?" 그래서 나와 내 삔 발목은 계속해서 조지프를 만나고 있다.

나는 자유연상에 더 익숙해지고 있다. 머리에 처음 떠오르는 것을 말로 표현하는 작업이다. 심리 분석에서는 '말하기 전에 먼저 생각해보기'를 권장하지 않는다. 그보다 일단 먼저 말을 해놓고 나서 그것이 무슨 의미인지 이해하는 쪽을 권한다. 초반에는 명사에 한정됐다. "멜론…… 벽…… 램프……." 그렇게 말하고 나면 조지프가 내가 왜 멜론을 말했는지 묻고, 그러면 나는 슈퍼마켓 할인 도시락에 멜론이 들어 있었다고 대답한다. 하지만 이제는 자유연상으로 문장을 이야기하는 수준이 되었다. 대기실에서 미리 웃기거나 지혜로워 보이는 문장을 만들어서 연습하지 않으려고 노력해야 하긴 하지만.

이번 주는 타리크 덕분에 내가 어릴 적에 개에게 공격을 받았던 이야기를 하게 됐다. 같은 사건이지만 모두가 서로 다르게 기억하게 되는 것이 얼마나 불가피한지에 대해서도. 부모님에게 그 사건에 관해 묻자 어머니는 개가 물어뜯은 티셔츠가 초록색이었다고 말했다. 그런 것까지 기억하다니 조금 웃겼다. 아버지는 사고가 난 뒤에 내가 영향을 받을까 봐 걱정돼서 아무 일도 없었던 것처럼 행동하려고 애썼다고 말했다.

조지프는 "흥미롭군요"라고 했고, 그 말에 도파민이 훅 분비되면서 상담을 '제대로' 받고 있다는 느낌이 들었다. 거기서 생각이 이어지면서 나는 아버지가 집에서 120킬로미터 정도 떨어진 학교에서 생물 교사로 일했던 때에 관해 이야기했다. 아버지는 주중에는 캐러밴에서 살면서 출근을 하고 주말에만 집에 왔다. 그러던 어느 날 어머니가 아버지랑 통화하려고 학교에 전화를 했다가, 학교 직원에게서 "존이 그만둔 지 석 달이나 됐어요"라는 말을 듣게 됐다. 아버지는 여전히 아무 일도 없었다는 듯 행동하면서 주말마다 집으로 돌아오곤 했다.

나는 어머니가 손목 골절상을 입었을 때 이야기도 했다. 그랬더니 조지프는 "부모님은 뼈가 부러진 상황에서도 모든 게 제대로 붙어서 돌아간다는 인상을 주고 싶어 하셨던 것 같군요"라고 말했고, 나는 박수를 치고 싶었다.

우리는 또, 모든 게 괜찮은 것처럼 행동하는 바람에, 내가 가끔 어릴 때 일어났던 일을 믿지 못하고, 혼자 상상해낸 건가 아니면 내가 미쳐가는 건가 하면서 혼란스러워하는 게 아닐까 하는 이야기도 했다. 자라면서 내가 행복하지 않다고 할 때마다 어머니는 항상 "우리와는 아무 상관도 없는 일이야. 넌 정말 목가적인 아동기를 누렸거든" 하고 말하곤 했으니까.

하지만 문을 쾅 닫고 소리소리 지르면서 싸우는 소리를 들었던 기억들이 있다. 그때, 그리고 다른 때, 아, 맞다, 또 다른 때.

조지프의 상담실에서 나온 후, 나는 자전거를 끌고 번화가를 걸으며 쇼윈도에 행복한 모습의 사람들을 담은 사진이 진열된 사진관을 지난다. 폭신한 침대 위에서 베개 싸움을 하는 행복한 가족, 침 한 방울 튀기지 않고 생일 케이크에 꽂힌 초를 불고 있는 아이, 웨딩드레스 차림에 하이힐을 신고 누구나 하는 일이라는 듯 옥수수밭을 걸어가는 신부. 액자 틀마저 합판에 얇은 오동나무 껍질을 붙여 만든 가짜처럼 보인다. 우리 가족사진을 떠올려본다. 모래성을 쌓으며 행복한 표정을 짓는 사진이 끝없이 많은데도 어머니는 항상 사진을 찍기 전에 우리더러 웃으라고 주문을 하곤 했다.

어머니에게서 전화가 왔었다는 표시가 뜬다. 새 근무지에서의 첫날이 어땠는지 궁금해서 한 전화인 게 분명하다. 나는 어머니에게 전화를 걸지 않는다.

13

174호의 여자

나는 고층 아파트 건물 17층에 있는 데이지의 집 초인종을 마지막으로 한 번 더 눌러본 다음 포기하고 돌아선다(영국에서는 보통 구청 소유 임대주택들이 고층이다-옮긴이). 바로 그때 그녀가 모퉁이를 돌아 주류 판매점, 베팅숍, 창문을 판자로 막아둔 빈집들을 지나고 있는 것이 보인다. 양손에 대형 마트 쇼핑백이 들려 있다.

"안녕하세요, 데이지. 예고 없이 찾아와서 미안한데요, 전화가 안 되어서……."

그녀는 쇼핑백을 내려놓고 손가락을 입으로 가져간다. "쉿, 여기서 말하면 위험해요."

일반적으로 암처럼 심각한 질병을 앓는 사람들이 가벼운 질환을 앓는 사람들보다 다행히도 병원 약속을 더 잘 지킨다. 그러나 객관적인 검사도, 진정한 완치도 없는 정신의학에서만큼은 제일 심각한 질병에 시달리는 사람들이 진료를 보러 오지 않을 가능성이 가장 높다는 사실을 나는 부쩍 깨닫고 있다. 외계인에게 쫓기는 상황에서 통풍도 잘 안 되는 정신과 의사 진료실에 갈 일이 무에 있겠는가?

데이지는 웰빙 센터에 잡혀 있던 나와의 진찰 약속에 두 번 연속 오지 않았다. 그녀의 상태가 나빠지고 있다는 신호일 수 있어서 내가 그녀에게 온 것이다.

그녀가 아파트 1층 출입문을 열자 나는 시키는 대로 앞만 보면서 엘리베이터까지 걸어간다. 의심을 불러일으키지 않기 위해서다. 서류 가방만 들었으면 영락없는 비밀 요원일 텐데.

아파트 안쪽 마당에서 어떤 활동들을 하면 안 되는지 열거한 커다란 경고 표지판이 붙어 있지만 이 동네에서 제일 심각한 문제가 '공놀이'일 리는 없다. 고약한 냄새가 어디에선가 날아와 코를 찌른다. 엘리베이터 안에 '배뇨 금지'라는 주의 사항이 붙어 있다.

수선화 병동에서 정신 질환과 빈곤 사이에 연관성이 있다는 생각을 했었는데, 외래환자들을 보면서 그 사실을 다시 한번 확인하고 있다. 내 환자들 중 많은 수가 이런 곳에서 사는 사람들이다.

'정신 질환은 사람을 가리지 않는다'는 말을 자주들 한다. 물론 정신 질환은 영국의 왕족도 걸릴 수 있지만 조금은 어폐가 있는 말이다. 내가 보기에 정신 질환 환자는 사회경제적 약자 계층에 훨씬 더 많이 편중되어 있고, 이 사실을 인정하는 것이 예방 전략을 세울 때 중요하다. 내 코딱지만 한 사무실의 컴퓨터를 사용해서 새로운 환자의 온라인 데이터베이스를 만들 때 호칭을 선택하는 드롭다운 메뉴에는 교수, 경, 공작, 장군, 남작, 남작부인, 부인, 상원의원 등등이 열거되어 있지만, 지금까지 한 번도 그런 호칭을 선택해본 적은 없다. 어쩌면 그런 사람들은 모두 비싼 개인 의료보험 환자만 받는 병원에 다니는지도 모른다.◆

엘리베이터가 덜커덩하고 멈춘 후, 나는 지시 사항을 준수하면서 데이지를 따라 아무 말도 하지 않고 그녀의 아파트로 간다.

우리 어머니는 집의 상태가 그 사람의 정신세계를 반영한다고 믿는다. "나는 어질러진 게 싫어. 집이 어질러져 있으면 생각을 제대로 할 수가 없어." 어머니는 다 씻은 식기를 정리하면서 그렇게 말하곤 한다.

데이지의 우편함은 셀로판지로 주소란이 보이게 만들어진 하얀 봉투들로 미어터진다. 모두 중요해 보이는 편지들이다. 그녀는 나를 데리고 집 안으로 들어간 다음 들고 있던 쇼핑백을 바닥에 내려놓는다. 그러고는 잠금장치 세 개를 모두 채우고 도어체인까지 건다. "자, 이제 말해도 안전해요." 그녀가 말한다.

"저 편지들을 좀 보는 게 좋지 않을까요?" 내가 말한다.

"그냥 빚 수금 대행업자들이 보낸 서류들하고 구청에서 온 퇴거 명령문들이에요." 그녀가 사무적으로 말한다.

◆ 이 현상에 대한 설명으로 두 가지 이론이 나와 있다. 낮은 사회경제적 지위가 정신 질환을 유발한다는 인과 이론과 정신 질환이 사회적지위 하락으로 이어진다는 사회적 이동 이론이 그것이다.

나는 그게 이상하다고 생각한다.

문 안쪽에 음식물이 묻은 데이지의 하얀 요리사용 신발이 놓여 있다. “카페에서 하는 일은 어때요?”

“아, 그만뒀어요. 이 상황에 카페 일까지 할 시간은 없어서.”

현관 복도는 우리 앞쪽에 있는 창문에서 들어오는 햇빛 말고는 어둑하다. 내가 전등 스위치를 켜보지만 아무 일도 일어나지 않는다. 전기 요금을 내지 않아서일 수도 있고, 크리스마스 칠면조 고기를 감쌀 정도로 큰 알루미늄포일로 전구를 꽁꽁 감싸놔서일 수도 있다.

그녀를 따라 부엌으로 들어가보니 1970년대 SF 영화 세트장 같은 광경이 펼쳐진다. 엄청난 양의 포일로 전구, 소켓, 환풍기, 오븐이 빈틈없이 감싸여 있다. 냉장고, 토스터 등 부엌 가전도 모두 같은 대접을 받고 있다.

“그 사람이 내 주파수를 포착하지 못하게 하려면 이렇게 해야 해요. 그런데 다른 방도 마저 해야 돼요.” 데이지는 쇼핑백에서 물건을 꺼내면서 설명한다. 알루미늄포일 서른두 개가 나온다. “차 한잔 대접하고 싶긴 하지만…….” 그렇게 말하면서 그녀는 세 겹의 포일로 감싸놓은 전기 주전자를 가리킨다.

수선화 병동에서도 금속과 관련된 망상이 있는 환자를 만난 적이 있다. 어쩌면 ‘알루미늄포일’ 유형이 있는지도 모르겠다. 알루미늄포일 제작자들의 이윤 중 몇 퍼센트가 정신 질환 때문일까 궁금해진다. 그들이 정신 질환 환자들을 광고 타깃으로 삼지 않기를 바랄 뿐이다.(‘바코포일—그들이 당신을 감시하고 있다!’)

데이지는 긴 근무시간을 마치고 집에 돌아와보니 모든 전기기기에 도청 장치가 설치되어 있었다고 말한다. 바로 위층에 사는 이웃이 벌인 짓이었다고. 빵 부스러기가 떨어진 것을 보고 토스터가 오른쪽으로 몇 센티미터 움직인 것을 알아차렸단다. 즉시 모든 스위치를 껐지만, 여전히 도청이 이루어지고 있는 걸 보면 임대 아파트 건물의 전기회로 깊은 곳에 도청 장치가 묻혀 있는 게 아닐까 생각한다고 한다.

나는 무표정한 얼굴을 유지하고 침착하려고 애를 쓴다. "데이지, 전화를 몇 번 했는데 안 받더라고요?"

"전화를 부숴버려야 했어요." 그녀는 이미 물건이 잔뜩 쌓인 테이블 위에 포일을 계속 꺼내놓는다. 산더미 같은 물건들 사이로 장도리와 삼성 핸드폰 조각이 슬쩍 보인다.

"빨리요, 선생님 핸드폰도 이리 주세요." 그녀가 손을 내게 내밀며 말한다. "그 사람이 선생님도 추적하고 있을 수 있어요."

얼마 전에 새로 사서 보험조차 들지 않은 핸드폰을 내놓는 것은 좋은 생각이 아니라는 느낌이 든다. "음, 데이지, 그냥 내 핸드폰은 비행기 모드로 해놓아도 될까요?"

코미디 클럽에서 만난 여자에게 문자를 보내놓고 답장을 기다리고 있다는 말을 그녀에게 하고 싶진 않다. 사실은 나 대신 에스더에게 문자를 보낸 사람은 나피사다. 우리는 요즘 퇴근 후 도서관에서 만나 함께 시험공부를 하기 시작했다. 내가 맥주 받침 여자에게 아직도 문자를 보내지 않았다는 것을 안 나피사는 내 핸드폰을 빼앗아 세심하게 작성한 문자를 보내줬다. 내가 '이상한

놈'으로 보이지 않도록 오타도 일부러 몇 개 집어넣는 수고까지 곁들여서.

오늘 아침에는 처음으로 나피사의 도움을 받지 않고 내 마음대로 문자를 보내봤다. 에스더가 '온라인' 상태라는 신호가 떠 있었고, 내 문자를 받은 다음 깜박거리는 점이 나타난 걸로 봐서 그녀가 문자를 작성하고 있다는 걸 알 수 있었다. 그러다가 갑자기 깜빡이던 점이 멈췄고, 그녀는 오프라인 상태가 됐다. 가버린 것이다. 내 문자 상담사와 상의하지 않은 벌을 받고 말았다.

"그러면 핸드폰을 아예 끄세요." 데이지가 말한다. 괜찮은 협상 조건이었다. 핸드폰이 장도리에게 얻어맞는 신세를 면한 것만으로도 감사하다.

테이블 위에서 데이지의 처방약이 열지도 않은 상태로 있는 것 또한 봤지만 그 문제는 조금 있다가 다루기로 결정한다.

"날 미워하는 건 위층 이웃이에요. 저번에 살던 집에서도 바로 위층 남자랑 문제가 있었는데." 그녀는 너무 짜증 나는 일이라고 하면서 다른 임대 아파트로 보내달라는 지원서에 집 크기, 환경, 심지어 위치도 상관없다고 썼다고 말한다. 유일한 조건은 '도청 장치가 없어야 함'이라고 했다. 나는 '도청 장치'를 의미하는 '버그bug'라는 단어를 보고 담당자가 이나 벼룩으로 이해하지는 않았을까 생각한다. 그녀의 시선이 갑자기 천장으로 향한다. "들어 봐요!"

나는 잠깐 침묵 속에서 기다린다. 런던에서 얻을 수 있는 최선의 침묵이긴 하지만. "아무 소리도 안 들리는데요."

"당연히 아무 소리도 안 들리죠. 저 사람은 선생님이 여기 온 걸 알거든요. 그런 쪽으로는 머리가 비상하게 돌아가요!" 그녀는 자기의 관자놀이를 손가락으로 톡톡 치며 말한다.

"그리고, 음, 입원하는 것에 관해서는 어떻게 생각하세요?"

데이지는 내가 말을 채 끝내기도 전부터 고개를 젓고 있다. 대부분의 환자들은 입원하는 걸 싫어한다. 토머스 삼촌도 입원하는 건 항상 싫어한다.

나는 방을 둘러보면서 모든 정보를 흡수하려고 애쓴다.

데이지의 포일 세례를 피한 물건도 있었다. 테이블, 의자, 과일 그릇, 도마 등은 맨살이 드러나 있다. 거기에 더해 그녀의 셰프용 칼들도. 칼은 사람 모양을 한 칼집에 꽂혀 있다. 칼날이 하나씩 양다리를, 하나는 몸통을, 하나는 얼굴을 관통하고 있다. 그 모습을 보다 보니 물어볼 게 또 하나 생각난다.

"데이지, 그 이웃을 직접 대면해서 따져볼 생각은 없어요?"

"아니요. 미쳤어요? 나한테 저지르는 짓들을 알고도 그 사람을 직접 만나다니요!"

나는 바로 긴장을 풀고 그 은빛 칼날들에서 눈길을 돌린다. "맞아요, 그런 사람은 안 만나는 편이 낫지요."

데이지를 강제 입원 시키는 것도 선택지 중 하나이긴 하지만 강제로 병원에 감금되는 것은 누구에게나 큰 상처를 남긴다. 데이지의 상태가 상당히 안 좋아 보이기는 해도 강제 입원을 감행할 정도로 위험도가 높지는 않다. 그러니 그냥 외래환자로 돌보도록 노력해봐야겠다.

오후 진료 스케줄이 시작할 때가 되었으니 이제 가봐야 한다. "가기 전에 한 가지 확인할 게 있어요. 데이지, 새 전화기를 마련할 수 있어요? 그래야 우리가 서로 연락을 할 수 있잖아요." 그녀는 새 번호로 싸구려 전화기 하나를 사겠다고 한다. 그 사람이 도청할 수 없는 전화로. 쉽게 해결됐다. "클로자핀을 다시 복용해 보는 건 어떻게 생각해요?"

"아니, 아니, 싫어요." 그렇게 말하는 걸 보니 처방약을 복용하지 않은 지 오래된 것 같다는 내 의심이 맞다. "그런 약을 먹고 나면 좀비처럼 돼버려요. 그 사람이 집에 침입할 때를 대비해서 정신을 바짝 차리고 있어야 하는데 말이에요."

"좋아요." 나는 더 이상 고집하지 않는다. 정신과에서는 우선순위를 신중하게 선택해야 한다. 너무 강압적으로 굴면 그녀가 내게 다시 문을 열어주지 않을 수도 있다. 좋은 치료적 관계를 확립하는 데 힘쓰고, 그 문제는 다음에 다시 한번 거론하는 쪽이 훨씬 낫다. "마지막으로, 그 이웃하고 제가 이야기를 한번 해보는 건 어떨까요? 제가 중재를 해볼 수도 있지요."

그녀는 그렇게 하면 그를 자극하기만 할 뿐이라고 말한다. 하지만 적어도 다음 주에 내가 다시 한번 방문하는 것과 이 임대주택을 관리하는 담당자와 통화하는 것에는 동의를 한다.

사무실로 돌아온 나는 구청의 이웃 간 분쟁 조정실에 전화해 데이지와 그녀의 윗집인 184호 사이의 문제를 공식적으로 해결해보려 한다. 담당자는 그 집이 지난 6개월간 비어 있었다고 알려준다. 이전에 살던 사람이 그 집에서 사망한 후 집 상태가 너무 좋지 않아 수리를 하려고 기다리는 중이라는 설명도 해준다.

핸드폰이 진동한다. 에스더가 보낸 응답이다.

이제 환자를 하루 종일 보고, 늦게까지 남아 행정 업무를 보고, 뭔가 엄청난 실수를 할 거라는 두려움에 끊임없이 시달리는 새로운 루틴이 생겼다.

또다시 데이지 집에 방문한 나를 그녀가 현관문 안으로 안내한다. 그녀의 목소리에서 흥분이 느껴진다. "있잖아요, 저번에는 그 사람이 완전 조용해서 내가 미쳤다고 생각했던 거 알아요. 하지만 어젯밤에는 정말 시끄러웠어요. 전부 다 녹음을 해두기까지 했다고요." 그녀는 주머니에서 새 핸드폰을 꺼내더니 녹음 앱을 켜면서 승리에 찬 미소를 짓는다. 그녀가 '재생' 버튼을 누르자 사운드 바가 살짝 움직이기 시작한다. 하지만 가끔씩 그녀가 쉬는 숨소리가 잡힐 때를 빼고 사운드 바는 맨 아래에서 직선을 그리고 있다.

이것이야말로 정신의학적 체크메이트가 아닌가. 이제 질문 하나만 하면 데이지가 스스로 아프다는 걸 인정하게 될 순간이 온다.

"이걸 어떻게 설명하겠어요, 데이지?"

"그 사람이 어젯밤에 여기 들어와서 녹음을 지운 게 틀림없어요! 앞으로는 현관문에 바리케이드를 쳐야겠어요!" 그녀는 방

여기저기를 번개처럼 둘러본다. 조현병 환자는 항상 완벽하게 비논리적인 설명을 할 수 있다.◆

"다른 임대 아파트로 옮길 수 있도록 구청에 편지를 써줄 수 있으세요?" 그녀는 가구들을 둘러보면서 그렇게 묻는다.

"잠깐만요." 나는 그녀를 안정시키기 위해 의자에 앉는다. 그녀가 그 의자로 현관문을 막는 것을 방지하기 위한 목적도 있다. 그녀는 앉지 않는다. "데이지, 이사를 하는 건 장기적인 해결책이 아니에요. 그리고 구청 담당자랑 이야기를 해봤어요. 윗집에 사는 사람은, 음, 이제 더 이상 거기 살지 않아요. 위층은 지금 비어 있어요. 직접 가서 확인해볼래요?"

데이지에게 두려워할 필요가 없다는 사실을 설득하는 데 이걸 증거로 사용할 수 있기를 바라는 순진한 구석이 내 마음 한쪽에 남아 있다. 호러 영화에서 어른들이 아이에게 벽장에 괴물이 없다는 걸 보여주기 위해 벽장문을 열고 옷걸이 말고는 아무것도 없는 벽장 안을 보여주는 것처럼 말이다.

"그 사람이 나를 죽일 거라고 했다고요!" 그녀가 외친다.

앉는 건 도움이 전혀 되지 않는 듯하다.

"내가 같이 가주면 어때요?"

"절대 안 가요!"

그녀의 태도가 그 남자에 대한 두려움을 반영한 것인지, 싸움

◆ 사람들의 생각과 달리 조현병은 정신이 '갈라지는 것'이 아니다. 가장 흔한 증상은 망상과 환각(존재하지 않는 것을 보고 냄새 맡고 맛보고 듣는)이다.

이 붙으면 내가 아무 소용도 없을 거라고 생각해서인지 확신을 할 수가 없다.

그녀에게 이 모든 것이 그녀의 정신 건강에 어떤 영향을 미칠지 정말 걱정이 된다고 말해보지만 데이지는 여전히 약을 다시 복용하는 것도, 입원하는 것도 거부한다. 그녀는 나를 배웅한 뒤 문을 닫고 잠금장치들을 잠근다. 그러고 나서 가구를 바닥에 끄는 불길한 소리가 들려온다.

엘리베이터에 타서 나도 모르게 1층 대신 한 층 위인 18층을 누른다.

데이지 말이 맞다면? 그녀의 두려움이 너무도 현실적으로 느껴진다. 윗집 이웃이 반사회적인 사람일 가능성도 완전히 배제할 수는 없다. 스토킹을 당하는 사람들도 있다. 어쩌면 구청 담당자가 다른 건물의 184호와 착각했을 수도 있다. 혹은 그 집에 무단으로 들어와 사는 사람들이 있을 수도 있다.

나는 18층의 콘크리트 복도를 걸어간다. 크롬으로 적힌 호수 말고는 아무 장식도 없는 나무문들이 줄지어 늘어서 있다. 180, 181, 182, 183…….

나는 184호 앞에서 잠시 발길을 멈춘다.

뭘 발견할 거라고 기대한 걸까? 휘파람을 불면서 수리를 하고 있는 인부들? 거기서 세상을 떠난 나이 든 노파의 유령? 아니면 창문에 영국 국기를 걸어놓은, 수상쩍은 전기 장비를 가지고 있는 전형적인 EDL(영국의 극우 정치단체로 불법적이고 폭력적인 행위로 악명이 높은 단체 – 옮긴이) 멍청이?

문을 두드려보지만 대답이 없다.

사무실로 돌아와보니 셰릴이 요거트를 떠먹으며 코튼 선생하고 이야기를 나누고 있다.

"아, 벤저민, 2시 환자가 대기 중이에요. 그리고 방금 경찰에서 전화가 왔는데 데이지가 괜찮다고 진단한 의사가 누구냐고 묻더라고요."

"데이지는…… 괜찮지 않지만…… 그런데 왜요?"

"신고를 받고 출동해서 응급실로 데려가 응급 정신 건강 진단을 받고 있대요. 임대 아파트 단지에 부엌칼을 들고 돌아다니고 있었다고……."

"뭐라고요?"

"공동 두꺼비집에서 전선을 끊으려다 감전사할 뻔했다고 하더군요. 단지 전체를 위해 한 일이라고 주장하긴 하지만 다른 주민들은 그렇게 생각하지 않는 것 같아요."

코튼 선생이 눈썹을 치켜떠 보인다. 여기서 근무를 시작한 뒤로 그를 거의 한 번도 보지 못했는데 내가 실수를 한 바로 이 순간에 그가 기적처럼 이 자리에 나타난 게 믿기지 않는다. "벤저민, 수선화 병동에서는 어떤 식으로 일을 했는지 모르지만 여기서는 환자가 부엌칼을 들고 광란하며 돌아다니는 일을 피하는 걸 주 업무로 삼고 있어요." 그는 그렇게 말하고 뚜벅뚜벅 걸어서 사라져버린다.

나는 이사를 하면 문제를 피할 수 있다고 생각하는 것이 정신 질환을 공식적으로 진단받은 환자들만의 일이 아니라는 사실을 깨닫는 중이다.

"부모님이 시골로 이사했을 때 어떤 느낌이었나요?" 조지프가 상담 시간에 이렇게 묻는다.

"그때 저는 일곱 살이었는데 뉴캐슬에 사는 걸 좋아했어요. 적어도 친구가 몇 명은 있었으니까요. 그런데 우리가 이사 간 곳은 도시에서 아주 먼 한적한 시골이었어요. 어머니가 집에 친구들을 초대해서 놀게 해주려고 늘 굉장히 신경을 쓰셨지만 대부분은 주로 동생들과 어머니, 아버지뿐이었죠."

"흠……."

"그리고 모든 게 조금 더 어려웠어요. 공사 현장 아니면 캐러밴에서 사는 것이나 마찬가지였죠. 사방에 먼지랑 돌무더기 천지였고, 처음에는 지붕도, 난방 시스템도 없고…… 뭐, 그런 식이었거든요."

최근 나온 연구 결과라면서 자연에서 시간을 보내는 게 정신 건강에 좋다고 이야기하는 걸 라디오에서 들었지만 그 단점에 대해서는 별다른 언급이 없다. 도시의 삶이 아무리 스트레스를 준다 해도 인적이 전혀 없는 외딴 곳에서 사는 것은 그보다 더 팍팍하다는 사실을 아무도 이야기해주지 않는다. 가장 가까운 이웃은 1킬로미터 가까이 떨어진 곳에 있었다. 조현병 환자였던 그 이웃은 무너져가는 집 밖으로 거의 나서지 않았다. 여왕에게서 돈을 좀 빌리겠다며 버킹엄 궁전까지 히치하이킹을 하려고 시도했던 적이 한 번 있기는 했다. 그 집을 지나서 몇 킬로미터를 더 가면 농장이 몇 개 있었다. 농장 노동자들은 자살률이 가장 높은 직업군 중 하나다. 그리고 그 통계를 증명이라도 하듯 어느 날 슬프게도 그 농장들에서 일하던 일꾼 한 명이 쥐약을 마시고 목숨을 끊었다. 시골 지역은 알코올중독, 가정 폭력과 함께 정신 건강 문제도 다른 지역보다 더 심각하다는 통계도 나와 있다.

"사회적으로 고립되고, 지리적으로도 격리되고 말죠." 나는 말을 계속 이어간다. "어떤 행동이 정상인지 비교해볼 사람이 주변에 하나도 없고, 아무리 고함을 치고 비명을 질러도 괜찮은지 들여다봐줄 사람도 없죠."

"비명이라고 했나요?"

천장에 설치된 매립등이 UFO들처럼 보인다. 이 대화를 중단할 수 있다면 UFO에 납치되는 것도 괜찮겠다는 생각이 든다.

14

폭력에는 얼굴이 없다

"법의학팀에서 새로 의뢰한 환자가 왔어요." 코튼 선생이 주간 회의에서 말한다. 코튼 선생을 볼 수 있는 몇 안 되는 기회다. 사실 셰릴 말고 다른 동료들을 볼 수 있는 몇 안 되는 기회이기도 하다. 셰릴은 구석에 앉아서 노트북 컴퓨터에 회의록을 입력하고 있다. 쏟아지는 졸음으로 눈을 비비고 싶은 충동이 계속 들 만큼 지루한 회의에서 그나마 잠이 깨는 순간은 보통 실수로 말을 잘못 받아 적을 때다. 가령 '정신의학과psych 팀에게'를 잘못 적어 '심령술사psychic 팀에게'가 되었을 때처럼 말이다. 우리가 미래를 내다볼 수 있다면 얼마나 좋을까.

나는 터져 나오려는 하품을 겨우 참는다. 어젯밤 무서운 악몽을 꾸다가 식은땀을 흘리며 잠에서 깼다. 나이팅게일 병원의 직원 주차장에서 자동차 배기관에 호스를 연결해 차 안에서 배기가스 질식으로 자살하는 꿈이었다. 배기가스로 가득 찬 흐릿해진 공기 너머로 정장을 입은 남자가 내 쪽으로 뛰어오는 게 보였다. 그가 창문을 두드리자 내가 창문을 열었고, 그는 이렇게 말했다. "여기서 이런 짓 하시면 안 됩니다. 정 하려거든 공동묘지 주차장으로 가세요." 조지프에게 이 꿈 이야기를 해주면 정말 좋아할 것이다.

"최고 보안 등급의 교도소에서 나오는 남성입니다. 담당 코디네이터가 필요하다고 해요." 코튼 선생이 말을 잇는다.

살필 부분이 많거나 위험한 환자에게는 코디네이터가 배정된다. 간호사나 사회복지사 혹은 작업 치료사를 지정해서 환자가 병원에 와 진찰과 상담을 받는 사이사이에 언제라도 통화하거나 만날 수 있도록 하는 제도다.

"20년간 복역한 사람이라고 해요." 코튼 선생이 말한다. "기록된 범죄 중에서 대표적인 건……." 그는 의뢰서를 훑어본다. "아, 이거다. 정신 건강 지원 담당자를 살해했군요. 누가 맡을래요?"

NHS 병원에서 침묵이 흐르는 매우 희귀한 순간이 바로 지금이다. 심지어 셰릴마저 껌 씹던 걸 멈추고 고개를 든다.

"어서요. 아무도 자원하지 않으면 내가 지정하는 수밖에 없어요." 코튼 선생이 재촉한다. 만일 나를 책임자로 지정한다면 팀원들이 모두 보는 앞에서 울음을 터뜨릴지도 모르겠다. 이미 감당하고 있는 업무량도 위험할 정도로 많은 지경이니까.

"제 업무를 다른 사람에게 좀 준다고 했던 약속 잊지 마세요." 간호사 중 한 명이 항의하듯 말한다.

코튼 선생은 팀에서 일한 기간이 가장 짧은 두 사람을 거명한다. 간호사 로즈와 사회복지사 대럴로, 두 사람 다 담당 환자를 늘리는 중이다. 로즈는 가냘픈 체구에 목소리가 작은 여성으로, 플루트를 취미 삼아 연주할 것 같은 인상이다. 근육질의 대럴은 피아노도 불끈 들어 올릴 것처럼 보인다.

코튼 선생은 시선을 대럴에게서 로즈로 옮겼다가 다시 대럴을 바라본다. 톱니바퀴가 철컥철컥 돌아간다.

"고마워요, 대럴." 결국 그는 그렇게 말하면서 의뢰서 서류를 대럴에게 건넨다. "이제 많이 좋아졌을 거예요."

회의가 끝난 후 우리는 모두 흩어져서 각자의 첫 환자를 맞이한다. 말콤은 60대 남성으로, 빗질을 하지 않은 새하얀 머리카락이 예전에 정원사로 일할 때 그가 가지치기를 하곤 했던 야생 덤불처럼 부스스하다. 형광색 고가시성 재킷을 입고 병원까지 걸어왔다고 한다. 행인들에게 실수로 부딪혀 부상을 입힐까 걱정이 되어서다. 다행히 지금까지 아무도 다치게 한 적은 없다.

"다시 뵙게 되어서 반가워요, 말콤." 내가 문을 닫고 앉으며 말한다. "어떻게 지내셨어요?"

"저는 괜찮아요, 고맙습니다, 의사 선생님."

"좋습니다. 요즘 뭘 하고 지내셨나요?"

"이것저것요. 그럭저럭 바쁘게 지내고 있어요. 장도 보고……."

나는 '일상적 행위activities of daily living'를 줄여 'ADL'이라고 메모장에 적는다. 나중에 말콤의 파일에 올리면 그가 혼자서 잘 대처해나가고 있다는 증거가 될 것이다.

"……사람도 만나고."

"아, 좋습니다. 누구를 만나세요?"

"그냥 선생님만……."

나는 말콤을 이전에 딱 한 번 만난 적이 있다. 3개월 전 진찰실에서였다. 그는 아주 가끔 진찰을 받도록 되어 있다. 과중한 업무에 시달리는 정신과 의사들이 '잘하고 있음'으로 분류하는 환자이기 때문이다. 물론 '잘하고 있음'의 기준이 매우 낮게 잡혀 있긴 하다. 이미 터지기 일보 직전인 내 환자 목록에 새 환자가 추가되는 것을 막기 위해 불철주야 노력하고 있는 상황이라 심각한 정신 질환을 앓고 있더라도 자신이나 타인을 해치지 않는 수준이라면 만족하는 경우가 많다.

나는 말콤이 20대에 처음 병원에 입원했을 땐 약혼자가 있었지만 8개월 후 퇴원할 땐 싱글이 되어 있었다는 사실을 안다. 입원 초기에는 친척들이 자주 방문한다. 하지만 입원이 반복되면서 병문안은 일주일에 한 번이 됐다가 한 달에 한 번이 되고 점점 아무도 오지 않는다.

"말콤, 외로울 때가 있으세요?"

그는 잠시 생각에 잠긴다. "솔직하게 말하자면, 네, 그렇습니다, 선생님."

"아, 그렇군요. 보통 하루 일과가 어떻게 되세요?"

"경로 우대증으로 버스를 타요. 9번이나 24번을 좋아하죠. 바깥 경치가 좋아요. 어떨 때는 사람들하고 이야기를 나누기도 하고 들려오는 목소리와 대화를 하기도 해요. 가끔 그것 때문에 사람들이 무서워하더라고요."

"왜 사람들이 무서워한다고 생각하세요?"

"내가 공격을 할까 봐 걱정하는 것 같아요." 그는 바닥을 내려다보면서 말한다. "그래서 요즘은 그냥 걸어 다녀요."

"좋네요! 어디로 산책을 다니시나요?"

"그냥 집 안에서요."

"아, 그러니까 계단 오르내리기 같은 걸 하세요?"

"아니요, 거실에서 부엌으로, 다시 부엌에서 거실로. 그런 다음 거실에서 부엌으로. 그걸 그냥 반복해요."

"아." 내가 다시 말한다. "동네 공원 같은 데는 어떠세요? 상쾌한 공기도 마시고."

"좋은 생각이네요. 고맙습니다, 선생님."

셰릴이 보낸 이메일이 '핑' 소리를 내며 들어온다. 다음 환자가 대기 중이다.

'환청을 듣는' 자동차 도둑 데이미언과 달리 말콤은 자기 증상을 서둘러 내게 알리고 싶어 하지 않는다. 자기가 정신적으로 아프다는 사실을 내게 설득하려는 느낌도 들지 않는다. 그리고 머리 밖에서 목소리가 들린다고 강력하게 말한다. 전형적인 조현병이다.

상담을 마치기 전에 나는 안전그물을 확인하듯이 늘 하던 질문을 던진다. 들려오는 목소리가 말콤에게 사람들을 해치라고 하는가? 스스로 목숨을 끊겠다는 생각을 할 때가 있는가? 그는 두 질문 모두에 몸서리를 치면서 아니라고 대답한다. 나는 그런 질문을 하게 되어 미안하다고 사과한다.

"그럼 이만 가보겠습니다." 그가 갑작스럽게 말한다. 만날 때마다 정신과 의사가 자살과 살인 충동에 대해 물어보면 나라도 기분이 상할 것 같기는 하다. "3개월 후에 다시 뵙는 건가요?"

환자가 너무 많은 터라 위험도가 낮은 환자는 진료 횟수를 줄이고 싶은 유혹이 크다. 3개월, 6개월 혹은 12개월에 한 번 볼 수도 있고, 심지어 치료를 종료하고 다시 가정의에게 돌려보내는 방법도 있다. 말콤은 생명이 위험한 상태가 아니라는 확신도 든다. 하지만 살아 있는 것과 삶을 향유하는 것은 다르다.

나는 다음 90일 동안 말콤이 혼자 집 안에서 이리저리 서성거리는 모습을 상상해본다. 라디오가 웅얼거리는 소리나 마트 계산대 직원과 잠시 나누는 대화 말고는 다른 인간의 목소리를 전혀 듣지 못하고 그 시간을 보낼 가능성도 있다. 그러다가 심지어 무인 계산대를 이용하기 시작할 수도 있다.

"3주 간격으로 뵙는 건 어떨까요, 말콤?" 나는 점심시간에 그의 예약을 끼워 넣으면서 말한다. 그는 작은 종이 다이어리에 약속 날짜를 적어 넣는다. 핸드폰은 없다. "그사이에 야외 활동 그룹에 들어가거나 자원봉사 활동을 해보면 어때요? 원래 하시던 일 덕분에 화초 가꾸는 재주가 있다는 건 저도 잘 알 정도예요. 사시는 곳에서 멀지 않은 곳에 공동체 정원이 있더라고요."◆

"아, 네, 좋겠네요." 말콤은 특유의 친근한 태도로, 거의 어린아이처럼 반응을 한다.

"좋습니다. 흠, 이왕 말이 나왔으니 제가 지금 의뢰를 할게요. 오신다는 걸 예상할 수 있게요." 나는 말콤이 참을성 있게 기다리는 동안 전화를 한다.

"여보세요, 주피터 공동체 정원입니다!" 수화기 저편에서 명랑한 목소리가 대답을 한다. 정원 일이 얼마나 원기를 회복시키는 효과가 있는지 보여주기라도 하는 듯한 목소리다.

"안녕하세요, 저는 이 지역에서 일하고 있는 벤저민이라는 의사입니다. 자원봉사를 하고 싶어 하는 환자가 있는데 의뢰하고 싶어서 전화드렸어요." 말콤과 나는 서로를 보며 미소를 짓는다.

"너무 좋아요!" 그 대답을 들으며 나는 그녀가 해바라기에 둘러싸여 있는 장면을 상상한다. "현재 저희에게 도움을 주고 있는 환자가 몇 분 계세요. 도움은 언제라도 환영이지요! 어느 병원인가요?"

"웰빙 센터입니다. 나이팅게일 부속 공동체 허브 병원이에요."

"아." 그녀가 말한다. 이때의 '아'는 연차휴가가 하루 더 남았다는 걸 발견했을 때 내는 소리가 아니라, 크리스마스에 당직이 걸렸다는 걸 알았을 때 내는 소리다.

"우리 병원이 관할구역이 아닌가요?" 내가 그렇게 물었고, 말콤의 표정이 살짝 어두워진다.

• 원예 활동의 치유 효과가 입증되면서 에코 요법이라는 새로운 치료법이 등장했다. '사회적 처방'이 유행인데, 맨체스터의 한 동네 병원에서는 우울증 환자에게 정원 가꾸기를 처방해서 프로작에 맞먹는 효과를 거두기도 했다. 생물학적 정신의학을 신봉하는 글릭 선생은 "흙 속에 든 미생물들이 두뇌의 화학적 구성에 항우울적 효과를 발휘하는 것 같아요" 하고 말했다. 나는 어쩐지 마법 같은 미생물이 든 진흙보다 자연을 접하는 것, 목적의식을 갖고 다른 사람들과 유대 관계를 맺는 것이 치유의 힘을 발휘하는 듯한 느낌이 든다.

“관할구역이 맞긴 해요……. 하지만 웰빙 센터면 정신병원 아닌가요?”

“맞습니다.”

“정신 질환 진단을 받은 환자란 말씀이시지요?”

나는 바로 옆에 말콤이 있다는 것을 의식하면서 헛기침을 몇 번 한다. 말콤이 귀가 어두운 것이 다행이다.

“조현병 진단을 받았습니다.” 그렇게 대답하는 내 목소리가 충분히 작지 않았는지 말콤이 몸을 움찔한다. “하지만 그게 이분의 가장 큰 특징은 아니에요.” 나는 덧붙이면서 그에게 내가 지을 수 있는 가장 밝은 미소를 지어 보인다. “게다가 아프기 전에 전문 정원사로 일하시던 분이니 서로 도움이 많이 될 겁니다.”

“조현병…….” 그녀는 캐러멜을 씹듯 그 말을 곱씹어본다. 안에 든 초콜릿 필링을 터뜨리고 싶기라도 한 듯. 할아버지가 자기 아들, 토머스 삼촌을 받아들이지 못하게 한 바로 그 단어다. “선생님, 저희 정원이 출입이 자유로운 야외 시설이라는 거 알고 계시지요?”

“알고 있습니다.”

“그래서 말씀인데요, 이런 걸 여쭤봐서 죄송하지만 그분이 일반 대중에게 위험하지는 않을까요?”◆

나는 스피커폰을 켜지 않은 것만으로도 다행이라고 생각한다. 말콤은 너무나 온화해서 그의 방문을 걱정해야 할 생명체는 잡초뿐일 것이다. 나는 숨을 깊게 들이쉰다. “전혀 그렇지 않습니다. 그쪽은 공동체 정원이고 이분은 공동체의 일원입니다.”

그녀는 잠시 멈칫한다. "좋아요, 화요일 오전 11시부터 오후 4시 사이에 아무 때나 오셔도 좋습니다."

"고맙습니다." 나는 종이에 적으며 말한다.

"잠깐만요, 선생님 성함과 전화번호 좀 알 수 있을까요? 혹시 비상시에 연락드리려면 필요할 것 같아서요."

전화를 끊은 다음 나는 말콤에게 말한다. "어서 오셨으면 좋겠다네요!" 하지만 그는 내 말을 믿지 못하겠다는 눈치다. "화요일 11시부터 4시 사이 아무 때나 오시랍니다. 어떻게 적응하시는지 다음번에 만나서 듣고 싶네요."

"그냥 겉모습만 봐서는 폭력적인 사람인지 아닌지 구별할 수가 없어요." 나는 조지프와 그 이야기를 한다. 말콤이 머리에서 떠나지 않은 상태로 나는 이제는 익숙해진 수평 자세를 취한 채

◆ 폭력 사건의 대부분은 정신 질환이 없는 사람들이 저지른다. 그러나 '조현병'이라는 단어 자체를 폭력, 두려움과 연결 짓는 사람이 많다. 조현병 환자가 위험하다는 이미지는, 도움이 되지 않는 선정적 미디어 헤드라인 탓에 더욱 악화된다. 조현병 진단을 받은 사람이 폭력을 휘두르는 매우 드문 사건이 발생하면 '정신분열', '미치광이', 조현병' 등의 단어를 대문짝만하게 실어서 여론을 자극하곤 하기 때문이다. 현실에서는 조현병이 있는 사람이 오히려 폭력의 희생자가 되는 경우가 더 많다. 폭력 및 살인 등의 범죄 위험을 훨씬 더 높이는 요인은 알코올과 마약 남용이다. 하지만 이상하게도 사람들은 정신병원보다 알코올과 마약이 넘쳐흐르는 파티를 훨씬 덜 두려워한다.

떠오르는 말을 자유롭게 하고 있다. "사회는 특정인들이 폭력적일 거라고 예상하지만, 그중 많은 수가 평생 폭력을 휘두르지 않아요. 반대로 절대 아닐 거라고 생각하는 사람이 가정에서 폭력을 행사하기도 하고요."

조지프는 의자에 기댄 채 편안한 자세를 취한다. "그 부분에 대해 좀 더 자세히 얘기해봅시다……."

우리는 모두 부엌에 있는 테이블에 앉아 있다. 나랑 동생들은 아직 교복을 입고 있고, 어머니는 심리학자로 일하기에 걸맞은 멋진 옷차림, 아버지는 파란색 오버올 작업복 차림이다. 아버지는 직접 만든 음식을 식탁에 내놓는다. 아버지가 자주 만드는 맛있는 채소 캐서롤이다.

늘 그러듯 누군가 어머니한테 그날 어땠냐고 묻고 어머니는 "그렇지 않아도 그 이야기 하려고 했어. 재미있었거든" 하고 말한다. 저녁마다 같은 질문을 받은 게 아니라는 듯, 처음으로 그런 질문을 받아 의외라는 듯한 투다. 그리고 우리는 심각한 문제가 있는 아이들에 대한 최신 뉴스를 듣는다. 눈이나 귀가 없이 태어났거나, 뇌성마비나 자폐 스펙트럼, 심각한 뇌 손상 등이 있는 아이들 말이다. 어머니는 이야기에 정신이 팔려 밥 먹는 걸 잊을 때도 많다. 심리학자들은 상담 사례를 다른 데서 이야기하지 않는 것이 원칙이다. 어머니는 한 번도 그 아이들의 이름을 입에 올리지 않았다.

그러다가 어머니는 빈 와인잔에 가득 차게 술을 다시 따른다. "그보다 더 채우려면 꽉꽉 밟아야지, 애비게일?" 아버지가 농담으로 상황을 무마하려 한다. 빈 접시를 치워 싱크대에 넣으면서 아버지는 어머니에게 제발 음식 좀 먹으라고 사정을 하고, 슬쩍 아무렇지도 않게 어머니의 와인잔도 치우는 시도를 해본다.

"좀 놔둘래?" 어머니가 날카롭게 쏘아붙인다.

"충분히 마신 줄 알았지, 여보." 아버지가 말한다.

"두 잔밖에 안 마셨어."

"냉장고에 한 병 더 있었는데."

"무슨 말인지 모르겠네." 어머니는 별일 아니라는 듯 말한다.

한번은 아버지가 와인 한 병이 어디로 갔는지 묻자 어머니가 창의력을 발휘해서 '요리에 썼다'고 했다. 하지만 그날 저녁 메뉴는 구운 감자였다. 어머니는 와인을 살 때 주로 여러 상자를 한꺼번에 산다. 그렇게 하면 더 싸기도 하지만, 얼마나 마셨는지 잘 드러나지 않기 때문일 거라는 의혹이 짙다.

공격받는다는 느낌이 들면 어머니는 반격을 한다. 보통 사라진 초콜릿 브리오슈나 과일 케이크처럼 아버지의 식단 조절 실패의 증거를 들먹인다. 하루 종일 육체노동을 하고 우리랑 함께 식사할 때는 아주 적게 먹는데도 아버지의 허리둘레는 신기할 정도로 줄어들지 않았다. 본인은 그냥 체질인 것 같다고 말하곤 했다. 하지만 냉장고에 갔다가 테이블로 돌아온 아버지의 콧수염이 하얗게 반짝일 때가 많았다. 내가 귀띔하면 아버지는 서둘러 윗입술을 문질렀다. 더블크림을 통째로 마시면서 살이 찌는 게 신진대사가 느려서라고 핑계를 댈 수는 없는 일이다.

어머니의 식생활도 항상 건강한 것은 아니었다. 어머니는 굉장히 마른 데다, 상추 이파리에 저지방 마요네즈를 찍어 먹는 걸로 연명했다. 점심으로는 사과 반 개를 먹었다.

둘이만 있을 때면 아버지는 늘 어머니 때문에 마음이 허해서 단 걸 먹는다고 말했고, 어머니는 아버지 때문에 술을 마신다고 말했다. 우리 집에서는 서로를 탓하는 말들이 달궈진 스쿼시 공처럼 이리저리 튀어 다녔다.

나랑 동생들이 화제를 바꾸려고 애써보지만 이미 어머니의 혈압이 오를 대로 오른 상태가 되어버린다. 그럴 때면 어머니는 아버지에게 그날 무슨 일을 했는지 묻는다. 아버지는 썩은 목욕탕 바닥을 고쳤다거나 지붕에 새는 곳을 수리했다거나 벽 한 군데에 보온재를 넣었다고 대답하고, 어머니는 그런 일들은 6개월 전에 이미 끝내기로 하지 않았냐고 쏘아붙인다. 그러고는 그제야 겨우 샐러드를 입에 넣기 시작한다.

"도움을 구하면 당신도 다른 남자들처럼 풀타임 직장에서 일할 수 있을 텐데. 인생이란 게 집 짓는 게 다가 아니잖아. 당신하고 결혼할 때 이렇게 살게 될 줄은 몰랐어." 어머니가 말한다. 어머니, 아버지 모두 토씨 하나 빠뜨리지 않고 똑같은 말을 하고 또 한다. 아버지는 어머니에게 술 마시지 말고 고함치거나 못되게 말하지 말라고 한다. 어머니는 아버지에게 살 좀 빼고 직장을 구하라고 한다. 두 사람 다 상대방이 원하는 걸 하지 못하는 듯하다.

그러다가 어머니는 우리를 향해 말한다. "얘들아, 돈 한 푼 못 버는 사람하고 결혼 생활을 하는 게 얼마나 스트레스 쌓이는 일인지 상상할 수 있겠니? 직장도 없고 수입도 없는 사람하고?" 아버지는 자리에서 일어나 디저트로 먹을 요거트를 가져온 다음 다시 자리에 앉는다. "고모는 너네 아빠랑 말도 안 하잖아."

아버지는 이 모든 말을 가만히 앉아서 듣고 있다. 절대 울거나 아픔을 드러내지 않는다. 그러다가 감정이 드러날 때는 이미 너무 늦은 뒤다.

어머니는 자리에서 일어나서 먹은 접시를 싱크대에 집어넣고 새 와인 병과 함께 테이블로 돌아온다.

"이제 그만큼 마셨으면 됐어, 애비게일." 아버지가 말한다.

"그게 무슨 뜻이야?"

"지금 화를 내기 시작하고 언성이 높아지고 있잖아."

"내가 언제 언성을 높였어!" 어머니가 소리를 지른다. "퇴근하고 와서 술 한잔 못 마신다는 거야? 내가 밥이랑 술 살 돈을 벌잖아. 살고 싶지도 않은 집에 들어가는 돈도 내가 다 벌고."

그런 다음 어머니는 술을 한 잔 더 따르고, 그게 아버지를 더 이상 못 견디게 한다. 아버지는 테이블 위로 몸을 기울이고는 커다란 손으로 어머니의 손목을 붙잡는다. 우리는 두 사람을 서로에게서 멀찍이 떼어 놓으려고 노력하지만 늘 실패한다.

"그만!" 아버지가 으르렁거린다.

어머니는 눈을 동그랗게 뜨고 아버지를 노려본다. "어쩌시려고? 치기라도 하려고?"

운이 좋은 날은 아버지가 쥐고 있던 어머니의 손목을 놓는다. 그러면 우리는 잠시나마 위기에서 벗어난다.

"아빠는 헛간에서 하던 일 마저 하마." 이미 작업복 차림인 아버지는 그대로 밖으로 나가버린다.

"정말이지 애들아, 너네 아빠가 왜 저러는지 알 수가 없어."

어머니는 그렇게 말하면서 또다시 잔에 와인을 가득 채운다.

"그래서 인간관계란에 아무것도 적지 않았군요." 조지프가 말한다.

"네?"

"처음 상담 시작할 때 작성했던 설문지 말이에요. 여기 오는 그 또래 남자들은 대부분 섹스 이야기로 시간 가는 줄 모르는데."

"제가 별로 재미없는 사람이라 미안해요, 조지프."

"그냥 관찰한 걸 말했을 뿐이에요."

오늘따라 조지프는 심리 분석가들이 신경 쓰는 건 딱 한 가지뿐이라는 전형에 맞게 행동한다. 게다가 갈색 카디건 차림을 한 사람에게서 성적 역동성이 부족하다는 말을 들으니 기분이 이상하다.

무슨 이유를 대든 내가 연애 경험이 부족하다는 건 사실이다. 사람들은 내가 그렇게 못생긴 것도 아닌데 왜 그런지 모르겠다고 말하면서 재미있어한다.

어쩌면 우리 부모님이 서로에게 갖은 상처를 다 주면서도 절대 헤어지지 않는 것을 보며 자랐기 때문일지도 모르겠다. 그래서 무의식적으로 관계를 시작하지 않는 쪽이 안전하다고 생각하는 것이다. 부모님은 서로를 무조건적으로 사랑하는 것 같긴 하지만 두 분의 관계가 바람직한 사랑의 청사진이 아닌 것도 사실이다.

“자신이 폭력적인 사람이 될까 봐 두려워서 연애를 하지 않는 거예요.” 조지프가 내게 말한다. “그런 환경에서 자란 사람들에게서 드물지 않게 볼 수 있는 현상이에요. 같은 관계를 되풀이할까 봐 두려워서 과도하게 보상을 하는 거죠. 자신을 유아화해서 섹스처럼 어른이 하는 행동은 하지 않는 착한 아이 벤지로 머물게 하는 겁니다.”

나는 섹스 대신 옷 벗고 껴안는 것이라고 표현해달라고 하려다가 참는다.

자라면서 나는 아버지가 한 큰 실수를 반복하지 않겠다고 늘 맹세하곤 했다. 지금까지 그 맹세를 잘 지키고 있지만, 그 때문에 연애를 하지 못하는 대가를 치르고 있다는 건 인정한다. 아, 니나는 빼고.

나는 조지프에게 의대 다닐 때 사귀었던 전 여자친구에 대해 이야기한다. 그녀는 우리 고향집에도 한 번 왔었다. 시작이 그다지 좋지는 않았다. 니나가 현관 복도에서 동생들에게 인사를 하고 있는데 어머니가 내 귀에 대고 속삭였다. “얘는 네 짝이 아니구나." 니나가 아직 코트도 벗지 않았을 때였다.

우리는 그 후 얼마 되지 않아 어른 흉내를 내기 위해 포르투갈의 포르투로 주말여행을 갔는데 돌아와서 바로 헤어졌다. 니나는 아름다웠고 복잡한 사람이었으며 항상 검은색 옷을 입었다. 심지어 수영장에서도 세련된 장례식 옷차림을 포기하지 않았다. 일광욕하는 고스goth(어두운 색상의 옷에 강렬한 화장을 하고 고딕 음악이나 문학, 예술에 관심이 많으며 어두운 분위기의 미스터리, 초현실적인 요소를 즐기는 하위문화에 속한 사람 – 옮긴이) 같았다. 나는 그녀와 함께 책을 읽으려고 애써봤지만 10분도 되지 않아 니나는 물로 뛰어들었다. 내가 따라 들어가면 그녀는 재빨리 물에서 나갔다. 그녀가 누워 있는 해변 의자 옆으로 가면 수영장 다른 쪽에 있는 의자로 가버렸다. 내가 그녀를 괴롭히고 있는 것처럼 보일까 봐 다른 사람들에게 우리가 함께 여행 온 커플이라고 말해야 할 정도였다.

"벤저민, 당신은 자신이랑 비슷한 회피형 애착 스타일을 가진 사람을 선택하는 경향이 있어요. 그렇게 해야 숨 막히거나 답답하지 않을 테니까요. 조금 거리를 둔 채 주변에 있어주는 사람, 아니 수영장 정도의 거리를 두는 사람 말이에요. 이야기를 듣는 동안 친밀함을 원하지만 감히 가까이 가지 못하는 고슴도치 한 쌍이 떠올랐어요."

맞다. 조지프는 아버지와 어머니가 서로에게 심하게 상처 주지 않으려고 애를 쓰는 모습을 보며 자란 경험이 어떻게 내가 맺는 관계에 영향을 미치는지 이해할 수 있게 해준다. 특히 그런 사실을 비밀로 간직하고 있을 경우에 말이다.

"집에서 무슨 일이 벌어지고 있는지 아는 사람이 있었어요?" 조지프가 묻는다.

"할머니, 할아버지는 아셨던 것 같아요. 부모님과의 관계에 위기가 생길 때마다 함께 이야기하곤 했거든요. 하지만 두 분이 뭘 해줄 수 있었겠어요?"

"경찰이나 사회복지 기관에 신고할 생각은 해봤어요?"

"몇 번 그런 생각을 하긴 했어요. 하지만 한 번도 심각하게 고려해보진 않았죠.

"왜 안 했어요?"

"아마도 아버지가 근본적으로는 좋은 사람이어서였던 것 같아요. 좋은 사람인데 가끔 나쁜 짓을 하는 사람. 야생에서 살면 가끔 사람이 그렇게 되는 것 같아요."

아주 어린아이였을 때 아버지와 함께했던 사랑스러운 기억들을 떠올려본다. 아버지가 만들어준 멋진 생일 케이크, 무서운 마녀 얼굴을 테이프로 가리고 읽어주던 동화책들. 그리고 내가 제일 좋아하던 곰 인형이 납작해지자 '병원'에 데리고 가서 수술을 해준다고 하고는, 다음 날 아침 눈을 떠보니 다시 빵빵해진 곰 인형이 기다리고 있었던 일. 뭔가를 해주는 건 아버지가 '사랑해'라는 말을 표현하는 방식이다. 아버지는 우리 형제들과 어머니를 위해서라면 뭐든 다 해준다. 심지어 지금도 아주 드물지만 가족이 모두 모여서 텔레비전을 보면 아버지는 우리가 소파에 앉을 수 있도록 자기는 바닥에 앉는 게 좋다고 말하곤 한다. 무엇이든다. 한 가지 예외는 인생 프로젝트였던 집 짓기를 포기하고 다시 도시로 돌아간 일이었다.

눈이 너무 많이 와서 갇힌 날, 내가 출근할 수 있도록 아버지가 언덕에서 우리 집과 다리까지 제설 작업을 다 했던 날 나는 '언젠가 여기서 일어났던 그 끔찍한 사건을 기억하는◆ 게 가능할까?' 하는 생각을 했다. 제설 작업을 한 트랙터를 헛간으로 몰고 가면서 아버지가 나와 동생들을 위해 지어줬던 트리하우스를 지나칠 땐 '그 미친 기억이 정말 실제로 일어난 일이었을까?' 하고 궁금해하기도 했다.

소름 끼치게도 시험 준비를 하다가 폭력적 성향이 칡뿌리처럼 가계도를 타고 내려간다는 사실을 알게 됐다. 게다가 나는 역사가 반복되면서 피해자가 가해자가 된다는 사실을 부인하지 못할 정도로 가계도를 많이 그려보지 않았는가.

"하지만 이렇게 상담을 받고 있잖아요. 그리고 벤저민은 아버지가 아니에요."

나는 조지프만큼 확신이 서질 않는다. 어머니가 "세상에나, 넌 정말 아빠랑 너무 닮았어" 하고 말하는 걸 들으며 자라서만은 아니다. 나이가 들면서 나는 턱수염에서부터 머리가 벗겨지는 것

◆ 유명한 '보보 인형 실험'에서 인형에게 폭력을 쓰는 것을 목격한 어린이들은 그 행동을 모방할 가능성이 높다는 사실이 관찰되어, 이른바 사회적 학습 이론의 원칙을 증명했다. 우리가 통제할 수 없는 생물학적 위험 요소도 있다. 모노아민 산화효소-A, 이른바 '전사 유전자'라고 부르는 유전자가 인간의 DNA에 숨겨져 있기 때문이다. 양육으로 안 되면 본성이 나서는 것이다.

까지 점점 아버지의 외모를 닮아간다. 이런 변화를 내가 아버지가 되어가는 것이라는 은유로 받아들인 나는 머리가 벗겨지는 건 어떻게든 막아보려고 애를 써보지만 별 효과가 없다. 워터하우스 박사와 하이드 씨.

"과감하게 연애를 시작하고 나면 스스로 놀랄 수도 있어요. 런던에 조금이라도 관심 가는 사람이 한 명이라도 있어요?"

"없어요." 나는 에스더를 떠올린다. "몇 주 전 코미디 클럽에서 만난 재미있는 여자하고 문자를 주고받고 있긴 하지만요. 아직 다시 만나지는 못했고요. 아시다시피 제가 의사 자격증을 박탈당하지 않으려고 너무 바빴거든요."

"내 생각에 그건 핑계에 불과해요, 벤."

"제 이름은 벤이 아니에요." 나는 치밀어 오르는 짜증을 겨우 감춘다. "벤지 아니면 벤저민이라고 불러주세요. 상담 시작한 지 벌써 몇 달이나 지났잖아요."

이 현명하고 나이 든 심리 분석가의 문제는 깜빡깜빡 잊어버리는 것도 많다는 점이다. 조지프는 거의 쉴 틈 없이 환자를 만나고 있고, 메모도 하지 않는다. 그래서 기본적인 사실을 잊어버리거나 기억이 잘 나지 않는 부분은 다른 환자의 이야기로 메꿔 넣기도 한다.

하루는 나피사와 만나 시험공부를 하다가 조지프의 건망증 때문에 짜증이 난다고 불평을 했다. 그녀는 자기 상담사가 동생 아메드처럼 헤로인 중독자가 될까 봐 걱정되냐고 물었다고 했다. 나피사에게는 동생도 없고, 약물 남용을 하는 가족도 없다. 하지만 적어도 나피사의 상담사는 그녀의 이름을 헷갈리진 않았다.

"미안해요, 벤지." 조지프는 '벤지'라는 이름을 힘주어 발음한다. 나중에 다시 떨어져버릴지언정 일단은 포스트잇 메모를 마음속에다 꼬옥 눌러 붙이는 느낌이다.

"하지만, 벤지, 일이 바쁜 건 나도 알아요. 그렇다고 의사들이 전부 연애를 못 하는 건 아니잖아요?"

사실 그렇다. 의대 친구들 대부분이 이제는 한 사람과 오랜 연애 중이거나 결혼을 했다. 나피사는 약혼했고. 맙소사, 심지어 돔까지도 파트너가 있다는 소문이 들려온다.

"사랑하는 관계를 피하려고 하는 건 놀라운 일이 아니에요. 하지만 인생은 짧아요. 자, 실은 상담할 때 너무 직접적인 조언은 피하는 게 정석이긴 하지만 나이 든 사람 입장에서 조언 하나 할게요. 젊고, 외모도 괜찮고……."

또 이런 말을 들어야 하는 건가?

"……그리고 그 나이가 인생에서 제일 좋을 때예요. 세상으로 용감하게 나아가세요!"

나는 수컷 우두머리 버전의 조지프에게 어떤 느낌을 받아야 할지 잘 모르겠다. 하지만 한 가지 좋은 점은 그가 상담비 청구서 보내는 걸 잊어버렸다는 것이다.

15

첫 번째 데이트

"늦어서 미안해요!" 에스더는 과학관에서 퇴근한 후 바로 왔는지 아직도 과학관 해설사의 상징인 빨간색 폴로셔츠 차림이다. "실은 벤지, 미리 고백하자면요, 난 약속에 항상 늦어요. 늘 무슨 일 하나를 더 볼 시간이 있을 거라고 낙관적으로 계산하는데, 일을 하다 보면 시간 가는 걸 잊어버리거든요. 하지만 지금까지 비행기를 놓친 건 두 번뿐이에요." 그녀가 자랑스럽게 말한다. "항상 방송으로 승객 이름을 부르잖아요?"

"에스더, 내가 휴가 때 같이 여행 가자고 하면 이 이야기를 다시 해줘야 해요."

"혹시 두 시간 전부터 공항에 가서 대기하는 좀생이예요? 아니죠?"

"아니에요." 나는 고개를 젓는다. "항공사 권고에 따라 세 시간 전에 공항에 도착해요."

조지프의 권유와 협박에 못 이겨 나는 퇴근 후 에스더와 만날 약속을 잡았다. 상담이 끝난 직후 크게 고무되어 문자를 보냈다. 알고 보니 금요일에 시간이 있는지 묻기만 하면 되는 일이었다.

먼저 도착해 마실 것과 안주를 시킨 뒤에야 내가 고른 약속 장소가 엘리펀트 앤드 캐슬 지역이라는 사실을 깨달았다. 영국에서 가장 큰 회전 교차로들이 모여 있고, 이른 저녁인데도 록 음악을 천장이 울릴 정도로 틀어놓는 분위기다. 부엌에서 누군가가 감자튀김과 케첩 등등을 들고 나온다.

"맛있게 드세요!" 종업원이 말한다.

"당신도요!" 긴장한 데다 말소리가 잘 안 들리는 환경이라 정신없이 그렇게 말해버리자, 에스더가 그런 나를 재미있어한다.

"조금 더 조용한 곳으로 옮길까요?" 내가 고함을 친다. 그녀가 고개를 끄덕이고 우리는 길 쪽에 내놓은 테이블로 자리를 옮긴다. 자동차들이 빵빵거리고 부릉부릉거리고 공기가 정말 안 좋지만 조금 더 조용하긴 하다.

"점심 먹을 시간이 없었어요." 그녀는 감자튀김을 마요네즈에 찍으면서 말한다. "의사라고 하셨죠! 대단하네요!"

"앗, 그다지 대단하지 않아요. 리즈 의대를 나왔는데 졸업생 중에서 제일 유명한 사람이 해럴드 시프먼(영국의 가정의로 30년에 걸쳐 284명을 살해해서 영국 역사상 가장 악랄한 연쇄살인범으로 꼽히며, 무기징역을 선고받고 복역 중 자살했다 – 옮긴이)이에요."

"아."

"의대 면접을 본 다음, 합격 못 하면 리즈 의대가 사람 보는 눈이 없다고 하려고 했죠."

이미 써먹은 적이 있는 바보 같은 농담이지만 그녀가 웃으니 기분이 좋다.

그녀는 계속 감자튀김을 먹으며 묻는다. "일은 어때요? 사람들을 돕는 게 정말 보람 있을 것 같아요."

혼자서 버스를 타고 집 안에서 서성거리는 말콤이 계속 머리에서 떠나질 않는다. 하지만 그 이야기는 첫 데이트에서 화제로 삼기에 좋은 소재가 아닌 듯하다. "네, 일하는 건 괜찮아요." 나는 살짝 과하게 열심히 고개를 끄덕인다.

"일이 즐거워요?" 그녀가 감자튀김을 씹으며 묻는다.

'즐겁다'는 말은 뭔가 진짜 끔찍한 일이 일어나지 않을까 하며 끊임없이 초조해하는 사람에게는 어울리지 않는 단어다. 말콤이라는 온유한 영혼의 소유자를 만났으니 한 번쯤은 쉽게 잠을 청할 만도 하다. 하지만 말콤에 관해서도 전화를 받은 공동체 정원의 직원 말이 맞아서 지금 말콤이 전지가위를 휘두르며 소동을 피우고 있는 건 아닌가 하는 걱정을 한시도 내려놓을 수가 없다. 신문에서 '미치광이 노인, 공동체 정원의 꽃을 모두 잘라버리다!'라는 제목의 기사를 읽는 광경이 눈앞에 선하다.

나는 다 마신 맥주잔을 두 손으로 감싸 쥔다. "한 잔 더 하시겠어요?"

"네, 좋아요." 그녀는 와인을 꿀꺽 마신다. "이번에는 내가 살게요. 비록 그쪽은 부자 의사고 난 가난뱅이지만요." 그녀가 장난기 도는 눈빛으로 말한다. "같이 들어가서 메뉴 좀 보죠."

문신을 한 엄한 표정의 바텐더들이 서 있는 바까지 가려면 인파를 세 겹 정도 뚫고 들어가야 할 만큼 붐빈다. 마침내 바텐더 중 한 명이 내게 손짓을 한다.

"에스더, 뭐 마실래요?"

그녀는 바 위로 몸을 기대고 냉장고 안을 살핀다. "구스베리 맛 나는 화이트 와인 있어요?" 그녀가 바텐더에게 묻는다. 참을 수 없이 긴 5분 동안 그녀는 바텐더에게 온갖 화이트 와인 병을 다 꺼내달라고 해서 라벨을 꼼꼼히 살펴본다. 그런 다음 그중 두 가지를 맛보게 해달라고 하고 나서 신중하게 음미하며 홀짝거린다. "그냥 사과주 반 파인트 주세요."

나는 고개를 저으면서 웃음을 터뜨린다.

"요구하지 않는 자, 얻지 못하리." 에스더는 자리로 돌아와 앉으면서 말한다. "그리고 작은 잔에 와인 한 잔 주면서 나한테 9파운드나 받아 갈 거면, 아니, 그쪽한테 9파운드나 받아 갈 거면 내 취향에 맞는 걸로 마시고 싶었어요. 게다가 그 바텐더 무례했어." 그런 다음 그녀는 뉴캐슬 지역 억양으로 덧붙인다. "수줍은 애들은 아무것도 얻지 못해. 그쪽에서 살았으니 잘 알아듣죠?"

나는 거참 이상하다고 생각한다. "음, 내가 뉴캐슬 출신인지 어떻게 알았어요?"

에스더는 자기 와인잔을 빤히 쳐다본다. "좀 어색하네요. 어차피 말하려고 하긴 했지만. 빌어먹을. 어떻게 말해야 내가 이상한 사람으로 안 보일까요?"

나는 자세를 고쳐 앉는다. 왜 나는 괜찮은 사람을 만날 때마다 뭔가 함정이 있는 걸까?

"그러니까, 우리가 만난 날, 그쪽이 있을 줄 알고 코미디 클럽에 간 거였어요."

아, 난 운도 좋아. 스토커로군.

"우리 엄마하고 그쪽 할머니가 말하자면 소개팅을 시켜준 거죠."

나는 너무 놀라 나도 모르게 낮은 소리로 웃는다. "에스더, 무슨 말이에요?"

그녀는 우리 할아버지가 아직 살아 계실 때 뉴캐슬에서 열리는 철학 야간 강의를 들으러 다녔다고 한다. 그건 사실이다. 에스더의 아버지도 같은 강의를 들으러 다녔는데 두 분이 이야기를 하다가 우연히 두 사람의 결혼기념일이 같다는 사실을 발견했고, 그래서 두 커플이 함께 축하를 하곤 했다고 한다. 할아버지가 돌아가신 후에도 에스더의 부모님은 그 전통을 중단하지 않고 할머니를 찾아가서 할머니가 요양사들에게만 둘러싸여 외로운 결혼기념일을 보내지 않도록 함께 식사를 했다고 한다.

"세 분이 많이 친해지셨었나 봐요. 우리 엄마가 그쪽 할머니에게 내가 런던에 사는데 맨날 머저리들만 만난다고 했더니 그쪽 할머니가 자기 손주도 런던에 사는데 늘 싱글이라고 했대요."

나는 에스더 어깨 너머로 보이는 빨간 버스 같은 낯빛이 되지 않으려고 애를 쓴다.

"그래서 엄마가 그쪽 이름을 알려줬고, 페이스북에서 찾아보니 괜찮은 사람 같아 보였어요. 그러다가 그 코미디 클럽에 '참석'이라고 달아둔 걸 보고 친구들 몇을 끌고 거기로 갔죠. 너무

떨려서 와인 한 병을 다 마셨어요. 그리고 그쪽한테 전화번호를 줬는데 첫 데이트 요청을 받기까지 이렇게 오래 걸렸네요."

나는 말없이 앉아서, 그녀가 농담이었다고 하길 반쯤 기대하며 기다린다.

"그래서, 내게 접근 금지 명령을 내릴 건가요?" 그녀는 테이블 위에 놓인 재떨이에 대고 그렇게 말한다.

나는 맥주를 한 모금 마시고 윗입술에 묻은 거품을 닦는다.

"무슨 말이라도 해봐요, 벤지. 내가 엉큼한 사람 같아요?"

"그냥 좀 놀랐을 뿐이에요." 내가 대답한다. 내가 여자에게서 전화번호를 받은 이 희귀한 사건마저도 할머니의 도움이 있었다는 생각을 하니 풀이 죽는다.

"실망한 것 같네요." 그녀가 상처받은 목소리로 말한다. "먼저 말을 건 사람은 그쪽이라는 걸 기억하세요."

"정원 일은 어땠어요, 말콤?" 몇 주 후 진찰실에서 내가 묻는다.

"아, 결국 안 갔어요, 선생님. 내키질 않더라고요."

어쩌면 이건 조현병의 '음성 증상'일지도 모른다. 질병이 한참 진행된 후에는 무관심과 동기 결여 증상이 나타난다. 어쩌면 복용 중인 퀘티아핀의 부작용으로 무기력해져서일 수도 있고, 그 약 때문에 생긴 비만, 당뇨의 영향일 수도 있다. 혹은 '조현병'이라는 단어를 언급할 때마다 사람들의 눈에 떠오르는 표정 때문인지도 모른다. 그는 자기가 환영받지 못하는 존재라는 것을 잘 알고 있다.

말콤이 진찰실에서 나가기 전에 나는 쿼티아핀의 용량을 늘려서 환청을 줄이고 싶은지 물었다. "아니요, 괜찮습니다, 선생님." 그가 말한다. "목소리들 중 어떤 건 친절해요. 그리고 그 목소리들이 제 말 상대가 되어주거든요."

16

고통은 인간을 난해하게 한다

일요일 아침, 다시 당직 근무를 하고 있다. 정신과로 의뢰가 들어온 환자를 적어둔 커다란 화이트보드가 가득 차서 두 번째 화이트보드가 나와 있다. 좋은 징조가 아니다.

요즘은 좀 더 단순한 안건을 먼저 처리할 때도 있다. 그렇게 이름들을 삭제해나가면 심리적으로 부담이 줄어들기 때문에 익숙한 이름부터 시작한다. 금방 진찰을 끝낼 수 있을 거라고 계산했던 것이다.

응급실의 7번 병상에 가보니 응급의학 전문의가 페이지가 자해를 한 상처를 꿰매고 있다. 지난밤부터 입고 있었던 듯한 여름 원피스 차림을 한 그녀의 팔목에 희미하게 번진 글씨로 새겨진 '엄마', '아빠'라는 문신이 금방 눈에 들어온다.

어제 그녀는 오븐에서 구운 큰 고깃덩어리를 저미는 칼로 자기 허벅지를 저며서 몸에 새로운 글자들을 남겼다. 칼은 표피를 지나고 진피를 지나서 그 아래 피하 지방까지 저며냈다. 침대 위로 뻗은 다리의 피부가 부자연스럽게 양쪽으로 열려 있어서 사진에서 본 상어에게 물린 자국처럼 하얗고 깊은 상처가 보인다.

죽음에 이르지 않은 자해는 종종 '도움을 구하는 비명'이라는 식으로 무시될 때도 있다. 하지만 그런 행위는 고통에 관해 이야기하고자 하는 시도일 수 있다. 어떤 글자는 다른 것보다 더 알아보기가 쉬운데, 페이지가 자기 몸에 저며놓은 욕설들의 가장자리를 실과 바늘로 꿰매면서도 완전한 무표정을 유지하는 의사는 전문가 정신이 투철해 보인다. 첫 글자는 C다.

"안녕하세요, 페이지. 저는 벤저민이에요. 이번 주말 당직 정신과 의사예요. 우리 이전에도 몇 번 만났죠?"

페이지는 전화기로 캔디 크러시 게임을 하다 말고 잠시 올려다본다. "아, 선생님이군요."

나는 글릭 선생과 처음으로 페이지를 만났던 때를 떠올린다. 그녀는 3층에 있는 자기 집 창문에서 뛰어내릴 생각을 하고 있었다. 그때만 해도 나는 입 밖으로 꺼내지는 않았지만 무정한 의료 시스템을 비난했었다. 나는 그보다 훨씬 더 잘해내겠다고 맹세하면서.

두 번째 만난 때는 크리스마스 직전에 그녀의 남자친구가 페이지네 집 현관문을 부수고 난입했을 때였다. 나는 그녀를 퇴원시키는 결단력을 발휘해서 글릭 선생에게 점수를 땄었다.

차트를 보니 그녀는 그 후로도 꽤 많은 수의 정신과 의사를 만나온 듯하다. 가장 최근에 적은 면담 결과는 나피사가 쓴 것이다.

환자는 응급실에 와서 자기가 오늘 저녁 죽어버리겠다고 말했지만, 하룻밤 자고 가는 데 필요한 물건을 모두 챙겨 왔다. 내가 입원을 거부하자 주머니에서 파라세타몰 한 줌을 꺼내 입에 털어 넣었다. 그러고는 물을 달라고 했지만 내가 거절하자 화를 냈다. 약을 씹어 먹어보려 했지만 물기가 너무 없어서 결국은 뱉어냈다. 마지막으로 바닥에 고정된 응급실 가구를 내게 던지려 시도했지만 실패했다. 그런 다음에는 자기가 하려던 말은 다 했다고 하면서 진찰실에서 나갔다.

그리고 이제 페이지가 다시 응급실에 돌아와 있다. 이상적으로 보면 상처를 꿰매는 일이 끝나길 기다려야 하지만 응급실에 온 환자의 최대 대기 시간으로 정해진 '거룩한 네 시간'에 위험할 정도로 가깝게 기다린 사람들이 다수 있는 상황이다.

"페이지, 어젯밤 일에 대해 몇 가지 물어봐도 될까요?" 내가 말한다. "상처 치료에서 주의를 좀 분산시켜보도록 하지요." 의사는 이제 U를 꿰매고 있다.

"난 통증이 좋아요." 페이지가 말한다. 자해를 하는 사람들은 너무나 압도적으로 몰려드는 감정에서 잠시 벗어날 수 있어서 통증이 '반갑다'고 말하기도 한다.

"그래도 이야기 좀 해도 될까요? 전화기로 하는 게임 좀 잠시만 멈춰주실래요?"

그녀는 진행 중이던 캔디 크러시의 라운드를 끝마친다. 점수 기록 경신을 알리는 축하의 팡파르가 울리는 동안 핸드폰을 내려놓는다. 페이지는, 이제는 익숙해진 바다처럼 파란 눈을 들어 처음으로 나를 응시한다.

"고마워요. 그래서 어젯밤에는 무슨 일이 있었던 건가요?" '그래서'라는 단어에 약간의 짜증이 담긴다. 나머지 환자들을 서둘러 퇴원시켜야, 아니, 진찰해야 해서 요즘 들어 부쩍 이런 말투를 쓰게 된다.

"몰라요. 그냥 돼지들이 나타났고, 정신을 차려보니 여기였어요. 난 아무짓도 하지 않았어요! 난 한 번도 무슨 짓을 한 적이 없다고요! 여기 통증이 있는 게 정상인가요?" 그녀는 테이저 건을 맞은 가슴 부위를 가리키며 비난하듯 묻는다.

"네, 테이저 건을 맞은 후에는 좀 욱신거릴 수 있어요."

그녀는 나를 못 믿겠다는 듯 바라본다. "지난번에는 이렇게 아프지 않았는데요."

차트에 따르면 어젯밤 페이지는 매우 괴로워하며 응급 구조 센터에 전화를 해서 자살하겠다고 위협했다. 경찰에게 3층에 있는 자기 아파트 주소를 알려줬고, 도착한 경찰들에게 자기는 헤로인을 사용하지 않았다고 말했다. 하지만 보드카를 들이켜고 있었고, 다리가 피범벅인 상태로 칼을 목에 대고 있었다. 페이지가 칼을 내려놓길 거부하자 경찰은 테이저 건을 쏘아 칼을 빼앗았다.

"경찰 보고서에서는 환자분이 심각한 자해를 할까 우려되는 상황이었다고 해요. 칼을 목에 댄 기억은 있으세요?"

"아니요."

"본인이 할 만한 행동이라는 생각은 들어요?"

"모르겠어요. 내가 그런가요? 하지만 지금은 괜찮아요. 자살하지 않을 거예요. 그냥 집에 가고 싶어요. 나중에 남자친구가 오기로 했거든요."

나는 이번에는 그녀가 입원하고 싶어서 이런 일을 벌인 게 아니라는 사실에 안도한다. 그녀를 입원시키지 않으면 내 삶이 더 편해지고, 병상 관리 담당자에게서 진짜 심각하게 아프지 않은 사람을 입원시켜 병상을 '부적절하게' 사용하게 한 데 이의를 제기하는 무례한 이메일을 받지 않아도 될 것이다.

하지만 페이지를 퇴원시켜도 될지 확인은 할 필요가 있다. 내가 돌본 환자 중 아무도 자살하지 않았다는 사실은 일종의 훈장처럼 정신과 의사 경력에 도움이 될 때가 있다. 무엇보다 그런 일이 벌어지면 내가 감정적으로 어떻게 대처해야 할지 막막하니까.

"페이지, 몇 시간 전과 비교해서 뭐가 달라졌는지 물어봐도 될까요?"

"잠을 좀 잤고, 술도 깼어요. 그리고 남친이 문자로 답장을 했어요."

페이지는 가학적인 남자들과 연애를 하는 평생의 습관을 여전히 못 버리고 있다. 자신이 그런 대접을 받을 만하다고 생각하는 듯하다.

"그 남자친구가 지난번에 현관문을 부순 뒤에 헤어질 거라고 하지 않았나요?"

"그럴 수가 없어요. 복잡한 사정이 있어요."

다시 그 단어다. 복잡하지 않은 사정이 어디 있을까.

"다리에 칼 댄 건 기억하세요?"

"네, 아까 그렇게 했죠. 남친이 답장을 안 해서요."

나도 문자가 오지 않을 때, 상대가 뭔가를 적고 있다는 깜빡이 신호가 보였는데도 답장이 오지 않을 때 드는 절망감을 잘 알고 있다. 그리고 가끔 차들이 쌩쌩 달리는 큰길가에 서 있을 때면 뇌가 나를 자극할 때도 있다.

'널 그리워할 사람은 아무도 없어, 알지?'

그런 종류의 갖가지 쓸데없는 생각 말이다. 하지만 내가 한 최악의 행동은 에스더에게 괜찮은지 묻는 문자를 다섯 번 더 보낸 것뿐이다. 페이지는 경계선 인격 장애로 알려지기도 한 감정적으로 불안정한 인격 장애를 겪고 있다. 아동기에 경험한 애착 문제로 인해 생겼을 가능성이 높은데, 좌절을 견뎌낼 수 있는 정도가 매우 낮아서 작은 스트레스를 받아도 크게 반응하는 것이 이 증상의 특징 중 하나다. 뭔가 불안한 일이 있거나 평정심을 잃으면 마약, 알코올, 자해 등을 시도하거나 자살을 해서 그 모든 고통을 완전히 멈춰버리고 싶다는 생각을 하게 된다. 페이지는 괴로워하며 술에 취해서 응급실에 오곤 한다. 어떨 때는 약물 남용에 대한 치료가 필요할 때도 있고, 어떨 때는 그저 핫초콜릿 한 잔에 샌드위치를 먹고 한숨 푹 자면 나아질 때도 있다. 다음 날 아침이 되면 보통 괜찮아져서 퇴원할 수 있는 상태가 된다.

그녀의 팔에 오래된 자해 흉터들이 하얗게 조각보처럼 새겨져 있는 것에 눈이 간다. "다음번에 또 몸에 칼을 대고 싶은 충동이 일거든 다른 걸 시도해보면 어때요?"

"고추 먹기, 얼음 쥐고 있기, 살에 대고 고무줄 튕기기 등 당신들이 해보라는 건 다 해봤지만 소용이 없어요."

"위기상담팀에게 나중에 연락드리라고 할까요?"

"그 사람들하고 이야기하는 것만으로도 죽고 싶어질걸요."

상처를 꿰매던 의사가 큰 소리로 한숨을 내쉰다. 발이 저려서인지 짜증이 나서인지 잘 모르겠다. 그러다가 다시 상처 꿰매는 일로 돌아간다.

"상담을 받는 게 도움이 된다고 하는 사람들도 있는데……."

"아니, 싫어요. 그냥 집에 갈게요."

나는 그녀가 상담을 거부해서 살짝 안도한다. 어차피 상담받을 자격이 충분하지 않을 수도 있기 때문이다. NHS는 변증법적 행동 치료dialectical behavioural therapy, DBT를 가장 혼란을 많이 겪고 기능장애가 심한 소수의 환자에게만 제공하고 있다. 인지 행동 치료에서 일부 아이디어를 차용한 이 치료법은 이른바 감정적으로 불안정한 인격 장애에 적용되는 장기적 모델이다. 허벅지에 욕설을 칼로 새겨 넣는 환자라도 자격이 충분하지 않을 수 있다. 대기자가 많아서 금방 상담을 시작할 수 있는 경우도 거의 없다.

타리크가 대화 치료를 거부하지 않는다는 것을 확인한 후 나는 그를 웰빙 센터의 심리학자에게 의뢰했다. 그가 대기자 명단

몇 번째쯤 올라 있는지 묻자 심리학자는 엑셀 스프레드시트를 확인하고 이렇게 말했다. "흠, 여든세 번째네요. 아마 1~2년 내에 볼 수 있을 거예요. 하지만 제가 얼마 후에 그만두는데 아직 후임자를 찾지 못했으니 그보다 좀 더 오래 걸릴 수도 있어요."

"이제 다 됐습니다." 상처를 꿰매던 의사가 T자에서 용해 가능한 봉합사 끝을 자르면서 말한다. 이제 두터운 하얀 실밥이 보이는 페이지의 피부가 미식축구 공을 연상시킨다.

"이제 퇴원하셔도 됩니다." 나는 미소를 지으며 선언한다. "집으로 데리고 가줄 사람 있어요? 제가 전화해드릴게요."

"누가 있겠어요?" 그녀가 말한다.

나는 그녀의 팔에 새겨진 문신을 흘끔 쳐다본다. "어머니나 아버지?"

"엄마는 돌아가셨고, 아빠는 날 학대했던 사람이에요. 그러니 아무도 없어요."

"아, 그렇군요. 미안합니다."

수선화 병동에서 페이지의 비극적인 인생사를 처음 들었던 때가 어렴풋이 기억난다. 하지만 그 후에 비슷한 이야기를 수백 개는 더 들어서 모든 비참함이 그냥 하나로 뭉뚱그려지고 말았다.

"남자친구가 데리러 와줄 수는 없을까요?" 나는 누군가 다른 사람에게 책임을 전가하고 싶어서 계속 포기하지 않는다.

"엑스박스 하고 있을 거예요." 페이지가 코웃음을 친다.

그녀는 이제 막 봉합한 다리로 침대에서 내려오면서 몸을 움찔하지만, 뒤이어 나를 세게 밀어젖힌다. 나는 노란색 병원 폐기

물 통에 몸을 부딪힌다. “이제는 더 이상 신입이 아니시구먼.” 그게 그녀의 작별 인사다.

“천만에요, 부인.” 페이지가 방에서 나가자 응급의학과 의사는 그렇게 말하면서 파란색 장갑을 탁 소리 나게 벗어버린다.

나도 고맙다는 인사도 없이 사라지는 환자들에게 이제는 익숙해졌다. 빈말이나마 고맙다고 하는 대신 나를 탓하고 소리 지르는 사람을 훨씬 많이 만난다.

“정신과 의사들은 허구한 날 저런 PD들에게 어떻게 대처하세요?” 응급의학과 의사가 손을 씻으며 말한다. PD는 정신의학계에서 인격 장애personality disorder를 줄여서 하는 말인데 보통 비아냥거리는 느낌이 담겨 있다. 대부분의 환자가 자기 진단명을 제대로 말해줄 시간도 주지 않는다.

여성들이 경계성 인격 장애 진단을 받는 경우가 불균형적으로 많은 것으로 알려져 있다. 〈영국 정신의학 저널〉에 게재된 한 논문은 심지어 제목이 ‘인격 장애: 정신과 의사들이 싫어하는 환자들’이었다. 학대를 이겨냈다고 칭찬을 받기는커녕 페이지 같은 환자들은 ‘장애가 있는’ 인격이 있는 것으로 치부되고, 가능한 한 빨리 병원 밖으로 내보내야 할 대상으로 간주된다.

“글쎄요, 대처한다고 할 수 없죠. 절망적이에요.”

“스타벅스 멤버십 카드보다 응급실 출석 도장을 더 많이 찍어요. 며칠 후에 남친이랑 싸우거나 자기 인스타그램 포스팅에 아무도 ‘좋아요’를 안 눌러줬다고 또 여기 올 거예요. 정말 죽고 싶으면 이런 소동을 안 피우겠죠, 그죠?”

응급실에 감당할 수 없을 정도로 환자가 밀어닥치면 일부 의료진들은 겉으로 보기에 스스로 입힌 듯한 상처로 병원에 오는 환자들에게 짜증이 난다. 비행사 마일리지와 다르게 병원에 자주 와서 마일리지를 쌓는다고 해서 업그레이드된 서비스를 받는 경우는 거의 없다. 나는 페이지 같은 환자가 어린 시절 겪은 불행한 일들이 성인이 된 후의 행동에 영향을 준다는 사실을 잊지 않으려고 노력한다. 그리고 그들을 지금 거부하면 부정적인 행동을 더 강화할 뿐이라는 사실도 잘 알고 있다. 거기에 더해 인격장애가 있는 사람들이 결국 자살에 성공할 가능성도 더 높다. 부엌칼로 자기 살을 저며내는 일이 정서적인 고통을 덜어주는 일이라면, 그 고통이 얼마나 심하겠는가?

나는 페이지가 누워 있던 침대 위에 깔린 구겨진 파란색 종이 커버를 벗겨서 버리고 다음 환자를 위해 새 커버를 씌운다.

응급의학과 의사는 아직도 손을 박박 문지르며 씻고 있다. 페이지가 우리에게 투사한 불편한 기분을 씻어내고 싶기라도 한 것처럼. 심리 분석학에서는 이것을 역전이(전이 현상이 치료자에게 나타나는 현상 - 옮긴이)라고 부른다. "선생님은 어떻게 저렇게 감정 기복이 심한 사람들을 대하면서 차분한 상태를 유지할 수 있는지 모르겠어요." 그녀가 말한다.

나는 '연습을 좀 많이 해서'라고 생각한다.

나는 정신과 의사가 되고 싶다고 처음 이야기했을 때 자제력을 상실한 우리 중매쟁이 할머니가 한 말을 조지프에게 하고 있다. "그 말도 안 되는 분야를 어떻게 믿을 생각을 했니? 너네 엄마가 저 모양인데?"

"상담사도 환자만큼 미쳤다는 고정관념에 대해 어떻게 생각하세요?" 내가 묻는다.

조지프가 웃음을 터뜨린다. "어떨 때는 맞는 말이라고 생각해요. 벤저민은 어떻게 생각하세요?"

"어쩌면 그럴지도 모르겠어요. 하지만 이상하게도 어머니가 어려운 상황을 극복한 건 항상 일 덕분이었어요."

조지프는 영화가 시작되기 전에 그러듯 바지 주름을 펴고 자세를 고쳐 앉는다. "계속 말씀하세요……."

나는 어머니가 바닥에 누워 죽고 싶다고 말했던 때 이야기를 한다. 그건 꽤 안타까운 일이었다. 아주 오랫동안 어머니는 자기한테 폭스바겐 비틀만 있으면 더 바랄 것 없이 행복하겠다고 말해왔고, 그 일이 있기 2주 전에 폭스바겐 비틀이 생겼기 때문이다.

"카메오 블루 색 비틀이면 모든 게 다 괜찮을 것 같아." 어머니는 식탁에 앉아 분홍색 에인절 딜라이트 디저트 그릇에 얼굴을 파묻고 정신없이 먹고 있는 나와 동생들에게 그렇게 말했었다. 아버지는 디저트를 안 먹겠다는, 적어도 식탁에서는 안 먹겠다는 의지를 표현하고 있었다.

벌레 모양을 한 그 재미있는 자동차는 각종 파격적인 색으로 출시됐고, 심지어 운전대 옆에 꽃을 꽂는 자리까지 있어서, 그 차를 사면 모든 게 기쁨으로 넘칠 거라는 느낌을 주었다. 그래서 이제 비보험 환자를 받는 심리 상담사로 일하기 시작한 어머니는 일을 하고 또 하고, 하고 또 해서 꿈에도 그리던 색의 폭스바겐 비틀을 살 돈을 모았다. 90년대식 하얀 가죽 시트에서 새 차 냄새가 진동하고 있었을 것이다.

어머니는 그 자동차가 행복으로 다가서는 데 비어 있던 퍼즐 조각이 되어주길 희망했다. 때때로 밀려드는 불행함과, 평생 계속되는 언니와의 문제, 아무도 없는 오지에서 친구들과 격리돼서 지내는 삶, 질풍노도와도 같은 결혼 생활, 과음 등의 문제는 모두 독일 공학 기술이 낳은 작은 퍼즐 조각이 메꿔줄 것이라 생각했다.

"엄마, 괜찮아요, 괜찮아요." 동생들이 무릎을 꿇고 앉아서 엄마 팔을 쓰다듬으며 말했다. 심리적 통증도 타박상처럼 쓰다듬으면 괜찮아지기라도 할 것처럼.

"시속 160킬로로 달려가 나무에 차를 박아버리고 싶어." 어머니가 말했다.

어머니는 일어나서 자동차 열쇠를 둔 서랍 쪽으로 걸어갔다.

다행히도 내겐 선견지명이 있었다. "차 열쇠 어딨지?" 어머니가 소리쳤다.

"엄마, 오늘은 그냥 주무세요. 내일 아침이 되면 기분이 좀 나아질 거예요." 내가 말했다.

나는 파자마 바지 주머니에 든 차 열쇠를 더듬으며 나 자신을 안심시켰다.

어머니는 쿵쾅거리며 2층에 있는 침실로 올라가더니 아직 눈물이 가득한 채로 낯선 열쇠고리를 하나 들고 내려왔다. 나는 여분의 열쇠가 있는지 몰랐었다. 빌어먹을 독일 놈들은 너무 배려가 깊다.

그날은 나무에 차를 박아버리고 싶다고 했고, 그전에는 집 옆에 있는 다리 위에서 몸을 던져버리고 싶다고 했었다. 나는 어머니를 사랑하지만 동생들이 이런 경험을 하게 하는 게, 그래서 애들이 이상해질지도 모른다는 게 정말 싫었다. 이런 것이 모두 아이들을 상대로 한 동화 연극의 동작처럼 최대한 극적인 효과를 불러일으킬 때는 더욱 그랬다. 의사 표현의 한 가지 방식, 자기가 불행하다고 표현하는 어머니만의 방식이었을 것이다. 어머니는 우리가 그걸 모른다고 생각했던 걸까?

그 순간 어머니가 상담 업무에 사용하는 전화기가 복도에서 울렸다. 어머니는 현관문을 지나서 전화로 달려갔다. 우리는 항상 그러듯 소리를 내지 않았다.

어머니는 눈물을 닦고, 방송에 출연하기라도 하는 것처럼 목소리를 가다듬은 다음 수화기를 들었다. "879761번 애비게일 워터하우스입니다. 어떻게 도와드릴까요?" 마당에서 사과를 따다가 잠깐 들어온 사람처럼 전화를 받을 때만 나오는 명랑한 목소리였다.

어머니의 도움이 필요한 자녀를 둔 사람이 하는 말을 들으면서 어머니는 고개를 끄덕이고, 음, 음 하고 대답하고, 전화 옆 메모지에 뭔가를 적었다. 15분에 걸친 통화가 끝나갈 즈음, 어머니는 수화기를 들지 않은 쪽 손으로 전화 줄을 감으며 장난을 쳤다. 모든 게 다시 괜찮아졌다.

"전화해주셔서 감사합니다……. 다음 주에 덩컨이랑 함께 뵐게요……. 괜찮습니다……. 고맙습니다, 고맙습니다……. 안녕히 계세요, 안녕히 계세요." 어머니는 전화를 끊은 다음 2층으로 올라가서 잠들었다.

다음 날 아침 일어나서 아침 식사를 하러 아래층에 내려가보니 아버지가 이미 식탁 위에 촛불을 켜두고 커피를 끓이고 있다. "잘 잤니!" 전날 상황이 안 좋을수록 다음 날 아침 인사가 더 명랑하다.

동생들과 나는 교복을 입고 통학 버스 탈 준비를 모두 갖춘 채로 코코팝스 시리얼을 우적우적 씹으며 시리얼 포장 상자 뒤쪽에 적힌 글에서 눈을 떼지 않는다. 마치 어젯밤에 아무 일도 없었던 것처럼. 부모님은 함께 커피를 마시면서 평소처럼 집안일을 의논하고 아버지가 그날 할 일을 상의한다. 그런 다음 어머니는 늘 그러듯 우리 정수리에 차례로 입을 맞추고 내가 다시 가져다 놓은 자동차 열쇠를 서랍에서 꺼내 반짝이는 카메오 블루 색 비틀을 몰고 출근을 한다.

“다른 사람을 돕는 것이 자신의 내면을 들여다보는 것으로부터 자신을 보호하는 방어 수단이 될 수 있어요.” 조지프가 말한다. 심연에 떨어지기 직전에 어머니를 구출한 것은 술이나 다른 무엇보다 다른 사람에게 도움이 되는 것처럼 보이는 행동이었던 게 사실이다. “가장 오래된 속임수지요.” 조지프는 짓궂은 미소를 띠고 말을 이어간다. “구두장이가 항상 제일 낡은 신발을 신는다는 옛말도 있잖아요.”

“여자친구가 생겼다는 소문 들었어.” 어머니가 말한다. 물론 이미 들었겠지.

“엄마, 딱 한 번 만나서 술 한잔 마셨어요.”

동생 게이브는 미쉐린 스타가 있는 레스토랑에서 아침부터 새벽까지 일하지 않을 때는 자기가 사는 베스널 그린의 작은 아파트에서 이케아 식탁에 음식을 차려 서퍼 모임을 개최한다. 숨 막히는 분위기가 아니라도 고급 식당의 음식을 먹을 수 있어야 한다는 게이브의 철학은 큰 인기를 끌었고, 이제 게이브는 ‘워터하우스 프로젝트’라는 이름의 자기 식당을 열게 되었다. 부모님은 개업 첫날 열릴 파티에 참석하기 위해 런던에 와 있다.

두 분이 내 방에서 머무르고 나는 거실 소파를 차지했다. 부모님이 도착하기 전 샘과 나는 대청소를 했고, 어찌 된 일인지 두 분은 우리가 항상 침대보를 깨끗이 빨고, 컵받침을 사용하며, 건강한 음식으로 냉장고를 채워놓고 산다고 믿는 듯하다. 우리는 우리가 런던에서 어떻게 살고 있는지 잘 보여주기 위해 오늘 아침 식사로 항상 먹는 설탕 범벅 시리얼 대신 크루아상과 오렌지 주스, 제대로 된 커피를 식탁에 올렸다. 주변에 아무것도 없는 우리 집에 손님이 온다고 할 때마다 어머니가 집을 치우고 꾸미는 데 몇 시간씩 들이던 것이 생각나서 조금 불안하긴 했다. 하지만 우리는 창틀에 야생화는 꽂지 않았다.

"그리고 네가 이제 상담을 받고 있다는 이야기도 샘한테 들었어. 도대체 무슨 이야기를 하니?" 멜론 벨리니를 단숨에 마시고 곧바로 다음 잔을 손에 들면서 어머니가 묻는다.

"음, 어린 시절 이야기를 좀 하고 있어요."

"하지만 넌 목가적인 아동기를 보냈잖아." 어머니가 반사적으로 되받아친다.

행복한 아동기를 보냈거나 기억력이 좋지 않은 것이 행복의 열쇠라는 밈을 언젠가 본 적이 있다. 아니면 향수에 과거를 장밋빛으로 물들이는 이상한 속성이 있는 걸까?

"상담사가 정말 지루하겠다." 어머니가 말을 잇는다. "그냥 널 우습게 알고 이용하는 사람은 아니어야 할 텐데 말이지."

심리학자답지 않게 어머니는 장기 상담 치료를 좋아하지 않는다. 마치 물이 과대평가를 받고 있다고 말하는 소방관처럼.

"아니에요. 상담을 하는 게 도움이 돼요, 엄마. 행복하지 않거나 할 때는 특히 더요."

"하지만 넌 언제나 정말로 행복한 아이였어. 네가 지금 행복하지 않다면 그건 우리하고는 아무 상관이 없는 일이 분명해."

나는 아무 말도 하지 않는다.

어머니는 스칸디나비아식 미니멀리즘 인테리어를 한 게이브의 식당을 둘러본다. 이스트 런던의 멋쟁이들이 한가롭게 서서 환담을 나누고 있다.

"우리가 아주 나쁜 부모는 아닌 게 분명해. 너희 모두 이렇게 잘 컸잖아."

나는 구석에 있는 테이블에 앉아 게이브의 성공에 감탄하고 있는 아버지와 두 동생을 바라본다.

"나쁜 부모였다고 하는 게 아니에요, 엄마. 요즘은 상담이 대세예요. 엄마도 한번 받아보세요."

"네 아빠랑 나도 부부 상담을 받아본 적이 있어. 딱 한 번 하고 그만뒀지. 상담사가 아무짝에도 쓸모가 없더라니까. 내가 심리학을 훨씬 더 많이 알고 있으니까."

"다른 사람하고 한번 시도해보면 어때요?"

"그렇게 못된 소리는 이제 그만하지 그래. 오늘은 게이브에게 중요한 날이잖아."

그러고 나서 어머니는 이번 크리스마스에는 어디서 칠면조를 살 계획인지 같은 더 중요한 문제에 관해 이야기하기 시작한다.

모두들 서서 이 사람 저 사람과 담소를 나누는 가운데 어느 순간 작은 개가 빼꼼히 내다보고 있는 가방을 든 여자가 우리에게 위험할 정도로 가까이 다가온다.

"음, 애야, 우리 저쪽으로 가자." 어머니의 보호 본능이 발동한다. 날씬한 체격에도 차 밑에 갇힌 아이를 구하기 위해서라면 2톤짜리 차도 번쩍 들어 올릴 수 있는 유형의 어머니다. "아니면 저 여자에게 다른 데로 가라고 할까? 개는 동반할 수 없는 게 분명할 텐데."

나는 몇 번 크게 숨을 들이쉬고 내쉰다. 처음에 덜컥 겁이 났을 땐 맥박이 솟구치고 목에 땀이 났지만 어느새 진정되는 느낌이 들기 시작한다. "전 괜찮아요, 엄마."

어머니는 눈썹을 치켜뜨다 못해 눈썹이 얼굴에서 떨어져 나갈 지경이 된다. 어머니는 내가 어릴 때부터 치와와만 만나도 길을 건너 반대편으로 피한다는 사실을 알고 있다.

"일종의 노출 치료를 하고 있어요. 훨씬 큰 개로요. 저 여자가 개를 잘 잡고만 있으면 괜찮을 것 같아요." 내가 설명한다.

어머니는 감동에 겨운 표정을 감추지 못한다. "와아! 실력이 괜찮은가 보다, 그 조지프란 사람. 완전히 무용지물은 아닌가 봐?"

어머니에게 사실을 말할 용기가 나질 않는다.

17

사랑과 자살에 관한 논쟁

타리크는 흠뻑 젖은 배낭을 바닥에 던지고 앉는다. 타이슨도 수상해 보이는 얼룩을 코로 킁킁거리더니 낡은 카펫 위 항상 앉는 곳에 자리를 잡는다.

바깥을 보니 진회색 하늘에서 차갑고 굵은 겨울비가 내리치고 있다.

“날씨가 정말 안 좋네요.” 나는 정신이 좀 나간 채 그렇게 내뱉는다. 날씨에 관한 가벼운 대화로 신경을 안정시키자는 작전이다.

“정말 안 좋네요.” 바깥에서 살아야 하는 타리크가 그렇게 말한다. 그는 손가락 부분을 잘라낸 장갑을 난로에 올려서 말리지 않겠냐는 내 제안을 거절한다. 밖에 나가면 금방 다시 젖어버릴 거라서인지도 모르겠다.

정신과 의사로 보내는 2년이 거의 끝나가는 암울한 주다. 외래 환자를 돌보면서 보낸 1년 동안 내가 배운 거라고는 복잡하고 거지 같은 삶을 사는 사람이 엄청나게 많다는 사실뿐이다. 정신과 의사로서 내 역할은 대부분 약 용량을 조절하고, 새로운 약을 처방하고, 쓰던 약을 다른 약으로 바꾼 다음 무슨 일이 벌어질지 기다리는 것이다. 실제 인간을 대상으로 한 괴상하고도 비과학적인 시행착오의 연속이지만, 어떤 사람에게는 자신이 겪는 매우 실제적인 고통을 확인받는다는 의미도 된다.

"환자분도, 타이슨도 다시 만나서 반갑습니다." 나는 거의 진심으로 그렇게 말한다. 이제는 타이슨이 방 안에 있어도 완전히 얼음처럼 굳어버리지 않는다는 기쁜 사실을 깨닫는다. 하지만 아직 완전히 괜찮은 건 아니다. 심장이 1분에 100번쯤 뛰고 있기 때문이다.

그냥 견뎌내면 돼, 벤지.

"어떻게 지내셨어요, 타리크?"

"늘 그렇죠 뭐." 그가 말한다.

그를 다시 보게 되어서 안심이 된다. 최근 기온이 영하로 내려가면서 고급 호텔에서 불과 몇 미터 떨어진 곳에서 얼어 죽은 노숙자가 발견됐다는 기사를 읽은 적이 있다.

"며칠 전에 눈이 왔을 때 잘 계시나 궁금했어요."

"그런 날은 노숙자 보호소에 가요." 그 말을 듣고 나는 그가 저체온증으로 죽는 것을 피하기 위해 노력했다는 사실에 고무된다. "그렇게 추울 때 밖에서 자는 건 타이슨한테 너무 가혹한 일이죠." 그가 덧붙인다. "그나저나 재가 여기 있는 거 괜찮으세요? 개 공포증이 있다고 했잖아요."

"목줄만 잘 잡고 계셔주시면 괜찮습니다." 나는 엄지손가락으로 다른 손의 손바닥을 문지르며 말한다.

비에 젖은 개 냄새와 함께 늘 타리크를 따라다니는 건 알코올 냄새다.

"원하면 쓰다듬어도 돼요." 나를 도움으로써 자기 문제를 회피하려는 의도가 분명하다.

"좋은 정신과 의사가 되시겠는데요. 그치만 괜찮아요. 고맙습니다."

'맙소사—지금—내가—무슨—미친—짓을—하고—있는—거야' 식의 두려움을 누르고 실제로 개를 만질 수 있다면 개 공포증을 완전히 극복할 수 있을지도 모른다. 홍수 치료를 실천하는 것이다. 타이슨의 이빨에 손가락 하나를 잘리지 않을 수만 있다면 말이다.

"본인에 관해 이야기해봅시다, 타리크." 나는 가까스로 타이슨에게서 눈을 떼며 말한다. "약은 복용하지 않겠다고 하셨죠. 이해합니다. 쭉 생각해봤는데 목적의식이 더 강해지면 기분이 더 나아지지 않을까 싶어요. 도서관에서는 어떤 책을 읽으시나요?"

타리크는 덥수룩하게 자란 턱수염을 긁적이며 생각에 잠긴다. "철학, 사회과학 책들을 주로 보고 가끔 심리학 책도 읽어요."

"재미있는 주제들이네요. 언젠가 직장을 구할 생각이 있으시면 교육 프로그램에 등록하는 걸 도와드릴 수도 있습니다."

"사회복지사가 되고 싶어요." 그가 말한다.

이런 말을 하는 환자들을 자주 만난다. 후회되는 자신의 과거를 다른 사람을 통해 바로잡고 싶은 시도가 아닐까 하는 생각이 든다. 자기 무릎을 쳐다보는 그가 취약해 보인다. 자기 주제보다 너무 높은 목표를 말한 게 아닐까 후회하고 있는지도 모른다.

"훌륭한 사회복지사가 되실 것 같아요." 내가 그렇게 말하자 그의 고개가 약간 올라간다.

"그런데 저는 자격증도 없고 학력도 안 돼요. 어쩌면 알코올중독자 갱생회 리더는 할 수 있을지도 모르죠."

"술부터 끊으셔야지요."

그의 입술에 아주 살짝 미소가 서리는 것이 보인다. 아주 조금이지만 의미가 있다. 게다가 자살에 광적으로 집착하는 대신 미래의 삶에 대해 생각하는 것을 보니 희망이 생긴다. 나는 '미래 지향적 사고'라고 메모한다.

"정말 좋은 목표인 것 같아요. 다음 약속 때는 직업 상담사도 함께 와서 이야기하면 어떨까요?" 나는 그가 계속 나를 볼 거라는 데 이미 동의한 것처럼 스스럼없이 그렇게 묻는다.

"좋아요." 그가 말한다.

"좋습니다. 한 가지 덧붙이자면 술을 끊으면 선택지가 더 넓어질 거예요. 그냥 한번 생각해보시라고요. 중독팀을 만나려면 어디로 가셔야 할지 적어드릴까요?"

그는 오랫동안 자르지 않고 감지도 않아서 길고 떡 진 머리를 긁적인다. "아니요, 그건 됐어요."

나는 타리크가 행동 변화의 '전숙고 단계'에 있다고 감지한다. 아직 행동 변화를 진지하게 고려하지는 않는 단계다. 그에게 할

애할 수 있는 비응급 외래 진료 약속 시간은 한참 후지만, 자살에 관한 그의 감정은 꽤 오래 지속되고 있고, 한 번도 실행에 옮긴 적이 없다.

몇 달에 걸친 기간 동안 얼마나 위험할지 예측하는 것은 어렵다. 여러 가지 일이 벌어질 수 있기 때문이다. 정신과 의사들은 정서적으로 고갈되고 수면이 부족한 기상캐스터와 같다. 하늘을 잠깐 보고 앞으로 몇 달 사이에 폭풍이 몰아닥칠지 예측해야 한다.

나는 그에게 약속 시간이 적힌 카드를 건넨다. "다음에 만날 때까지 괜찮으시겠어요?"

타리크가 빙글거린다. "내가 자살하지나 않을까 걱정된다는 말이지요? 그 전에는 죽지 않겠다고 약속할게요. 걱정 마세요, 의사 면허 취소될 일은 없을 거예요."

그 예리한 말이 나를 찌른다. 타리크는 우리가 입에 올리지 않은 현실을 감지하고 있다. 내가 그에게 자살 혹은 살해 충동에 대해 물을 때 그것이 꼭 상대방을 위한 선의에서 나온 질문만은 아니라는 사실 말이다. 작년에 나피사가 한 경험을 통해 나는 환자가 죽으면 검시관 법정에 소환돼 내 업무를 철저히 조사받을 수도 있다는 걸 알고 있다. 그런 자리에는 환자의 유가족과 기자들이 오기도 한다. 법적, 의학적 의혹이 제기되면서 내가 그 환자를 다른 방식으로 돌봤으면 비극을 피할 수 있지 않았을까 하는 생각들을 하게 된다. 따라서 나는 늘 긴장을 풀지 못하고 환자들을 의심의 눈초리로 바라보게 된다. 아직 터지지 않은 폭탄이 언제라도 그들과 나를 한순간에 날려버릴 수 있다는 느낌을 지울 수가 없어서다. 의학 교육도 그 사실을 끊임없이 내게 주입해왔다. 곧 보게 될 실기시험에서 '자살성 사고'에 대해 묻지 않으면 자동 탈락이다.

그러나 어떤 환자들은 우리가 하는 말의 저변에 깔린 의도를 꿰뚫어 본다. '초보자를 위한 의사 면허 잃지 않는 법' 매뉴얼에 나올 법한 일반적인 질문을 반복적으로 들어와서다.

나는 내 기계적인 질문에 대해 사과한다. 타리크와 내가 거의 친구 같은 느낌이 드는 순간도 있었으니 더 속이 상했을 것이다. 사실 의사는 친구를 치료하면 안 된다. 의학적 객관성을 유지할 수 없으니까.

"미안합니다. 하지만 저로서는 그 질문을 하긴 해야 해요." 그러고는 덧붙인다. "하지만 짜증 나는 질문이란 건 이해해요."

"괜찮아요. 하지만 내 걱정은 하지 마세요. 이 녀석을 두고 떠날 수는 없으니까요. 그렇지, 타이슨?" 그는 타이슨의 턱 아래를 긁어준다. 내 환자의 안전망.

"즐거운 크리스마스 보내세요." 그가 일어서며 말한다. 나는 그에게도 즐거운 크리스마스를 보내라는 인사를 하려다 정신을 차린다.

"고마워요, 타리크. 몸조심하세요." 나는 축축한 장갑을 낀 그의 손을 잡고 악수를 한다.

"잘 가라고 타이슨을 쓰다듬어주지 않을 건가요?" 그가 장난기 어린 미소를 지으며 묻는다.

에스더와의 세 번째 데이트로 나는 우리 집에서 그녀에게 밥을 해주기로 했다. 오늘 아침 재료를 사러 마트에 갔다. 주류 코너에서 타리크가 늘 마시는 2리터짜리 저가 위스키 진열대를 지나 에스더가 좋아하는 빈티지 와인을 찾았다. 구스베리로 만든 와인이다.

늘 그렇듯 한 시간 늦게 도착한 에스더에게 나는 샘의 계단 밑 방을 포함해 집 구경을 시켜준다. 거실 겸 부엌 겸 식당에서 내가 요리를 마저 하는 동안 그녀는 와인 병을 딴다.

"전 여친들 이야기 좀 해보세요." 그녀가 부엌 테이블 의자에 기대앉으면서 말한다. "사랑에 빠진 적 있어요?"

"에스더, 강렬하게 훅 들어온다는 말 들어본 적 있어요?"

"그럼요, 항상 듣죠. 칭찬으로 받아들이고 있어요." 그녀는 웃으면서 불 위에서 끓고 있는 냄비를 들여다본다. "그쪽도 밋밋한 맛보다는 강렬한 맛을 내려고 하는 것 같은데요?"

"맞는 말 같네요." 나는 카르보나라 소스를 저으며 대답한다. 칠리소스를 좀 넣는 게 좋을까?

"내 동생은 당신처럼 부드러워요. 우리 엄마는 동생은 대마초를 피운 애 같고, 나는 각성제를 먹은 애 같대요. 그건 그렇고 사랑에 빠진 적 있어요?"

"잘 모르겠어요. 사랑이라는 게 뭔지 확신이 서질 않아요."

안톤에게 사랑은 궁극의 항우울제였다. 바바라에게 사랑은 웨딩드레스를 입고 수천 킬로미터를 날아와 전혀 모르는 사람의 집 문을 두드리는 것이었다. 페이지에겐 사랑하는 사람에게 연락이 없는 것은 다리를 칼로 저며야 할 정도로 참을 수 없는 고통이었다. 우리 부모님에게 사랑은 용서였다.

"좋아요, 셰익스피어 씨." 그녀가 와인을 따르며 말한다. "사랑은 그 사람이 없을 때도 껴안아주는 느낌이 드는 거예요. 기본적으로 옥시토신 호르몬이죠."

"매우 과학적인 답이군요. 본인은 사랑에 빠진 적 있어요?" 내가 묻는다. "그건 그렇고, 건배!" 우리는 잔을 부딪친다.

"건배! 네, 딱 한 번. 첫 남자친구였어요. 하지만 그놈은 바람둥이에 나쁜 놈이었죠." 에스더를 두고 누가 바람을 피울 수 있을지 상상이 안 된다. 하지만 제이 지도 비욘세를 두고 바람을 피우긴 했다.

우리는 둘 다 구스베리 와인을 홀짝이고는 몸을 움찔한다.

쿵.

"무슨 소리예요?" 에스더가 묻는다.

"바로 옆 건물에 보디빌딩 체육관이 있어요. 하지만 밤 10시에는 문을 닫아요. 그러고 아침 8시까지는 조용……."

콰당.

"……하지만 24시간 영업 허가를 받으려고 한다더군요."

에스더는 고개를 젓더니 다시 하던 이야기로 돌아간다. "그런 걸 묻는 이유가 있어요. 사람들을 사랑에 빠지게 하는 질문에 대해 들어봤어요?"

나는 오븐 앞에 서 있다가 몸을 돌려 그녀 쪽을 바라본다. "아니요."

"그런 게 있대요. 과학관에서는 모두 그 이야기뿐이에요. 친밀감 향상을 위한 건데, 그냥 두면 평생이 걸려야 알 수 있는 아주 깊은 비밀을 드러내게 해주는 질문들이에요. 두 사람이 질문 서른여섯 개를 모두 던지고 대답을 하면 사랑에 빠지게 된다는 거죠."

"말도 안 돼요."

그녀가 웃기 시작한다. "벤지, 당신은 너무 냉소적이에요. 과학 학회지 같은 데 실렸던 거예요."

"에스더, 나는 과학 학회지에서 오래된 소변을 마시면 우울증이 치료된다는 논문을 읽은 적도 있어요."

"흠, 그럼 시험해볼까요? 재미있을 것 같은데." 에스더가 말한다. "그 사랑 이야기 말이에요, 소변 말고."

"그러니까 당신과 나?"

"네, 시험 삼아. 결과가 신뢰할 만한지 보게."

내 고슴도치 가시가 곤두서는 느낌이 들지만, 조지프는 내가 실험용 기니피그처럼 행동해보기를 원할 것이다.

"그래요, 해보죠, 뭐. 진짜 효과가 있는지 보게." 나는 와인을 크게 한 모금 꿀꺽 마시고 말한다. 이 와인, 점점 맛이 괜찮게 느껴진다.

그녀는 핸드폰으로 기사 하나를 검색한다. "여기 있네요. '사랑으로 인도하는 서른여섯 개의 질문'. 〈뉴욕타임스〉에 나온 기사예요." 그녀는 믿을 만하다는 표정으로 고개를 끄덕인다. "자, 벤지. 나와 사랑에 빠질 준비가 됐나요?"

나는 하던 요리를 중단하고, 그녀와 함께 소파로 가서 촛불을 켜고 음악을 튼다. 논문의 저자들은 취약함을 노출하는 것이 사랑의 지름길이라고 했지만 촛불과 부에나 비스타 소셜 클럽 음악이 해가 되지는 않을 것 같다.

번갈아가며 질문에 답을 하면 할수록 점점 더 비밀을 드러낼 수밖에 없는 질문들이 등장한다. 입 밖에 꺼내기는커녕 생각조차 하지 않았던 내부의 취약함들을 떠올리게 한다. 서로 내밀한 정보를 꺼내 보이게 함으로써 더 가까워진다는 이론이다. 만화영화 〈레이디와 트램프〉에서 스파게티 가닥을 먹는 장면처럼 말이다.

우리는 전화를 걸기 전에 무슨 말을 할지 미리 연습해본다는 사실을 인정한다. 꿈에 그리는 저녁 식사 초대 손님은 누구인지 상상해보기도 하고, 성장기를 돌이켜보며 어떤 것이 바뀌면 좋았겠는지도 이야기한다. 가장 소중하고, 가장 부끄럽고, 가장 끔찍한 기억도 공유한다. 비록 마지막 부분은 조금 수위를 낮춰서 말하기는 했지만.

"자, 22번 질문." 에스더가 말한다. "상대방의 장점 다섯 가지를 말해보세요. 그쪽이 나에 대해 먼저 이야기해봐요."

에스더는 허튼짓을 용납하지 않는 환경운동가로, 자신의 주장을 소리 높여 외치는 것을 개의치 않는다(그녀는 글자 그대로 '멸종저항Extinction Rebellion' 운동을 하는 삼바 밴드에서 활동하고 있다).

"음…… 열정적이고…… 두려움을 모르고…… 다채롭고……

재미있고…… 그리고 아름다워요." 내가 말한다.

"고마워요. 그쪽은…… 지적이고…… 사려 깊고…… 턱수염이 있고…… 배려심이 깊고…… 가끔 유머러스해요."

우리는 각자의 어머니에 관해 이야기한다. 하지만 무슨 이유에서인지 아버지들은 전혀 비판을 받지 않는다. 에스더는 동남아시아 출신 부모들이 흔히 그렇듯 자기 어머니도 감정보다는 음식에 관해 이야기하는 걸 좋아한다고 말한다.

"좋아요, 다음 질문. 아무한테도 말한 적 없지만 자기가 어떻게 죽을지 예감하는 게 있나요?"

"아마도 개한테 공격받아서 죽을 것 같아요."

다음은 마지막으로 다른 사람 앞에서 운 일에 관해서 이야기하라는 질문이다. 우리는 농담으로 넘길 수 없을 정도로 심각한 문제는 없다는 데 동의한다. 그리고 가족 중 누가 죽으면 가장 마음이 흔들릴지에 관해서도 이야기해본다. 그리고 집에 불이 났는데 한 가지 물건만 건질 수 있다면 그게 무엇일지에 관한 질문에 대답한다(나는 시험 대비 요약 노트다).

마지막으로 4분 동안 상대방의 눈을 응시하라는 임무가 주어진다. 이건 생물학적 속임수처럼 느껴진다. 막 태어난 아기를 부모의 피부에 밀착시켜서 유대감을 형성하도록 하는 것이 연상된다. 우리는 소파에 앉은 채 몸을 돌려 상대방을 바라본다. 몸이 오그라들 정도로 긴장감이 흐르는 첫 1분 동안 나는 호흡과 얼굴 표정을 관리하느라 조바심을 내며 언제쯤 저녁을 먹을 수 있을까 걱정한다. 그러나 다음 순간 뭔가 변하면서 편안해진다. 물속에서 익사하기 직전이 되면 물 위로 올라가서 숨을 쉬고 싶은 충동이 사라진다는 말을 들었는데 바로 이런 기분일까 싶다.

그리고 우리는 입을 맞춘다. 달걀을 삶을 수 있을 정도로 오랫동안 서로의 눈을 바라보고 난 다음에 입을 맞추지 않으면 언제 그러겠는가?

에스더는 자리에서 일어나 내 손을 잡는다. "방으로 가요. 아니다. 해리 포터 방으로 가요!"

올해 우리 병원의 크리스마스 파티는 셰릴이 주관했다. 그녀는 피자 익스프레스 식당에 우리 테이블을 예약하고 파티용 모자와 의학 관련 농담을 넣어 집에서 만든 크래커(크리스마스 테이블 장식으로, 잡아당기면 작은 화약이 터지면서 소리가 나고 안에 종이 왕관과 작은 선물, 농담이 적힌 쪽지가 들어 있다 – 옮긴이)를 놓아두었다. 심지어 셰릴은 대화를 시작하기 좋은 주제를 검색해두었다고도 말한다.

코튼 선생이 가죽 재킷을 입고 특별 출연까지 했다. 크리스마스 파티는 항상 직원들이 돈을 내지만 셰릴은 전문의들이 전체 모임의 술값을 내주는 게 무언의 전통이라고 귀띔해준다.

아무도 공짜 술을 마다하지 않는다. 특히 나는.

오늘 아침 나는 시타와 앉아 연말 리뷰를 했다. 이번에는 의사가 되기에는 너무 어려 보인다는 말을 듣지 않았다. 우리는 내년에는 일반 성인 정신의학에 집중할 계획을 세웠다. 나는 레지스트라로 일하게 될 것이다.

내가 의자에서 떨어지지 않고 앉아 있을 수 있다는 것 말고는 나에 대해 거의 아무것도 모를 것 같은데도 팀 회의 때 코튼 선생은 나를 높게 평가해주었다. 아마 내가 자기를 저질 상사라고 고발할까 봐 그러지 않았을까.

수선화 병동에서는 추천서가 오지 않았지만 시타는 아마 글릭 선생이 병가를 내서일 거라고 했다. 스트레스 때문이라는 소문이다. 스트레스라니, 상상할 수 없다. 시타는 또 그녀를 계속 '이바'라고 불렀다. 글릭 선생을 이바라는 이름으로 부르는 사람은 아무도 없었다. 나는 글릭 선생이 별로 배려심이 없는 사람이라고 생각한다는 사실을 인정했고, 그 말에 시타는 크게 놀랐다. 함께 훈련을 받았는데 글릭 선생은 항상 늦게까지 남아서 일하거나 주말에도 출근해서 일을 하는 사람이었고, 환자의 친척들에게 이메일을 보내는 등 환자들을 도울 수 있는 일이면 무엇이든 다 했다고 한다. 역설적이게도 글릭 선생을 마지막으로 본 것은 점심시간에 열린 '정신과 전문의로 살아남기'라는 제목의 강연에서였다. 하지만 그녀는 수선화 병동에서 생긴 비상사태 때문에 강연을 중단하고 급히 뛰어가야만 했다. 시타는 '미쳐야 여기서 일할 수 있는 건 아니에요. 우리가 가르쳐줄게요' 머그잔에 차를 마시고 있다. 이제는 그 글이 그다지 재미있지 않다. 나는 글릭 선생이 원래 괴물로 태어난 게 아니라 시스템 때문에 그렇게 되었을 수도 있다는 무서운 생각을 애써 머릿속에서 지워버린다.◆

그 대신 나는 나피사랑 도서관에서 공부를 한 덕분에 우리 둘 다 필기시험에 통과했다는 좋은 소식에 집중한다. 그리고 오늘은 아직 남아 있는 연차휴가를 쓰기 전 외래환자를 보는 마지막 날이다. 시타는 레지스트라로 일하는 내년에는 더 많은 책임을 맡게 될 거라고 경고했지만, 적어도 멘토가 되어줄 새로운 전문의를 만나게 될 거라는 사실은 위안이 된다. 그 누구도 코튼 선생만큼 만나기 힘들지는 않을 것이다.

얼마 지나지 않아 크리스마스 파티 테이블에 프로세코 와인만큼이나 대화가 넘쳐난다. 내 양 옆에는 외부 의뢰 환자 회의 때 만난 로즈와 대럴이 앉아 있다. 지금까지 한 번도 이야기를 나눠본 적은 없지만 두 사람 다 좋은 사람 같다. 대럴이 맡은 브로드무어(정신장애가 있는 흉악범을 수용해 치료하는 병원 – 옮긴이) 출신 환자가 사실은 참 매력적인 사람이고 초콜릿을 선물로 주기까지 했다는 등의 업무 관련 이야기를 조금 나눈 다음, 대화는 더 개인적인 주제로 옮겨 간다. 어느 시점이 되자 셰릴이 테이블 전체에 대고 말한다. "자, 모두들 잔을 채우세요!"

나는 그 말도 그녀가 온라인에서 찾은 '대화 주제' 중 하나였을지 궁금하다.

주식 중개인이 주가를 날마다 확인하듯, 우리는 날마다 자살 관련 문제를 다루기 때문에 아무도 그 주제에 관해 이야기하는

• 좀 충격적이지만, 의사로 일할수록 공감력이 증가하는 것이 아니라 오히려 감소한다는 연구 결과가 나와 있다. 말도 안 돼!

걸 꺼리지 않는다. 드레스 코드에 맞춰 모두들 입고 온 크리스마스 스웨터와 전혀 어울리지 않는 주제라는 사실도 아랑곳하지 않는다. 배경음악으로 머라이어 캐리가 크리스마스에 자기가 원하는 것이 뭔지 손꼽아가며 세는 노래를 부르는 동안 우리는 차례로 돌아가며 자기가 선호하는 자살법은 무엇인지 이야기한다.

코튼 선생의 방법이 가장 창의적으로 들린다. "청산가리 캡슐." 그가 말한다.

모두들 입을 모아 "음, 좋은 방법이네요" 하고 동의한다.

그는 자기가 왜 청산가리를 선택했는지 자세히 설명한다. 제2차 세계대전 중 스파이들이 자살용 독극물로 선호했을 만큼 빠르게 작용하는 청산가리, 즉 시안화칼륨은 산소 흡수를 억제해서 급속한 세포 파괴, 호흡 정지 및 심정지를 초래하고 곧바로 죽음에 이르게 한다고 한다. 그 설명을 하는 동안 그는 마늘 버터에 도우볼을 찍어 먹는 일을 멈추지 않는다. 그가 맨 넥타이에 그려진 루돌프의 빨강 코에 달린 전구도 계속해서 반짝인다.

우리가 하는 대화가 들릴 정도로 가까운 테이블에 앉아 있던 사람들이 놀란 표정을 감추지 못한다. 예약 표시에 '회계팀'이라고 적혀 있고 모두들 정장 차림을 하고 있다. 일반적으로 생각하는 것과 달리, 자살에 관해 이야기하는 것이 자살 충동을 느끼는 사람이 그 충동을 실행에 옮길 확률을 높이기는커녕 오히려 낮춘다는 사실을 그들은 아마도 모를 것이다. 따라서 자살에 관한 토론을 일상화하는 것은 사실 건강한 일이다. 화장실에 가는 길에 나는 걱정스러운 표정을 짓고 있는 그 테이블의 사람들을 안심시키려는 시도를 해본다. "걱정 마세요. 저희는 정신과 병동 직원들이에요!"

화장실에서 나는 술의 힘을 빌려 에스더에게서 온 문자를 확인할 용기를 낸다. '지난밤은 실수였다, 구스베리 와인을 너무 많이 마신 탓이다'라는 문자가 와 있을 것이라 예측해본다. 하지만 그녀는 자기가 참석한 크리스마스 파티 사진을 보냈다. 미소를 짓고 이마에 '헤르미온느 그레인저'라는 노랑 스티커를 붙인 에스더의 사진을 보고 나는 얼굴을 붉힌다.

나는 얼굴 한가득 미소를 띤 채 비틀비틀 테이블로 돌아온다. 셰릴의 괴상한 크리스마스 파티 게임에 내가 답을 할 차례가 막 돌아온 참이다. 통계적으로 나 같은 30대 남성의 사인으로 가장 확률이 높은 것이 바로 자살이다. 내가 정신과 의사라는 사실을 감안하지 않아도 그렇다. 게다가 어머니에게서 물려받은 듯한 머릿속의 그 짜증 나는 목소리가 가끔 나를 부추긴다.

'뭘 기다리고 있는 거야?'

나는 '욕조에서 손목 긋기'를 선택한다. 무엇보다 욕조에 몸을 담그는 것을 좋아하기 때문이다. 하지만 보드카와 면도날을 배달시켜도 내가 타고난 운을 생각하면 면도날이 떨어져서 대체품이 올 가능성이 높다. 그래서 모든 계획이 어긋나고 나는 왁싱제를 들고 욕조에 몸을 담그고 있을 것이다.

그 게임이 끝난 후 팀원들을 훨씬 더 잘 알게 된 느낌이 든다. 야외 활동을 하지 않고도 팀원들과 유대감이 생기다니 신기하다. 그렇게 대화는 흘러간다.

누군가가 크리스마스 크래커에서 나온 농담을 술에 취해 어눌해진 발음으로 읽고 다들 좀 과하다 싶게 웃는다.

식사가 끝나갈 무렵, 겨우 딸꾹질을 멈춘 셰릴이 유리잔을 나이프로 살짝 두드려 소리를 내 사람들의 주의를 모은다. "자, 여러분, 올해의 직원 상을 수여할 시간입니다! 벤지……."

나는 감격하며 그녀를 바라본다.

"……내가 수상자를 발표하면 바로 뒤 트리 밑에 놓여 있는 선물을 건네주세요."

상은 대럴에게 갔다. 아마 살아남은 것이 장해서인 것 같다.

밤 11시가 되자 종업원이 은 쟁반에 박하사탕과 함께 계산서를 담아서 가져온다. 모두 다 잘 먹었고, 공짜 이탈리아산 맥주와 프로세코 와인 덕분에 알딸딸하니 기분이 좋다. 이렇게 취하도록 마셨는데도 피자와 디저트 값만 내면 된다니.

술 때문인지 모르지만 코튼 선생이 지갑에서 카드를 꺼내는 것을 보다가 이 쌀쌀맞은 상사에게 애정이 솟구쳐 오르는 걸 느낀다. 이제는 그와 함께 일하지 않을 거라는 사실이 이상하게도 서글프다. 이제 와서 생각해보니 그는 시간이나 돈에 인색한 것이 아니라 그저 너무너무 바빠서 그랬던 거였다. 엄청난 액수의 금액이 적힌 계산서를 꼼꼼히 살펴보면서도 크게 움찔하지 않는 것을 보니 점수를 더 주고 싶다. 우리는 모두 그를 따뜻한 눈길로 바라보면서 감사의 마음을 표현할 준비를 한다. 심지어 셰릴은 테이블 건너편에서 내게 살짝 윙크를 하기까지 한다.

"각자 주문한 거 계산하는 거 모두 괜찮죠?" 그가 말한다.

심야 버스를 타고 집에 오는 길에 핸드폰을 확인해본다. 크리스마스카드에 이름을 잘못 써서 보냈던 작년의 소동을 겪은 후 우리 병원 트러스트는 다시는 같은 실수를 범하지 않겠다고 결심했는지 그냥 크리스마스 이메일만 보내왔다.

To: NHS 전 직원에게

From: NHS 임원진

__________ 님께,

메리 크리스마스!

올해도 여러분의 헌신에 감사드립니다.

무엇보다 연말연시에 당직을 서는 직원들께

특별히 감사의 마음을 보내는 바입니다.

건강한 모습으로 새해에 만나기를 빕니다.

새해 복 많이 받으세요.

NHS 임원진 배상

(이 메일에 응답하지 말 것. 아무도 읽지 않음.)

18

올가미

"이번 진찰을 주도해보고 싶다는 생각 변함없어요?" 나는 환자의 집 앞에 서서 조지에게 묻는다.

조지는 우리 위기관리팀에서 정신과 '일주일 맛보기'를 해보겠다고 자원한 혈색 좋은 얼굴의 의대생이다.◆ 발그레하고 통통한 볼에 셔츠 뒷면이 항상 바지에서 빠져나온 차림으로 다닌다. 의대 다닐 때 실습을 나간 내 모습과 비슷하다. 자기가 지금 무엇에 발을 들여놨는지 전혀 모르는 무지한 젊음도 똑같다.

조지는 전문의를 하루 종일 따라다니며 일을 배우게 되어 있었지만 우리 팀의 전문의는 최근에 그만뒀다. 너무 자주 검시관 법정에 불려 다닌 나머지 법원에 그의 전용 주차 공간이 주어질

◆ 위기관리팀, 혹은 방문진료팀은 이름에서 알 수 있듯이 큰 고통을 겪고 있는 환자를 돌보는 팀이고, 따라서 환자의 집에 방문하는 경우가 많다.

정도였기 때문이다. 내가 이제 레지스트라가 되었고, 팀에서 가장 높은 (그리고 유일한) 의사라 조지는 내 부사수가 되었다.

나는 고향에서 크리스마스 휴가를 보냈다. 가족 모두 아무것도 기억하지 못한다는 듯이 행복한 척했다. 그건 그다지 어려운 일이 아니다. 조금 혼란스럽기는 하지만 우리는 이제 대체로 행복한 가족이기 때문이다. 물론 어머니는 여전히 은퇴 계획에 대해 같은 말을 하고 또 했고, '방앗간'이라는 애칭을 붙인 우리 집을 아버지가 아직도 완성하지 못했다고 불평을 하긴 했지만 말이다. 어머니는 또 내가 아직도 조지프와의 상담 시간에 할 이야기가 남아 있다는 것을 재미있어했다. 나는 아무리 집 뒤에 있는 푸르른 언덕과 졸졸 흐르는 시냇물이 아름다웠다 해도, 부모가 서로를 죽이지 못하게 막거나 엄마가 자살하지 못하게 막기 위해 갖은 애를 다 써야 했던 아동기를 '목가적'이라고 할 순 없다는 사실을 어머니에게 상기시켜줬다. 어머니는 크리스마스를 망치면 안 된다는 둥 핑계를 대면서 내가 하는 말을 닌자가 표창을 피하는 것처럼 기술적으로 피했다. 어머니가 편지 쓰는 것을 좋아하는 사람이기에, 런던으로 돌아가는 기차 안에서 나는 길고도 사려 깊은 이메일을 아버지와 어머니 두 분 모두에게 보냈다. 이메일이라면 피하지 못할 것이 분명하기 때문이었다. 조지와 함께 다음 환자 집으로 가면서 전화를 확인해보지만 답장은 아직 오지 않았다.

우리는 금융가에서 일하는 세바스천의 집 앞 크롬으로 장식된 현관문에 서 있다. 가정의의 의뢰서에는 그가 목숨을 끊고 싶다는 생각을 한다고 적혀 있다. 좋은 동네다. 번화가에는 꽃 가게와 초콜릿 가게, 고급 식료품점인 웨이트로즈가 나란히 있다. 전형적인 자살 명소는 아니다.

의대생은 많은 것을 빠른 시일 내에 배워야 한다. 이 때문에 일반적으로 이뤄지는 의학 교육법은 '보고, 하고, 가르치기'다. 예를 들어, 뇌 수술 하는 것을 본 다음 뇌 수술을 해보고 나면 이제 뇌 수술에 대해 가르칠 자격이 있다고 간주하는 것이다. 조지는 어제 내가 환자들과 대화하는 것을 봤으니 오늘은 그가 환자들과 이야기해볼 차례다.

"물론이죠." 조지는 그렇게 말하고 문을 열성적으로 두드린다.

쿵— 쿵— 쿵— 쿵— 쿵— 쿵— 쿠웅— 쿠웅.

나라면 그렇게 명랑한 NHS 노크는 환자가 장기 기증자인 경우에만 할 것 같지만, 내가 의대생일 때 했던 실수를 떠올리며 조지를 비판하지 않으려고 노력해본다. 응급실 실습에 나갔을 때 나는 한 남성의 폐를 찍은 엑스선 사진 속 둥그런 덩어리를 보고 그에게 아마 암인 것 같다고 말한 적이 있다(사실 유두 부분이 석회화된 것이었다). 또 한번은 건강한 자원봉사자의 혈액을 채취하다, 마침내 혈관에 제대로 바늘을 찌른 것에 너무 흥분해서 압박대를 풀기 전에 바늘을 빼는 바람에 고압의 혈액이 사방에 흩뿌려진 적도 있다. 호러 영화를 방불케 하는 유혈 사태에 환자는 기절하고 말았다. 그런 실수를 한 것은 나만이 아니다. 진위가 밝혀지진 않았지만 칭찬받고 싶어 안달이 난 한 의대생이 복부 수술을 받게 된 남성 환자의 수술 부위 털을 제거하라는 말을 듣고, 가슴과 복부의 털뿐 아니라 턱수염까지 모두 면도한 후에 자랑스럽게 그의 침상을 수술실에 밀고 들어왔다는 전설도 있다.

세바스천이 문을 열어주지 않자 나는 좀 더 침울하게 노크를 한다. 다음으로 가정의의 의뢰서에 적힌 환자의 핸드폰에 전화를 걸어보지만 바로 음성 사서함으로 연결되어버린다. 나는 문에 난 우편함 구멍에 '왔다 갔습니다'라는 요지의 메모를 집어넣는다. 스프링이 달린 덮개에 메모를 끼워서 반은 들어가고 반은 나와 있도록 한다.

다음 환자의 주소를 구글 맵에 입력하고 가는 길을 확인하다 핸드폰에서 고개를 들어보니 조지가 우편함을 가리키고 있다. 메모가 사라진 것이다. 다시 노크를 하자 마침내 문이 열린다.

"안녕하세요?" 30대로 보이는 남자가 우리 메모를 들고 서 있다. 키가 크고, 깨끗하게 면도를 한 얼굴이 잘생긴 데다 새벽 5시에 일어나 헬스클럽에 다닐 법한 사람의 체격을 지녔다.

"세바스천인가요?" 그가 고개를 끄덕인다. "처음 뵙겠습니다. 저는 워터하우스입니다." 나는 이제 자기소개를 할 때 '정신과 의사 중 한 명인 벤저민'이라고 하지 않는다. 내가 팀의 유일한 정신과 의사이기도 하지만 이제 꽤 직급이 높아졌기 때문에 거기에 맞게 행동해야 할 필요가 있어서다. "이쪽은 의대 실습생 조지입니다. 그 메모는 저희가 남긴 거예요. 정신 건강 위기관리 팀입니다."

"정신 건강이요?" 그가 머리를 긁적이다가 손을 번쩍 들면서 곤혹스럽다는 제스처를 과장되게 하더니 말한다. "일단 들어와서 이야기하시는 게 낫겠네요."

집에 들어서면서 나는 NHS 소속 정신과 의사가 창고를 개조해 궁전같이 으리으리하게 꾸민 고가의 저택에 왕진을 오는 이 드문 경험을 음미한다.

"집이 정말 좋네요." 내가 말한다.

그는 미소를 지으며 기역 자 대형으로 놓인 가죽 소파 쪽으로 손짓을 한다. "커피?" 그가 묻는다. "저는 아침에 제대로 된 커피를 마시기 전에는 아무것도 할 수가 없어요."

그는 대리석 조리대 위에 놓인 커다란 커피머신을 켠다. 서라운드 스피커로는 카페 델 마르의 음악이 흘러나온다. 조지와 나는 전면 유리창으로 내다보이는 풍경을 감상한다. 벽에 걸린 그림은 뱅크시 원화일까?

"그래서 이게 다 무슨 일이죠?" 세바스천은 커피잔과 비스킷이 담긴 쟁반을 들고 오며 묻는다.

"조지가 대화를 이끌어도 될까요?"

"누구나 처음에는 배워야 하니까요."

"감사합니다." 조지가 말한다. "기분이 어떠세요?"

"난 괜찮아요." 세바스천이 곧바로 대답한다.

"아, 다행입니다." 조지는 그렇게 말하면서 약간 긴장을 풀고 비스킷을 하나 집는다. "그러면 자살할 생각은 이제 안 하시는 건가요?" 그는 비스킷으로 입이 반쯤 찬 상태로 이 말을 한다. 나는 신경에 거슬리지 않게 문을 두드리는 법, 그리고 비스킷 먹는 예절에 대해 나중에 이야기해야겠다고 마음먹는다.

“자살이요? 맙소사, 아니에요!” 세바스천이 말한다.

행정상의 착오로 이름이 같은 다른 환자에 대한 의뢰를 받거나 아예 처음부터 잘못된 의뢰가 들어온 게 이번이 처음은 아니다. 나는 달아오른 얼굴로 가방에서 가정의에게서 온 의뢰서를 꺼낸다. “세바스천 로이드 씨 맞으시죠?”

그가 고개를 끄덕인다. 주소도, 생년월일도 맞다. “제가 맞아요. 이상하네요. 뭔가 착오가 있었나 봐요.”

“귀찮게 해드려서 죄송합니다.” 조지는 그렇게 말하면서 일어서려고 한다.

“잠깐만요.” 내가 말을 가로막는다. 조지에게 환자의 말을 항상 액면 그대로 받아들이지 않아야 한다는 사실을 가르쳐줄 필요가 있다. 정신의학은 객관적인 진단 기준이 없고 진정한 완치가 불가능해서 이미 어려운 부분이 많은데, 환자의 진술을 신뢰할 수 없다는 것 때문에 더욱 복잡해지기 쉽다. “세바스천, 왜 가정의가 본인이 자살 충동을 느끼고 있다고 생각했을까요?”

“별 생각 없이 한 말을 선생님이 잘못 받아들이지 않았을까 싶은데……. 그것 말고는 다른 이유를 생각할 수가 없네요.”

“예를 들어 어떤 말을 하셨나요?”

그가 잠시 멈칫한다. “예를 들어, 음, 일이 너무 바빠 머리에 총이라도 쏴버리고 싶을 정도라고 농담하잖아요. 그런 말이었겠죠.”

조지가 이해한다는 듯 고개를 끄덕인다.

세바스천은 꽤 방어적으로 구는 듯 보인다.

“이왕 왔으니 조지가 몇 가지 질문을 연습 삼아 해도 될까요?”

"물론이죠." 세바스천이 예의 바르게 대답한다. 가정교육을 잘 받고 자란 사람이 틀림없다.

조지는 정신과 면담 시 확인해야 할 표준화된 부분들을 모두 꼼꼼히 확인하지만 세바스천은 특별히 경각심을 불러일으킬 만한 경험을 한 것 같지는 않다.

"금융계에서 일하시지요? 어떤가요?" 내가 끼어든다. 나는 이 질문은 내가 맡겠다는 신호를 조지에게 눈으로 보낸다.

"괜찮아요. 열심히 일하고 열심히 노는 문화죠. 근무시간이 끔찍하게 길긴 하지만요." 세바스천은 별다른 이유 없이 웃는다. 가정의가 작성한 의뢰서에는 세바스천이 자살 충동을 고백한 것이 업무 관련 스트레스 때문이었다고 적혀 있다.

겉으로 볼 때는 괜찮은 것 같지만, 너무 이상적인 그의 대답 이면에 숨은 진실이 있는 걸까? 얼굴에 늘 고정되어 있는 듯한 미소는? 게다가 24시간 과로에 시달리는 금융회사 직원이 화요일 아침 9시 반에 집에 있는 이유는? "가정의 의뢰서에는 온라인에서 자살 방법을 찾아봤다고 적혀 있어요." 그를 떠보는 질문을 던진다.

세바스천은 기억을 더듬기라도 하듯 위쪽을 본다. "음, 아니요, 그런 말을 한 기억은 없어요. 정말로 다른 환자와 저를 착각하신 것 같습니다."

"보통 금융계에서는 화요일에도 출근을 하지 않나요?"

"오늘 연차를 냈어요. 어젯밤 늦게까지 사무실에 있었거든요. 큰 거래를 하나 성사시키느라고. 사실 다시 자야 할 것 같아요."

조지가 눈을 굴린다. 오늘 안에 진짜 위기에 처한 환자 여덟 명을 더 봐야 하는 마당에 건강한 게 분명한 사람을 내가 계속 괴롭힌다고 생각해서일 수도 있고, 비스킷이 떨어져서일 수도 있다.

"그럼 저희는 가겠습니다. 쉬세요." 나는 일어서서 문으로 향한다. 점심 전에는 사무실로 돌아갈 계획이 없는데 커피가 바로 방광으로 간 듯하다. "가기 전에 화장실 좀 써도 될까요?"

"음, 네, 음……." 세바스천이 불편한 듯한 몸짓으로 말한다. "그럼 그러세요."

미니멀하게 꾸민 욕실은 우리 집 거실 겸 부엌 겸 식당보다도 더 크다. 한가운데에 있는 욕조 주변으로 커다란 열대식물들이 놓여 있다.

용변을 본 다음 나는 베르가모트 향이 나는 비누와 진짜 금이 분명한 수도꼭지에서 나오는 물로 손을 씻고 이집트산 면 수건에 물기를 닦는다. 내가 이유 없는 의심을 한 게 분명하다. 세바스천이 우울증을 앓을 이유가 없지 않은가?

욕실에서 나가려고 몸을 돌리자 그제야 그게 보인다. 지금까지는 각도 때문에 가려져 있었던 것 같다. 욕실 뒤쪽 구석, 예전이 건물이 창고로 쓰이던 시절부터 있었을 높은 천장의 노출된 철제 대들보에 교수형 올가미가 매달려 있고 그 아래에 나무 의자가 놓여 있다. 인장 강도가 높아서 아버지가 나무를 벤 후 트랙터에 매달아 끌어낼 때 사용하는 것과 똑같은 강청색 나일론 밧줄이다.

현관 복도로 내려가니 조지는 신발을 신고 있고, 현관문도 이미 열린 상태다. 세바스천은 나와 눈을 마주치지 않는다.

"세바스천, 화장실 쓰게 해줘서 고마워요. 우리 이제 다시 이야기를 나눠야 할 것 같은데…… 그렇지요?"

그는 바닥으로 떨군 시선을 거두지 않는다. 그러다가 현관문을 닫고 거실로 다시 들어간다.

"여러 가지 방법을 검색하다가 결국 목매다는 걸로 결정했어요." 그의 목소리에서 이제 다른 톤이 느껴진다.

"계속 말씀하세요." 대화를 다시 주도하며 내가 말한다.

"설치한 지는 한 일주일쯤 됐어요. 목을 그 안에 몇 번 넣어보기도 했고요. 느낌이 어떤지 보려고. 원래 오늘 하려고 했어요. 그래서 출근을 안 한 거예요. 가족들에게 사랑한다고 문자를 보낸 다음 핸드폰을 껐는데 바로 그 순간 선생님이 오셨어요."

"원래 오늘 하려고 했다고요?" 나는 그가 '원래'라는 표현과 과거 시제를 사용했다는 사실에 주목한다. "마음이 변한 건가요?"

"모르겠어요. 그럴지도요."

"세바스천, 왜 목숨을 끊고 싶은지 물어봐도 돼요?"

그는 크게 한숨을 내쉰다. "빌어먹을, 어디서부터 시작해야 할까요? 원하는 건 다 가졌다는 생각이 들 때가 있잖아요. 아시죠, 큰 집, 고급 차, 아름다운 여자들. 그런데도…… 공허한 느낌이 드는 거?"

나는 마치 안다는 듯 고개를 끄덕인다.

NHS 정신과 의사로 일하면서 런던 금융가에서 일하는 사람을 만날 기회는 별로 없지만, 카나리워프의 고층 빌딩 창문에서 뛰어내리는 인턴이나 샴페인 잔을 든 채 매우 차분한 걸음으로 루프톱 칵테일 바 가장자리까지 가서 갑자기 몸을 던지는 CEO의 이야기를 읽은 적은 있다.

"최근에 맺은 계약 몇 건이 굉장히 잘못됐어요. 어차피 그게 다 무슨 소용이겠어요?"

"상황을 다른 시각에서 볼 수 있도록 도움이 되어드리고 싶어요. 단기적으로는 정신병원에 들어가서 생각해보는 게 좋을 것 같고요. 거기라면 안전하니까요." 그가 곧바로 내게 꺼져버리라고 하지 않는 것만으로도 긍정적이다. "구급차를 불러서 응급실을 통하는 게 좋겠어요. 그렇게 해야 절차가 더 빨라지거든요."

"구급차는 안 돼요!" 그가 단호하게 말한다. "병원에 가는 건 생각해볼게요. 하지만 그렇게는 들어가고 싶지 않아요. 사람들이 수군거릴 테니까." 나는 그가 늘 이웃에게 무슨 일이 있는지 살피는 참견쟁이들 사이에서 자기 평판이 나빠지는 것을 걱정한다는 사실에 고무된다. 다시 그 사람들을 볼 거라고 예상한다는 의미니까. "먼저 가세요. 난 하루이틀 정도 필요한 물건들을 가방에 챙길게요. 핸드폰을 켜둘 테니 어디로 가야 할지 알려주세요. 가까운 병원으로 가는 거죠?"

"네." 나는 지킬 수 없을지도 모를 약속을 하면서 런던 시내 어디엔가 남은 병상이 하나라도 있기를 기도한다. "아무 일 없이 잘 계실 수 있죠?"

"약속할게요." 그는 내 손을 단단히 잡고 악수를 한다. 이 신사 협정이 검시관 법정에서 직무 태만 심판을 할 때 유효할까 궁금하다. 나는 위기관리팀에서 발행한 소책자를 그에게 건네며 기다리는 동안 필요하면 거기 적힌 번호로 전화하라고 당부한다. "거짓말해서 미안해요." 그가 말한다. "오늘 감행하려고 결심했던 터라 일을 복잡하게 만들고 싶지 않았어요. 이런 일에 관해서, 아시다시피, 이야기하기가 쉽지가 않네요."

"세바스천, 가기 전에 한 가지만 더 물어도 될까요? 무엇이 변한 건가요?" 그가 겪고 있는 업무 스트레스, 물질주의의 공허함, 인생이 무의미하다는 느낌 등이 사라지지 않고 그대로인 상태에서 그가 그냥 우리에게 거짓말을 하고 있는 것인지도 모른다.

그가 잠시 생각에 잠긴다. "그게…… 바보 같은 소리처럼 들릴 거라는 것도 알고 내가 신을 믿는 사람도 아니지만 뭔가 이유가 있어서 두 분이 내게 온 게 아닌가 하는 생각이 들어요."

유일한 이유는 세바스천이 위험하다는 사실을 그의 가정의가 감지했고, 내가 소변이 급하게 마려웠다는 것뿐이다. 하지만 세바스천의 믿음을 깨고 싶은 생각은 전혀 없다. 정신 질환 환자가 나를 수호천사로 생각하는 아주 드문 기회가 왔는데 그걸 마다하는 건 도리가 아니지 않은가.◆

◆ 치료를 받아서 모든 게 잘되면 신이 모든 영광을 차지하는 경우가 많다. 하지만 뭔가 잘못된다 하더라도 신이 종합의료협의회 청문회장에 서는 법은 없다.

밖으로 나온 후 조지는 그때까지 유지하던 일말의 프로 의식마저 벗어던져버린다. "아이고, 정말 아슬아슬했네요!" 맞는 말이다. 세바스천이 두 번째 혹은 세 번째 환자였다면 그의 집 문은 영원히 열리지 않았을지도 모른다. "화장실에 가는 척하고 집 안을 살펴보신 건 정말 영리한 전략이었어요." 그가 계속한다. "공식적으로 통용되는 기술인가요?"

나는 대체로 제어할 수 없는 이 세상을 내가 실제보다 좀 더 큰 통제력을 가지고 제어하는 것처럼 보이도록 거짓말을 하고 싶은 유혹을 느낀다. 하지만 도움이 되지 않는 선례를 남길까 걱정이 앞선다. 조지가 앞으로 환자의 집을 방문할 때마다 화장실을 쓰겠다고 고집하면 골치가 아플 것이다.

"그냥 소변이 마려웠을 뿐이에요." 얼마나 요행히 재앙을 피했는지 아직도 완전히 실감하지 못한 채 나는 고백한다.

"밧줄은 왜 가지고 나오셨어요?" 그가 내 가방의 툭 튀어나온 부분을 쳐다보며 묻는다. "다른 방법을 사용할 수도 있잖아요."

세바스천은 목매달려고 준비했던 밧줄을 내가 가져가도 된다고 허락했다. 그 밧줄은 환자들의 집에서 압수해 일정 기간이 지난 후 폐기되는 각종 무기를 비롯한 기타 위험한 장비 더미에 더해질 것이다. 바쁜 하루를 보낸 정신과 의료진의 가방은 클루도 게임의 살인 무기 리스트를 방불케 한다. 밧줄, 칼, 때로 권총을 압수하게 될 때도 있다. 대부분의 임대주택들은 우리가 납으로 된 배관 파이프를 손상시키지 않아도 충분히 열악하다.

크리스마스트리를 해체하면서 전구까지 같이 떼어내는 가족들처럼 우리는 의자 위에 함께 서서 천장에 매달린 채 헝클어져 있는 밧줄을 떼어내는 작업을 했다. 밧줄을 안전하게 가방에 넣고 그 집에서 나오다 보니 욕실 선반에 가득한 약통들과 주방에 나와 있는 회칼이 눈에 보였다. 게다가 현관문만 열면 바로 앞에 2층 버스가 쏜살같이 지나가는 대로변이 있다.

"사람들은 특정한 자살 수단을 선택하는 경향이 있어요. 그 방법이 좌절되면, 보통 다른 방법을 바로 동원하지는 않죠."◆

"보통요?" 조지가 말한다.

"정신의학은 온통 '보통', '아마도', '설마 아니겠지'로 이루어져 있어요. 인간 행동을 예측하는 것은 정밀과학이 아니니까. 우리는 그저 임상적 평가와 육감, 그리고 가끔 기도에 의존할 수밖에 없지요. 하지만 그걸로는 늘 충분하지가 않아요."

"그렇다면 저 환자가 지금 당장 목을 매달지 않으리라는 걸 어떻게 아세요?"

"물론 알 수 없지요. 하지만 내가 화장실을 쓸 수 있게 허락한

◆ 자살학자(맞다, 이런 직업이 있다)들에 따르면 자살을 방지하는 가장 효과적인 방법은 무엇보다도 목숨을 끊을 수 있는 방법의 선택지 수를 줄이는 일이다. 자살 충동이 가라앉을 시간을 벌어주기 때문이다. 사람들이 많이 뛰어내리는 곳에 장애물을 설치한다거나, 오븐에 독성이 없는 가스를 사용하게 만들거나 혹은 한 번에 살 수 있는 파라세타몰의 양을 제한하는 일 등이 그 예다. 더 일상적인 예를 들자면, 다이어트를 할 때 유혹을 피하기 위해 집에 있는 초콜릿 비스킷을 모두 없애는 것과 비슷하다.

걸로 봐서 세바스천의 마음 한구석에는, 그것이 비록 1퍼센트에 불과할지라도 죽고 싶지 않은 마음이 있다고 느꼈어요. 다른 길이 있을지도 모른다는 희망. 지금까지는 어떻게 도움을 구하는지 몰랐던 거예요. 그런 사람이 정말 많아요."

"네, 도움을 구하기만 하면 되는데…… 그죠?" 조지가 말한다.

"맞아요." 대답은 그렇게 하지만 흔히 구호처럼 사용되는 그 말은 그저 말에 불과하지 현실적이지가 않다. 그 말에는 그저 도움을 구하기만 하면 양질의 정신 건강 의료 서비스가 언제라도 시의적절하게 제공될 것이라는 암시가 들어 있지만 현실은 그것과는 영 거리가 멀지 않은가.

조지의 이상적인 꿈에서 바람을 빼고 싶지 않다. 적어도 아직은. 다른 의대생들처럼 조지도 정신의학을 기피하게 만들고 싶지 않다. 어차피 정신과는 만성적으로 인원 부족에 시달리고 있다. 그래서 그런 구호가 현실화되려면 재원이 필요하고, 재원이 부족할 땐 어느 수준 이상으로 심각한 환자만 도움을 받을 자격을 얻는다는 현실적인 말은 조지에게 하지 않는다. 수많은 사람이 '도움을 구할' 용기를 내지만 '지금은 돌아가셨다가 더 심해지면 다시 오세요'라는 말을 듣는 것이 암울한 현실이다.◆◆

나는 병상 관리 책임자에게 전화를 한다. 내 운이 별로라서인지 오늘 담당자가 브라이언이다.

"안녕하세요, 브라이언. 워터하우스입니다." 나는 권위를 세우려는 시도를 해본다. "수선화 병동에서 수련의로 일했어요. 이제는 위기관리팀 레지스트라입니다."

"아, 안녕, 벤." 그가 말한다.

"가까운 곳에 비공식 입원 환자를 받을 병상이 필요해요." 내가 말한다.

"빈 병상이 없네요." 브라이언이 말한다. "여기도 없고 런던 전체를 탈탈 털어도 하나도 없어요. 급한 환자예요?"

"집에서 목을 매달려고 올가미까지 설치해놓은 환자예요. 그래서……."

"좋아요, 내가 알아볼게요. 런던 밖에라도 병상이 있는지."

위기관리팀은 웰빙 센터에 근거지를 두고 있어서 이번에 근무지를 옮기면서 나는 적어도 다른 건물로 이동할 필요는 없었다. 요즘은 보통 위기관리팀 사무실에서 핫라인 응대 업무를 맡고, 혼자 쉬고 싶을 때에는 예전에 쓰던 창문 없는 창고 같은 사무실을 쓸 수 있다. 접수창구의 셰릴도 익숙한 얼굴이어서 마음에 안정감을 준다. 그녀는 햇빛에 굶주린 내 선인장을 살리기 위해 법

•• 가장 헛웃음이 나오는 사례 중 하나는, 식이장애팀이 과중한 업무량으로 인해 BMI가 18인 환자에 대한 진료 의뢰를 거부한 일이다. 저체중의 기준으로 정해진 BMI 17.5에 미치지 않는다는 게 이유였다. 따라서, 이미 위험할 정도로 저체중인 환자가 전문적인 치료를 받으려면 먼저 거기서 더 살을 빼야 한다. 그렇게 해서 진료 의뢰가 받아들여지고 나면 의료팀은 바로 환자의 감소한 체중을 다시 늘리는 데 전력을 다할 것이다.

석을 떨지 않을 때는 주로 목소리를 낮추고 가십을 얘기하느라 바쁘다. 왕진을 마치고 접수창구를 지나 위기관리팀 사무실로 가는 우리에게 셰릴이 소리 나지 않게 입 모양으로 C라고 말한다.

줄여서 CQC라고 부르는 보건의료품질평가위원회는 교육계로 치면 교육기관의 질을 평가, 규제하는 교육기준청과 같다. 위원회는 보통 예고를 하고 방문하기 때문에 병원 측은 그동안의 관행을 완전히 바꾸는 데 필요한 시간을 확보할 수 있다. 프로토콜을 바꾸고, 환자 돌봄 계획을 완성하고, 임시 직원을 고용해서 직원이 부족하지 않은 것처럼 보이게 하는 등등의 조치를 취할 수 있다. CQC의 평가는 '뛰어남'에서 '부적절' 사이의 특정한 단계를 가리키는 한 단어로 요약된다.

CQC 방문이 예정되면 모두들 모범적으로 행동하고, '슈퍼 박테리아' 같은 단어는 입에 올릴 틈도 없이 병원 전체가 꼭대기에서부터 지하까지 말끔하게 싹 청소가 된다. 부모님이 오시기 전에 샘과 내가 집 전체를 변신시키는 것과 비슷하다. 부모님이 샘과 내가 며칠 내내 싱크대에 더러운 접시를 쌓아두기만 하고 집안일에 일주일 동안 손도 대지 않고 지내는 걸 상상도 못 하듯이, CQC 심사관들도 모든 NHS 병원의 근무 환경이 즐겁고, 방향제 향기 가득한, 잘 돌아가는 기계 같다고 생각할 것이 틀림없다.

가끔 오늘처럼 아무 예고 없이 들이닥치기도 한다. 다행히 우리 부모님은 한 번도 그러지 않았다.

"담당자 좀 만날 수 있을까요?" 대기업에 다니는 사람들 같은 차림을 한 두 사람이 아무것도 모르고 문을 연 불운한 자라에게 그렇게 말하는 소리가 들려온다.

"음, 오늘 안 계셔요."

"아, 언제 돌아오시나요?" 두 사람 중 여자가 묻는다.

"잘 모르겠어요. 실은 몇 주 동안 담당자가 없었어요."

"아, 그래요? 그러면 전문의랑 이야기할 수 있을까요?"

"전문의도 없어요. 의사라곤 새로 부임한 벤저민뿐이에요."

조지는 '산책 갈까?' 하는 소리를 들은 개처럼 열성적인 표정으로 올려다본다. 내가 눈치를 주자 그는 다시 고개를 숙인다. 잠시 모니터 뒤에 숨어 숨을 고른 후, 나는 그래도 컴퓨터를 켜는 게 낫겠다고 스스로를 타이른다. 그러고는 병상 관리 책임자에게 전화를 한다.

"안녕하세요, 브라이언. 워터하우스예요. 또 전화를 드리게 됐네요."

"아, 안녕, 벤."

"병상은 좀 찾아보셨나요?"

"아직 못 찾았어요. 전국을 훑어도 없네요. 하지만 계속 찾고 있어요. 개인 부담 병원에서 병상을 차출해야 할 수도 있겠어요."

"가까운 병원이 될 거라고 했는데…… 혹시 나이팅게일 병원에 입원시킬 수는 없을까요?"

우리 둘 다 그게 무슨 말인지 알고 있다. 누군가를 서둘러 퇴원시키라고 압력을 넣는 게 이제 내가 되다니 이상한 느낌이 든다.

"내게 맡겨주세요." 그가 그렇게 말하고 전화를 끊는다.

"누구신지요?" 심사관이 하는 말이 들린다.

"저는 자라예요. 6급 정규직 간호사입니다." 자라는 런던에서 태어나 자란 경험 많고 신뢰할 만한 간호사다. 임시직이 아니라 정규직이라는 말은 이 직장에서 장기간 근무를 해서 팀과 환자들을 잘 안다는 뜻이다.

"몇 가지 질문 좀 드리고, 시설을 둘러보고 싶습니다."

심사관 둘 다 카리스마가 스테이플러 크기 정도 된다. 두 사람이 사무실 앞쪽 책상 양쪽에 앉아 있는 동안, 핫라인 응대 업무를 맡은 우리는 의자에서 엉덩이를 떼지 않고 모니터 뒤에 숨어 숨을 죽인다.

"이 팀에서 일하는 건 어떠신가요?"

자라는 희미하게 미소를 띠고 있긴 하지만 위태로워 보인다. "정말 좋아요!" 그녀가 말한다.

일요일마다 부모님이랑 통화하면서 직장 일이 괜찮다고 거짓말을 하는 것과 비슷하다. 모든 게 괜찮다고만 말하고 불면증, 긴장으로 인한 두통, 안 좋은 일이 생길 것 같은 끊이지 않는 두려움 등은 모두 생략하는 행동 패턴 말이다. 정신과 의사 모집 행사 같은 데서 이야기하지 않는 측면들은 이 자리에서도 말하지 않는 게 낫다. 적어도 CQC는 내게 손주를 낳으라는 압박은 하지 않는다.

"제일 먼저…… 응급처치 요원으로 지정된 사람이 누군지 아십니까?" 둘 중 남자가 입술에 힘을 준 채 질문을 한다. 얼굴에 진 주름에 그가 들고 있는 클립보드만큼이나 각이 져 있다.

"리지인 거 같은데, 아닌가요?" 자라가 말한다.

"기록에 따르면." 남자가 서류를 살펴보면서 말한다. "지정 응급처치 요원은…… 자라 미르자네요."

"저라고요?" 자라가 외친다.

나는 이제 시스템에 로그인해서 온라인 환자 데이터베이스에 들어와 있다.

"괜찮아요, 신경 쓰지 마세요." 여자가 말한다. 당근과 채찍 중 당근을 선택한 모양이다. "국지적 방화 정책 좀 보여주시겠어요?"

자라는 우리가 돌봐야 하는 환자 명단이 가득 적힌 화이트보드 옆 회색 파일 캐비닛을 주섬주섬 뒤지다가 "여기 있어요!" 하고 외친다.

심사관들은 잠깐 서류를 살펴본 뒤, 서류에 체크 몇 개를 한 다음 고개도 들지 않고 묻는다. "광역 방화 정책은요?"

이 사람들은 불이 얼마나 크게 날 거라고 예상하는 걸까?

"음…… 그 둘 사이의 차이가 뭔가요?" 자라가 말한다.

심사관은 그 말에 심경이 불편한 얼굴이 된다. 직원도 부족하고 담당자도 없는데 환자들을 안전하게 돌보려고 애를 쓰는 동시에 수백 개에 달하는 국지 및 광역 방화 정책 규약을 왜 업데이트하지 못했는지 도무지 이해할 수 없다는 표정이다.

그리고 두 방화 정책이 다르면 얼마나 다르단 말인가? 국지적 방화 정책에서는 이 근처의 시설물이나 물건에는 불을 지르면 안 되지만, 좀 떨어진 미들스브러 같은 곳에서는 아무거나 태워도 된다는 뜻인가?

외래환자를 돌보는 우리 팀에서는 화재가 날 경우 직원과 환자 모두 건물 밖으로 나가서 화재 발생 시 집합 장소로 정해진 곳에 모여 응급 구조 센터에 전화를 해야 한다는 사실을 숙지하고 있다. 입원 환자가 있는 정신 병동도 예전에는 화재 발생 시 건물 바깥으로 환자들을 소개시켰지만, 이제는 정책이 바뀌었다. 강제 입원을 시킨 환자들이 자유의 냄새를 맡자마자 도주해버렸기 때문이다. 그래서 이제 나이팅게일 병원 같은 데서는 환자 전원을 불이 나지 않은 병동으로 옮긴다.

"미안합니다. 숙지하고 있어야 할 정책이 너무 많아서요." 자라가 말한다.

나는 오늘 아침에 본 환자들에 대한 차트를 기록하면서 동시에 CQC라는 이름으로 벌어지고 있는 재난 상황을 엿듣는다.

이름을 밝히지 않은 여성이 발신자 표시 제한 번호로 전화해 자기가 지금 창틀에 올라서서 아래로 몸을 던질 생각을 하고 있다고 말한다. 시드라는 이름의 사회복지사가 활짝 웃으며 내가 그 전화를 받아줄 수 있는지 묻는다. 나는 고개를 끄덕이지만 내 책상에 있는 전화로 통화를 연결해주는 과정에서 전화가 끊기고 만다. 시드가 뭘 잘못 누른 건지 전화를 건 여성의 핸드폰 배터리가 떨어졌는지 알 수 없다. 나는 다른 이유를 생각하지 않으려고 애를 쓴다.

"제세동기와 응급 대응 키트를 보여주세요." CQC 여자가 말한다.

"아, 그건 쉬운 일이에요." 자라는 살짝 과도하게 열성을 보이며 대답하지만, 방을 한 번 쓱 훑어보고는 당황한 빛이 역력해진다. 시드가 슬쩍 비품장을 가리키고, 자라는 잠시 후 거기서 밝은 초록색 상자를 가지고 돌아온다.

“정기적으로 점검을 하시는 거죠?” 남자가 말한다.

“물론이죠.” 자라는 상자 위에 쌓인 먼지를 쓸어내며 대답한다.

남자가 상자 안에 든 종이를 들여다본다. 손 글씨로 날짜 같은 것들이 적혀 있다. “여기에는 의학 장비를 마지막으로 점검한 것이…… 2002년 10월 2일이라고 되어 있네요.”

“2012년일 거예요.” 자라가 그 종이를 보려고 허리를 굽히며 말한다.

“아니에요, 2002년이 맞아요. 그러니까…… 거의 20년 넘게 점검을 안 했네요.”

“2002년이면 제가 학교 다닐 때네요.” 자라는 포기한 듯 조용히 되뇐다.

두 심사관 모두 미친 듯이 뭔가를 적고, 나는 바로 이 순간 세바스천이 뭘 하고 있을까 생각한다.

너무 바쁜 외래환자 담당 전문의가 전화로 자기 환자 중에 처방약을 바꾸고 싶어 하는 사람이 있는데 내가 ‘제발’ 리뷰를 해줄 수 있겠는지 묻는다. 이런 일은 명확히 전문의의 책임이지 내가 할 일은 아니다. 게다가 나는 이미 업무에 파묻혀 죽을 지경이다.

“죄송합니다만, 저희는 위기관리팀인데 이 사례는 위기처럼 들리지 않습니다. 이 환자는 저희 기준을 충족시키지 못하기 때문에 의뢰를 받을 수가 없겠습니다. 저희 트러스트 정책이 그렇네요.”

전화를 한 전문의는 지금까지 보여주던 상냥한 태도를 버린다. "이름이 뭡니까?"

직원들이 상대에게 나중에 크리스마스카드를 보내려고 이름을 묻는 경우는 거의 없다. 내 전문의 상사에게 나에 관한 민원을 제기할 생각인지도 모르겠다. 행운을 빈다. 내가 이름을 말하자마자 전화가 끊긴다.

수화기를 내려놓으면서 화장실에 가지 않고 세바스천의 집에서 나올 뻔한 일을 떠올린다.

"그럼 이번에는 스트레스와 트라우마 정책을 점검해봅시다. 서류 찾을 걱정은 하지 않으셔도 됩니다." 이번에는 여자가 말한다. "그냥 대답하시면 돼요. 연장 근무를 하고 스트레스를 많이 받은 상황이라면 어떻게 대처하시겠어요?"

"아마 독한 술 한잔 꺾겠죠." 자라가 말한다. 정답이 아니다.

"저는 직속상관에게 보고하는 쪽으로 생각하고 있었는데요?" 여자가 말한다.

"아, 물론이죠. 당연히 보고부터 해야죠. 직속상관이 이미 스트레스 때문에 결근하지 않았다면요."

나는 세바스천이 파란색 나일론 밧줄에 목을 매다는 광경을 상상한다.

환자를 의뢰하는 의료진이나 위기에 처한 환자들에게서 계속 전화가 오고, 우리는 사무실을 들락거리면서 그들을 모두 늦지 않게 보기 위해 애를 쓴다. 다행히도 아까 전화했던 여성이 다시 전화를 했고, 나는 그녀를 여기로 오게 해서 상담할 시간을 내기 위해 안간힘을 쓴다.

들리는 것은 오직 돌처럼 굳은 표정의 심사관이 자라에게 청소 당번표와 식품 위생 담당관을 기억해내라고 다그치는 소리뿐이다.

규정 준수와 책임감이 중요하다는 건 나도 알지만, 마음 한구석에서는 그냥 '빌어먹을 놈들, 어서 꺼져, 우리 일 좀 하게!' 하고 외치고 싶은 마음이 굴뚝같다. 이상한 표정으로 나를 보고 있는 조지와 눈이 마주치고 나서야 내가 심사관들을 노려보고 있다는 사실을 깨닫는다.

마침내 심사관들이 자리를 뜨고, 나는 병상 관리 책임자에게 다시 전화를 한다.

"좋은 소식이 있어요! 병상을 찾았어요!" 브라이언이 그렇게 운을 뗀다. "유일한 문제는 그 병상이 더럼(런던에서 자동차로 다섯 시간쯤 걸리는 북쪽에 있는 도시 – 옮긴이)에 있다는 거예요."

19

침묵의 카운트다운

에스더에게는 창의적인 데이트 아이디어가 넘쳐난다. 길거리 아트 투어, 그림 수업, 시 낭송, 노래방, 살사 댄스 등등. 결국 시간 문제로 그녀는 내 실기시험 준비를 돕는 행운을 누리게 됐다.◆

그녀는 가능한 여러 '환자'가 되는 역할극을 해준다. 말하기를 거부하는 소녀, 건망증이 있는 할아버지, 노출증이 있는 남자.◆◆

◆ 정신과 전문의 실기시험은 의대 실기시험과 마찬가지로 시험관과 환자가 앉아 있는 모의 진찰실에 들어가서 치러진다. 10분 후 벨이 울리고 다음 방으로 옮겨가는 식으로 흘러가는데, 괴상한 스피드 데이트 같은 이 실기시험을 위해 질병이 꽤 진행되어서 신체적 징후가 보이는 환자들이 동원된다. 예컨대 손가락 끝이 뭉툭해지거나 비장이 비대해지거나 숨 쉴 때마다 폐에서 소리가 나는 증상이 있는 사람들이다. 의대에서는 이런 증상을 '명확한 징후(good sign)'라고 하는데 환자에게 '좋은' 소식인 경우는 거의 없다. 의사가 실기시험에 모델로 참여해달라고 해도 기분 좋아할 필요는 없다. 매우 명확한 증상을 보이는 질환이 있다는 의미이기 때문이다.

나는 모범적인 정신과 의사 역할을 맡아서 진단을 하고 관리 계획을 수립한다. 적어도 이 가상의 세상에서는 약물이 항상 효과를 발휘하고, 환자는 NHS 대기자 명단에 오른 후 몇 년을 기다리지 않아도 된다.

그러나 모든 것을 10분간의 면담으로 알아내기란 쉽지 않다. 에스더가 신체 이형증이 있어 자기 눈 간격이 너무 멀다고 생각하는 '도티'를 연기할 때 성형수술을 고려하는지 묻는 것을 깜빡 잊어버렸다. 만일 그 질문을 했다면 그녀가 유튜브로 DIY 성형에 관한 동영상들을 보고 있고, 상담 후 바로 철물점에 가서 필요한 도구들을 살 예정이라는 사실을 알았을 것이다.

그런 위험을 알아내고, 환자 자신의 안전을 위해 필요하면 입원 조치를 취하는 일은 시험에 통과하는 데 필수 요건이다. 나는 '도티'가 상상 속의 인물이라는 사실로 스스로를 위안하면서, 현실에서 세바스천의 재난을 막은 것이 오직 내 터질 듯한 방광이었다는 사실을 잊으려고 노력한다.

에스더는 과학관의 해설사가 그만두고 싶어지면 환자 시뮬레이션 분야에서 일해도 성공할 듯하다. 그녀다운 열정으로 모든 역할에 온몸을 던져 연기를 하면서 전혀 머뭇거림 없이 즉흥적으로 능숙하게 대응해내고 있다.

** 신체적 '징후' 없이 정신 질환이 있는 환자를 실기시험의 모델로 참여시키는 것은 좋게 말해 매우 야심 찬 일이다. 따라서 정신과 전문의 실기시험은 주로 무명의 배우들을 고용해서 진행한다. 비록 두 명에 불과한 관객이지만 그 앞에서 자신의 연기력을 마음껏 자랑할 수 있는 기회다.

다음 날 아침 그녀가 집으로 돌아간 뒤 나는 에스더가 칫솔을 우리 집 욕실에 두고 갔다는 사실을 깨달았다.

나는 빨강 벽돌로 지어진 연립주택의 초인종을 누른다. 집 앞에 깔린 잔디가 깔끔하게 깎여 있고 창문에는 레이스 커튼이 쳐져 있다. 조지가 병가를 내서 나는 다시 혼자 왕진을 하고 있다. '녀석, 진짜 아프기나 한 건가' 하는 생각을 하다가 멈칫한다.

세바스천 사건에 겁을 먹은 건 아닐까? 아니면 그가 꽤 단순한 환자를 진단하는 데 아침 내내 시간을 쓰는 바람에 내가 추가로 봐야 할 환자 세 명을 볼 시간이 부족해져서 약간 신경질을 낸 탓일까? "더 속도를 내야 해요. 중요한 질문만 하세요!" 응급 리뷰 의뢰가 산더미처럼 쌓여가고 있어서 살짝 꾸짖는 투로 말하지 않을 수 없었다. 나는 한 번도 가져보지 못했지만 누군가에게는 영감을 주는 멘토가 되고 싶었는데 틀린 것 같다.

어제는 학교 측에서 우리 팀에 전문의가 없으니 조지를 다른 곳으로 옮기겠다는 내용의 이메일을 받았다. 나도 다른 곳으로 옮겨줄 수 없겠냐고 묻고 싶은 유혹을 겨우 이겨냈다.

조지가 그립긴 하다. 그에 더해 짝을 이루어 일하는 것이 더 안전하기도 하다. 하지만 조지가 없으니 이제는 환자들을 만날 때와 팀 회의 때만 정신의학, NHS 그리고 내가 모두 괜찮은 척하면 되는 장점이 있다.

혼자서 일해야 할 때, 일부 의료진은 비상벨을 가지고 다니기도 한다. 하지만 그런 비상벨은 비싼 데다 충전식 배터리를 사용한다. 게다가 환자의 집에 방문해서 비상벨 충전 좀 해도 되냐고 묻는 게 신뢰를 쌓는 데 별 도움이 되지 않는다는 것도 문제다.

암호를 사용하는 사람들도 있다. 항상 통하는 것은 아니지만 말이다. 우리 팀의 간호사 자라가 늘 좋은 관계를 유지해오던 환자를 방문했다가 겪은 일을 내게 이야기해준 적이 있다. 늘 괜찮았지만 그날 그녀는 환자의 집에 들어가자마자 그의 병이 재발했다는 사실을 깨달았다. 심한 피해망상증이 있는 그 환자는 그녀가 자기 집에서 못 나가도록 막았다. 인질이 된 것이다. 그녀는 약의 용량을 확인한다는 핑계로 환자를 설득해서 사무실에 전화를 했다. "여보세요, 제가 딘 씨 댁에 와 있는데요, 빨강 폴더 좀 찾아줄 수 있을까요?" '빨강 폴더'는 '지금 당장 여기로 경찰을 보내세요!'라는 의미의 암호였다. 하지만 당시만 해도 셰릴은 접수창구 업무를 맡은 지 얼마 안 된 터라 "빨강 폴더, 빨강 폴더, 도대체 빨강 폴더가 어디 있죠?" 하고 중얼거리면서 여기저기를 뒤지고 다녔다. 어렴풋이 암호가 있다는 생각이 들어서 잠시 소방서에 전화를 할까 생각하기는 했다고 한다. 결국 자라는 무사했다. 욕실에 난 작은 창문으로 탈출하는 데 성공했기 때문이다.

초인종을 한 번 더 누르자 마침내 환자의 연로한 어머니가 문을 열어준다. 허리가 완전히 구부러진 채 보행 보조기를 끌고 나온 할머니는 꽃무늬 원피스 차림에 머리가 갓난아기의 첫 치아처럼 하얗다.

"안녕하세요, 버터필드 부인. 워터하우스라고 합니다. 의사예요. 로빈의 커뮤니티 팀이 로빈을 오랫동안 보지 못했다고 해서 제가 괜찮은지 한번 보려고 나왔습니다."

그녀는 나를 부엌으로 안내하고 집에서 제일 좋은 찻잔을 꺼낸다. 아직도 어떤 사람들은 의사 대접을 좀 해준다. 열선 두 개짜리 보잘것없는 전기난로 위 선반에는 버터필드 부인과 고인이 된 남편, 그리고 미소 짓고 있는 그녀의 젊은 아들 사진들이 진열되어 있다. 그녀는 케이크 한 조각을 내어주고 차를 마시면서 날씨와 동네 주차 제한 문제 등에 관한 소식을 전한다. 로빈은 싱글에 무직으로, 어머니와 함께 살고 있다. 두 사람은 서로의 말동무가 되어주고, 둘 다 교회에는 가지 않지만 함께 〈카운트다운〉(단어와 숫자로 게임을 하는 텔레비전 프로그램 – 옮긴이)을 열렬히 시청한다고 그녀는 말한다.

그런데 지난주부터 로빈이 맨발로 정원에 나가기 시작했단다. 솔방울을 밟고 땅에서 뭔가를 파다가 집으로 들어와 그녀의 크림색 카펫을 피와 진흙 범벅으로 만들어버린다고 한다. "카펫에 난 핏자국은 어떻게 지우나요, 의사 선생님?" 그녀가 묻는다. 나는 우리 집은 마룻바닥이라고 의례적인 대답을 내놓는다. 그녀는 로빈이 음식을 통 먹지 않아서 바지가 헐거워졌다는 말도 한다. 그즈음부터 쓰레기통에서 개봉하지도 않은 약상자들이 나오기 시작했다고도.

덩치가 큰 남자가 방 안으로 성큼 들어온다. "당신은 누구요?"

나는 의자에서 일어서면서 셰릴이 '빨강 폴더' 암호를 기억할까 걱정한다. 나는 아무 죄도 없다는 듯 순진한 미소를 지어 보이며 모든 게 괜찮다고 나 자신을 안심시키기 위해 애를 쓴다. "안녕하세요, 로빈. 처음 뵙겠습니다. 저는 정신과 의사 워터하우스예요."

"당장…… 꺼져!" 그가 내뱉듯 말한다. 악수를 하기 위해 내민 내 손이 아직 그 자리에 어색하게 둥둥 떠 있다. 그의 몸 옆에 고정된 손이 부들부들 떨리는 게 나를 한 대 치고 싶은 충동을 겨우 참는 것처럼 보인다.

"난 괜찮아." 붉으락푸르락한 이마에서는 핏줄이 튀어나온다.

나는 악수는 포기한다. "그냥 병원에 잡아놓은 약속에 오질 않으셔서 와봤습니다. 가족들이 걱정하시는 것 같아요." 단둘이 사는 상황에 그의 어머니를 결부시키지 않기란 쉽지 않다.

그는 버터필드 부인을 노려본다. "이 여자 말이에요? 미친년?"

버터필드 부인은 찻잔을 꼭 쥔 채 그 안으로 뛰어들어버리고 싶다는 표정을 하고 있다.

"본인이 평소와 다르다고 어머니가 걱정을 좀 하셨어요. 정원에서는 뭘 파고 계신가요?" 나는 마치 정원 일이 궁금해 죽겠다는 투로 묻는다. 로빈은 대답을 하지 않는다. 이제 더 어려운 질문을 할 차례다. "약은 잘 드시고 계신가요?"

그 말에는 로빈도 반응을 한다. "약 같은 거 필요 없어. 난 조현병 환자가 아니라고!" 딱 조현병 환자가 할 만한 말이다. 사실 조현병 환자가 아닌 사람도 그렇게 말할 테니 여간 혼동되는 일이 아니긴 하다.

"작년 대부분을 정신병원에서 보내셨지요? 이유가 뭐였나요?"

"꽃가루 알레르기." 그가 말한다.

수선화 병동은 확실히 도움이 되지 않았겠군.

"애야, 의사 선생님이 널 도와주려고 그러시잖니. 여기 앉아서 같이 차 한잔하자." 버터필드 부인이 말한다. 그녀도 우리 할머니와 마찬가지로 따뜻한 음료 한 잔이면 거의 모든 문제를 해결할 수 있다고 믿는 게 분명하다. 나도 그 철학을 받아들이고 싶은 생각이 간절하다.

"좋은 제안이십니다. 혹시 케이크를 곁들일 수 있다면 더 좋고요." 내가 말한다.

"저 여자가 주는 빌어먹을 차만으로도 독은 충분해." 그가 으르렁거린다.

〈카운트다운〉을 좋아하는 사람치고 그가 어머니에게 사용하는 언어가 놀라울 정도로 거칠다.

나는 무슨 뜻인지 몰라 어리둥절해하며 버터필드 부인을 바라본다. "얘는 제가 마녀여서 자기 음식에 독을 넣는다고 생각해요." 그녀가 단도직입적으로 설명을 한다. 방금 전에 나와 케이크와 차를 사이에 두고 이야기할 때 이 중요한 사실을 빼놓은 것이 이상하다.

"의사 선생은 독이 든 중금속을 먹으라고 하면 뭐라 하겠소?" 로빈이 말한다. 그가 나를 가리키는 손가락의 손톱 밑에 마른 흙이 잔뜩 끼어 있다.

얼마 전 조지에게 나는 내가 처음 이 일을 시작했을 때 순진하게도 정신과 의사가 아니라 법률가처럼 행동하는 실수를 했었다고 가르쳤다. 증거를 앞세우며 비합리적인 생각을 고치려는 시도를 했던 것이다. 하지만 나도 이제는 '약을 탄' 물과, '독을 섞은' 음식을 먹는 것과 같이 이상한 생각들에 대한 현실 검증을 충분히 많이 해본 터라 망상은 원칙적으로 인간 이성과 설득의 범위를 넘어선다는 것을 안다. 로빈네 집 냉장고에 든 음식을 그가 보는 앞에서 전부 다 먹는 모습을 보여줘봤자 변하는 건 아무것도 없을 것이다. 정신 질환은 언제나 빈틈을 찾아낸다. '거기에는 아직 독을 안 탔나 보지', '해독제를 미리 먹었겠지', '당신도 인간이 아니군' 등의 빈틈들 말이다.

"로빈, 왜 그런 일이 있다고 생각하게 되셨나요?"

"맛을 보고 알았어. 죄다 쇠 맛이 났거든. 빵도…… 햄도…… 시리얼에서도." 지금 로빈은 철분이 강화된 시리얼을 말하고 있는 것이 아니다. 미각 환각, 즉 음식에 들어 있지 않은 것의 맛을 느끼는 증상일 확률이 높다. "하지만 걱정 마쇼." 로빈이 말을 잇는다. "그리 오래 계속되진 않을 테니까."

이런 식의 애매한 말은 정확한 의미를 확인할 필요가 있다. 우울증 환자가 전화를 해서 "상황이 좋지 않다"라고 하면, 자살 충동을 느낀다는 말인지 피터버러 같은 우범지대에 가 있다는 말인지 확인해야 하는 것처럼 말이다. 하지만 내가 질문을 더 하기도 전에 그가 내게 훅 가까이 다가와 버티고 선다. 입맞춤을 하거나 몸싸움을 하는 정도의 거리다. "자, 이제 나가!" 그가 침 뱉듯 말한다.

이제는 기억도 가물가물해진 자기방어 기술을 쓰고 싶은 생각도 없고, 이후에 봐야 할 다른 환자도 많은 상황이다. 게다가 이 정도면 나중에 정신 건강법에 따라 로빈을 강제 입원 시키기에 충분한 정보도 확보한 셈이다. 강제 입원을 시킬 수 있는 힘은 레지스트라가 되면서 얻은 이상한 초능력이다.

"물론이죠, 저는 갈 테니 편히 쉬세요." 그리고 구석에 놓인 작은 텔레비전을 보고 덧붙인다. "게다가 금방 〈카운트다운〉 할 시간이네요."

"아." 잘 닫히지 않는 케이크 그릇 뚜껑을 닫으려고 애를 쓰면서 버터필드 부인이 말한다. "선생님, 로빈은 이제 그 프로그램 안 봐요. 거기 나오는 단어는 모두 악마가 직접 보내는 메시지라고 하면서. 그게 관련이 있는지는 모르겠지만요."

빌어먹을, 당연히 관련이 있지요.

"차랑 케이크 잘 먹었습니다. 고맙습니다." 그렇게 말하다 보니 로빈이 코를 벌름거리며 씩씩대는 게 보인다. "버터필드 부인, 어느 쪽으로 나가야 하는지 좀 가르쳐주시겠어요?" 나는 영화에서 인질로 잡힌 사람들이 슈퍼마켓 계산원에게 위험에 빠졌다는 신호를 할 때처럼 눈을 크게 뜨고 그녀에게 신호를 보낸다. 하지만 그녀가 보행 보조기에 손을 뻗기도 전에 로빈이 외친다. "날 따라오쇼!"

버터필드 부인은 속수무책이라는 표정으로 나를 바라본다.

로빈은 나를 데리고 현관문까지 가서 등을 떠밀고는 문을 쾅 닫는다.

사무실에 돌아온 나는 로빈을 법적으로 강제 입원 시키는 절차에 필요한 서류 세 개 중 첫 번째 것을 서둘러 작성한다. 강제 입원 서류는 언제나 바비 톤의 분홍색이다. 정신과 병동에 디즈니 캐릭터 이름을 붙일 생각을 한 홍보팀이 낸 아이디어일까.

진료가 끝난 후 나는 로빈의 강제 입원 서류를 전달하기 위해 자전거를 타고 나이팅게일 병원으로 간다. 정신 건강법 담당 사무실에 갔더니 코트에 목도리까지 두르고 퇴근할 준비를 다 마친 직원이 문을 잠그고 있다.

"서류 더미 위에 두세요." 그녀는 내게 문을 열어주며 책상 위를 턱으로 가리킨다.

나이팅게일 병원의 길고도 익숙한 복도를 걸어 나오면서 블레싱은 잘 있는지 궁금하다는 생각을 한다. 글릭 선생은 병가를 끝내고 다시 복귀했을까. 나는 더 이상 여기서 처음 일을 시작했을 때의 그 사람이 아니다. 이제는 정신과 의사의 진찰실 창문이 왜 열리지 않는지 그 이유를 안다. 직원 주차장에 빈자리가 예전보다 심지어 더 많아 보이는 건 기분 탓만은 아닐 것이다.

부모님은 아직 내 이메일에 답을 하지 않고 있다. 연락도 눈에 띄게 뜸해졌다. 매주 오는 전화도 끊겼고, 평소 어머니답지 않게 새로 부임한 곳이 어떤지 묻는 전화도 하지 않는다. 토머스 삼촌이 다시 상태가 나빠져서 지구의 종말로 인류가 멸망하고 자기가 지구에서 유일한 생존자가 될 거라는 흔들리지 않는 신념을 갖게 되었다는 소식을 알리는 문자가 유일한 소통이었다. 아버지는 어떻게 하면 좋을지 모르겠으니 도움을 줄 수 있는지 묻는다. 빌어먹을 의뢰가 하나 더 늘어난 셈이다. 서류 더미 위에 던져두자.

일요일 오후다. 당직도 없고 부모님과 통화도 하지 않으니 이 기회에 올해 처음으로 침대 시트를 갈아볼까 생각한다. 수선화 병동에 입원한 한 환자가 산재 치료사에게 자기 침대 시트를 넉 달에 한 번 간다고 고백하자 '일상 활동 영위'를 위한 도움이 추가로 제공된 적이 있다. 넉 달에 한 번 시트를 간다는 건 나로서는 꿈에나 그릴 수 있는 일이다.

이불 커버를 새로 씌우고 그 안에 들어가서 모서리가 어딘지 필사적으로 찾고 있는데 전화가 울린다. 서투른 마술사 후디니처럼 겨우 탈출한 다음 전화를 보니 발신 번호 제한이라고 뜬다.

"여보세요?" 나는 숨을 몰아쉬며 전화를 받는다.

"여보세요, 저는 일반 환자 전문 정신과 의사 하트입니다. 벤저민 워터하우스 씨 맞으십니까?"

"네." 나는 자신 없는 목소리로 대답한다. 이번 주에 내가 당직을 서기로 되어 있는데 제발 착각한 게 아니길 속으로 빈다. 전화를 받으면서 나는 더러운 침대 시트와 순하다고 광고하는 세제를 세탁기에 집어넣는다.

"벤저민 씨의 정신 건강에 관한 우려가 제기되었습니다. 잠깐 이야기 좀 해도 될까요?"

"어떤 우려인데요?" 나는 방어적으로 대답하면서, 세탁기 문을 의도했던 것보다 더 세게 닫는다.

"스트레스를 많이 받는 시기이긴 하지만 차분히 마음을 가라앉히시고……."

그가 자기 목소리를 제어하고 있는 것이 짜증날 정도로 선명하게 느껴진다. 그런 목소리를 어디에선가 들어본 적이 있다고 생각하다, 순간적으로 내가 환자들을 대할 때 쓰는 목소리가 메아리쳐 돌아오는 듯한 끔찍한 느낌이 든다.

"부탁인데 이상한 목소리로 내게 말하지 말아주세요." 내가 말한다.

"무슨 목소리 말씀이세요? 벤저민, 저는 모든 환자와 대화할 때 같은 목소리로 이야기합니다."

"모든 동료와 대화할 때도 같은 목소리로 말하시는 것 같군요. 저는 환자가 아니라 의사예요."

"아, 알겠어요." 말은 그렇게 하지만 전혀 못 믿겠다는 목소리다.

그가 이 모든 것을 급하게 적어 내려가는지 만년필이 종이를 긁는 소리가 들려온다. 그에게 그만하라고 말하고 싶지만, 그렇게 말하면 망상증 환자처럼 들릴지도 모르겠다는 생각을 한다.

나피사가 만우절 장난을 치는 건 아닐까 하는 의심이 들었지만 만우절이 되려면 아직 석 달이나 남았다.

"시간 낭비하게 해드려서 죄송한데요, 뭔가 실수가 있었나 봅니다. 실은 제가 정신건강관리팀 전체를 책임지고 있는 정신과 의사거든요."

"좋―아요. 본인에 관해 제가 더 알아야 할 내용이 있을까요, 벤저민? 초능력이나 독심술 같은 것도 있으신가요?"

맙소사, 이 사람 정말 짜증 난다. "이미 말씀드렸듯이 뭔가 잘못 알고 계신 것 같습니다만."

"모든 환자에게 하는 일상적인 질문입니……."

"제 말을 안 듣고 계시는 것 같은데요." 나는 그의 말을 끊는다. "방금 말씀드렸잖아요. 전 환자가 아니라고."

이것도 정확히 환자들이 하는 말이다. 몇 번 더 말을 잘못하면 흰 가운을 입은 사람들이 우리 집 문을 두드릴지도 모르겠다는 걱정이 든다.

"벤저민, 주위에 아무도 없는데 누군가의 목소리가 들릴 때가 있나요?"

이제 진짜로 이 사람한테 짜증이 난다. "네, 라디오를 켜두거든요."

"아, 라디오에서 나오는 목소리가 들리시는군요. 그 목소리가 뭐라고 하나요?"

"오늘 아침에는 북부순환도로를 피하라고 하더라고요. 전복된 트럭이 있어서 길이 막힌다고."

전화를 건 의사도 마침내 내가 빈정대고 있다는 것을 깨닫는다. "넘어가죠. 어머니와 문제가 있다고 들었습니다."

이 진단 의뢰를…… 내 상담사가 한 걸까?

"아, 그거요. 네, 장기적인 문제가 있긴 하지만 새로운 것도 아니고 심각한 것도 아닙니다."

"어떤 종류의 문제입니까?"

"그냥 위태로운 결혼 생활을 하는 어머니를 도와온 큰아들이라면 겪는 일반적인 문제죠. 어머니와 너무 가까워서일 수도 있고요. 어머니가 너무 부담스러워서 낭만적인 관계를 맺는 데 어려움을 겪는…… 그런 종류의 문제예요."

"그래서 이…… 역학 관계에 종지부를 찍을 계획이세요?"

"음, 600킬로미터 정도 떨어진 곳으로 이사를 왔고, 일주일에 한 번씩 어머니와 통화를 하는 노력을 하고 있고……."

"아, 이상하네요. 서류에는 어머니와 함께 산다고 되어 있는데. 음…… 이건 민감한 질문이긴 한데요, 어머니를 물리적으로 해칠 생각을 해본 적이 한 번이라도 있습니까?"

"아니요!"

이게 진짜 조지프가 한 진료 의뢰일까? 최근 상담에서 조지프에게 한 이야기가 떠오른다. 오래전 일이지만 어머니가 그날따라 특히 심하게 굴면서 내가 피하려고 해도 가는 방마다 나를 따라다니며 화이트 와인 냄새가 진동하는 입으로 계속 내 면전에 대고 소리소리 지른 적이 있다. 나는 그 이야기를 하면서 어머니를 한 대 쳐서 그만두게 하고 싶다는 말도 안 되는 생각이 들었었다는 고백을 했다. 그러나 조지프에게도 말했지만 그때 나는 집에서 나와 오랫동안 걸었었다. 그런 충동을 느끼거나 생각을 하는 건 행동에 옮기는 것과는 전혀 다르다, 그렇지 않은가? 조지프는 내가 덜 파괴적인 선택을 했다는 것이 좋은 일이라고 평하기까지 했었다.

"음, 마지막으로 질문 하나만 더 할게요, 벤저민." 하트 선생이 계속한다. "〈카운트다운〉을 통해 악마에게서 메시지를 계속 받아왔다고 하는데 맞나요?"

내 눈이 당구공만큼 커진다. 아, 무슨 일이 벌어진 건지 이제야 알겠다! "음, 무슨 일인지 이제 알겠네요." 나는 이제 차분해진 목소리로 말한다. "이 정신 건강법 평가를 의뢰한 의사가 누구죠?"

"그런 정보를 밝힐 권한이 제게는 없습니다. 자, 벤저민, '강제입원'이라는 말 들어보셨나요?"

"이보세요." 내가 그의 말을 끊는다. "정말 바보같이 들리겠지만 며칠 전에 그 강제 입원 의뢰서를 작성한 게 바로 접니다. 어머니가 자기에게 독을 먹인다고 생각하는 로빈 버터필드라는 환자였어요. 실수로 환자 이름과 제 이름을 바꿔 적어서 저를 강제입원 시키라는 서류를 작성한 것 같아요."

수화기에서 오랜 침묵이 흐르다가 웃음소리가 들려온다. "걱정 마세요, 그럴 수도 있지요." 그가 마침내 말한다. "노인 병동에서 일을 할 때 화장 의뢰서를 너무 많이 작성해서 한번은 내 사망을 확인하는 서류를 제출한 적이 있어요." 그가 다시 쿡쿡 웃는다. "이 로빈이라는 환자 재의뢰를 하셔야겠네요."

"고맙습니다, 그렇게 할게요."

"그리고 걱정 마세요. 대기 명단에서 자리를 잃지 않도록 해둘게요. 선생님 자리를 로빈에게 줄게요."

나는 그에게 로빈에 대해 설명한다. 로빈의 삶을 핵심적인 수치 몇 가지로 요약한다.

입원 횟수: 9

자살 기도 횟수: 3

폭력 행사 횟수: 1

정신 질환 약물 복용량: 20밀리그램, 그러나 실제로는 0밀리그램

"로빈이 약을 안 먹는군요. 반항아 같으니라고." 하트 선생이 농담을 한다. "집에 들어갈 수는 있나요?" 나는 버터필드 부인이 문을 열어줄 거라고 설명한다. "다행이에요. 열쇠 따는 사람 부를 돈을 아꼈네요."

환자가 문을 열어주지 않을 경우에 대비해 많은 경우 열쇠 따는 사람이 출장을 나와 대기한다. 이들은 비밀번호를 풀거나 열쇠를 따거나 곁쇠 등으로 문을 연다. 그래도 문이 열리지 않으면 경찰이 출동해서 공성 망치로 문을 부수고 들어간다.

"경찰이 있어야 할까요?" 그가 묻는다.

"유감이지만 그럴 것 같습니다." 로빈이 자발적으로 구급차에 타지 않을 것을 알기에 나는 그렇게 대답한다. "대충 언제가 될까요? 로빈의 어머니에게 전화를 해서 알려드리려고요."

"한 2주 후가 될 거예요."

"2주라고요? 아주 위급한 상황인데요?"

"압니다. 하지만 모두 위급해요. 지금 업무가 너무 많거든요. 아시잖아요. 버터필드 부인에게는 위협을 느끼면 경찰에 연락하라고 말씀해두셨나요?"

"그런 말을 할 기회가 없었어요."

"괜찮을 거예요." 그러고는 전화를 끊기 전에 덧붙인다. "아, 한 가지만 더. 어머니와의 일에 대해서는 상담사에게 이야기하는 게 좋지 않을까 싶어요."

물론 그 전화를 끊고 나는 제일 먼저 버터필드 부인에게 정신건강법에 따라 로빈의 상태를 확인하는 데 2주쯤 걸릴 것이라는 설명을 하기 위해 전화를 한다. 집 전화 신호가 반복적으로 울리고 또 울린 다음 응답기가 켜진다. 낯익은 동시에 낯선 남자의 목소리가 나온다. "여보세요, 전화를 받지 못해 미안합니다. 우리 둘 다 집에 있을 텐데 무선전화기를 못 찾고 헤매고 있을 거예요! 메시지를 남겨주시면, 전화기 찾는 대로 바로 전화드릴게요!"

로빈의 목소리다. 하지만 음식에 독이 들어 있고, 〈카운트다운〉의 자음과 모음을 통해 악마가 메시지를 보내고 있다고 생각하는 로빈이 아니다. 이 로빈은 건강했을 때 어머니를 잘 돌보던 그 착한 아들이다. 음성메시지 속의 로빈과 그의 지금 상태에 관해 이야기를 나눌 수 있다면, 그도 약을 다시 복용하기 시작하는 게 나쁜 생각이 아니라는 데 동의할 것이다. 하지만 그러기에는 내가 몇 달 늦었다.

그날 밤 침대에 누워 있는데 불편한 생각들이 자꾸 떠오른다. 불어서 꺼도 꺼도 다시 켜지는 마술 촛불처럼.

그때 부인을 데리고 나왔어야 했어.

20

살인자가 모르는 살인

다음 날 나는 정신 건강법 업무 담당자에게 전화해 진행 상황을 문의한다.

"로빈은 심의 중이니 가능한 한 빨리 처리를…… 아니, 아직 멀었네요. 의뢰가 된 게 최근이라…… 네, 무슨 말씀인지는 알겠습니다만 위급하지 않은 환자가 없어요. 위협이 느껴지면 경찰에 연락하라고 환자 어머니에게 말씀하셨지요?"

나는 더 이상 여기저기 전화하지 말아야겠다고 결심한다. 시스템이 어떻게 돌아가는지 아직 이해를 잘 하지 못하는 초보 레지스트라라는 인상을 주는 것 같아서다.

인원이 절대적으로 부족한 우리 팀 회의에서도 자라와 시드를 비롯해 여러 사람이 내게 전화 좀 그만하라고 이미 충고를 했었다. 로빈의 집에도 자꾸 전화를 하면 로빈이 더 적대적으로 굴거나, 자기에 대한 강제 입원 심사가 이루어지고 있다는 것을 눈치채고 집에서 도망칠 수 있다고도 했다.

회의가 끝난 후 탕비실에 나와 둘만 남게 되자 시드는 환자들에게서 거리를 좀 두고, 감정적으로 너무 얽혀 들지 않도록 신경 좀 쓰는 게 어떠냐고 말한다. 그러지 않으면 이 직장에서 오래 살아남지 못한다는 말도 덧붙인다. 시드는 이제 금방 은퇴할 나이이니 그보다 이에 대해 더 잘 아는 사람은 없을 것이다. 하지만 조광기처럼 공감의 정도를 낮추다 보면 머지않아 글릭 선생처럼 완전히 공감 스위치를 꺼버리는 수준에 이를 것 같다는 우려가 든다. 나는 시드에게 고맙다고 인사를 하지만 돌아서서 곧바로 버터필드 부인의 집 전화번호로 다이얼을 돌린다. "아, 의사 선생님, 전화해주셔서 감사합니다. 로빈이 점점 안 좋아지고 있어요."

"그렇군요. 안전하지 않다는 생각이 들면 경찰에 전화하세요. 꼭이요."

"네, 네, 저는 괜찮을 거예요. 강제 입원 시키러 왔을 때 문을 열어줄 수 있으려면 제가 집에 있어야 한다고 하더라고요. 로빈이 입원하는 거 정말 싫어하는 건 저도 알지만 자기도 혼자서는 감당을 못 하는 것 같아요. 엄마로서 정말 이러지도 저러지도 못하는 상황이네요."

그런 다음 그녀는 혼란스러운 상황에 처한 사람들이 자주 묻는 질문을 한다. 그 질문은 '의사'로서의 내가 아니라, 사랑하는 사람들을 둔 인간으로서의 나에게 하는 질문이다. "가족이 저런다면 어떻게 하시겠어요?"

결국 부모님은 토머스 삼촌을 다시 입원시키기로 결정했다. 삼촌은 이제 병원에 있지만 별로 나아지지 않고 있다.

에스더는 토요일에 유로스타를 타고 브뤼셀에 가 하룻밤 자고 오는 여행을 제안했다. 하지만 삼촌 일로 비상이 걸려서 로맨틱한 첫 여행 대신 그녀는 나와 함께 북쪽 지방에 있는 삼촌의 정신병원에 병문안을 가게 됐다. 사실 우리 가족을 만나게 해달라고 나를 조르던 참이긴 했다.

금요일 퇴근 후 나는 에스더를 따라서 멸종 저항 시위에 참여한다. 에스더와 나는 참 많이 다르다. 거의 음과 양처럼 성격이 반대다. 하지만 나는 우리가 서로 다른 장점을 발휘해서 균형 잡힌 팀을 이룬다고 생각하고 싶다. 예를 들어, 에스더는 재미있고 열정적이며 사회의식이 강하다. 나는 우리가 약속 시간에 늦지 않도록 하는 역할을 한다. 그리고 오늘 같은 날은 우리가 감옥에 갇히지 않게 하는 역할도 한다.

"감옥을 꽉 채워서 마비가 되어버리게 우리도 체포되자!" 에스더는 국회의사당 앞에 모인 시위대들이 외치는 구호 중간중간에 내게 큰 소리로 말한다. "그게 이 정부가 기후 위기를 심각하게 받아들이게 하는 유일한 방법이야!"

그녀는 이미 내게 간디, 여성 참정권 운동가, 흑인 인권 운동가 등이 대량 체포 작전을 성공적으로 이용했었다고 설명한 바 있다. 나도 그녀의 이타심에 휩쓸리고 싶은 마음이 들지만, 동시에 의사 면허를 취소당하고 싶지 않다는 재미라곤 하나도 없는 내 마음속 목소리도 무시할 수가 없다. 게다가 내일 토머스 삼촌을 만나기로 되어 있지 않은가.

"좋은 생각이 있어. 순간접착제로 빅벤에 우리 몸을 붙여버리자. 이제 시간이 없다는 걸 보여주는 거야!" 그녀가 외친다.

"에스더, 오늘 밤에는 체포되지 않으면 어떨까? 내일 북쪽으로 이동할 계획이 있잖아. 기억하지?"

에스더는 코웃음을 친다. 그녀에게 내일은 내년이나 비슷한 개념이다. 그녀는 순간접착체를 구하러 군중 사이로 사라진다. 감사하게도 이미 우리보다 더 계획성 있는 활동가들에게 선수를 빼앗긴 듯하다. 이미 몸을 여기저기에 부착시킨 후 경찰에게 체포된 사람이 많다.

"너무 상심하진 마, 에스더." 함께 자전거를 둔 곳으로 걸어가며 나는 그녀를 위로한다. "다음번엔 체포되도록 해보자."

가족에게 그녀를 소개하는 것 말고도 우리 관계가 진지해지기 시작했다는 또 하나의 증거는 내가 '2인 동반 할인' 레일 카드를 샀다는 사실이다. 앞으로 1년 동안 함께 여행할 때마다 33퍼센트의 기차 요금 할인을 받을 수 있다는 의미다.

"자기야, 내일은 늦지 않게 왔으면 좋겠어, 부탁이야. 오랜만에 미친 듯이 서두르지 않을 수 있도록. 아침 10시 기차로 예약했으니까 그 기차를 꼭 타야 해. 킹스크로스 역에서 9시 반에 만나면 아침으로 먹을 것도 사고 커피도 산 다음에 여유롭게 기차에 올라타서 책도 읽을 수 있겠다."

"좋은 계획이야. 벤지, 너무 스트레스 받지 마. 괜찮을 거야." 그렇게 말하고 에스더는 내게 입을 맞춘 다음 자전거를 타고 자기 집으로 향한다.

집으로 자전거를 타고 가는 길에 나는 9시 반에 만나려면 늦어도 집에서 9시에는 나와야 한다는 것을 그녀에게 역계산해서 알려주었어야 했을까 생각한다. 하지만 애써 그 생각을 지우고, 에스더의 타고난 긍정적인 에너지를 받아들여 그녀가 말한 대로 모든 게 괜찮을 것이라 내 자신을 안심시키려고 노력한다.

다음 날 아침 9시 59분. 나는 점점 더 익숙해져가는 그 자세를 다시 취하고 있다. 에스더와 기차를 함께 타고 가기 위해 기차 문이 닫히지 않도록 한 발은 기차에 한 발은 플랫폼에 둔 바로 그 자세.

9시 34분에 문자가 온다. '미안, 좀 늦어졌음. 지금 나가는 중!'

9시 52분에 다시 문자가 온다. '나 없이 가면 안 돼! 다음 시간 기차 화장실에 숨어서 갈 수 있을 거야.'

나는 핸드폰 통화가 금지된 '정숙 열차 칸'에 기차 진행 방향을 보게 되어 있는 예약 좌석에 앉아서 갈 생각에 마음이 정말 부풀어 있었다. 고급 마트에서 산 오렌지 주스와 가방에 들어 있는 팽오 쇼콜라를 함께 즐기고 신문을 읽거나 시험공부 요약 노트를 훑어보기도 하면서 말이다. 검표원을 피해 물도 잘 내려가지 않는 화장실에서 세 시간을 숨어 지내는 쪽보다 훨씬 나은 경험일 거라는 느낌이 강하게 든다.

"열차 출발합니다, 선생님." 차장이 호각을 불며 내게 말한다. 물론 처음은 아니다. "마음을 정하세요. 탈 건가요, 내릴 건가요?"

그 사람이 나를 그저 우유부단한 사람이라고 생각하는 건지 궁금하다.

문제는 바로 직전에 에스더가 자전거를 묶고 있다고 하면서 '기차 좀 잡아줘'라는 문자를 보냈다는 사실이다.

"선생님, 마지막 경고입니다. 그래도 계속 이러시면 교통경찰을 불러서 체포하겠습니다."

왜 에스더와 하는 모든 일에는 늘 체포 위험이 따르는 걸까?

이제 차장의 얼굴은 그가 입고 있는 빨강 유니폼 색과 거의 같아 보일 정도로 붉어져 있다. 그리고 그 뒤에 있는 사람들 사이로 에스더가 보인다. 보라색 작업복과 닥터마틴 부츠 차림으로 뛰어오는 그녀 등에 매달린 배낭이 위아래로 흔들린다.

내 눈길을 따라 차장도 뒤를 돌아본다. 그리고 우리 둘은 에스더가 코너를 돌아 우리가 있는 4번 플랫폼으로 뛰어오는 모습을 지켜본다. 기차가 자기 없이 떠나지 않을 거라고 확신한 그녀는 뛰는 것을 멈추고 마지막 몇 발자국은 걷는다.

그녀가 열차에 타자마자 나도 올라타고, 문이 닫히자마자 열차가 움직인다.

"시간 충분했네!" 에스더는 가방을 내려놓으며 말한다. 심지어 농담도 아니다. 그녀는 예약된 좌석으로 가서 내가 옆에 앉을 수 있게 창가 쪽에 자리를 잡는다. 하지만 나는 앉을 수가 없다.

"벤지, 왜 날 죽이고 싶다는 표정으로 보고 있어?"

나는 이를 악물고 있다. 주먹을 너무 꽉 쥐어서 손톱이 손바닥을 파고든다. 뭔가를 치고 싶다. 뭐라도.

나는 그 생각을 바로 떨쳐내고, 몸을 돌려 다른 칸으로 간다. 극적으로 문을 쾅 여닫고 싶었지만 자동문이라 약간 김이 샌다.

자리를 잡은 나는 창문 밖을 노려보며 앉아 있다.

"표 준비해주세요!" 검표원이 명랑한 목소리로 외친다. "검표합니다!"

나는 내 표와 레일 카드를 보여준다. '2인 동반 할인' 레일 카드는 함께 여행해야 할인을 받을 수 있다는 사실을 잘 알지만 전혀 모르는 척 태연하게 에스더가 다른 칸에 타고 있다고 설명한다. 철도청은 '2인 동반자' 관계에 문제가 생길 경우에 해당하는 규칙을 따로 만들어야 할 필요가 있다.

"왜 같이 앉아서 가지 않으세요?" 검표원이 묻는다.

"왜냐면요!" 나는 활기를 되찾으며 말한다. 내 불만을 누군가에게 털어놓을 기회가 생겨 감사하다. "어젯밤에 킹스크로스 역에서 9시 반에 만나기로……."

기차에서 내린 후 우리는 우버 택시로 역에서 병원까지 가는 내내 침묵을 지킨다.

일반 병동에서 일할 때는 문병 시간이 되면 카드, 포도, 잡지 등을 가지고 사랑하는 사람을 찾아온 가족과 친구들로 병동이 북적거렸었다. 항상 조금 일찍 찾아오는 사람들도 있고, 늦게까지 머무는 사람들도 있었다. 수선화 병동에서는 그런 걱정은 하지 않아도 됐다. 삼촌의 병동도 소수의 문병객만 보인다.

친절한 간호사가 우리를 '조용한 방'이라는 문패가 달린 곳으로 안내하고 토머스 삼촌을 데리고 온다. "커피 드세요." 간호사가 접시를 받친 도자기 커피잔을 건네며 말한다. 아무나 누릴 수 있는 특권이 아니다. 그런 다음 문을 닫고 방에서 나간다.

삼촌은 내가 종이봉투에 든 설탕을 커피에 붓는 모습을 물리학자가 핵 발전기에 우라늄을 넣는 광경이라도 되는 것처럼 뚫어져라 쳐다본다. 나는 삼촌에게 어떻게 지내는지 묻는다. 그 말에 대답을 하다 말고 삼촌이 돌연 묻는다. "메모 안 해? 제대로 된 정신과 의사들은 다 메모를 하던데."

나는 의사로서가 아니라 조카로서 문병 온 것이라고 삼촌을 설득하려 애써보지만, 약이 효과가 없으니 의사들이 충격요법을 권하는데 받아보지 않겠냐고 묻는 바람에 문병설이 약간 힘을 잃고 만다.

"내가 네 뇌를 튀긴다고 하면 넌 좋겠니?" 삼촌이 소리친다. 그렇게 말하면서 삼촌은 뒤쪽에 있는 벽에 머리를 찧는다. "넌 그런 정신과 약은 먹어본 적도 없고 충격요법을 받아본 적도 없잖아." 쿵. "정신과 의사들은 그런 약을 먹을 필요가 없지." 쿵.

나도 최근에 약을 먹어보려고 가정의를 찾을 생각을 했다는 말을 지금 할 수는 없을 듯하다. 아침에 침대에서 일어나고, 출근을 해서 일을 하고, 어두운 생각을 조금 덜 할 수 있는 화학적 해결책이 필요하다는 생각이 들었었다. 나는 재빨리 내 손을 삼촌의 두개골과 벽 사이에 둔다. 퍽…… 퍽…… 퍽.

에스더가 구내식당에서 기다리기로 한 게 참 다행이다.

방금 나간 간호사가 문을 벌컥 열고 다시 들어온다. '조용한 방'이라는 곳에서 들려오는 소란 때문인 게 분명하다. 그녀는 삼촌의 상태를 보고 내게 나가달라고 한다. 방문 시간이 끝나서지 내가 삼촌을 더 악화시켜서가 아니라고 생각하고 싶다. 내가 큰 도움이 될 거라 생각한 우리 가족의 환상은 그것으로 종지부를 찍는다.

이번 주에는 밤 근무를 할 예정이라 월요일 아침에 나는 침대에 누워 쉬면서 주말에 벌어진 일을 돌아보고 있다. 에스더에게서는 아직도 아무런 문자가 오지 않았다. 어쩌면 공식적으로 미친 사람을 가족으로 두고 싶지 않은 건지도 모른다. 나도 아직 문자를 보내지 않았다. 기차에서 느꼈던 분노의 강도가 걱정스러울 정도였기 때문이다. 조지프는 '벤저민, 당신은 아버지가 아니에요'라고 말하지만, 무의식중에 뭔가 치기라도 할 듯 주먹을 쥐어본 적은 없을 것이다. 그리고 그는 분노에 사로잡혀 기차 창문에 에스더의 피를 흩뿌리는 타란티노 영화 장면 같은 광경은 상상해본 적도 없을 것이다.

계속해서 그 생각을 하고 싶지 않아서 나는 오늘 밤 근무에 앞서 받은 메일함을 확인해본다. 간혹 인사과에서는 급하게 대체 의사를 찾는 이메일을 발송할 때도 있다. 병가를 냈거나 정신과 의사 숫자가 부족해서 펑크가 난 근무 일정을 메꾸기 위해서다. 다행히 그런 이메일이 오지는 않았다. 그러니 전화를 받을 수 있는 수련의나 전문의가 있다는 뜻이다. 하지만 지난 금요일 오후에 온 '매우 중요'라는 표시가 된 메일이 눈에 띈다.

이름을 밝히지 않은 49세 환자에 관한 이메일이다. 어머니와 함께 살고 있고 강제 입원을 위한 정신 건강법 진단이 대기 중인 상태였다. 환자의 NHS 번호와 생년월일이 기재되어 있다. 그는 현재 어머니를 살해한 혐의로 경찰이 찾고 있으며, 무장했을 가능성이 있고 매우 위험하다는 내용이다. 그를 목격하면 응급 구조 센터에 전화를 하고, 절대 접근하지 말라는 경고도 들어 있다. '절대 접근하지 말라'는 부분에 밑줄이 그어져 있다.

오, 맙소사! 불쌍한 버터필드 부인.

근무가 시작되려면 열 시간도 넘게 남았지만 나는 즉시 침대에서 뛰어 내려와 출근 복장을 갖춘다. 밖에는 억수같이 비가 오고 있어서 자전거를 타지 않고 비를 맞으며 버스를 기다리다가 반가운 택시의 금색 불을 보고 손을 든다.

"정말 멋진 날이에요." 내가 물을 뚝뚝 떨어뜨리며 택시에 타자 기사가 농담을 건넨다. 앞 유리의 와이퍼가 빠르게 뛰는 내 맥박과 같은 속도로 미친 듯이 왔다 갔다 한다. "어디로 모실까요?"

나는 우리 트러스트의 주 응급실이 있는 병원 이름을 댄다. 거기라면 환자 데이터베이스에 접근할 수 있을 것이다. "알겠습니다." 그가 머리에 든 내비게이션에 따라 즉시 차를 출발시킨다.

몇 분 후, 나는 입으로 쓴 물이 넘어와 목구멍 뒤쪽이 싸한 것을 느낀다. 토할 것 같다. 신문에 실릴 헤드라인이 눈에 보이는 듯하다. '태만한 살인 동조 의사, 연로한 여성을 방치한 후 택시를 토사물 범벅으로 만들다'. 여기가 아닌 다른 곳에 있고 싶은 욕구로 몸 전체가 쿡쿡 쑤신다. 자전거를 타야 했을까, 아니면 걸어야 했을까? 아니면 뛰어서 도망쳐야 했을까?

"의사세요?" 기사가 말한다.

"정신과 의사입니다."

"그러세요?" 그가 한 손만 운전대에 올린 채 말한다. "지금 내가 무슨 생각을 하고 있는지 맞춰보세요."

대시보드에 처칠 보험회사 광고에 나오는 고개를 까닥거리는 불도그 인형이 붙어 있고, 방향제 커버는 영국 국기다. '외국인들이 몰려와서 우리 일자리를 빼앗아 갈 거라고 생각하고 있죠?' 하고 말하고 싶다. 그러면 그는 내 독심술에 감탄하며 고개를 끄덕일 것이다. 하지만 이내 고정관념을 갖고 그를 바라본 것에 죄책감을 느낀다. 나는 지금 생각을 제대로 할 수가 없는 상태다.

"지금은 근무 중이 아니라서요." 대화를 거기서 끝내려고 그렇게 말은 하지만, 독심술사와 정신과 의사의 차이는 설명해주고 넘어간다.

"근데 왜 미치광이들하고 일하는 직업을 선택했어요?" 대화를 끝내고 싶은 내 의도를 무시하고 그가 계속 묻는다.

런던은 사람들이 말을 걸지 않기로 유명한 곳 아니었던가?

"음, 실은, 요즘 쓰는 정확한 표현은 '정신 건강 문제가 있는 사람'입니다."

그는 고개를 저으며 눈을 위로 굴린다. "정치적 올바름이 미쳐 돌아가고 있어요."

"잘난 척하려는 건 아니지만 '정치적 올바름이 정신 질환을 앓고 있다'고 말해야겠지요."

"그래서 왜 정신 질환 미치광이들과 일하는 직업을 선택했냐고요?"

조금 나아졌다.

택시 안이 너무 더워서 이마에 땀방울이 맺힌다. 금방이라도 토할 것 같다. 마지막 5분 동안 아까 먹은 슈거 퍼프 시리얼을 게워내지 않으려고 전력을 다하는데 마침내 병원 입구에 차가 멈춰 선다. 차에서 내리니 신선하고 시원한 공기가 얼굴을 때린다. 나는 신의 호감을 사기 위해 친절한 기사에게 팁을 많이 준다. 그러고는 한 번에 두 계단씩 뛰어 올라가서 내 신분증을 응급실 경비원에게 보여준다. 잠시 나는 그가 '아, 바로 그 의사로구나' 하는 눈으로 나를 보는 건 아닌가 생각한다. 그러고는 건물 안으로 들어선다.

북적거리는 응급의학과 접수창구 근처의 의사 전용 책상에서 아직 아무도 차지하지 않은 컴퓨터를 발견한다. 고통스러울 정도로 천천히 로딩이 되면서 동그란 화살표가 한참을 뱅뱅 돌아가더니, 마침내 화면에 '서버에 에러가 생겼습니다. 다시 시도해 주십시오'라는 말이 뜬다. 다시 시도할 시간이 내게는 없다. 나는 컴퓨터 뒤쪽의 전선을 흔들어보지만 아무 효과가 없다. 그래서 컴퓨터에 전기충격요법을 적용해볼 요량으로 전원을 껐다 다시 켜본다. 여전히 아무 효과가 없고, 모니터는 마치 내가 페르마의 최종 정리를 증명해보라고 하기라도 한 듯 멍하니 나를 바라보고만 있다.

"경상 센터 쪽에 작동하는 컴퓨터가 한 대 있을 거예요." 한 의사가 말한다. 고개를 들지도 않고 말하는 게 늘 있는 일이긴 하지만, 혹시 내가 버터필드 부인을 죽인 의사라는 사실을 알고 있어서 그러는 건 아닐까?

나는 가벼운 증상의 응급 환자를 받는 쪽으로 간다. 훨씬 더 차분한 분위기다. '미끄럼 주의'라고 적힌 경고판 옆을 스케이트 타듯 지나가는 나를 보고 밀대를 든 청소원이 고개를 젓는다.

중앙에 있는 간호사 센터에 비어 있는 컴퓨터가 하나 있다. 그쪽으로 향하던 중 병상에 누워 있던 환자가 도와달라고 외치는 소리를 듣지만 그냥 곧바로 지나친다. '워터하우스다운 행동이군.' 나는 생각한다. '다들 죽으라고 놔둬버려!'

컴퓨터 앞에 앉아서 로그인 페이지를 열지만 스트레스 때문에 아무 생각도 나질 않는다. 환자 기록 전산화는 의학계에 혁명적인 변화를 가져올 것이라고들 했었다. 서류 작성을 간편화하고, 종이 메모와 고장 나지 않는 펜을 찾아 휘갈겨 쓴 의사의 손 글씨를 해독하는 데 드는 시간을 절약할 수 있다는 것이었다. 하지만 그렇게 말한 사람들은 작동하는 컴퓨터를 찾아 헤매고, 그런 컴퓨터를 찾았다 해도 매달 바꿔야 하는 암호를 기억해내서 로그인을 하는 데 낭비하는 시간은 감안하지 않은 게 분명하다. 두 개의 특수문자와 적어도 한 개의 숫자가 들어 있어야 하고 대문자와 소문자를 섞어 써야 하는 동시에 지난 3년 사이에 한 번이라도 사용한 암호는 안 된다는 규정에 부합하는 암호를 매달 만들어내고 또 기억해야 하는 것이다.

다음번에 또 잊어버릴 게 분명한 암호로 리셋을 한 뒤 나는 드디어 로그인에 성공한다. 윈도우 프로그램이 로딩되기를 기다리는데 나피사가 파랑 커튼 뒤에서 나오는 게 보인다. 그녀는 인상을 쓰더니 내가 앉은 쪽으로 다가온다.

"어…… 도대체 여기서 뭐 하는 거야?"

그녀도 알고 있는 게 분명하다. 모두가 알고 있는 게 분명하다.

"오늘은 당직 아니잖아, 벤지?" 그녀가 말을 잇는다. "너한테 저녁 9시에 인계하는 걸로 알고 있었는데."

"나피사, 나 진짜 큰일 났어." 내가 말한다. 언젠가 이런 일이 일어날 줄 알고는 있었다. 손이 떨리고 있다. "그 소식 들었지? 음…… '매우 심각한 사태'?"

"그 살인 사건 말이지? 응, 정말 슬픈 일이야. 다들 그 이야기만 하고 있잖아."

경비원이랑 수간호사, 의사 모두 나를 이상한 눈으로 보는 것 같다는 내 느낌이 맞았다.

"비어트리스가 돌보던 환자였잖아. 알고 있었어?" 나피사가 말을 잇는다.

"뭐라고?"

나는 첫 이메일을 다시 떠올려본다.

잠깐, 로빈이 정말 49세였던가?

"그 엄마 정말 안됐어. 그리고 환자 본인도 물론……."

"잠깐만, 나피사, 환자 이름이 뭔지 알아?"

"음, 프레디 뭐였는데. 뉴스에 다 났잖아. 찾아봐. 근데 왜?"

내 머리가 뒤로 휙 넘어가고 온몸에 힘이 빠진다. 하지만 이건 기묘하고 변태적인 안도감이 아닌가. 다른 누군가가 죽었다는 건 내 환자와 그의 어머니가 안전하다는 의미다.

내가 설명을 하자 나피사는 나를 안심시키는 말을 몇 마디 하다가 다음 환자에게 달려간다.

하지만 확실히 할 필요가 있다. 나는 다시 컴퓨터의 온라인 데이터베이스에 NHS 번호를 입력한다. 프레디 토드라는 이름의 49세 환자 파일이 뜬다. 나는 의사의 메모를 읽는다. 밤에 당직을 서는 사이에 나타날 경우, 내가 '알고 있어야' 할 사항이 있는지 알아두는 게 좋다. 하지만 원래 이메일은 지난주 금요일에 작성된 것이라 주말 사이에 상황이 완전히 바뀐 듯하다.

차트에는 지난주 월요일, 환자의 어머니가 아들의 강제 입원을 위한 진단을 해줄 수 있는지 문의하기 위해 위기관리팀에 전화를 했었다고 적혀 있다. 그녀는 아직 날짜가 정해지지 않았다는 답을 들었다. 며칠 후 더 위기감이 느껴지는 목소리로 다시 전화를 해서 어떻게 되어가고 있는지 문의했다. 여전히 병상이 나지 않은 상태였다. 그다음 날 다시 전화를 한 그녀는 아들의 상태가 급속도로 악화되고 있고, 환청으로 들리는 목소리가 어머니를 해치라고 한다는 사실을 강조했다. 그때까지는 환자가 그녀를 실제로 공격하지는 않은 상태였지만 위기관리팀은 상황을 확인해보겠다고 약속했다. 그러고 몇 시간이 채 지나지 않아 그녀가 다시 전화를 해서 제발 아들을 입원시켜달라고 애원했다. 이제는 프레디 본인도 입원을 원했고, 자기가 어머니를 해칠까 봐 두렵다는 말도 했다. 이 시점에서 프레디의 위급 정도가 상향 조정되어서 병상 관리 책임자에게 바로 의뢰가 들어갔고, NHS의 만성적인 병상 부족 현상을 감안해서 비보험 환자 전용 병원의 병상을 살 돈을 찾아보자는 결정이 내려졌다. 다음 날 환자의 어머니는 사망한 채 집에서 발견되었다. 프레디는 실종됐고, 살인 용의자로 수배됐다. 그를 찾기 위한 수색이 계속되는 상황에서 강제 입원 조치는 더 이상 필요 없다는 판단이 내려져 취소됐다.

세상에나, 이런 빌어먹을 일이!

인터넷 검색을 해보니 나피사가 말한 대로 이 사건은 온 나라에 보도되고 있었다.

조현병이 원인이 된 살인 사건은 전체의 6퍼센트밖에 되지 않고,[1] 알코올, 약물 남용이 연루된 살인은 33퍼센트나 되는데도,[2] 정신병으로 인한 살인 사건은 대대적으로 신문 전면에 보도가 되는 흥미로운 경향이 있다.

글자들이 어지럽게 소용돌이치는 듯해서 제대로 읽기가 어려웠지만, BBC 기사를 대충 해독해본 결과, 경찰은 금요일부터 프레디를 찾기 위한 수색을 시작했고, 프레디 본인과 일반 대중의 안전이 심각하게 우려되는 상황이라고 했다. 그러던 중 주말에 한 공원에서 프레디가 낯선 사람에게 자기 어머니 몸에서 악마를 쫓아낸 뒤로 어머니를 본 적이 있는지 묻다가 경찰에게 발견되었다. 그는 자신이 어머니를 목 졸라 죽였다는 사실을 모르는 듯했다. 기사에 따르면 그는 이전에도 열네 차례나 강제 입원을 당한 적이 있었다. 프레디의 어머니가 살해를 당하기 며칠 전부터 프레디와 그의 어머니 둘 다 그를 병원에 입원시켜달라고 간청했다는 사실이 이제 방방곡곡에 알려졌다.

나는 다시 데이터베이스 페이지로 돌아가 내 환자의 이름을 입력한다. 사건 현장에서 몇 킬로미터밖에 떨어지지 않은 곳에 살던 로빈 버터필드가 정신 건강법에 따라 구급차로 병원으로 옮겨졌다는 기록이 있는 것을 발견하고 겨우 마음을 진정시킨다. 약물 복용이 이미 시작되었으니 일단 회복이 되고 나면 그는 집으로 다시 돌아갈 수 있을 것이다. 혹은 요즘 점점 더 흔히 보이는 현상이지만, 그가 차지하고 있는 소중한 병상을 그보다 더 큰 위기에 처한 다른 환자에게 '양보할 수 있을 정도'가 되었다는 판단이 들면 집으로 돌아갈 것이다.

나는 아침에 집에서 처음 그 이메일을 열었을 때부터 참고 있었던 듯한 숨을 마침내 내쉰다. 프레디 토드와 로빈 버터필드의 운명은 너무나도 쉽게 뒤바뀔 수 있었다. 그러나 무엇보다도 운이 좋아서, 프레디의 정신과 의사가 아니라 로빈의 정신과 의사, 비어트리스가 아니라 내가 환자의 안부를 묻는 전화를 환자 가족에게 할 수 있는 것이다.

"아, 저는 괜찮아요." 버터필드 부인이 수화기 저편에서 대답한다. 늘 감정 표현을 절제하는 그녀다운 반응이다. "로빈이 안전한 곳에서 도움을 받을 수 있다는 사실에 안심이 돼요. 걱정이 많이 됐었거든요."

"괜찮으시다니 정말 다행입니다. 그리고 오래 기다리시게 해서 죄송해요." 나는 응급실의 소음 때문에 한쪽 귀를 막고 그렇게 외친다.

"끊기 전에 궁금한 것 한 가지만 여쭤볼게요, 선생님. 병상 하나 찾는 데 왜 항상 그렇게 오래 걸리나요?"

나는 이 모든 것을 버터필드 부인에게 잘 설명하는 동시에 어떻게 분노를 표출하지 않고 잘 참아내 전문가로서의 품위를 잃지 않을 수 있을까 잠시 고민한다. "신체적인 질병에 비해 정신적인 질병을 우선시하지 않아서 그런 것 같습니다."

그녀는 동의한다는 듯 음음 하는 소리를 내더니 인사를 하고 전화를 끊는다.

집으로 돌아온 나는 다시 침대에 누워 근무 전에 잠을 좀 자두려고 애써보지만 그럴 수가 없다.

나중에 법정에서 판사는 토드 부인이 사랑하는 아들의 손에 목숨을 잃은 사건이 예방 가능한 일이었다는 점에 슬픔을 표한다. 사법부는 이 비극이 벌어지기 전 며칠 내내 병상이 부족한 상황이었다는 점을 지적하고, 제한된 자원을 적절히 배분해야 하는 정신 건강 의료인들의 어려움을 인정한다.

프레디 토드는 정신 질환으로 인해 재판을 받을 수 없는 상태라고 판정되어, 보안 등급이 높은 법의학 정신병원에서 처벌이 아닌 치료를 무기한 받아야 한다는 선고가 내려졌다. 정신 질환을 앓는 상태에서 참혹하게 어머니를 살해하는 것보다 더 끔찍한 일이 있다면, 정신 질환의 안개가 걷힌 후 자기가 한 행동을 깨닫는 차가운 현실과 마주하는 일일 것이다.

21

“당신은 아버지가 아니에요”

7시 11분도, 7시 12분도, 심지어 7시 13분도 아니다. 현재 시각은 7시 19분. 월요일 저녁 약속 시간인 7시 10분에서 9분이나 지났는데 나는 아직도 조지프의 대기실에 앉아 있다. 왜 모든 사람이 늦는 것일까? 게다가 조지프가 내 상담 약속을 완전히 잊어버린 게 바로 지난주 아닌가? 마침내 내 앞에 들어갔던 여자가 상담실에서 나와 밖으로 나간다.

잠시 후 조지프가 주머니에 손을 꽂은 채 느긋하게 걸어 나온다. “안녕하세요?” 그가 여느 때처럼 미소 지으며 인사를 한다.

뭐? 안녕하냐고?

나는 아무 말도 하지 않고 8분 가까이 누워 있다가 문득 이렇게 뚱하게 있으려고 10파운드(한화 약 1만 9000원) 가까운 돈을 들였나 싶은 생각이 든다.

“아직 뜨뜻하네요.” 결국 나는 부글부글 솟구치는 화를 누르며 말한다.

"뭐가요?"

"이 소파요. 제 바로 앞 그 여자가 누워 있던 자리라서요."

"아, 재미있네요. 그 여성은 내가 지도하는 학생이라 저쪽 의자에 앉아 있었거든요."

나는 고개를 젖혀 조지프 건너편에 있는 의자를 바라본다. 처음 그를 만났을 때 내가 앉았던 의자다. 내가 미쳐가고 있는 걸까?

"괜찮아요?" 그가 묻는다. "말 안 하고 있는 게 있나요? 늦어서 미안해요……. 그리고 지난주 약속을 잊어버린 것도 미안하고."

서둘러 퇴근한 뒤 빗속에서 자전거를 타고 런던을 가로질러 갔는데, 초인종을 눌러도 전화를 해도 응답도 없었을 때 올라오는 짜증은 말로 형언할 수가 없었다. 마치 연인에게 버림받은 사람처럼 비를 철철 맞으며 문 앞에 서서 기다려야만 했다. 게다가 같은 일이 몇 번 반복됐다. 실은 삼촌 문병을 갔던 일, 자주 반복되는 꿈에 대해 이야기하고 싶었다. 아니면 늘 늦는 에스더에 관해서도. 하지만 이제 그 이야기를 하면 내가 시간 지키는 일에 쩨쩨하게 구는 사람처럼 보일 것이다.

"내게 화내도 돼요. 알죠?" 그가 말한다.

나는 아무 말도 하지 않는다.

"벤지, 당신은 아버지가 아니에요. 이런 식으로 온순한 겉모습을 유지하는 건 단지 공격성이 억압된 상태일 뿐이에요. 화가 나서 폭발해버릴 거라 생각하겠지만, 그렇지 않을 거예요. 이렇게 도움을 구하고 있으니까요."

기차에서 내가 느꼈던 분노를 생각하면 이건 말도 안 되게 낙관적인 선언이라는 느낌이 든다.

“갈등을 다른 방식으로 해결하려고 노력하는 과정에서 과도한 보상을 하고 있어요. 화가 나면 적당히 의사 표현을 하는 것도 건강한 겁니다. ‘온화함’이라든가 ‘벤지다움’, 그런 게 모두 자신을 어린아이의 상태에 머무르게 하는 거예요. 다 자란 남성이 할 수 있는 일에 두려움을 느끼기 때문이죠. 하지만 모든 걸 그렇게 마음속에 담아서 압력밥솥처럼 억누르기만 하다가는 언젠가 사소한 일에도 폭발해버릴 위험이 있어요. 다정하고 가정적이던 남편이 아내가 바나나를 사 오지 않았다고 살해하는 사건이 그래서 벌어지는 거예요.”

“이 이론들 말이에요.” 결국 나도 입을 연다. “그런 게 맞는지 어떻게 알죠?”

조지프의 사도들, 그에게 매주 돈을 갖다 바치는 그의 환자들은 그가 정상상태는 바로 이것이라고 주장하며 쏟아내는 청사진이 옳다고 믿는다. 그러나 나중에라도 그의 세계관이 왜곡되어 있었고, 아프거나 미쳤거나 사악한 사람은 바로 조지프 자신이었으며, 그가 생산해낸 청사진에 문제가 있었다는 것이 밝혀진다면 어떻게 될까? 그의 손을 거친 우리는 금방이라도 불이 붙어 폭파될 위험이 있으니 회수되어야 할 전자 제품처럼 되는 건 아닐까?

“내 말이 맞는지 우리는 알 수가 없지요.” 조지프가 말한다. “하지만 지금 뭔가 말하지 않고 참고 있잖아요, 벤.”

"도대체 왜 날 벤이라고 부르는 거죠? 제기랄! 내 이름은 벤지라고 백만 번 말해야 합니까!"

"바로 그거예요, 벤지." 그가 놀랄 정도로 차분한 목소리로 대답한다. 폭발하지도, 복수하지도, 버티지도 않는다.

이 사람, 지금 날 시험하고 있는 건가?

나는 아무 말도 하지 않은 채 좀 더 누워 있다. "내가 왜 정신과 의사가 되려고 했는지 알 것 같아요." 한참 후 내가 입을 연다.

"계속하세요." 조지프가 말한다.

올려다보니 그는 새로운 이론을 기대하는 철학자처럼 눈을 감고 기다리고 있다. 그는 가끔 내가 하는 말에 집중하기 위해 이런 식으로 눈을 감을 때가 있다. 하지만 깊은 생각에 잠겨 있는지 잠깐 낮잠을 자는 것인지 알 수 없을 때도 있다. 적어도 한 번은 실제로 잠이 들었는데 나중에 식사를 너무 많이 해서 식곤증이 왔었다고 변명을 했다. "벤지, 자기가 지루한 사람이 아닐까 불안하다고 말하는 도중에 졸아서 미안해요." 그는 그렇게 말했다.

"그게 말이죠." 내가 시작한다. 학년말 고사처럼 느껴지는 이 상담에서 합격하기를 바라는 마음이 든다. "우리 가족을 고칠 수 있는 비밀 코드 같은 걸 찾으려고 정신과를 선택했다는 생각을 최근 들어 하게 됐어요."

조지프는 어딘가에 정답 노트가 있다는 듯 고개를 끄덕인다. "그런 생각을 하면 어떤 느낌이 들어요?"

"음, 우울해요. 훈련 과정을 다 거친 다음에야 정신과 의사들이 가진 비밀 같은 건 없다는 걸 깨닫게 되었으니까요. 비밀 코드 같은 건 없어요."

나는 눈물이 나는 것을 멈추려고 눈을 감는다. 조지프가 구비해놓은 싸구려 화장지를 내가 사용한 건 딱 한 번뿐이고, 그때도 감기 때문이었다. 소파가 울퉁불퉁 불편하지만, 잠들고 싶은 생각뿐이다. 하지만 잠을 잘 수 있다 하더라도, 할인까지 받은 내 상담료가 시간 단위로 따지면 런던 최고급 호텔 숙박료보다 더 비싸다.

"지금 생각이 어디로 흘러가고 있나요?" 잠시 침묵이 흐른 후 조지프가 묻는다.

"별다른 생각이 들지 않아요. 그냥 너무 피곤해요. 제가 한 모든 결정을 돌이켜보고 의심하느라 잠을 잘 수가 없어요. '그 환자가 너무 방어적이었나? 이 환자가 내게 하지 않은 말이 있을까? 왜 그 사람은 내가 한 전화에 응답하지 않을까? 아마 죽었을 수도 있어.' 그런 생각이 들어서요."

쏟아내던 말을 멈추고 숨을 쉰다.

"항상 아슬아슬해요. 환자를 입원시키려면 병상을 확보하기 위해 싸워야 하고, 입원시키지 않으면 환자 안전을 걱정하고요. 정신과 의사 노릇이 이럴 줄 몰랐어요."

"흠…… 텔레비전에 나오는 의학 드라마하고는 다르죠?" 조지프가 말한다.

"제게 우울증이 있다고 생각하세요?" 내가 묻는다.

"아니요, 그저 NHS 정신과 의사여서일 뿐이에요."

"그럴지도요. 하지만 왜 그런 생각들을 하게 되는지……."

"그런 생각?"

"아, 잘 모르겠어요. 죽어버리고 싶다는 짜증 나는 생각을 가끔 하고요, 자꾸 같은 꿈을 꿔요."

며칠 전 밤에 혼란과 공포에 사로잡혀 식은땀을 흘리며 깬 적이 있다. 빌어먹을 그 주차장 악몽이었고, 심장이 빠르게 뛰고 있었다. 바깥을 보니 하늘은 아직 깜깜하고 달빛만 비추고 있었다. 전화를 확인해보니 새벽 3시 14분이었지만 그냥 일어나버렸다.

조지프는 이 꿈을 프로이트가 말한 '죽음 본능'으로 설명했다. 인간은 항상 자기 보존과 자기 파괴라는 두 가지 반대되는 충동 사이에서 갈등한다는 것이다.

"조지프, 정신 질환이 감염병처럼 옮는 병이 아니라는 건 나도 알아요. 하지만 뭔가를 흡수하는 건 맞는 것 같아요. 혈관 외과에서 일할 때는 근무가 끝나고 나면 매일 수술복을 빨았어요. 썩은 생선 냄새가 났거든요. 소화기 내과에서 일할 때는 냄새가 어땠을지 짐작하시겠죠. 하지만 정신과에서는 공기 중에 사람들의 고통이 떠다녀요. 그런 고통은 세탁기에 옷을 빤다고 사라지지 않고 늘 따라다녀요."

조지프는 내 말에 대해 잠시 생각해본다. "어쩌면 고통을 일부 흡수하는 게 다른 사람을 돕는 대가일지도 모르겠군요." 그가 말한다.

내가 다른 사람을 돕고 있기나 한 것일까?

"그런 건 상담을 받는다고 떨쳐버릴 수 있는 게 아닌 것 같아요." 내가 말을 잇는다. 너무 지쳐서 조지프의 감정을 고려할 여유를 부릴 수도 없다. “어떨 땐 과거를 이런 식으로 파헤치는 게 제 상태를 더 악화시키는 것 같다는 생각을 할 때도 있어요.”

나는 내가 정신분석학이라는 종교에 세뇌된 건 아닐까 의아할 때가 있다. 내가 동생들에게 “이야기를 하면 도움이 돼”라는 말을 주문 외우듯 하면서 치료를 받으라고 권할 때마다 걔들은 “난 괜찮아, 형. 치료가 필요한 사람은 형뿐이야. 형이 제일 불행하잖아. 악의는 없으니까 기분 나빠 하진 말고” 하고 말한다.

부모님과 대화를 시작하려던 나의 시도도 별다른 성과가 없었고, 몇 달 전에 내가 보낸 메일에도 아직 답을 받지 못했다.

“조지프, 솔직히 말해주세요. 정신분석학은 과학인가요, 아니면 그냥 헛소리인가요?”

“정신분석학은 과학이에요.”

“아, 다행이에요. 그럼 언젠가는 기분이 나아지는 날이 있겠네요?”

“그럴 거예요.” 조지프는 그렇게 말하면서 자기가 앉은 안락의자의 나무틀을 두 번 톡톡 친다. “행운을 빌어요.”(영국에서는 불운이 따르지 않기를 빈다는 뜻으로 나무를 두 번 톡톡 치며 ‘touch wood’ 하고 말하는 관습이 있다 – 옮긴이)

22

지키지 못한 약속

"다리 어느 쪽으로 뛰어내렸나요?"

새벽 4시가 조금 지난 시각에 응급실로 급히 가면서 내가 생각해낼 수 있는 질문은 그것뿐이었다. 정확히 언제 내가 이런 사람이 됐는지는 기억나지 않는다. 점진적으로 벌어진 일이리라.

응급실에 들어서니 나와 통화했던 그 무례한 수간호사가 팔꿈치가 덧대진 재킷과 구겨진 라운드넥 셔츠, 청바지, 편한 신발 차림을 한 나를 쓱 한 번 훑어보고는 "정신과죠?" 하고 말한다.

어떻게 항상 내가 정신과 의사인지 아는 걸까?

나는 고개를 끄덕인다.

"꿀잠을 깨워서 미안해요, 선생님. 다음번에는 자살 다리 남쪽으로 뛰어내리라고 주의를 줄게요."

나는 옆방을 가리키는 그녀에게 억지 미소를 지어 보인다.

방 안에서는 정신과 전문 간호사가 환자를 지키고 있다. 보통 낮에만 보는 환자다.

몸을 앞으로 굽히고 얼굴도 숙이고 있는 그의 장갑이 낯익다. 손가락 부분이 잘린 장갑이다. 왼쪽 팔의 새하얀 붕대, 오른쪽 손목의 반짝이는 석고 깁스와 대비되어 장갑이 더 더러워 보인다. 그는 소리 없이 흐느끼고 있다. 공기 중에는 씻은 지 오래된 사람의 체취와 위스키 냄새가 퍼져 있다.

'젠장! 나랑 약속했잖아요!'라고 외치고 싶은 걸 겨우 참는다.

"타리크, 벤저민이에요. 무슨 일이에요?"

그는 고개를 들지도 않는다. 그냥 계속 바닥에 시선을 고정시킨 채 훌쩍이다가 간혹 신음 소리도 낸다. 보통 때보다 심지어 더 더럽지만, 사실 샤워 시설을 오래 사용하지 못하다가 가시덤불 위로 떨어진 사람이라면 대부분 이런 상태일 것이다.

간호사가 어깨를 으쓱해 보인다. "제가 도착했을 때부터 계속 이 상태였어요. 말을 한 마디도 시킬 수가 없네요."

"타리크, 내게는 뭐든 이야기해도 되는 거 아시죠." 내가 말한다.

그가 코를 훌쩍거리더니 입을 뗀다. "타…… 타……." 말을 시작하자마자 다시 흐느끼기 시작한다.

잠이 부족해서 멍한 상태라 상황 파악을 하는 데 한참이 걸린다. 수간호사가 원래 전화했을 때 했던 말이 떠오른다. "…… 술 냄새가 강하게 났고…… 죽고 싶다는 말도 했다고…… 어제 절친한 친구가 죽었다고……."

다음 순간 타리크 발 옆의 빈 공간이 눈에 들어온다. 그리고 나는 타이슨이 거기 없다는 사실을 깨닫는다.

밤 당직이 끝난 후 나는 화장실로 간다. 거울을 보니 창백하고 뭔가에 홀린 듯한 남자가 바라본다. 누군지 알아보기가 힘들다.

전화를 확인해보니 에스더에게서는 아직 아무런 메시지가 오지 않았지만 부모님이 보낸 메시지는 있다. 다른 말은 하나도 없이 허위 기억 증후군에 관한 논문 링크만 들어 있다.

낮 당직 의사들에게 인계를 한 후, 밤 당직이 끝난 뒤에 습관처럼 마시는 핫초콜릿을 사러 구내식당으로 간다. 밤 근무를 마친, 눈이 충혈된 직원들이 많이 보인다. 핫초콜릿을 마신 다음 자전거를 타고 집에 가서 스테로이드 냄새가 물씬 풍기는 이웃 체육관에서 들려오는 쿵쿵 소리를 들으며 잠을 청할 것이다.◆

명랑한 구내식당 직원이 모두를 따뜻하게 맞이한다. "좋은 아침, 오늘도 안녕하신가요?"

기진맥진하게 고단한 근무를 마친 후 마주하는 이 작은 온기는 내 마음을 오랫동안 따뜻하게 해준다. 흠, 보통은 그렇다.

하지만 이 순간 그녀를 보는 내 마음 한구석에서는 그렇게 즐거울 일이 도대체 무엇이냐고 쏘아붙이고 싶은 충동이 인다.

◆ 야간 당직 근무에 대처하는 방법은 사람마다 다르다. 야간 응급실에서 일할 때 만난 한 동료는 퇴근 직전에 수면제를 먹는 게 최고의 방법이라고 장담했었다. 수면제는 효과가 나타나기까지 30분이 걸리고 집까지 운전해서 가는 데에는 20분이 걸리니 집에 가서 베개를 베자마자 곯아떨어질 수 있다는 논리였다. 꽤 좋은 계획이었지만 어느 날 예상치 않게 차가 막혀버릴지도 모른다.

내가 안녕하냐고?

내가 도대체 무슨 빌어먹을 짓을 하고 있는지 모르겠어요.

내가 도대체 무슨 빌어먹을 짓을 하고 있는지 모르겠어요.

내가 도대체 무슨 빌어먹을 짓을 하고 있는지 모르겠어요.

내가 도대체 무슨 빌어먹을 짓을 하고 있는지 모르겠어요.

내가 도대체 무슨 빌어먹을 짓을 하고 있는지 모르겠어요.

"잘 지냅니다. 고맙습니다. 아주머니도 안녕하셨어요?"

3부

회복

명사: 1. 건강, 정신, 힘이 정상적인 상태로 돌아가는 것

2. 잃어버렸던 것에 대한 통제력을 되찾는 과정

23

삶이란 복잡한 것이니까

집에 돌아온 샘은 화장지 두 개가 든 봉지를 월드컵 트로피라도 되는 양 자랑스럽게 들어 올린다. “마트에서 나이 든 할머니하고 씨름한 끝에 이걸 차지했어.” 그는 마스크를 벗으면서 농담을 한다.

내가 FIFA 비디오게임을 계속하는 동안 샘은 손을 씻는다. 새로운 일상이다. 그런 다음 소파에 털썩 주저앉아 플레이스테이션 게임기를 집어 든다.

“이탈리아에서는 시체 안치실이 너무 꽉 차서 빙상 경기장에 시체를 보관해야 할 정도래.” 그는 팀을 고르면서 말한다. 나는 아무 말도 하지 않는다. “그리고 여기 영국 어떤 병원들은 커다란 쓰레기봉투를 개인 보호 장구 대신 입는다고 하더라고…….”

“응…….”

“이제 사망자 수가…….”

"야, 입 닥치고 게임에나 집중해!"

샘은 순순히 앞에 놓인 스크린에 시선을 고정한다. 화면에서 선수들이 경기장으로 입장하고 있다. 우리는 둘 다 지금은 집중하지 않아도 되는 부분이라는 걸 알고 있다.

조지프하고 상담을 하면 도움이 될 것 같지만 그는 아직 원격 상담을 할 방법을 찾아내지 못하고 있다.

"형, 오늘 이 게임 하는 거 말고 다른 거 한 거 있어?"

"그럼! 목욕도 했지. 세 번이나. 내가 지금 긴장을 풀려고 애쓰고 있는 거 몰라?"

거품 목욕이 스트레스를 푸는 데 도움이 된다는 말을 들은 후 나는 마트에 가서 거품 입욕제를 여섯 병 샀다. 출근하지 않은 지난 2주 동안 하루에 세 번씩 거품 목욕을 해서 총 마흔두 번의 긴 목욕을 했지만 효과가 있는지 100퍼센트 확신이 들지는 않는다.

오늘도 아까 '스트레스 해소'라고 쓰인 입욕제를 꽤 많이 푼 다음 목욕물에 들어갔다. 별 효과가 없는 것 같아서 탕에서 잠깐 나와 '행복한 느낌' 입욕제를 더 붓고 거품을 내기 위해 손으로 물을 휘저은 다음 다시 탕 안으로 들어갔다. 여전히 별 효과가 없었다. 절박해진 나는 마지막으로 거품 목욕 연금술을 연구하는 광기 어린 과학자처럼 '수면 아로마테라피'라고 쓰인 비싼 입욕제를 들이부었다. '회복탄력성' 혹은 '직장으로 돌아가기' 제품이 있으면 정말 좋겠다는 생각을 하면서.

"그리고 형, 엄마가 형 직장 잘 다니고 있냐고 묻는데 뭐라고 말해야 할지 모르겠어."

"다 괜찮다고 말씀드려. 어차피 듣고 싶은 말만 들으실 텐데, 뭘. 그래도 내가 에스더랑 화해했다고 하면 그건 좋아하실 거야."

나와 에스더는 지난주에 '대화'를 하고 그 '로맨틱한 주말여행'에서 일어난 일에 대한 오해를 풀었다. 나는 그녀가 만성적으로 늦는 것, 심지어 내가 중요하다고 말한 약속에도 늦는 것이 화가 난다고 말했다. 그녀도 불만을 토로했다. 내가 무슨 생각을 하는지 모르겠고, 가족들에 관해서 거의 말해주지 않는다는 것이었다. 나는 앞으로 그 부분에 대해 노력해보겠다고 말했다. 거기에 더해 에스더는 내가 최근 들어 전반적으로 '이상하게 행동한다'며 거리감이 느껴진다고도 했고, 자기가 만나자고 할 때 말도 안 되는 핑계를 대는 것이 혹시 바람피우는 건 아닌지도 물었다. 내가 주로 월요일에 다른 여자를 보는 것 같다는 말에 나는 상담을 받고 있다고 털어놓았다. "그 상담사, 그 여자 이름이 뭔데?" 그녀는 의심스럽다는 듯 물었다. 나는 조지프라고 대답했다. 에스더는 내가 상담을 받는 것을 비판적으로 생각하거나, 내가 미쳤거나 문제가 있어서라고 생각하진 않았다. 그래서 직장은 어떠냐는 그녀의 질문에 그사이 벌어진 몇 가지 일에 관해서도 이야기하기로 결심했다.

몇 달 전, 그러니까 타리크가 자살 다리에서 뛰어내린 날 밤 당직 근무를 하고 집으로 온 나는 응급으로 가정의와 약속을 잡았다. 서류에 내가 의사라는 말은 일부러 하지 않았다. 그냥 환자이고 싶었기 때문이다.

"이름은요?" 병원의 접수창구 직원이 무관심한 표정으로 책상 뒤에서 묻는다. 동네 패스트푸드 지점에서도 NHS보다는 더 따뜻한 인사를 받는다.

"벤저민."

"성은요?"

"워터하우스."

동네 병원에서 잠시 수련의로 일해본 경험이 있는 나는 그녀가 지금 입력하는 세 가지 정보가 미리 가정의의 컴퓨터로 전달될 거라는 사실을 안다. 그래서 세 번째 질문에 답할 준비가 되어 있다.

그녀는 에너지 음료를 크게 한 모금 들이켠다. "긴급하게 의사를 만나야 할 이유는요?" 그녀는 목소리를 더 높이며 묻는다.

"음…… 우울증이요." 내가 속삭인다.

그녀는 음절 하나하나를 크게 소리 내 말하면서 자판에 입력한다. "우…… 울…… 증……." 나는 의자 쪽으로 가서 자리를 잡는다.

기차역 대합실처럼 대기실에 있는 스크린에 이름이 올라온다. 접수창구 직원이 실수로 성이 올라가야 할 곳에 의사를 만나야 할 이유를 적은 듯하다. '트레버 치질'이라고 올라왔기 때문이다. 놀랍게도 치질의 철자가 하나도 틀리지 않았다. 그때까지 의자 옆에 서 있던 나이 든 남성이 2번 방으로 휘적휘적 걸어 들어간다.

나는 접수창구 직원에게 그녀의 실수를 알려준다. 대기실 스크린에 '벤저민 우울증'이라고 게시되고 싶지 않았기 때문이다.

내 차례가 되어서 들어간 방에는 스미스라는 의사가 앉아 있다. "어떻게 도와드릴까요?" 그는 컴퓨터에 대고 묻는다.

나는 프로작 복용을 시도해보고 싶어서 의사를 보러 왔다. 원래 내가 타고난 세로토닌 분비량을 향상시켜 매일 아침 침대에서 일어나서 출근하는 데 도움을 받기 위해서 말이다. 그 약을 수백 번 처방해왔지만 내 스스로 복용해볼까 하는 생각은 최근에야 하기 시작했다. 약은 환자를 위한 것이지 의사를 위한 게 아니지 않은가.

의사들은 환자에게서 답을 듣는 걸 좋아하지 않는다. 그래서 나는 내 증상을 쭉 열거한다. 업무 스트레스에 관해 물으면서 내 직업이 뭐냐는 질문을 받을 때까지는 모든 게 순조롭게 진행되고 있었다.

군인이라고는 답하지 말아야지.

당황한 나는 "스키 강사입니다" 하고 대답한다.

"재미있겠네요." 스미스 선생이 말한다.

"네, 하지만 이제는 더 이상 즐겁지가 않아요. 그리고 어떨 때는 그만 끝내고 싶다는 생각을 하기도 하고요."

"스키를요?"

"아니요. 음……."

"아, 네."

조지프 말고 다른 누군가에게 내가 자살 충동을 느낀다는 사실을 인정한 것은 그때가 처음이다. 내게는 항상 어머니에게 있는 충동적이고 자기 파괴적인 측면이 있었다. 문자만 오지 않아도 그냥 죽어버리라고 자극하는 목소리.

'아무도 널 좋아하지 않아. 넌 정말 아무짝에도 쓸모없는 쓰레기 같은 놈이야. 하지만 네가 할 수 있는 일이 하나 있긴 해!'

이런 허접한 말을 하는 목소리 말이다. 이런 생각은 항상 뜻하지 않게 내 머릿속을 침범하곤 한다. 그 목소리가 불청객처럼 찾아오면 너무 편안하게 자리 잡거나 제대로 안에 발을 들이지 못하도록 노력을 기울인다. 불청객은 문 앞에서 신발을 벗지 못하고 어슬렁거리다가 나한테 쫓겨난다. 하지만 최근 들어 그 목소리가 억지로 문을 열고 들어오는 데 성공하는 일이 더 자주 벌어지고, 더 유혹적으로 들리기 시작했다. 다른 사람이 이런 말을 했다면 난 아마 우울증이라는 진단을 내렸을 것이다.

그 목소리들은 내 악몽에도 여전히 출현하고 있다. 물론 조지프는 이 모든 것의 상징성에 흥분했다. 내가 텅 빈 직원 주차장에서 자동차를 배기가스로 채워 자살 시도를 하는 악몽 말이다. 냉담한 기업인처럼 보이는 인물은 직원들의 고통이 외부에 알려지지 않는 데에만 신경을 쓰는 NHS 관리자들을 상징할 수도 있다. 조지프와 나는 둘 다 그 꿈이 내가 살고 싶지 않다는 생각을 하는 것과 관련이 있을 수도 있다는 부분은 이야기하지 않기로 마음먹었다.

나는 스미스 선생에게 딱 적당한 정도의 정보만 줘야 한다는 사실을 알고 있다. 우울증이 약을 처방할 정도로는 심하지만, 지역 정신건강관리팀에 의뢰를 할 정도로 심하지는 않아야 한다. 여러 이유가 있지만 무엇보다 그러지 않아도 너무 많은 내 업무에 환자를 하나 더 보태고 싶지가 않다. 내 자신에 대한 의뢰서를 집어 드는 초현실적인 경험까지 할 필요는 없을 것 같다.

"끝내고 싶다는 생각을 확실하게 해보지는 않았어요." 내가 더 정확히 설명을 한다. "그리고 한 번도 시도해본 적도 없고요." 약을 사 모으거나 잠긴 창문을 억지로 열려고 해보지도 않았다. "그냥, 사는 게 다 뭘까 하는 정도…… 아시죠?"

스미스 선생은 나를 처음으로 쳐다본다. 눈이 갈색이다. 피곤한 눈. "알아요." 그가 말한다. "만성피로는 원인이 다양합니다. 혈액검사를 좀 해보지요."

나는 즉시 스웨터 소매를 걷지 않는다. 그러다가 의사들이 어떻게 피를 빼는지도 모르는 사람인 척하는 게 너무 과도한 연기가 아닐까 걱정이 된다. 혈액검사를 하기 위해 월경을 기다리거나 코를 한 대 쳐서 코피가 나게 할 거라 생각하는 사람처럼 보일 수는 없는 일이다.

"소매 올려주세요." 그가 말한다. "따끔하실 거예요" 라고 하면서 피를 뺀 그는 그 안에 답이 들어 있길 바라기라도 하듯 혈액 샘플을 소중히 움켜쥔다.

하지만 정신 질환의 특징과 어려움은 의학적 검사를 통해 눈으로 확인할 수 없다는 데 있다. 스미스 선생이 내 증상에 대해 빈혈이나 갑상선 기능 저하 같은 '유기적' 원인을 찾기를 바란다는 것은 나도 알고 있다. 그런 것은 쉽게 치료할 수 있다. '뭔가를 하고자 하는' 그의 열망이 진심으로 이해가 된다.

그는 내게 '위기관리팀' 소책자를 건넨다. 내가 가방에 그 소책자를 몇 개씩 가지고 다닌다는 걸 생각하면 정말 묘한 순간이다.

"좋은 소식이에요!" 며칠 후 스미스 선생이 전화를 했다. "그냥 비타민 D 수치가 낮아요. 처방전 받아서 약 드시고, 햇볕을 좀 쬐고 나면 금방 기분이 좋아지실 겁니다."

나는 고분고분 비타민 D를 복용하면서 계속 마지못해 출근을 했다. 가정의에게서 햇볕을 쬐라는 처방을 받았다는 이야기를 나피사에게 하자, 그녀는 자기랑 약혼자가 그리스 섬에 휴가를 가는데 같이 가지 않겠냐는 친절한 제안까지 했다. 정말 관대한 제안이지만 로맨틱한 여행에 우울증을 앓는 친구를 데리고 가면 분위기를 잡칠 수도 있겠다는 생각이 들었다. 거기에 더해 휴가를 낼 수도 없었다. 내가 없어지면 우리 위기관리팀에 의사가 한 명도 남지 않기 때문이다. 그래서 절박한 심정으로 집 근처에 있는 자외선 태닝 센터에 가서 인공 일광욕을 했다.

2주 후 나는 다시 가정의를 찾았다. 대기실에는 정신 건강 문제가 얼마나 만연해 있는지 알리는 포스터가 붙어 있었다. 베이크드빈 수백 개가 그려져 있고, 그 아래 있는 콩 네 개 중 한 개, 다시 말해 전체 콩의 4분의 1이 주황색이 아니라고 적혀 있었다. 주황색이 아닌 콩의 색으로 선택된 것은 NHS를 상징하는 파란색과 놀랍도록 비슷했다.

이번에는 다른 가정의였다. 알리 선생은 친절해 보였고, 적어도 나를 쳐다보긴 했다. 온몸에 선탠을 한 채 앉아서 그녀에게 내가 우울증을 앓고 있다고 설득하는 것은 쉽지 않았다. 그러나 적어도 그녀는 귀를 기울였다. 그녀는 내 비타민 D 수치가 이제 정상 범위로 올라왔다고 말했고, 나는 그런데도 비관적인 생각이 계속 든다고 했다.

"무슨 일을 하세요?" 안경 너머로 나를 바라보면서 그녀가 염려하는 사람의 고전적인 표정을 짓는다. 컴퓨터 모니터가 돌려져 있어서 내가 앉은 쪽에서는 보이지 않는다. 따뜻하고 반기는 느낌의 진찰실이고, 구석에 건강해 보이는 몬스테라 화분도 놓여 있다.

나는 포스터에 그려진 베이크드빈 포스터에서 '마음을 여세요'라고 했던 조언을 떠올린다. 정신 질환은 부끄러운 일이 아니고, 심지어 의사들도 경험할 수 있는 병이라는 개념이다. 내가 원하는 화학적 해결책을 손에 넣기 위해서 이번에는 다른 전략을 구사해야 할 수도 있다. 약간 정직하게 나가볼까 하는 생각을 한다.

"정신과 의사입니다." 나는 신발을 향해 사과하듯이 말한다.

"맙소사." 그녀가 말한다. "항우울제를 처방해드려야겠네요."

집에 돌아온 나는 '플루옥세틴 20밀리그램 1일 1회 복용'이라고 적힌 처방전을 뚫어져라 쳐다봤다. 내가 날마다 환자들에게 처방하는 바로 그 약이다. 극적으로 사회적 환경을 변화시킬 힘이 없는 상황에서 전천후, 다목적으로 쓰는 정신의학계의 아스피린 같은 약이다. 나는 매일 아침 그 약을 삼키고 발을 질질 끌며 출근하는 내 모습을 그려봤다. 제2차 세계대전 군인들에게 전투력을 향상시키는 암페타민을 잔뜩 먹여서, 끊임없이 행진을 하고 며칠 밤을 새우고 고통을 못 느끼게 했던 것처럼.

이리저리 곰곰이 생각해본 끝에 나는 결국 처방전을 구깃구깃 접어서 쓰레기통 맨 밑에 숨기듯이 버렸다.

우울증이 '화학적 불균형'으로 초래된다는 이론은 1960년대 정신의학자들이 처음 주장한 뒤로 거대 제약 회사들의 열광적인 지원을 등에 업고 일반 대중에게 공급되어 별 의심 없이 널리 받아들여졌다. 영국에서만 매년 선택적 세로토닌 재흡수 억제제SSRI가 항우울제로 7000만 회 처방되고 있다. 이 이론 덕분에 항우울제는 전 세계적으로 가장 널리 사용하는 약물 종류가 되었다. 정신과 의사들은 우울증이 낮은 세로토닌 수치 때문에 발생한다는 것을 보여주는 신뢰할 만한 증거가 없다는 사실을 이제야 인정하고 있다.[1] 하지만 인구의 80~90퍼센트가 이미 옳다고 믿고 있는 마당에 그런 건 아무래도 좀 늦은 감이 있다.[2]

일을 하면서 나는 이 과도하게 단순한 '화학적 불균형'으로 인한 우울증 이론에 의심을 품게 됐다. 당뇨병 환자의 혈당을 인슐린으로 조절하는 것에 비견할 만한 이 메커니즘이 사실이라면 왜 항우울제가 효과를 발휘하지 않는 환자가 30~50퍼센트나 되는 걸까? 왜 이 약이 설탕으로 만들어진 플라세보에 비해 아주 조금 더 나은 효과를 보인다는 증거밖에 나와 있지 않은 걸까?[3] 거기에 더해 아무런 효과도 보이지 않아 발표되지 못하고 사장

되어버린 엄청나게 많은 연구 결과는 완전히 간과되고 있다.◆

파티에서 만난 페도라를 쓴 여성과 나눈 대화에서처럼 나는 우울증을 단순한 생물학적인 문제로 일축해버리는 것은 삶의 복잡성을 과소평가하는 일이라고 오랫동안 느껴왔다.

물론 수없이 많은 사람이 정신 약리학의 도움으로 삶을 극적으로 변화시킬 수 있었던 것도 부인할 수 없는 사실이다. 어떤 사람들에게 항우울제는 해방감을 주고, 심지어 생명을 구하는 고마운 약이다. 그러나 어떤 사람들에게 이 약은 아무런 효과도 없거나 즐거움에 대한 감각마저 무뎌지게 한다. 그에 더해 꽤 심각한 부작용(그중 가장 충격적인 부작용은 자살 충동이 강해지는 현상이다)과 복용을 멈춘 후 견디기 힘든 금단증상을 경험하는 경우도 많고, 사람들이 겪는 고통의 사회 정치학적 원인에서 관심이 멀어지게 하는 해악을 끼치기도 한다.

현재의 접근법이 효과가 있다면 나도 별로 상관하지 않을 것이다. 그러나 정신약리학자들은 현대 의학의 결과가 빠르게 개선되고 있지만, 유일하게 나빠지고 있는 분야가 단 하나 있다고 밝혔다. 정신과가 바로 그것이다. 1980년대 이후 항우울제 처방이 500퍼센트 증가했다는 것은 이전 어느 때보다 이런 치료에 대한 접근성이 증가했다는 의미다. 그러나 일반적인 예상과는 달

◆ 이는 멀리서 높게 던진 농구공이 멋지게 골대에 가서 꽂히는 동영상을 업로드하면서 그 전에 수백 번 실패한 모습은 올리지 않는 것과 비슷하다. 이 문제를 비롯한 다른 편견에 관한 더 자세한 정보는 벤 골드에이커(Ben Goldacre)의 저서《배드 사이언스》와《불량 제약회사》를 참조하기 바란다.

리 자살률은 감소하지 않았고, 사회 전반을 볼 때 장애를 겪는 사람이 줄기는커녕 더 많아지고 있다.[4] 항우울제는 여전히 무디고 불완전한 도구에 불과하고, 정신의학계에는 페니실린이 가져온 것과 같은 혁신이 아직 도래하지 않은 상태다.

내 문제는 뇌에서 벌어지는 화학작용이라기보다는 환경과 더 연관이 있을 거라는 느낌이 강하게 들었다. 그래서 휴직을 신청했다. 연인과 헤어질 때처럼 내가 정신의학과 거리를 두고자 하는 이유를 휴직 신청서에는 정직하게 적지 않았다. 정신과 의사로서의 업무 때문에 내가 정신적 질환을 앓게 되었다고 쓰는 대신 창의적인 관심 분야를 좀 더 추구해보기 위해서라고 썼다. '문제는 네가 아니라 나야'라고 말하는 전형적인 태도였다. 내 휴직 신청은 곧바로 거부됐다. 정신 질환 혹은 신체 질환과 싸우는 것은 휴직을 할 수 있는 정당한 사유지만 그런 내용이 내 기록에 남는 것이 걱정됐다. 정말 역설적이지 않은가!◆ 듣자 하니 휴직 신청을 해서 항상 통과가 되는 또 다른 사유는 자녀 돌보기라고 한다. 그러나 안식년을 가지고 싶다고 새 생명을 세상에 태어나게 하는 건 그다지 좋은 이유가 아니라는 생각이 들었다.◆◆

◆ 사람들이 병가를 내면서 몸이 아프다는 핑계 대신 정신 질환을 앓는다는 핑계를 거리낌 없이 댈 수 있을 때 비로소 정신 질환에 대한 오명이 벗겨졌다고 할 수 있을 것이다.

직원: (쉰 목소리로) "오늘 몸이 좋지 않아서 출근을 못 하겠어요." / 상사: "걱정 말게나. 감기에 심하게 든 목소리로군." / 직원: (여전히 쉰 목소리로) "그런 게 아니라요. 방금까지 암흑에 대고 소리소리 지르고 있었어요." / 상사: "아, 요즘 유행이라고 들었어."

나는 휴직 거부 결정에 이의를 제기하고, 재심사를 위한 면담에 참석했다. 내 안건을 심사하는 밥은 정신과 의사로 일하다가 일선에서 은퇴하고 가르치는 역할을 맡은 자의 여유로움이 엿보이는 사람이었다. 나는 그가 '회복탄력성'에 관한 질문을 할 거라고 예상했다. 새로 유행하는 이 단어는 문제를 잘못된 시스템이 아니라 개인의 것으로 축소시키는 매우 편리한 개념이다. 그러나 놀랍게도 그는 "번아웃이 온 것처럼 보이는군요"라고 말했다.

남에게 들키지 않게 잘 감추고 있던 것이 들통나기 시작한다는 건 참 이상한 일이다. 걱정으로 항상 얼굴에 인상을 쓰고 있고, 사람들에게서 자주 피곤해 보인다는 말을 듣는 것. 심지어 우리 집 벨을 누른 여호와의 증인마저 나를 보고는 뒤로 한 발짝 물러서면서 "죄송합니다. 저는 가볼 테니 얼른 쉬세요" 하고 말한 적이 있었다.

밥이 심사를 재고해보겠다고 하자 그 즉시 안도감을 느꼈지만 뒤이어 동료들을 저버린 탈영병의 수치심이 엄습해왔다. 내가 감사하다는 말을 한 다음 너무나 오래 사과를 하는 바람에 밥이 "벤저민, 사과하지 마세요"라고 말해야 했다. 그런 다음 그는 이름이 빼곡히 인쇄된 종이를 끼운 클립보드를 보여주면서 덧붙였다. "전부 오늘 봐야 할 의사들이에요."

밥의 도움으로 결정이 번복됐다. 유일한 문제는 2020년 3월부

•• "아빠, 아빠, 아기는 어떻게 태어나요?" / "음, 엄마나 아빠 의사가 자기 전공 분야를 별로 사랑하지 않으면……."

터 휴직이 가능하다는 승인이 났는데, 그 시기가 전 세계를 휩쓴 팬데믹과 일치했다는 사실이었다.

샘과 나는 어색한 침묵 속에서 FIFA 게임을 계속한다. 녀석이 말하지 않는 게 많다는 걸 알고 있다. 나 자신도 하루 종일 그 생각을 하고 있다.

마지막 순간에 극적으로 골을 넣으면서 내가 승리를 거둔다. 최근 들어 이 게임에 내가 들인 시간을 생각하면 놀라운 일도 아니다. 연장전이 시작된 후 한참 만에 오버헤드킥을 성공시켰지만 나는 별로 기뻐하지도 않는다.

“아, 빌어먹을.” 경기 종료를 알리는 호루라기가 울리자 내가 말한다.

“뭐?”

나는 텔레비전을 끈다.

“다시 출근을 해야 할 것 같아.”

“그게 좋을지도 모르겠어, 형. 근데 돌아갈 준비가 된 것 같아? 날마다 목욕을 엄청나게 많이 하잖아.”

휴직을 하겠다고 그렇게 열심히 투쟁을 한 다음, 2주 만에 다시 돌아갈 일을 생각하니 짜증이 나긴 한다. 하지만 전 세계적 팬데믹이 닥쳐온 시기가 내게도 마음 편한 때가 아니라고 불평해봤자 공감해줄 사람이 별로 없을 것도 안다.

"정말이지, 망했어, 망했다고. 제기랄!"

나는 집착적으로 BBC 뉴스를 확인해왔고 나피사로부터 언론 매체가 아직 알지 못하는 소식까지 듣고 있었다. 나피사는 일부 정신과 의사를 일반 병동에 재배치하겠다는 계획을 들은 후 울면서 내게 전화를 했었다. 이들에게는 위중한 환자를 위한 기도 확보술을 재훈련한다는 계획도 함께 세워졌다고 한다.

코로나바이러스는 사람들의 폐뿐 아니라 마음까지도 병들게 하고 있었다. 영국정신과의사협회Royal College of Psychiatrists는 정신 질환 환자가 금방이라도 쓰나미처럼 밀려들 것이라는 예측을 내놓았다. 나피사는 "완전 제3세계야"라고 말했다. 다음 달에 결혼할 예정이라는 말은 하지도 않은 걸 보고 얼마나 상황이 나쁜지 짐작할 수 있었다.

환자들이 너무 많이 발생하자 은퇴를 했던 수많은 의사가 다시 현직으로 돌아와서 손을 보탰고, 심지어 의대생들에게 속성 과정을 밟게 해서 병동으로 내보내야 한다는 말까지 나오고 있다. 나는 장밋빛 볼에 헝클어진 머리를 한 조지가 방호복 차림으로 쩔쩔매는 광경을 상상해본다.

다시 돌아가는 게 정답이다. 나를 끌어당기는 것이 의무감일 수도, 약간의 영웅 심리일 수도 있다. 그러나 가장 큰 원인은 생존자의 죄책감이다. 거기에 더해 언젠가 내게 손주들이 생긴다면 그 아이들이 "할아버지, 그 끔찍한 코로나19 때 할아버지는 뭘 했어요?" 하고 묻는데, "음, 난 FIFA 게임을 굉장히 많이 했단다" 하고 대답하고 싶지는 않다.

나는 장렬한 배경음악이 울려 퍼지는 가운데 슈퍼 히어로처럼 자리를 떨치고 일어나 "네, 여기 의사가 있습니다!" 하고 선언하고 싶다.

대신 나는 이불을 천천히 젖히고, 가슴에 붙은 코코팝스 시리얼을 떼낸 다음 엉덩이를 긁적거린다. 샘이 격려의 미소를 보내는 동안 핸드폰을 찾고, 어디선가 에너지를 끌어모은다. 어쩌면 아드레날린일지도 모르고 어쩌면 입욕제가 이제야 효과를 발휘하는 건지도 모른다. 나는 최근에 떠난 정신 건강 트러스트의 인사과에 전화를 해서 응급 당직을 설 수 있다고 자원한다.

"고마워요, 벤저민 선생님. 오늘 밤부터 시작해주실 수 있나요?"

24

팬데믹 블루

그렇게 휴직한 지 겨우 2주 만에 나는 다시 일터로 돌아갔다.

온 세상을 초토화시킨 팬데믹은 내 개인적인 고민을 잠시라도 잊게 해주는 유용한 역할을 해냈고, 나는 다른 사람의 문제를 해결하는 데 전력을 다하는 우리 어머니의 방법을 활용해보기로 했다.

내가 떠났을 때와 비교해서 달라진 것들도 있다. 중환자실은 평소보다 바빠졌지만 정신 병동은 별 차이가 없다. 어차피 팬데믹 이전에도 수용력의 평균 100퍼센트 이상으로 운영되고 있었으니까. 이제는 보호 장구가 조금 더 눈에 보이지만 역시 그것도 충분히 공급받지 못하고 있다.

복직 후 첫 근무를 시작한 지 여덟 시간이 지난 즈음, 길에서 앵거스를 본 나는 뭔가 굉장히 잘못되었다는 것을 깨닫는다. 그는 신발을 신고 있지 않다. 아까 응급실에서 그를 봤을 때도 그런 느낌이 들기는 했다. 그는 코로나로 인해 강제 휴직을 하게 된 후, 자기가 세상을 구할 코로나 백신을 발견했다고 했다. 앵거스의 전문 분야가 바이러스학이 아니라 트럭 운전이라는 사실을 감안하면 더욱 대단한 일이었다.

맨발로 도로 한가운데를 질주하고 있는 그를 잡으면 어떻게 할지 생각해보지는 않았다. 정신을 놓아버린 사람은 왜 신발을 잃어버릴 확률도 높은 걸까?

무단이탈을 한 환자(도망간 환자를 의학적으로 미화해서 부르는 용어다)에 대한 절차는 경찰에 알리는 것이다. 그러면 나중에 경찰이 환자의 집에 방문해서 환자를 다시 병원으로 데려온다. 그러나 나는 앵거스가 지금 상태로는 집에 돌아가지 않는 것이 좋겠다는 생각이다. 집에는 그의 어린 자녀들이 있으니까.

응급실에 마련된 정신과 진단 공간에서 앉아서 나는 앵거스에게 그의 아내와 마찬가지로 앵거스 자신과 다른 사람의 안전이 걱정된다고 말했다. 그가 일주일째 잠을 한숨도 자지 않은 채 빈 트럭을 몰고 전국을 돌아다니고 있었기 때문이다. 나는 모든 사람의 안전을 위해 정신병원에 입원하는 것이 필수적이라고 말했다. 그러자 그는 플라스틱 의자를 내게 던졌다. 의학 훈련을 받지 않은 사람을 위해 통역하자면 그 행동은 '싫어'라는 의미다. 그런 다음 그는 도망쳤다. 신발 없이.

보통 때 같으면 병원 경비원들이 그를 막아섰겠지만, 그들은 코로나19에 걸려 마지막 거친 숨을 몰아쉬며 죽어가고 있는 환자 곁을 지키겠다고 우기는 가족을 제어하느라 바빴다. 예상치 못한 미지의 상황이 너무도 자주 펼쳐지는 가운데 필요한 규정들이 새로 만들어지는 동안 모두가 최선을 다해 할 수 있는 일을 하는 중이다. 그래서 내가 앵거스 뒤를 쫓아가고 있다.

그는 병원 앞 큰길을 따라 계속 뛰고 있다. 봉쇄 조치 전이라면 토요일 새벽 5시라 하더라도 택시, 버스, 그리고 취객들로 꽤 붐비는 거리다. 하지만 이제는 세계가 멸망한 후라도 되는 것처럼 으스스한 분위기만 감돈다.

지칠 대로 지친 내 머리는 야채수프처럼 휘적거린다. 갑자기 앵거스가 멈추더니 휙 돌아선다. 이 각도에서 보니 그의 큰 체격이 비로소 눈에 들어온다. 115킬로그램에 달하는 근육, 뼈, 지방이 스코틀랜드에서 나고 자란 이 사나이를 이루고 있다. 주근깨가 가득한 얼굴이 달리기 때문인지, 분노 때문인지 벌겋게 달아올라 있다. 내 계획이 정확히 뭐였더라? 럭비 선수처럼 태클을 걸어 쓰러뜨리기? 앵거스가 내게 달려들면 어떻게 하지? 그 순간 그가 내 쪽으로 걸어오기 시작한다.

"앵거스." 나는 숨을 몰아쉬며 말한다. "돌아가서 좀 조용한 곳에서 이야기를 나눌까요?" 늘 하는 말이지만 단둘이 서서 이야기하기에 이렇게 텅 빈 런던 거리는 별로 적당하지 않은 것 같다.

"하느님, 이 사람은 왜 날 따라오는 거지요?" 그가 말한다. 고개를 젖혀 하늘을 보면서 손가락으로 이제 막 동이 트기 시작한 하늘에 뜬 구름에 대고 삿대질을 한다. "말씀해주세요, 저 사람이 내 백신을 훔치려고 하는 건가요?" 잠시 침묵이 흐른다. 새벽에 잠에서 깬 부지런한 새들이 지저귀는 소리 말고는 아무 소리도 들리지 않는다. 그가 어리둥절하다는 듯 고개를 숙인다. 아무 일도 벌어지지 않는다.

가랑비가 내리기 시작한다. "하느님이 침을 뱉기 시작하시네." 앵거스가 말한다.

이제 그의 아내도 우리를 따라잡았다. 그녀는 그를 막고 서서 악몽을 꾸고 일어난 아이를 달래듯 그의 손을 부드럽게 쓰다듬는다. "앵거스, 이 바보 같은 양반, 당신 무신론자잖아. 기억나?" 그녀는 다정하게 그의 팔짱을 끼면서 스코틀랜드 억양으로 그렇게 말한다. "인도로 걸어갑시다."

대신 그는 내게 성큼 한 발짝 다가선다. NHS 자기방어 훈련을 받지 않았더라도 그가 나를 껴안아주러 오는 게 아니라는 건 알 수 있다. "하느님." 그가 다시 하늘에 대고 외친다. "이 사람이 내 아내를 훔치려 하는 겁니까?" 나는 숨을 죽이고 기다린다. 내 운명이 신의 손에, 정신과 의사들 용어로는 조현병의 손에 달린 순간이다.

아마 그는 '그렇다'는 대답을 들은 듯하다. 그 순간 내게 달려들었기 때문이다. 수면 부족에도 불구하고 그는 광적인, 거의 초자연적인 힘을 발휘한다. 단 한 번의 발차기에 내 몸이 휙 날아가 땅에 떨어진다. '스트리트 파이터' 게임에 나오는 격투사가 떠오른다. 그런 다음 그가 내 위에 올라타고, 그의 아내가 그 위에 올라탄다. 젖은 아스팔트 위에서 씨름을 하는 동안 작은 돌들이 팔꿈치와 얼굴에 튀고, 상대방이 먹은 마지막 음식이 무엇인지 냄새로 알아차릴 정도로 가까이 몸이 엉킨다. 그의 아내가 가까스로 그를 내게서 떼어내기 직전, 머릿속에 떠오른 생각은 '근무 첫 날 꼭 기억해야 할 일이 하나 있었는데, 뭐더라…… 뭐더라…… 아, 사회적 거리 두기'였다.

우리는 앵거스를 설득해 그가 소지품을 둔 응급실로 다시 돌아가는 데 성공한다. 일단 응급실에 들어간 뒤로는 억지로 그를 작은 방 하나에 들어가게 한 다음 문을 닫는다. 예상대로 문을 쾅쾅 두드리던 그는 벽에 대고 영국 국가를 부르는 데 전력을 다한다.

그의 아내가 나를 바라본다. 그녀의 얼굴에 떠오른 표정이 낯익다. 충격에 휩싸인 환자 가족들에게서 수없이 많이 목격한 표정이다. 꽃과 친구들에 둘러싸여 결혼반지를 서로의 손가락에 끼워줄 때 상상했던 장면은 이런 게 아니었을 것이다. 신랑 신부의 친구가 결혼식 축사에 유전성 정신 질환에 대한 이야기를 끼워 넣는 일은 없다. 그녀는 '병든 때나 건강할 때나'라는 말은 감기에 걸려 죽는 시늉을 하는 남편에게 생강차를 타주는 것 정도일 거라 생각했을 것이다. 사랑하는 사람을 의사에게서 떼어내는 장면은 상상도 하지 못했을 것이다. 정원에서 흙 파기에 몰두했던 말콤뿐 아니라 수없이 많은 환자에게 같은 일이 일어나는 것을 목격해왔다. 이런 사건이 몇 번 반복되고 나면 일부 배우자들은 더 이상 견디지 못하고 떠난다.

"남편이 이러는 건 한 번도 본 적이 없어요." 그녀가 마침내 겨우 말문을 연다. 남편에게서 몇 미터밖에 떨어져 있지 않지만 그녀는 세상에서 가장 외로운 사람처럼 보인다. "늘 정말…… 조용한 사람이었거든요."

"해앵복하게 여영광스럽게 우리를 오오래 다아스리도록……."
"항상 '다정한 거인'이라는 말을 듣는 사람이었어요."
"그러셨으리라 믿습니다." 나는 아스팔트에 긁혀 찰과상을 입은 팔을 쓰다듬으며 말한다.
"하아느님이 여어왕을 보호하아소서." 앵거스는 노래를 계속한다.
"그리고 왜 저이가 국가를 부르는지 모르겠어요." 그녀가 고개를 저으며 말한다.
"적어도 지금은 남편분이 안전하니 다행이지요."
안심이 되어서 그랬는지 그녀는 지금까지 참고 있던 눈물을 터뜨리고 만다. 얼굴을 두 손으로 감싸며 흐느끼는데 낀 지 오래된 결혼반지 주변으로 손가락 살이 차올라 있는 게 보인다. 저 반지를 빼려면 비누칠을 많이 해야 할 것 같다.
간호사들과 나는 그냥 거기 멍하니 서 있는다. 의무적으로 지켜야 하는 2미터 간격을 유지하면서. 나는 고전적인 우려의 표정을 짓는다. 의대 실기시험에서 '공감 점수' 만점을 받은 바로 그 표정. 하지만 마스크를 쓰고 있으니 아무 소용도 없다. 오늘 이미 사회적 거리 두기 규칙을 한 번 어긴 바 있다. 아까 길에서 인간 샌드위치 신공을 선보이지 않았는가. 우리 중 한 명이라도 코로나바이러스 보균자라면 지금쯤 모두 코로나에 걸렸을 것이다. 그런 마당에 규정 하나 더 어기는 게 무슨 대수겠는가?
나는 한 걸음 앞으로 나아가서 그녀의 어깨에 손을 올린다.

눈에 보이는 모든 환자의 행동에서 그 저변에 코로나바이러스의 영향이 미묘하게 깔려 있는 것이 느껴진다. 직원들이 병에 걸리거나 자가 격리를 해야 하는 일이 잦아지면서 날마다 비상근무 일정표에 구멍이 생기고, 나는 끊임없이 그 구멍을 메꾸는 일을 한다.

코로나19에 걸릴까 두려워하는 불안증이 있는 젊은이는 누군가가 재채기를 할 때마다 공황 증상을 겪는다. 강박 장애가 있는 소녀는 균이 옮을까 봐 너무 걱정이 되어서 표백제로 손을 씻는다. 우울증이 있는 환자 한 명은 자살하기 위해 파라세타몰을 과다 복용하고 싶었지만 전국적인 약물 부족 현상으로 실패했다. 웰빙 센터도 새로운 외래환자 의뢰가 쇄도해 죽을 지경이라는 사실을 셰릴이 문자로 계속 알려주고 있다.

팬데믹으로 인한 스트레스는 온라인에서도 느껴진다. 그리고 권위 있는 정보가 없고 과학적 합의도 이루어지지 않은 상태에서 생긴 지식의 공백을 사람들이 스스로 메꾸고 있다. 페이스북에서 한 초등학교 친구는 굵고 큰 글씨체로 코로나19가 정부가 시작한 사회적 통제 계획의 일부라고 떠벌린다. 빌 게이츠가 배후에 있다는 것이다. "앞으로 나올 백신에는 모두 마이크로칩이 들어 있을 것이다. 그리고 글로벌 엘리트 계층으로 이루어진 악마 숭배 소아성애자들을 막을 수 있는 사람은 오직 도널드 트럼프뿐이다."

광기에 가까운 이런 주장은 정신 병동 내에서나 들을 수 있는 망상이다. 어쩌면 망상을 충분히 많은 수의 사람이 믿어주면 음모론이 되는 것인지도 모르겠다.

나는 계속 일을 하고 있다. 어떻게 그럴 수 있는지 나도 정확히 이해가 되지 않지만. 상태가 좋지는 않다. 그러나 머릿속(머리 밖이 아니다)에서 들려오는 부정적인 목소리가 내가 일을 하지 않는다고 긍정적으로 변할 것 같지는 않다. 내가 하는 일이 누군가에게 도움이 되는 일이면 걱정할 시간이 줄어든다. 비상시국에는 좀 더 적극적인 의료적 조치가 더 정당화되는 경향이 있는 듯하다. 게다가 위기 중에는 의사들에게 조금 더 많은 재원이 주어진다. 거기에 더해 내가 언제라도 근무하지 않겠다고 말할 수 있는 입장이라는 사실도 도움이 된다. 실은 그 사실만으로도 근무 요청을 거절하지 않을 이유가 충분하다. 3년에 걸친 레지스트라 훈련 계약이라는 쳇바퀴에 갇혀 있던 이전에는 한 번도 누려보지 못했던 권력이다.

팬데믹 전 언젠가 내가 에스더에게 내 일에 관해 불평을 한 적이 있다. 에스더는 그녀 특유의 직설적인 태도로 말했다. "전공을 바꿀 생각은 안 해봤어? 외과 같은 걸로. 뭔가를 변화시키는데 도움이 된다는 생각이 들면 기분이 더 나아질 텐데."

정신과에 대한 환멸과 뒤이은 휴직은 부분적으로 내가 아무도 돕지 못하고 있다거나, 그들이 내 도움을 원치 않는다는 걱정에서 기인한 것이었다. 그러나 이제는 상황이 바뀌었고, 지금까지 정신 건강에 대한 지원이 전혀 필요 없었던 새로운 환자들이 도움을 간절히 원하고 있다.

에스더와 화해를 한 다음 다시 한번 서로에게 기회를 주자고 결정한 것도 아마 도움이 되는 것 같다.

살인 바이러스가 횡행하면서 답장을 받지 못한 이메일 따위는 잊어버리고 나는 다시 부모님과 이야기하는 사이가 되었다.

며칠 후 우리 트러스트의 '보안 관리 전문 매니저'에게서 전화가 온다.

"벤저민 선생님, 금요일 밤에 앵거스 맥러드와 벌어진 일은 정말 유감으로 생각합니다. 괜찮으십니까?"

"괜찮습니다, 전화 고맙습니다." 내가 말한다.

"정말 괜찮으세요? 보고서를 보니 꽤 심각한 사건이던데요. 보통 의사가 환자를 물리적으로 제어해주기를 기대하지도 않고, 그런 상황에서 환자를 길까지 쫓아갈 의무도 없어요. 특히 환자가 그렇게 흥분한 상태일 때는 더욱. 이런 일을 겪은 직원들에게 상담 기회를 제공하고 있습니다."

"아니에요, 정말 괜찮습니다." 그런 다음 그녀를 더 안심시키기 위해 덧붙인다. "실은 극적인 부분을 약간 즐기기까지 했는걸요." 그 말이 내 입에서 나오는 순간 불필요한 말을 한 내 자신을 탓하며 얼굴이 절로 찡그려진다. 그러나 때는 이미 늦었다. 흰 빨래를 넣고 세탁기의 '시작' 버튼을 누른 순간 세탁기 창으로 빨간 양말이 보이는 것처럼.

"어떤 부분을 즐기셨나요?"

나는 이 낯선 사람에게 내 인생 이야기를 모두 털어놓지 않기로 결심하고는 "잘 모르겠어요" 하고 대답한다.

"음, 제 생각에는 상담을 꼭 받으셔야 할 것 같네요." 그녀가 말한다.

사람들에게서 이런 말을 듣는 게 이제는 넌더리가 난다. 숨을 깊이 한 번 들이쉰다.

"벌써 몇 년째 심리 분석을 받고 있는데요, 제 상담사는 제가 어른이 된 후에도 무의식적으로 이런 일을 하는 것이 어릴 때 부모님의 폭력을 말리지 못했던 데 대한 보상이라고 하더라고요."

"아." 그녀가 말한다. 그녀의 서류에는 이런 사연을 기입할 칸이 없다. "그렇군요, 몸조심하세요, 벤저민 선생님. 그럼, 안녕히 계십시오."

25

선의의 지옥

"아직 모르는 분들을 위해 설명하자면, 페미는 45세 남성으로 자신이 늑대 인간이라고 믿는 정신 질환이 있습니다." 담당 간호사가 우리에게 말한다.

나는 정식으로 복직을 하는 쪽을 선택했다. 아무리 끊임없이 비상근무를 해도 레지스트라 훈련 시간으로는 포함되지 않기 때문이다. 이 팬데믹이 확실히 끝나는 12개월 후에 다시 쉴 수도 있을 것이다. 나는 NHS 전체에 흐르는 동지애와 피부에 와닿는 전 국민의 지지, 그리고 '일선 의료인들을 먹이자'는 캠페인의 일환으로 공급되는 공짜 샌드위치에 힘입어 움직이고 있다.

우리는 병원의 남성 '정신 질환 집중 치료 병동'에서 일하고 있다. 마음도 집중 치료가 필요할 때가 있다. 정신병원의 깊은 곳에 자리 잡은 이곳은 가장 심각하고도 위험한 정신 질환자들을 돌보는 곳이다.

나와 비상대응팀은 사무실 안에 모여 있다. 수선화 병동의 커다란 직사각형 어항 같은 사무실과 비슷하지만 여기는 심지어 유리가 그보다 더 두껍다. 수족관에서 유리 반대편의 특별히 더 이국적인 열대어를 보도록 설치한 전망대 같은 느낌이 든다. 정신 병동 특유의 소음이 들려온다. 가끔 누군가 고함을 치거나 비명을 지르고, 거기에 귀를 찌르는 듯한 비상벨이 어쩌다 들리는 가운데 자석 잠금장치가 설치된 문이 여닫히면서 쿵쾅거리는 소리가 배경음처럼 계속 난다. 내가 오기 전에 근무했던 수련의는 여기 환자들은 유리벽을 더 세게 치거나 문에다 뒷발차기를 날려 직원들의 주의를 끈다고 말했다.

어젯밤 그는 전화로 솔직하기 그지없는 임무 인계를 했다. "광기에 대해서는 볼 것 다 봤다고 생각하겠지만, 정신 질환 집중 치료 병동에서 일해보기 전에 그런 말을 할 수는 없어요." 그가 말했다. "여기 환자들은 상태가 너무 악화되어 있어서 자기의 병에 대한 인식이 0이에요. 모두 강제 입원 환자죠. 그래서 강제로 약을 먹게 해야 할 때도 많고, 그러다 보면 결국 직원들을 정말 미워해요. 하지만 그런 것만 빼면 나쁜 직장은 아니에요."

전화를 끊은 후 나는 새 직장 주소를 구글 맵에 입력했다. 병원은 자전거로 30분밖에 걸리지 않지만, 1.3이라는 구글 리뷰 점수가 눈에 들어왔다. 놀랍지는 않은 것이 리뷰를 한 사람들이 대체로 자기는 아프지 않다고 생각하는 사람들인데, 자기를 강제로 감금하고 억지로 약을 먹이는 곳에 좋은 점수를 주지 않는 것도 이해할 만한 일이다. 그 사실은 일부 리뷰에서 빛을 발한다.

대런은 이렇게 썼다. '현대식 고문실이다. 사악한 직원들이 위험하고 효과가 전혀 없는 치료만 제공한다.' 그런데 이상하게도 별 다섯 개를 줬다.

특정 사실을 인용하는 심각한 비난도 있다. '그들은 나를 6개월 동안 가둬두고 독이 가득 든 약을 주사하는 인권침해 행위를 자행했다.' 콰메의 리뷰다. 그 아래에는 병원의 덧글도 달려 있다. '저희가 제공한 서비스가 귀하의 기대에 못 미친 것을 유감으로 생각합니다.'

칼레브는 좀 더 쉬운 고객이었던 것 같다. '우리 어머니가 이 병원에서 하마터면 돌아가실 뻔했다. 무료 주차 가능.'

사무실에서 페미의 담당 간호사 레지가 브리핑을 계속한다. "페미는 어제부터 격리실에 수용됐어요. 아무 이유 없이 간호사를 이로 물어뜯어 입원할 정도의 상처를 입혔거든요. 들어가서 음식을 좀 권해봐야 합니다. 채식 메뉴는 안 돼요. 아시겠지요? 같은 실수를 반복하지 맙시다, 우리. 약 복용도 해야 하고 임상관찰이랑 뇌파 검사도 해야 합니다. 그런 다음 새로 오신 의사 선생님이 페미랑 상담을 하실 거예요." 그렇게 말하면서 레지는 내가 있는 쪽을 쳐다본다. 그가 나에 관해 이야기하고 있다는 사실을 모르는 척할 방법은 없는 듯하다.

적어도 집중 치료 병동에는 전문의가 있다. 테플론 코팅이 된 느낌이 드는 인품이 따뜻한 튜크 선생이다. 그는 나처럼 따뜻한 울 스웨터와 짙은 색 청바지, 단정한 운동화 차림을 좋아한다. 비공식적이긴 하지만 정신과 의사들은 운동화를 신는 것이 허용된다. 환자들에게 쫓겨 도망쳐야 할 확률이 다른 의사들보다 높기 때문인지도 모르겠다. 오늘 아침 첫 출근을 한 내게 튜크 선생은 개인용 경보 장치를 건넸고, 나는 그 장치를 벨트에 단단히 착용했다. 튜크 선생이 아침 회진을 돌고 나는 수석 수련의로서 격리 환자 면담을 하기로 합의했다. 이제 내가 '수석'이라는 사실에 약간 충격을 받았다.

"제가 빠트린 게 있을까요, 선생님?" 레지가 말한다.

"음…… 늑대 인간 말이에요, 저는 개 공포증이 있어요."

"그렇군요. 보름날에는 연차를 내세요." 레지가 그렇게 말하자 팀 전체가 웃음을 터뜨린다. 환자들의 증상이 이렇게 심한 극한의 환경에서는 내 사소한 문제 같은 데 신경을 쓸 겨를이 없다. 나중에 깨달은 거지만 이 부분은 결국 내게 도움이 되었다. 어디선가 읽은 연구 결과에 따르면 우울증을 앓는 사람은 문장을 '나'로 시작하는 경향이 있지만, 회복하면서 지평이 넓어지고, 그에 따라 '나'보다 '다른 사람'으로 옮겨 간다고 한다.

나는 페미의 차트를 재빨리 훑는다. 머리를 창문 밖으로 꺼내고 '계속 울부짖는다'는 이웃들의 신고가 들어온 후 그는 병원에 입원 조치됐다. 그를 강제 입원시키기 위해 방문한 의사와 경찰들에게 문을 열어줄 때 그는 네 발로 기어 나왔다.

처음 입원했을 때 페미는 문장 중간중간에 으르렁거리는 소리를 내는 것을 제외하면 대체로 차분했다. 그는 병동 의사가 신체검사를 하는 것도 허락했다(털이 많은 편이지만 과도하지는 않다고 적혀 있다). 피를 뽑는 것도 허락했지만 채취한 혈액을 마시지 못하게 하자 화를 냈다. 그는 직원에게 달려들어 경동맥에서 불과 몇 센티미터밖에 떨어지지 않은 부위를 물려고 이를 드러냈지만 결국 격투 끝에 간호사의 팔을 물어뜯는 것으로 피에 대한 욕구를 충족했다. 생맥주 한 잔 달라고 했다가 거부당하자 펌프 아래의 맥주 통으로 달려든 취객 같은 행동이었다.

누군가가 이미 페미의 진단 코드를 시스템에 입력해두었다. 낭광(자신이 늑대라고 여기는 정신 질환 – 옮긴이)이었다. 나는 성급한 결론을 내리기 전 물어뜯긴 간호사가 어떻게 지내는지 알아보고 싶었다.

"아, 환자가 바닥에 대변도 봤어요." 레지가 덧붙인다. 좀 이상한 정보다. "그래서 그것도 치워야 했지요." 그는 플라스틱 봉지와 걸레를 이미 들고 있는 사람을 턱으로 가리키며 말한다.

우리는 마지못해 복도로 가서 마스크와 고무장갑, 일회용 앞치마를 착용한다. 늑대 인간과 싸우러 갈 때 착용하는 보호 장구로 적당한지는 모르겠다. 하지만 마음 한구석이 이상하게 흥분되는 건 부인할 수가 없다. 걸으면서 점퍼 스커트형 비닐 앞치마를 두르는데 아직 묶지 않은 뒤쪽이 NHS 슈퍼 히어로의 망토처럼 휘날린다. 아직 그 모습에 싫증이 난 사람은 없다.

간호사가 튼튼한 강화유리 옆에 앉아 있다. 그녀 옆에 있는 컴퓨터 스크린으로 방 안의 광경이 동영상으로 생중계되고 있다. 나는 CCTV 화면을 들여다본다. 동그랗게 말린 작은 형체가 새하얀 바닥과 대조를 이루며 방 한가운데 자리 잡고 있는 것이 보인다. "저게 그……?" 내가 말한다.

간호사가 고개를 끄덕인다.

"오늘 아침에는 어땠나요?"

"잘 때는 얌전하기 짝이 없죠." 그녀가 지친 미소를 지어 보이며 말한다.

나는 그녀 옆에 놓인 격리 관련 서류를 훑어본다.

- 격리 시작 시각: 어제 오후 2시 35분
- 격리 결정에 관해 환자에게 알렸습니까?: 네.
- 격리에 관한 환자의 의사는?: '죽일 놈들, 너네 같은 빌어먹을 놈들은 다 죽여버리겠어. 뒈져버려.'

우리를 죽이겠다고 맹세한 사람을 잠에서 깨워 죽이겠다는 생각을 하지 않게 하는 약을 먹이는 것은 직관에 반하는 일인 듯하다. 그러나 규칙은 규칙이고 환자가 약을 먹을 시간이 되었다. 정확히 말하자면 약 먹을 시간이 지났다. 정신과 약 복용을 중단한 지 몇 달이 됐기 때문이다. 이상하게도 나는 이 환경에 들어오자 마음속의 갈등이 훨씬 줄어든 느낌이다. 환자에 대한 개입이 훨씬 더 필요하고 명확해 보여서다. 대부분이 회색 지대에 속하는 정신의학의 세계지만 이 병동에서만큼은 정상과 그렇지 않은 상태의 구분이 흑과 백의 차이만큼 명확해 보인다. 우리도 간혹 산만하고 침울하고 초조하고 집착적으로 굴기도 하고 때로는 망상에 사로잡히기도 한다. 하지만 점잖은 저녁 식사에 초대받은 자리에서 누군가가 "우리 모두 가끔 자기가 늑대 인간이라고 느끼지 않나요?"라고 말할 확률은 거의 없다.

정신 질환 집중 치료 병동의 철학은 환자를 '공격적'으로 치료하는 것이고, 때로《영국 의약 처방 참고서British National Formulary》에 나오는 안전한 권장 용량을 초과하는 엄청난 양의 항정신성 약물을 투여하기도 한다. 암세포를 화학요법으로 공격할 때와 마찬가지로 정신 질환에 강한 타격을 주는 일은 환자에게도 큰 타격이 된다는 의미다. 암 환자와 달리 정신 질환 집중 치료 병동에서는 환자가 이 치료에 동의하는 경우가 거의 없다.

"자, 왼팔, 오른팔, 왼 다리, 오른 다리, 허리, 발." 레지는 임시로 모병한 호위 부대에게 임무를 분담한다. 모두들 실랑이가 벌어질 경우 자기가 맡을 신체 부위에 만족한다는 표시로 고개를 끄덕여 보인다. "내가 머리를 맡을게요." 레지가 희생정신을 발휘해서 말한다. 페미가 간호사를 물어뜯은 전력이 있다는 사실을 감안하면 머리가 가장 어렵고도 위험한 부위다.

물리적으로 무슨 일을 해야 할 의무는 보통 의사에게는 부과되지 않는다. 의사와 환자의 관계를 해칠 수 있다는 이유도 부분적으로 작용한다. 하지만 간호사는 환자와 좋은 치유의 관계를 형성하는 동시에 가끔 환자가 못 움직이게 제어하는 일도 맡는다. 공존이 불가능한 역설이다. 정신과 병동에서 벌어지는 공격의 피해자가 대부분 간호사라는 사실은 놀라운 일이 아니다.

"페미, 드릴 게 있어요." 레지가 인터콤으로 말한다. "벽에 등을 대고 매트리스 위에 앉아주세요. 네, 그렇게요."

강화 문이 활짝 열리고 가장 체격이 건장한 간호사들이 돌격

대원처럼 먼저 들어간 다음 나는 인간 방패 뒤에 숨어 제일 마지막으로 입장한다. 그러나 주먹이나 발을 휘두르는 일도, 대변 공격도 일어나지 않는다. 페미는 아직 잠에서 반쯤 깨어나지 못한 듯 더러운 발을 매트리스 가장자리에 늘어뜨린 채 그냥 앉아만 있다.

누군가가 반려견의 대변을 줍듯이 바닥에 있는 대변을 아무렇지도 않게 퍼서 비닐 봉투에 집어넣는다. 또 다른 사람은 그의 저녁 식사가 담겨 있던 식판을 치운다. 포크와 나이프에 사용한 흔적이 보인다. 발전이다. 세 번째 사람이 그 자리에 아침 식사가 담긴 식판을 놓는다. 식사는 우리가 먼저 내미는 평화의 선물이다. 이 선물을 받은 그가 우리에게 맥박 등 신체 상태를 측정하도록 허락하고, 약을 먹고, 직원들의 신체 일부를 덩어리째 떼어가는 걸 그만하겠다고 동의하기를 희망해보는 것이다.

"좋은 아침이에요, 페미." 내가 앞으로 나서며 말한다. 룸서비스를 가져온 명랑한 호텔 매니저 같은 태도로. 팬데믹 상황이 아니더라도 격리 환자에게 악수를 청하는 것은 권장되지 않는다. 그래서 나는 잠깐 내 마스크를 내리고 다정한 미소로 받아들여졌으면 하고 바라는 표정을 지어 보인다. "저는 벤저민이고, 의사 중 한 명이에요. 만나서 반가워요. 너무 많은 사람들이 함께 들어와서 죄송합니다."

"이 정도로는 충분치가 않아. 나는 인간 100명의 힘을 가지고 있거든. 정부가 내 몸 자체를 위험한 무기로 분류했지. 너희 전부를 갈기갈기 찢어발길 수 있으니까. 보여줄까?"

내 선임자는 정신 질환 집중 치료 병동의 이런 노골적인 위협이나 폭력의 가능성에 대한 불안감이 심해져서, 상황이 나빠지면 진료실에 숨어 있었다고 한다. 그와는 달리 누군가가 고함을 치거나 날카로운 경보음이 울리면 내 근육 기억은 나를 의자에서 벌떡 일으켜 소동이 난 곳으로 달려가 중재를 하도록 시킬 것이다. 세 살 적 버릇이 여든까지 간다. 이상하게도 여기가 집처럼 느껴진다.

"아니요, 괜찮아요, 페미. 실은 조금 덜 싸우는 쪽으로 합의를 보면 좋겠다 생각하고 있었어요." 나는 차분한 태도로 그렇게 말한다.

페미가 고개를 뒤로 젖히고 울부짖는다. 그런 다음 손가락으로 입술을 밀어 올리고 보통 사람과 다름없는 송곳니를 보여준다. 하지만 그는 그것이 늑대의 날카로운 송곳니라고 주장한다.

정신 질환을 겪고 있는 환자의 비정상적 사고에 도전을 하는 게 치료 효과는 전혀 없고 오히려 적대적인 관계만 형성한다는 점을 감안해서, 일부 창의적인 의사들은 환자의 '사고 파장'에 맞출 것을 제안하기도 한다. 그 방법을 시도하는 데 지금보다 더 좋은 기회는 없는 듯하다.

"저는 지금까지 한 번도 늑대 인간을 만나본 적이 없어요. 늑대 인간이든 아니든 병동의 직원은 물면 안 되겠죠. 동의하나요?"

"내가 원하는 먹이를 준다면."

차트에서 페미가 익히지 않은 고기만을 원한다는 기록을 읽은 기억이 난다. NHS 환자식은 환자의 요구 사항을 대부분 수용하려고 노력하지만, 페미의 요구 사항은 종이 접시에 담긴 베이컨과 소시지로 대체해오고 있다.

"아, 조리가 된 아침 식사를 가져오긴 했어요. 그래도 저 베이컨은 좀 덜 익은 것처럼 보이는데요." 내가 말한다. "간호사가 맥박과 체온, 산소 포화도 같은 걸 재도 될까요?"

"걱정 마, 나는 영원히 사는 존재니까."

"그렇군요. 그래도 좀 재면 안 될까요? 병원 정책이거든요."

건장한 간호사가 카트를 밀고 와서 페미의 팔에 혈압 재는 커프를 두른다. 또 다른 간호사가 그의 손가락에 산소 포화도 측정기 집게를 물리고, 세 번째 간호사는 귀에 체온계를 넣어서 체온을 잰다.

"나는 5000살 된 늑대 인간이야. 산소 포화도 100퍼센트에 체온은 용암처럼 뜨겁지." 페미가 말한다.

측정 결과를 적는 임무를 맡은 간호 실습생이 나를 쳐다보자 나는 고개를 젓는다.

연두색 불빛이 번쩍이는 모니터를 보고 누군가 외친다. "혈압 143에 84. 맥박 89, 호흡수 18, 체온 37.1, 산소포화도 100퍼센트."

"내가 말했잖아." 그렇게 말한 그가 갑자기 뛰어오르더니 으르렁거린다. "맙소사, 야수가 고개를 들고 있어!"

간호사들이 손바닥을 아래로 향하게 해서 진정하라는 손짓을 하며 그에게 팔을 뻗는다. 페미의 부릅뜬 눈이 금방이라도 튀어나올 듯 보인다. 나는 눈을 내리깔고 그와 눈이 마주치지 않도록 조심한다. 동물들이 굴복의 의사를 표현할 때 하는 행동이다.

"페미, 다시 자리에 앉으시면 모두들 좀 더 차분해질 수 있을 것 같아요. 그리고 지금은 아침이에요. 늑대 인간은 해가 떠 있는 동안은 활동하지 않는 것으로 아는데요."

"아침이라고?" 그는 갈피를 못 잡겠다는 듯이 방 안을 둘러보며 묻는다.

그는 밤새 거의 잠을 자지 않았고, 이 방에는 창문이 없다.

"보세요, 지금은 오전 8시예요." 나는 그에게 시계를 보여준다.

"아!" 그가 놀라서 말한다. 그런 다음 다시 자리에 앉는다.

우리 팀은 모두 긴장을 조금 풀면서 우리가 밤 근무조가 아닌 것에 감사한다.

이제부터가 어려운 단계다.

"고마워요, 페미. 마지막으로 약에 대해 이야기해야 해요. 먹는 약과 주사약 두 가지 형태로 가져왔어요. 스스로 알약을 드시면 제일 좋긴 합니다만, 어느 쪽을 선택하시겠어요?" 정신과에서는 환자의 자율성을 존중하는 척하지만, 결국 의사가 처방한 약은 어떤 방식으로든 환자의 몸속으로 들어가곤 한다. 환자는 약을 몸에 넣는 방식을 선택할 수 있을 뿐이다.

"꺼져버려. 날 죽이려는 독인 거 다 알아."

이런 대화에서 생기는 마찰의 강도는 커졌다 작아졌다를 반복한다. 페미가 쳐다보며 울부짖는 달이 조수의 밀물과 썰물을 조절하듯이, 보이지 않는 힘이 이 긴장 관계에 영향을 끼친다. 오르내리는 긴장감과 더불어 우리의 혈압도 오르내린다. 대부분의 경우에는 충분한 인내심과 대화를 통한 긴장 완화로 점차 가라앉지만, 문제는 이런 파도가 쓰나미로 변할 때다.

"맹세컨대 독이 아니에요, 페미. 생각을 더 명확하게 할 수 있게 돕는 약입니다. 약을 드시지 않겠다고 하면 미안하지만 다른 방법을 써야 합니다."

비상대응팀이 자세를 고쳐 선다. 레지가 파란 장갑의 손목을 좀 더 당긴다.

나는 낙관적인 태도로 페미에게 알약들이 든 종이컵을 내민다. 그는 컵의 내용물을 뚫어져라 보다가 휙 쳐버린다. 그리고 우리에게 달려든다. 입을 크게 벌리고.

몸싸움을 하는 동안 페미의 팔과 다리가 허우적거린다. 정신질환 환자가 투약 시간 직전에 자기 몸에 버터를 발라서 직원들이 제어하기 힘들게 했다는 이야기를 들은 적이 있다. 페미는 자기 몸에 버터를 바르는 정도까지 가지는 않았지만 100명까지는 아니어도 열 명은 충분히 상대할 힘이 있어 보인다. 약간의 즉흥적 대응과 고함이 오가고 있지만 모두들 자기가 맡은 신체 부위를 잡으려고 버둥거린다. 환자의 오른쪽 팔꿈치에 눈을 세게 얻어맞았는데 나는 발을 잡게 되어 있었다고 이의를 제기할 틈은 없다. 모두들 손에 잡히는 대로 페미의 신체 부위를 잡아채며 한참 동안 몸싸움을 벌인 끝에 그의 몸 전체가 다른 사람들의 몸으로 눌린 상태가 됐다. 나는 내내 말로 그를 진정시켜보려고 애를 쓰지만 전혀 효과가 없다. 팀원들은 매트리스 위에 그를 엎드린 자세로 눕게 한다. 누군가가 바지를 내리고, 항정신성 약물이 든 주사 한 대와 급속 안정제가 든 주사 한 대가 그의 엉덩이 근육에 꽂힌다. 그가 동물을 연상케 하는 무서운 비명을 질러대며 울부짖는다. 희번덕거리는 눈에는 자신이 동물병원에서 안락사당하는 중이라고 진심으로 믿는 사람의 공포가 서려 있다.

이런 장면을 접하면 나는 정신과 병원이 정말로 사람들의 건강에 도움이 되는지 의심하지 않을 수 없다. 한 병동 환자가 언젠가 내게 자기는 정신병원에 입원하기 전까지는 자살 충동을 느껴본 적이 없다고 말한 적도 있다. 또 다른 입원 환자가 두려움에 질린 목소리로 내게 숨죽여 물어본 적도 있다. "제가 지금 지옥에 떨어진 건가요?"

페미의 몸부림이 천천히 잦아들고 괴롭게 울부짖는 소리도 작아지면서 나는 다른 선택지는 없을까 하는 생각에 잠긴다. 증상이 심한 환자들에게 직원을 아침 식사로 제공하기? 과거의 정신병자 수용소의 문을 다시 열고, 구속복에 쌓인 먼지를 털어야 하는 걸까? 격리실, 물리적 제어, 강제 투약 등이 좋은 관행은 아니지만 어쩌면 제일 덜 나쁜 관행인지도 모른다.

대략 5분이 지나자 강력한 고단위 약물이 페미의 엉덩이에서 혈관을 타고 온몸으로 퍼지고, 그의 뇌도 약물에 젖어든다.

그의 혀부터 발가락까지 모든 곳에서 힘이 빠진다. 그리고 그가 화장실에 가고 싶다고 말한다. 비상대응팀이 서서히 그를 잡고 있던 손을 놓고 뒤로 물러선다. 페미는 문은 없지만 방에 딸린 화장실로 휘청거리며 간다. 소변을 찔끔찔끔 보는 소리가 들린 후, 그가 다시 매트리스로 돌아와 몸을 던진다.

"정말 미안합니다, 페미." 나는 그렇게 말한다. 진심이다. "다음번에는 그냥 알약을 직접 드시면 좋겠습니다."

정신과 의사의 어깨를 짓누르는 무거운 책임 중 하나는 환자의 격리를 언제 끝낼지 결정하는 일이다. 자기가 휘두른 폭력을 후회하고, 앞으로는 그런 행동을 하지 않겠다고 약속하는 환자는 본 병동으로 돌아가서 조금이나마 자유를 누릴 수 있게 해도 위험하지 않다. 후회는커녕 앞으로도 계속 폭력을 행사하겠다는 위협을 계속하거나, 반복적으로 폭력 행사와 관계되는 정신 질환 증상을 보이는 환자는 격리를 중단할 수 없다.

"페미, 저번에 그 간호사에게 한 일에 대해 미안한 마음이 드시나요?"

빛이 사라진 눈이 퀭해 보인다. "아니." 그가 졸린 듯 말한다.

"지금 다시 병동으로 돌아간다면 그냥 눈에 띄지 않게 조용히…… 모두 다 죽여버릴 거야."

아, 고민할 필요도 없네.

점심시간에 탕비실에서 티백과 우유를 찾아 여기저기를 뒤적거리고 있는데 직원 한 명이 들어와서 묻는다. "어떻게 도와드릴까요?" 그녀의 말투로 봐서 '도대체 여기서 뭐 하고 있죠?'라는 뜻인 것 같다.

"안녕하세요, 음, 튜크 선생의 오후 회진 시간 전에 차 한 잔 마실까 하고요. 여기 있는 것들은 그냥 써도 되는 건가요, 아니면 돈 모으는 통이 있나요?"

"자기 음식은 자기가 직접 가져다 놔야 해요."

"아, 코로나바이러스 때문인가 보군요."

"그게 아니에요. 전에는 돈 모으는 통이 있었어요. 한 달에 1파운드씩 넣게 되어 있었는데 항상 돈 내는 사람들만 내고 안 내는 사람은 안 내서요." 나를 바라보는 그녀의 표정을 보니 나를 이미 어느 범주의 사람으로 분류했는지 알 것 같다. 나는 페미보다 이 여자가 더 무섭다는 생각을 한다.

유럽에서 가장 많은 직원을 거느리고, 암 치료약 하나에 수십만 파운드를 척척 지불하는 NHS가 130만 명에 달하는 직원에게 우유, 인스턴트커피, 차를 제공할 돈도 없는지 궁금할 때가 많다. 한 개에 1펜스(한화 약 20원)밖에 하지 않는 티백으로 사기를 진작하고 생산성을 높이면 훨씬 이익이지 않을까. 게다가 음식이 든 장의 번호식 자물쇠를 여느라 들이는 시간을 절약해서 다른 일을 하는 게 더 경제적일 것이다.

그녀는 자물쇠에 번호를 입력한 다음 문을 연다. 안에는 차, 인스턴트커피, 비스킷 등이 들어 있다. 그녀가 티백을 고르는 것을 보고 내게 주려고 그러는 줄 알았지만, 그녀는 M이라는 글씨가 커다랗게 그려져 있어 다른 알파벳 이름은 손대지 말라는 엄중한 경고의 아우라가 느껴지는 머그잔에 티백을 넣는다. 그런 다음 문을 닫고 자물쇠를 채우고 숫자를 섞는다.

"실례 좀……." 그렇게 말하면서 그녀는 내가 끓여놓은 뜨거운 물을 머그잔에 붓는다. 그리고 냉장고를 열어 자기 이름이 적혀 있는 2리터짜리 우유 통을 꺼내 잔에 붓는다. 나는 멍청하게 옆에 서서 다른 사람 것이 분명한 빈 머그잔을 쥔 채 그 광경을 지켜본다.

"아, 미안해요. 깜빡 잊었네요. 걸어서 7분만 가면 가게가 있어요." 그녀가 말한다.

"고마워요." 나는 지금 곧바로 회진을 시작해야 한다는 걸 알면서도 그렇게 말한다. "그건 그렇고, 저는 새로 온 의사 벤저민이에요."

"병원 돌봄 부서 책임자, 마거릿이에요." 그녀가 탕비실에서 걸어 나가며 말한다. "여기서 일하는 게 즐거웠으면 좋겠네요. 좋은 팀이에요."

26

불가사리 이야기

“안녕하세요, 조지프. 카메라를 켜야 해요. 아래쪽에 있는 버튼이에요……. 네, 맞아요.” 퇴근 후 나는 내 침대에 털썩 누우면서 그렇게 말한다. 조지프가 필요한 기술을 익힌 후 우리는 화상으로 다시 월요일 상담을 시작할 수 있게 됐다. 나이 때문에 조지프는 감염 위험군으로 분류되어 더욱 조심해야 한다. 처음에는 안전한 자기 거실에서 상담을 하는데도 위험 요소를 더 완벽히 배제하고 싶었는지 화상 회의를 하는 내내 마스크를 벗지 않았다.

봉쇄 조치가 내려지면서 재택근무를 시작한 그는 전통적인 정신분석학적 모델의 한계를 조금씩 느슨하게 적용한다. 오늘은 그가 자기 집 정원의 테라스에 앉아 있다. 지난주에는 상담 치료를 여정에 비유하는 개념을 적용해서 마트에 운전해서 가는 동안 내 상담을 진행했다.

“병동에서 받는 스트레스에 어떻게 대처하고 있나요?” 그렇게 묻는 그의 목소리 뒤로 새소리가 들린다.

목욕하는 습관에 대해 이야기하자 그는 쿡쿡 웃는다. "1950년대에 사용되던 목욕 요법이 다시 유행하는 것 같군요. 잠은 더 잘 자나요?"

나는 요즘 날마다 자기 전에 〈브리티시 메디컬 저널British Medical Journal〉을 읽는다고 설명한다. 심장 수술을 제외한 수술을 받는 환자에게 경구 항응고제와 저분자량 헤파린을 투여한 사례를 비교한 메타 분석을 읽는 것은 불면증에 꽤 효과적이다.

놓치고 지나간 과월호에서 꽤 재미있는 이야기도 하나 발견했다. 정신과 전문의로 일한 여성이 22년 만에 가짜 의사라고 판명이 난 사건이었다. 여러 가지 실적이 나쁜 걸로 금방 탄로가 났을 것이라고들 생각하겠지만, 자격을 전혀 갖추지 못했음에도 졸리아 알레미의 의학적 지식에 관해 우려를 표명한 사람은 단 한 명도 없었다. 오히려 재판정에서 그녀가 '매우 적절한' 의료 행위를 했다는 증언이 나왔다. 하지만 결국 나이 든 환자의 유언장을 위조해서 자기를 상속자로 만들었다는 사실을 들키면서 모든 것이 발각되고 말았다.

"진짜 웃기죠. 세상에 22년씩이나." 나는 혼잣말처럼 그렇게 말한다. "도대체 어떻게 그럴 수 있었을까요?"

나는 그녀의 도덕성에 의문을 제기했지만 조지프는 내 질문을 글자 그대로 받아들인다. "파티용 코스튬을 파는 곳에 가면 흰 가운은 쉽게 구할 수 있어요. 거기다 대충 만든 자격증하고, 의사라면 무조건 믿고 보는 경향을 합치면 충분히 가능할 것도 같아요."◆

그리고 자기가 만난 정신과 의사가 의심스럽다고 하는 환자가 있더라도 복용량을 늘린 처방전을 주는 걸로 끝났겠죠."◆◆

조지프는 자기가 한 으스스한 농담에 스스로 웃으면서 슬쩍 얼음을 띄운 물을 한 모금 마신다. 아니면 진 토닉일지도? "정신의학이 얼마나 과학적으로 엄격한 분야인지 보여주는 일화죠." 그가 말한다.

몇 년 지난 후에는 나도 전문의가 되겠지만, 여전히 모르는 게 너무 많다는 생각이 든다. 그 빌어먹을 더닝 크루거 효과가 다시 효력을 발휘하는 것이다. 더 많이 알수록 더 적게 아는 것 같은 느낌이 드는 현상 말이다. 그러나 누군가가 의대 5년, 수련의 2년, 정신과 전문의 훈련 과정 6년을 모두 건너뛰고 의사 행세를 하는데도 아무도 눈치채지 못했다면 확실히 문제가 있다.

"음, 그건 그래요. 정신과 전문의하고 사기꾼하고 구별이 안 된다면 이 모든 멋진 훈련 과정이 얼마나 필요한지 의문이 생기는 건 사실이에요." 나도 인정하지 않을 수 없다.

◆ 구글 검색을 잠깐 해보니 멜번에서 활동하던 한 가짜 산부인과 의사가 절박하게 인공수정을 시도하던 커플에게 임신하지 않았는데도 임신을 했다고 거짓말을 했다가 발각됐고, 캘리포니아의 엉터리 외과의는 자기 얼굴을 크게 확대해서 가운에다 인쇄해 입고 다닌 후에야 정체를 들켰다(아무리 외과 의사지만 그건 너무 자기애가 강한 행동이었다).

◆◆ 우리 정신 질환 집중 치료 병동에서 한 환자가 밤에 자기 병실에서 작은 동물들이 뛰어다닌다고 말했다. 튜크 선생은 시각적 망상을 완화하는 항정신성 약물을 추가로 처방했다. 그러던 중 야간 근무를 하던 내가 쥐들을 보게 됐다. 그 즉시 새 처방전을 취소하고 방역업체에 전화를 했다.

"심리 치료 쪽도 마찬가지예요. 과학이 공통적인 언어를 요구하기 때문에 과시적인 단어들을 사용하죠. 그리고 그런 단어들을 쓰면 뭔가 더 그럴듯해 보이는 것도 사실이고요. 하지만 환자가 좋아지는지를 결정하는 가장 큰 요인은 상담사의 자격이나 경력, 요법의 종류가 아니라는 연구 결과가 나와 있어요."

"그럼 뭔가요?"

조지프는 특유의 극적인 침묵을 잠시 유지하고는 입을 뗀다.

"……상담사와 환자 사이 관계의 질이에요."[5]

"와아." 이 단순한 진리가 갖는 강력한 힘을 소화해내는 데 잠깐 시간이 걸린다.

"이런 말을 하는 이유가 그만둘 생각을 하고 있어서인가요?"

나는 조지프에게 내가 얼마나 갈등을 겪고 있는지 끊임없이 불평을 해왔다. 그리고 정신과라는 분야가 갖는 문제가 개인이 어찌할 수 없을 정도로 커 보일 때도 많았다. 내가 아무리 윤리적인 의사가 되려고 해도, 겉으로 어떻게 보이는지와 상관없이 무력감을 느끼지 않을 수가 없다. 기후 위기와 싸우기 위해 재활용할 병을 씻을 때 느끼는 무력감과 비슷하다.

어쩌면 내가 느끼는 우울감이 정신과 전체의 문제 때문이라고 탓하는 건 너무 편리한 핑계일지도 모른다. 그전에도 항상 행복감을 느끼는 데 어려움을 겪지 않았던가?◆

정신의학에 문제가 많은 것은 사실이다. 그러나 다른 의학 분야와 달리 정신의학에만 해당하는 독특한 문제들이 있다.

"그만두지는 않을 것 같아요. 이 일이 좋아요. 제 말은, 좋지 않을 때도 많긴 하지만…… 무슨 말인지 아시잖아요. 그냥 좀…… 모든 게 더 나아졌으면 좋겠어요. 어떨 때는 정부가 고의적으로 NHS를 파괴하려는 게 아닌가 의심이 들 때도 있어요. 하지만 도망치는 것으로는 아무것도 낫게 할 수 없잖아요. 그렇지 않나요?"

"그게 사실이죠."

나는 거의 항상 내 패배주의를 극복해내곤 한다. 어쩌면 언젠가는 모든 게 더 나아질 거라는 희망에 기대는 것인지도 모르겠다. 어머니와 아버지가 어려운 시기를 보내면서도 부부 관계를 유지하겠다는 의지를 보인 것도 이와 같은 희망에서였을 것이다. 다음 일요일에 어머니랑 전화할 때 그 참을성에 대해 언급하는 게 좋을 것 같다. 도망가지 않도록 가르쳐준 게 바로 부모님이니까.

"하지만 현실은 제가 예상했던 것과는 달라요. 의대 입학 면접을 볼 때 면접관 중 한 명이 제게 어떻게 세상을 바꾸고 싶은지 묻기도 했거든요."

조지프가 웃는다. "신 콤플렉스가 있는 사람이었나 보군요. 모든 사람을 구할 수는 없어요. 하지만 그렇다고 그게 포기할 이유

• 연구에 따르면 의대를 다닐 때마저도 정신과를 전공하고 싶어 하는 학생들은 다른 과를 희망하는 학생들보다 이미 더 우울한 성향을 보인다. 따라서 정신과는 본질적으로 고뇌하는 영혼들이 선택하는 분야인 데다, 인간의 비참함을 날마다 대하며 일하는 삶을 보내는 것도 그들에게 별 도움이 되지 않는다. 어차피 정신과 병동으로 가게 될 거라면 돈이라도 받고 가는 게 좋을 거라는 논리인지도 모르겠다.

는 아니지요. 내가 불가사리 우화 이야기해준 적 있어요?"

"못 들은 것 같은데요?"

조지프는 시작하기 전에 다시 한번 앞에 놓인 음료를 마신다. "노인이 해변을 걷고 있었어요. 만조 때 밀려온 불가사리가 모래사장에 잔뜩 널려 있었는데 한 소년이 그것들을 집어 바다에 던져 넣어주는 것이 보였지요. 노인이 소년에게 뭘 하는지 묻자 소년이 말했죠. '이 불가사리들을 구해주고 있어요.' 노인은 웃으면서 말했어요. '얘야, 불가사리는 수천 마리고 넌 혼자인데 이렇게 한다고 누굴 얼마나 구하겠니?' 소년은 불가사리 한 마리를 더 집어 바닷물로 넣어주며 대답했지요. '저 녀석은 구했죠.'"

27

정신과 탈출기

월요일까지 이어지는 연휴가 시작되기 전 금요일이다. 이상 고온이 계속되는데 열리지 않게 고정해놓은 창문과 끄는 것이 불가능한 NHS 라디에이터가 쩔쩔 끓기까지 해 병동 온도가 33도까지 오르면서 정글을 방불케 한다. 이렇게 더워지면 먼지를 잔뜩 뒤집어쓴 채 어딘가 처박혀 있던 선풍기가 나와서 뜨거운 공기를 뿜어댄다.

웃통을 벗은 페미가 입원실 창밖의 빨간 벽돌 벽을 바라보며 서 있다. 답답한 옆 건물 말고는 아무것도 보이지 않는 창문에는 자석 레일에 매달린 방화 커튼이 쳐져 있다. 퇴원하고 싶은 희망만 걸어도 바로 무너져내리도록 고안된 커튼 레일이다.

항정신성 약물 치료를 몇 달 받은 끝에 늑대로 변신하는 페미의 망상은 사라졌다. 개방 병동으로 돌아온 후 그는 생고기 식단을 요구하지 않았다. 최근 작업 치료 시간에 버섯 피자를 만들어서 사람들과 나눠 먹기도 했다. 하지만 눈에서 생기가 사라지고 눈빛이 흐려졌다.

나는 그의 입원실에 고개를 들이밀고 잠깐 마스크를 내려서 따뜻한 미소로 보이길 바라는 표정을 짓는다. "페미, 지금 시간 있어요? 회진하려는데 괜찮나요? 오늘은 튜크 선생이 교육이 있어서 제가 회진을 하거든요."

"그냥 여기 제 감방에서 이야기 나눠도 될까요?" 그가 말한다.

"여기는 감방이 아니라 병실이에요."

그는 씩씩거리는 숨을 한 번 내쉬고는 말한다. "그래서 전 언제 여기서 나갈 수 있죠?" 그는 창문 밖의 벽돌 벽을 아련히 바라본다.

"금방 나가실 수 있어요. 리스페리돈만 교체하면 됩니다."

페미의 망상증을 호전시키는 약을 마침내 발견했지만 이런 좋은 일에는 늘 함정이 있게 마련이다. 바로 부작용이다.

"내가 여자로 변하는 것 같은 느낌이 계속 들어요. 고추가 서질 않고 가슴도 나왔어요."

그는 최악의 뉴스를 전하기 위해 침대에 앉는다. "그리고 젖꼭지에서 우유가 나와요."

"페미, 정말 불편하시죠. 그런 증상이 있을 수 있어요." 페미가 현재 복용 중인 항정신성 약물 리스페리돈은 프로락틴 호르몬 수치를 임산부나 산모에게서나 관찰되는 정도로 높게 끌어올릴 수도 있다.

우리는 다른 선택지와 그 선택지에 따르는 흔한 부작용에 대해 이야기를 나눈다. 올라자핀은 몸이 나른해지면서 체중이 늘고 당뇨병, 심장병 등을 야기할 수 있다. 케티아핀도 비슷한 부작용을 보인다. 아리피프라졸은 내면적 불안감을 야기할 수 있는데 이 상태가 너무 힘들어서 자살한 환자도 있었다. 오래전부터 사용되던 향정신성 약물 중 클로픽솔 같은 것은 몸을 앞뒤, 좌우로 흔드는 이상한 동작이나 틱을 야기하기도 하고 입과 혀에 회복 불가능한 경련을 일으키기도 한다. 그런가 하면 가장 강력한 임상 증거들이 나와 있는 최상급 항정신성 약물인 클로자핀은 치명적 결과를 가져올 수 있는 심장 염증, 감염과 싸우는 백혈구의 치명적 감소, 그리고 심한 변비로 인한 장 천공을 유발할 수 있다. 이 약을 복용하다가 목숨을 잃은 사람 중 가장 많은 수가 변비로 인한 장 천공으로 사망했다.

정신과 의사가 좋은 약이고 걱정하지 않아도 된다고 해도 환자가 안심하지 못하는 데는 다 이유가 있다.

"난 그런 더러운 약은 어느 것도 복용하고 싶지 않아요."

"페미, 불행하게도 이 나라에서는 항정신성 약물 치료를 표준으로 삼고 있어요."◆

"그런 빌어먹을 약은 의사 선생이나 드쇼." 그가 말한다. 토머스 삼촌도 내게 똑같은 말을 한 적이 있다.

나는 한때 병동에 딸린 약국에 요청해 유효기간이 지난 항정신성 약품들을 내게 달라고 할까 생각한 적도 있다. 보통 그런 약들은 소각된다. 정신과 의사들은 연기 학교에서처럼 공감을 '보이는' 법을 교육받는다. 오늘 튜크 선생도 그런 프로그램에 참가했다. 하지만 한 번도 진심으로 환자의 입장이 되어보라는 말은 들어본 적은 없다. 그리고 처방받은 약을 변기에 넣고 물을 내려 버리는 환자가 그런 결정을 내리기까지 마음속에서 장점과 단점을 얼마나 저울질했을지 이해해보라는 말도 들어본 적이 없다.◆◆

팬데믹을 통해 우리도 원하기만 하면 효과적인 치료법을 개발할 능력이 있다는 것이 증명됐다. 그러나 조현병은 거대 제약 회사나 우리 사회가 그다지 우선시하는 병이 아닌 듯하다. 번화가에서 모금 운동을 하는 사람들 중에서 '조현병 연구' 기금을 모으려고 일하는 사람을 본 적이 있는가? 이 병의 치료에 관해서는 몇십 년 동안 아무런 돌파구도 나오지 않았다. 부작용을 줄인 새

◆ 정신 질환 치료 결과에 관한 불편한 진실 중 하나는 심각한 정신 질환을 앓는 환자 중 약을 자유롭게 쓰지 못하고 가족 관계가 더 돈독한 개발도상국에 사는 환자들이 선진국의 환자들보다 더 예후가 좋다는 사실이다(WHO, 173). 이 사실을 염두에 두고 핀란드에서는 '오픈 다이얼로그(Open Dialogue)'라는 혁명적 가능성이 있는 돌봄 모델을 만들었다. 이 프로그램에서는 환자가 '약을 전혀 복용하지 않는' 치료를 선택할 수 있다. 약물은 선택적으로만 사용되고 환자에게 더 많은 시간과 관심, 그리고 비약물성 재원이 투자된다. 덜 강압적인 모델인 이 '오픈 다이얼로그'에서는 환자 중 3분의 1만 약물을 사용했지만 전체의 76퍼센트가 5년 이내에 직장이나 학교로 복귀하는 데 성공했다. 약물이 치료의 중심이 되는 영국에서는 조현병 환자의 8퍼센트만이 취업해서 일하고 있다.

◆◆ 1960년대, 실험 정신의학자들은 환자의 약을 직접 복용해봤을 뿐 아니라 심지어 조현병의 증상을 잠시나마 경험하기 위한 노력까지 기울였다. 조현병의 가장 큰 특징 중 하나인 환청과 환상을 경험하려고 환각 물질을 먹기도 했다. 어찌됐든 그것이 업무 시간 중에 환각제를 복용한 다음 열두 시간 동안 자기가 입은 코듀로이 바지의 짜임새에서 산맥과 계곡을 찾아내고 감탄하며 보낸 것을 정당화하면서 내놓은 핑계였다.

약은 나오지 않고, 기존의 약이 상표만 바뀐 채 새 약인 것처럼 팔린다. 지금까지의 투자는 아직 결실을 맺지 못하고 있다. 미국 국립정신건강연구소National Institute of Mental Health의 전임 소장은 이 연구소가 정신 건강 연구에 200억 달러를 쏟아부었음에도 실제로 환자들의 삶이 향상되지는 않았다고 시인한다.[6]

따라서 회복이 매우 느린 이 병을 앓는 환자들은 병원에서 몇 달, 몇 년, 심지어 몇십 년을 지내기도 한다. 병원 내에 있는 선물 가게에서 파는 '쾌차를 빕니다' 카드에 적힌 메시지들은 가슴 아플 정도로 낙관적이다. 매주 금요일 아침, 튜크 선생이 외근이나 연수로 자리를 비우지 않을 때면 집중 치료 병동팀이 모여서 '희망적인 뉴스'를 공유하게 되어 있다. 보통 어색한 침묵이 흐른 다음, 명랑함이 늘 하늘을 찌르는 우리 요크셔 출신 전문의가 선언을 한다. "좋아요, 모두들 좋은 하루 보내세요!" 최근에 우리 작업 치료사가 30대의 전직 기계공이 가게에 가서 우유를 사 왔다고 전하자 모두들 그 환자가 킬리만자로산 정상에 오르기라도 한 것처럼 기뻐했다.

"약 같은 건 어차피 필요 없어요." 페미가 말한다. 그는 이제 드러내놓고 자기가 늑대 인간이라고 말하지는 않지만 여전히 자신의 병에 대해 조금 더 현실적인 인식을 할 여지가 남아 있다.

"페미, 지금은 여기까지만 하기로 하죠. 다른 환자들이 기다리고 있거든요. 생각해보시고 나중에 다시 이야기해봐요." 그렇게 말하면서 나는 마음속으로 오늘 일과가 끝나기 전에 부작용이 없고 그를 죽일 위험도 없는 반짝이는 현대적 새 향정신성 약물이 나오기를 간절히 기도한다.

내가 몸을 돌리는데 벨트에 매단 열쇠 꾸러미에서 잘그락하는 소리가 난다. 페미의 시선이 그 열쇠 꾸러미에 0.5초 정도 머문다는 것을 알아차린 나는 방문 쪽으로 걸어가기 시작한다.

"페미, 지금 정말 잘하고 계세요. 그러니 엉뚱한 일을 벌여서 퇴원을 늦추지 말기로 해요. 아시겠죠? 여러 가지 약의 장단점을 출력해서 드릴 테니까 어떤 게 제일 덜 싫은지 알려주세요. 지금처럼만 잘하시면 약을 바꿀 수 있고, 그러면 1~2주 안에 퇴원하시는 것도 가능할 거예요."

점심 식사 후, 내가 복도에서 레지와 이야기하고 있는 것을 본 페미가 우리 쪽으로 뛰어온다. 나는 왜 약을 좀 더 복용해야 하는지, 왜 병원에 좀 더 머무는 것이 좋은지 늘 하는 설명을 하기 위해 마음의 준비를 한다.

"의사 선생님, 생각해봤는데 탁구 시합을 하면 어떨까 싶어요. 모두 운동도 시킬 겸." 그가 말한다.

"정말 좋은 생각이에요, 페미!" 이런 순간, 환자들이 좋아지는 것을 보는 이런 순간이야말로 이 일을 계속할 가치가 있다는 확신을 갖게 해준다.

"그런데 실내가 너무 더우니까 바깥 정원에서 하는 게 좋겠어요." 그가 덧붙인다.

그가 '정원'이라고 부르는 곳은 콘크리트를 발라놓은 작은 야외 공간으로 인조 잔디가 깔려 있고 5미터가 넘는 담으로 둘러쳐진 곳이다.

레지가 나를 쳐다본다. "거기로 뭘 가지고 나가면 안 되는데요."

전형적인 NHS의 관료주의적 헛소리다. 수선화 병동에서 내 '쓰레기봉투 점심'을 금지한 건강 및 안전 규정과 똑같은 허튼소리다. 페미의 이마에 땀방울이 맺혀 있다.

실내 온도가 말도 안 되게 높아지면서 페미를 비롯한 대부분의 환자들은 러닝셔츠 차림이거나 윗옷을 입지 않고 있다. 거기에 더해 다른 사람의 기본적 인권을 유린할 수 있는 힘이 내 손에 있다는 사실이 여전히 편치가 않다. 권력관계를 평준화할 수 있는 방법이 있다면 타협이라도 하고 싶다.

"레지, 그냥 탁구 게임일 뿐이에요!" 내가 말한다.

"알겠어요. 하지만 선생님이 책임지셔야 해요." 레지가 말한다.

페미는 고맙다는 표시로 팔꿈치 부딪치는 동작을 우리 둘 모두에게 한다(코로나 팬데믹 때는 악수 대신 팔꿈치를 부딪치는 동작으로 친근감을 표시했다 – 옮긴이). 레지와 나는 햇살이 쨍하게 내리쬐는 '정원'으로 탁구대를 밀고 나간다.

"담 옆에 놓는 게 좋겠어요. 그늘이 좀 지니까." 페미가 제안한다. 오늘 그에게는 정말 좋은 아이디어가 넘쳐난다. 레지와 나는 시키는 대로 한다. 환자들이 집어 던지지 못하도록 무겁게 만든 의자를 가지고 나와 관람석을 마련한다.

레지가 다시 나를 쳐다본다. "이렇게 하면 규칙에……."

하지만 나는 그 말을 다시 무시한다. 페미랑 다른 환자들이 이렇게 주도적으로 뭔가를 하는 것이 너무 보기 좋다. 의자를 열 개나 가지고 나온 건 좀 과했지만 비판하고 싶지 않은 기분이다. 어차피 잘못될 일이 뭐가 있겠는가?

"이봐 친구, 한 게임 할 테야?" 페미가 이매뉴얼이라는 동료 환자에게 탁구채를 건네며 말한다.

다른 환자들이 구경하러 밖으로 나온다. 그중에는 병동 활동에 별로 참여하지 않는 환자들도 끼어 있다. 우리는 모두 게임의 만족스러운 리듬에 매료된다. 핑…… 퐁…… 핑…… 퐁…… 얼마 가지 않아 의자가 꽉 찬다.

레지와 나는 자랑스러운 얼굴로 이 광경을 지켜보면서, 환자들이 나누는 농담과 대화에 즐겁게 참여한다. 우리 사이의 경계선이 사라지고, 잠시나마 '그들'이나 '우리' 없이 모두 하나가 된 느낌이 든다. 여름날 아침, 공원의 탁구대 주변에 모인 남자들과 다르지 않아 보일 것이다.

"오후 약을 준비할 시간이에요." 잠시 후 레지가 말한다. "혼자 지켜보는 거 괜찮으시겠어요?"

내가 고개를 끄덕이자 레지는 안으로 들어간다. 그리고 몇 분 후, 늘 그렇듯 내 호출기가 울린다. 전화를 받아야 하는 상황이다. 나 대신 있어줄 사람을 찾느라 주변을 살펴보지만 직원이 부족하다. 모두들 기분 좋게 게임을 하고 있고, 지금처럼 조화로운 분위기를 목격한 적은 한 번도 없었다. "계속하세요, 금방 다시 나올게요." 내가 말한다.

나는 미소를 지은 채 안으로 들어간다. 우리가 지금 목격하고 있는 건 '건강한' 페미다. 창의적이고, 다정하고, 모든 사람의 신체적 건강을 염려하는 사람. 그는 절박하게 병원을 떠나고 싶어 하지도 않는다. 당분간은 병원이 자기가 있기에 가장 적합한 곳이라는 사실을 받아들인 듯하다.

호출은 튜크 선생에게서 온 것이었다. 그는 그냥 상황이 어떤지 묻고 나는 모든 게 잘 돌아가고 있다고 대답한다. 전화를 끊은 후 사람들의 환호성이 들려오는 정원으로 다시 나간다. 야외 탁구가 좋은 아이디어라는 걸 나는 처음부터 알고 있었다.

정원으로 다시 가보니 놀랍게도 환자들은 더 이상 탁구를 치고 있지 않다. 대신 무겁게 만들어놓은 의자가 탁구대 위에 장난감 블록처럼 위태롭게 쌓아 올려져 있고 맨 꼭대기에 페미가 서서 담 너머를 바라보고 있다.

"페미, 멈춰요! 내려오세요!" 나는 그렇게 외치지만 응원의 환호성이 사람을 취하게 한다는 사실은 부인하기가 힘들다. 순간적으로 모든 것이 눈에 들어오고 이해가 된다. 일체감, 행복감, 그리고 위태롭게 쌓아 올린 탑 위에 서 있는 페미. 놀랍고 무서운 동시에 감탄한다. 튜크 선생이 병원을 비운 사이에 벌어진 즉흥적인 일일까, 아니면 몇 달에 걸쳐 계획한 탈출 전략일까?

지금이 아니면 페미에게 다시는 대탈출의 기회가 없을 것이다. 그가 무릎을 굽히고, 뛰어오르기 위해 힘을 준다. 그러나 그 순간 허술한 탁구대가 무게를 이기지 못하고 부서지면서 의자와 페미가 모두 와르르 무너진다.

둘러싼 응원단이 실망한 신음 소리를 낸다.

굉음을 들은 레지가 뛰어나온다. '이럴 줄 알았다'는 표정으로 나를 한 번 쏘아본 후, 나와 함께 페미를 부축해서 진찰실로 데리고 들어간다. 그의 부어오른 발목에 붕대를 감고 냉찜질을 한 후 엑스레이 검사를 지시하면서 나는 속으로 규칙이 모두 말도 안 되는 건 아닐지도 모른다는 생각을 한다.

그날 오후 내내 페미는 환자들 사이에서 영웅 대접을 받는다. 그의 모험은 전설이 되었다. 미술 그룹에서는 누군가가 그림으로 그 장면을 재조명하기까지 한다. 그림에서는 의자 탑이 담과 거의 비슷하게 높고, 피사의 사탑만큼이나 똑바르다.

레지를 비롯한 직원들 사이에서 나는 그저 탁구대 다리를 망가뜨린 원인 제공자일 뿐이다.

이제 탁구는 다시 실내에서만 하는 운동이 되었다.

퇴근길에 보니 페미가 텔레비전 시청실에 앉아서 다른 환자들과 함께 〈전원으로의 탈출Escape to the Country〉을 보고 있다.

'섬에서의 휴가를 꿈꾸는 분이라면 스코틀랜드의 아우터헤브리디스 제도에서 살아보는 건 어떤가요?'

그가 자리에서 일어나더니 목발을 짚고 절뚝거리며 다가온다. 다행히도 발목은 골절이 아니라 삔 것이었다. 직원과 환자를 아직 구별 못 하는 임시직 직원이 실수로 자기를 내보내줄까 싶어

문 옆에서 서성거리면서 '아무렇지도 않게 행동'하고 있는 이매뉴얼을 제외하면 복도는 텅 비어 있다. 덜 극적이지만 훨씬 널리 쓰이는 탈출 방법이다.◆

형광등이 밝게 켜진 덥고 좁은 복도에 서서 우리가 이야기를 나누는 동안 텔레비전에서는 줄곧 행복한 커플의 인터뷰가 들려온다.

'도시에 살면서 너무 답답하고 갇힌 느낌이 들었어요. 이곳에 살면서 꿈이 현실이 된 것만 같아요!'

"페미, 제가 드린 정보는 읽어볼 기회가 있었나요?"

"지금은 그냥 그 젖 나오는 약을 계속 먹을게요. 우유 살 돈도 아끼고." 그가 말한다.

나는 미소를 짓는다. "금방 퇴원하실 거예요. 그냥 주말에 오늘 같은 일을 다시 벌이지만 마세요." 주말에는 심지어 직원이 더 부족하다. 하지만 그 사실을 페미에게 알리지는 말아야겠다는 생각이 든다.

그가 수줍게 웃음을 짓는다. "미안해요, 선생님."

"발목은 좀 어떠세요?"

"시큰거리긴 하지만 괜찮아요. 선생님은 괜찮아요?"

"네, 괜찮아요. 덕분에 심장마비에 걸리는 줄 알았지만." 우리

◆ 일반 병동에서는 간호사들이 NHS 간호사 복장인 하늘색 유니폼을 입지만, 정신과 병동에서는 간호사들도 환자들과 같은 사복 차림으로 일한다. 위계적인 인상을 덜기 위한 조치지만, 이로 인해 제정신인 사람과 덜 제정신인 사람 모두가 매우 비슷해 보인다.

는 함께 웃음을 터트린다.

정말 괜찮다는 느낌이 든다. 복직 과정이 이렇게 험난하지 않다는 것이 놀라울 지경이다. 나는 아마 정신 건강이 팬데믹에 전혀 영향을 받지 않았거나 오히려 향상된 사람에 속하는 듯하다. 현대 생활에서 한 발 더 물러나서 속도를 늦출 핑계를 정부에서 공식적으로 마련해주니 고맙다. 빠르게 흘러가는 삶에서 잠깐 멈춤 버튼을 누르고, 출근할 때 말고는 집에 콕 박혀 있어도 죄책감이 들지 않는 것. 거기에 더해 나는 요즘 날마다 허락된 운동 시간을 활용하고 있다. 달리기를 할수록 우울증이 됐든 뭐가 됐든 나를 얽매고 있던 것에서 더 멀어지는 느낌이다. 게다가 '꼭 필요한' 업소들만 영업하는 것이 허락되면서 집이 훨씬 조용해졌다. 보디빌딩 체육관은 (적어도 우리에게는) 꼭 필요한 시설로 간주되지 않았기 때문이다.

어디선가 경보음이 울리고, 직원들이 소리 나는 곳이 어딘지 찾는 동안 잠깐의 패닉이 있었지만 그것이 다른 병동에서 나는 소리라는 것을 확인한 다음에는 바로 긴장이 풀린다. 그리고 이내 경보음도 그친다.

'나이절과 실라가 그토록 좋아하는 것은 바로 해변의 이 적막감입니다!'

에스더와의 관계도 물론 부침이 있었지만 대체로 잘되어가고 있다. 그리고 이번 주말은 우리가 텔레비전 부동산 프로그램에서 사용하는 전문 용어를 쓰자면 '큰 걸음을 내딛기'로 한 때다. 함께 살기로 결정한 것이다. 런던 내에 있지만 월세가 눈 돌아가게 비싸지 않고 조용하며 공용 정원이 있는 작은 '시골풍의 주택'이다. 오늘 병원의 '정원'에서 골탕을 먹었음에도 나는 이 공용 정원이 있는 것이 너무나 신이 난다.

한 주가 끝나간다는 사실에 발걸음이 가벼워진 직원들에 비해 환자들은 주말을 별로 좋아하지 않는 것 같다. 가끔 소동이 벌어지는 것을 제외하면 병원에서 몇 주, 몇 달, 심지어 몇 년씩 지내는 환자들은 점점 모든 것에 흥미를 잃어가고, 주말에는 특히 더 지루하다는 불평이 많다. 더 이상 날짜를 세지 않는 환자가 많고, 병원 건물 앞에 붙어 있는 커다란 시계마저 멈춘 지 오래되어서, 이곳은 시간이 멈춰 선 듯한 느낌이 든다.

텔레비전에서는 해설자가 계속 떠들어댄다.

'이곳 헤브리디스 제도에서는 할 일이 정말 많습니다. 하이킹, 수영, 별 관측, 맛집으로 이름난 펍들…….'

"주말에 잠깐 외출해도 될까요?" 페미가 묻는다.

"아직은 좀 이른 것 같아요." 내가 말한다. 강제 입원 환자들이 흔히 쓰는 또 다른 탈출 전략 중 하나가 의사에게 재활의 일환으로 산책을 하거나 가게에 가게 허락해달라고 요청하는 것이다. 그렇게 병원 밖으로 나가는 것이 허락되면 바로 도망친다.◆ "다음 주에 상의해보도록 할게요." 내가 말한다.

페미는 지친 표정으로 고개를 끄덕인다. "연휴에 뭐 좋은 계획 있으세요?"

봉쇄 조치가 더 완화됐고, 며칠간 날씨도 맑을 것이라는 예보가 있었다. 내일 나는 샘이 셰필드로 이사하는 것을 도울 예정이다. 은세공을 하는 동료들이 있고, 거기라면 자기 침실을 갖는 사치를 누릴 수도 있을 것이다. 일요일에는 에스더와 함께 임대한 집으로 이사를 할 것이고, 공휴일인 월요일에는 나피사와 그녀의 약혼자와 함께 공원에서 사회적 거리 두기 피크닉을 할 계획이다.

"별다른 계획은 없어요." 내가 말한다.

• 환자가 도주를 하면 경찰에게 요청해 이 무단 이탈자를 찾아서 병동으로 데려다달라는 요청을 한다. 이탈을 계획하는 환자에게 한 가지 팁을 주자면, NHS에 등록된 주소로 가지 말라는 것이다. 많은 수가 자기 집 텔레비전 앞에 앉아 축하주를 마시려고 맥주 캔을 따는 순간 경찰차가 파랑 불빛을 번뜩이며 집 앞에 도착했다는 것을 깨닫는다. 한번은 약속했던 여섯 시간이 지나도 외출에서 돌아오지 않는 환자에게 전화를 했더니 국제전화 신호음이 들려서 깜짝 놀란 적도 있다. "잘 있어라, 미치광이 의사야!" 그는 그렇게 말하고 전화를 끊었다. 그는 영국 경찰의 손이 미치지 않는 리스본 해변에 누워 있었다.

28

가족

"여보세요? 조지프, 제 소리 들리세요? 무음 버튼을 누르신 것 같아요. 네, 네, 이제 들려요. 잠깐만요. 제가 사적인 이야기를 하기에 좀 더 적당한 곳으로 자리를 옮길게요." 나는 전화기를 꽉 붙잡고 그렇게 말한다.

에스더는 과학관이 임시 휴관을 하면서 비자발적 휴직 중이다(팬데믹 기간에 영국 정부는 임금의 일부를 정부에서 지원하면서 많은 수의 공기업, 사기업 근무자와 자영업자들이 임시 휴직을 하도록 했다–옮긴이). 그래서 나는 거실에 앉아 있는 그녀를 지나 침실로 들어가 문을 닫는다.

"이제 됐어요." 나는 침대에 누우면서 말한다.

우리가 찾은 새 '공간'의 유일한 함정은 '공간'이 부족하다는 점이다. 38제곱미터도 채 안 되는 이 집은 차 두 대짜리 차고만 한 크기라고 보면 된다. 텔레비전 부동산 프로그램에 나오면 아주 창의적으로 '아늑하다'고 묘사할 만한 집이다. 욕실에 샤워 부스밖에 없는데, 내가 목욕 요법을 계속할 수 있도록 에스더가 중고 마켓에서 욕조를 사서 이웃들과 공동으로 쓰는 정원으로 나가는 우리 집 뒷문 바로 옆에 놔뒀다. 밤이 되면 나는 부엌 수도와 연결된 호스로 거기에 물을 채우고 샤워 커튼을 두른 뒤 몸을 담그곤 한다.

"이사한 집에서 생활은 잘하고 있어요?" 조지프가 묻는다.

나는 에스더와 내가 함께 사는 일에 여전히 적응 중이라고 말한다. 잠들기 전 루틴처럼 작은 습관 같은 것에도 적응이 필요하다. 불면증을 치료하기 위해 목욕을 한 다음 나는 카페인과 전화, 컴퓨터, 텔레비전 같은 것을 피하고 침대에 누워 의학 저널을 읽으면서 긴장을 푼다. 에스더가 침대에 뛰어들면 우리는 입을 맞추며 잘 자라는 인사를 하고 불을 끈다. 몇 분 후, 에스더는 불을 다시 켜고 "이달 말까지 버틸 돈도 없어" 등의 마음을 느긋하게 해주는 말을 한 다음 다시 불을 끄고 말한다. "잘 자!"

조지프가 웃음을 터뜨린다. "고민을 나눈다는 건 그 고민을 상대방에게 완전히 떠넘기는 것이라는 말도 있잖아요."

"흠! 맞는 말이네요. 아직 서로 죽이는 데까지는 가지 않았으니 잘 지내고 있다고 봐야겠죠. 하지만……."

나는 방금 설거지를 한 후 포크와 나이프를 식기 건조대에 둘 때 어느 쪽이 위로 오게 하는지를 두고 에스더와 싸운 이야기를 한다. 우리가 한집에서 살기로 한 것은 서로에 대해 더 깊이 이해하기 위해서였고, 우리는 상대방이 설거지를 하는 방법 같은 문제를 이해하는 데서부터 시작했다. 에스더는 칼날이 위로 오게 꽂는 것을 좋아하고 나는 칼날이 아래로 향하게 꽂는 것을 선호한다. 내가 왜 그게 더 나은지 설명하고 있는데 얇은 벽을 통해 거실에서 에스더가 외치는 소리가 들려온다……. "그게 아니었어!"

나는 공원에 나가서 상담을 계속해야겠다고 결심한다.

프로이트의 이론 중 하나로 조지프가 자주 거론하는 오이디푸스 콤플렉스는 남자들이 무의식적으로 자기 어머니와 비슷한 여자와 연애하고 싶어 한다는 주장이다. 나는 내가 매력을 느끼는 여성들이 우리 어머니와 정반대 유형이므로 이 이론을 늘 얼토당토않은 것으로 치부해왔다. 어머니는 금발의 백인으로 성질이 불같고 변덕이 심하다. 반대로 에스더는 검은 머리의 동남아 출신으로 성질이 불같고 변덕이 심하다.

어머니는 우리 집 지붕 아래서 일어났던 폭력, 가끔 집 바깥의 다리 혹은 헛간까지 번져나갔던 폭력은 단지 사랑의 증거일 뿐이라고 합리화를 하곤 한다. "우리가 싸운 건 서로 사랑하기 때문이야. 관심도 없었으면 싸울 필요도 없지, 그렇지 않아?"

왜곡된 논리이긴 하지만 내가 따르는 논리이기도 하다. 즉, 종류와 상관없이 감정의 치열함은 애정의 강도와 동일하다는 논리 말이다. 예를 들어, 나는 차분하고 솔직하고 안정감 있는 여성, 고함을 치거나 악을 쓰지 않고 가끔 있는 대로 짜증을 부리거나 끓는 물이 든 주전자를 던지지 않는 여성과 데이트를 하면 뭔가가 잘못된 느낌이 든다.

우리 엄마와 마찬가지로 싸움꾼인 에스더의 고르지 못한 퍼즐 조각에 맞추는 것이 내게는 더 자연스럽다. 간혹 우리의 관계가 제대로 가고 있는 것인지 의문이 들 때가 있는데도 이 관계로 내 발걸음이 향하는 것을 멈출 수 없다는 사실이 무섭기도 하다.

"언제 폭발할지 모르는 긴장감이 익숙하게 느껴지는 거죠. 이제는 적어도 자기 자신을 고치려는 노력은 시작했으니까 너무 걱정하지 말아요." 조지프가 말한다. 이제 나는 공원으로 나와 그네에 앉아 있다. 그네는 내 삶에서 가장 중요한 두 여자의 변덕스러움 사이를 왔다 갔다 하는 내 상태를 적절히 표현해주는 은유다. 집에서 몇백 미터 떨어진 곳까지 왔으니 에스더가 내 상담 내용을 듣지 못할 거라는 희망을 가져본다.

조지프는 내가 그녀와의 관계를 대할 때 부모님의 전철을 재현하고 있는 것인지도 모른다고 우려해왔다. 그는 이런 행동을 '반복 강박'이라고 부르면서, 그럴 필요는 없다고 덧붙였다.

"에스더에게 도움을 받는 것에 관해 이야기해봤어요?" 그가 묻는다.

"자기는 상담받을 돈이 없다고 그러더라고요. 하지만 다음 주가 생일이어서, 몇 번 상담을 받을 수 있는 쿠폰을 선물로 준비했어요."

"좋은 선물이에요."

"카드에 '지금 그대로 사랑하지만……'이라고 썼어요."

조지프가 웃는다.

반려자를 자기가 좋아하는 식으로 바꾸려는 시도를 한 사람이 내가 처음은 아니다. 헨리 8세의 여섯 번째 부인 캐서린 파마저 두 번의 이혼, 두 번의 사형, 한 번의 사별을 거친 헨리의 기록을 보고도 '나라면 그를 바꿀 수 있어' 하고 생각했을 것이다.

"하지만 전반적으로 잘 지내고 있어요. 우리도 제가 늘 부러워했던 행복하고 정상적인 커플들과 비슷해 보일 것 같아요. 그저 사소한 집안일들을 두고 다툴 뿐이죠."

나는 조지프에게 이제는 더 이상 마트에 혼자 다니지 않는다고 말한다. 이제는 에스더와 함께 마트에 다니고, 그녀가 감자칩과 냉동 감자튀김 등을 내가 든 바구니에 아무렇지도 않게 던져 넣는다고 조지프에게 설명한다.

"제게 묻지도 않고 그렇게 하는 게 너무 좋아요. 이제는 그게 우리 바구니니까 그럴 수 있다는 생각이 들어서요."

아직 나를 고소한 환자나 환자 가족이 없다는, 거의 기적과도 같은 일이 계속되고 있고, 그 때문에 내가 가입한 의료 면책 보험 회사에서는 매년 10파운드(한화 약 1만 9000원)의 도서 상품권을 내게 보내온다. 내 진료실에 있는 책장에 가장 최근에 새로 보탠 책은 정신과 의사 스콧 팩Scott Peck의 《아직도 가야 할 길》이다.

코로나19 이전에 읽었다면 그 책에 나오는 지혜가 행주 같은 데 장식으로 찍힌 문장처럼 사소하게 느껴졌을 것이다. 가령, 용서에 대해 말하면서 팩은 용서는 용서를 베푸는 사람에게도 혜택을 준다고 말한다. 분노에 사로잡혀 있으면 성장을 하지 못하기 때문이다. 그러나 전 세계적인 팬데믹 상황에서 그런 말들이 주는 공명이 커졌다. 날마다 뉴스에서 축구 경기 소식을 전하기 전 그날의 사망자 수를 보도하는 일은 생명이 얼마나 부서지기 쉽고 연약한 것인지 절감하게 해줬다. 우리로 하여금 중요한 것이 무엇인지뿐 아니라 우리가 누구인지에도 주의를 기울이게 해준 것이다. 거기에 더해 오늘은 아버지의 날이다.

나는 집 전화로 부모님께 전화를 한다. 아버지가 받는다. "벤지구나. 잘 있니, 우리 아들? 엄마는 지금 사무실에 계셔." 일요일이지만 휴일이 어머니가 일하는 것을 막은 적은 없다.

"괜찮아요. 아빠하고 이야기하고 싶어서 전화한 거예요."

"그래? 고마워."

"아버지의 날이기도 하고요."

"고맙다, 벤지. 카드도 도착했다. 그것도 고마워."

문방구에서 파는 아버지의 날 카드 중에는 헛간까지는 아니어도 창고 그림이 그려진 카드들이 꽤 많이 눈에 띄었다. 반면 어머니의 날 카드들에는 거의 모두 화이트 와인이나 진 토닉 그림이 그려져 있었다. 그걸 보고 나는 어쩌면 우리 부모님이 다른 집의 부모들과 별반 다를 게 없을지도 모른다는 생각을 했다.

"천만에요, 아빠. 어떻게 지내세요? 기운 좀 차리셨어요?"

아무도 없는 오지에서 사는데도 어찌 된 일인지 아버지는 최근 코로나에 걸렸고, 증상이 매우 심했다. 게다가 후유증으로, 괜찮아졌던 제2형 당뇨가 재발했다. "거의 회복했어. 날마다 조금씩 나아지고 있거든." 아버지가 말한다.

"다행이에요. 그리고 오늘이 아버지의 날이잖아요. 그래서 하고 싶은 말이……." 나는 말을 잇지 못하고 주저한다. 이전에 한 번도 아버지에게 해보지 않은 말이다. 하려는 말을 기침을 하는 척하면서 슬쩍 끼워 넣거나, 빨리 해버리고 싶은 생각이 굴뚝같다. 하지만 나는 마음을 다잡고 숨을 크게 들이쉰다. "…… 하고 싶은 말이 뭐냐면요……. 사랑해요, 아빠. 그 말을 지금까지 못 해서 죄송해요."

"우리 아들, 나도 널 사랑해."

우리 가족은 이름 대신 애칭으로 서로를 부르는 걸 좋아한다. 심지어 소리소리 지르며 싸울 때도 그런 호칭을 쓴다. 부모님은 "자기를 아예 만나지 않았어야 했어!" 혹은 "우리 인생을 망쳤잖아, 허니!"라며 악을 썼었다. 사랑은 항상 증오에서 멀리 있지 않았다.

"그리고 아빠, 사과도 하고 싶었어요. 자라면서 아빠가 나쁜 아빠라고 생각했어요. 엄마와 우리에게 아빠가 한 몇몇 좋지 않은 일만 생각하고 엄청나게 좋은 일은 모두 무시했었어요. 그게 죄송하다는 말씀을 드리고 싶어요."

침묵이 흐른다. 잠시 수화기에서 아무 소리도 들리지 않는다. 그리고 마침내 아버지가 말한다. "나도 나와 너희 엄마가 한 행동들이 자라나는 너희들한테 어떤 영향을 끼쳤을지 걱정할 때가 많았단다."

이 문장, 내가 영원히 한 글자도 틀리지 않고 그대로 기억하게 될 이 문장을 들으며 내 눈에 눈물이 글썽였다. 하지만 나는 본능적으로 눈물을 참는다. 내가 늘 지고 다녔던 가족이라는 무거운 짐, 실체가 있는 것인지, 상상해낸 것인지, 혹은 심지어 내가 져야 하는 것인지도 모른 채 지고 다녔던 짐을 땅에 내던진 느낌이 든다. 아버지가 그렇게 인정을 하자마자 마음이 훨씬 가벼워진다. 게다가 아버지가 우리에게 남겼을 심리적 상처까지 걱정하고 있었다니.

그다지 힘이 들지도 않았다. 마치 컴퓨터게임의 '치트키'를 발견하거나 마법을 부린 것 같은 느낌이 든다. 부모님을 강제로 반성하게 하려 했던 앞선 내 전략은 오히려 그들을 더 방어적으로 만들고 말았었다. 하지만 내 사소한 잘못을 인정하고 나니, 아버지도 나를 따라 잘못을 인정하고 싶은 마음이 드는 듯하다. 마치 내가 사과할 공간을 만들어내는 느낌이다.

내가 '목가적인 어린 시절'을 보냈다고 주장하던 방침이나 내가 지닌 최악의 기억이 모두 내 상상의 산물이라는 말을 듣는 것에서 드물게 벗어난 태도였다. 아버지의 이 말은 변화를 상징한다. 언젠가 조지프에게도 말한 적이 있지만 나는 절대 울지 않는다. 아마도 그 모든 참았던 눈물이 언젠가 몽땅 쏟아질 날이 있겠지만 말이다. 아버지에게는 그날이 이미 와서 요즘은 굳센 겉모습과 달리 몇 시간에 한 번씩 눈물을 흘리는 친절하고 섬세한 영혼이 곧잘 드러나곤 한다. 한때 나는 아버지의 그런 모습이 창피했지만 요즘은 밥 먹듯이 자연스럽게 받아들이게 됐다.

아버지가 눈물을 짓는 원인은 항상 수수께끼다. 겉으로 보기에는 아무렇지도 않은 대화를 나누거나, 보드게임을 할 때도 눈물을 흘리고, 텔레비전에서 하는 〈앤티크 로드쇼Antiques Road Show〉에 등장한 잘 만들어진 회중시계를 보고도 운다.

아버지는 제2차 세계대전에서 살아남은 부모님 밑에서 첫째로 태어나 자랐다. 할아버지, 할머니는 '정신 차리고 책임을 다하라' 정신을 지닌 실용적인 세대로, 탄수화물과 지붕이 있고 폭격을 당하지 않았다면 슬퍼할 이유가 없다고 믿는 분들이었다. 평생 고통을 억누르고, '남자는 울지 않는다'는 철학에 따라 살아오면서 아버지의 눈물샘은 이제 너무 가득 찼는지, 조금이라도 감정을 자극하는 것이 있으면 둑이 톡 터지고 만다.

그 눈물은 다락방에 숨어 있던 가보가 아니라, 다른 시대에 만들어진 오래된 눈물이었다. 고고학자들이 발굴한 유적의 근원을 밝히는 것처럼, 나도 그 눈물들을 탄소 연대 측정해서 근원을 찾아보고 싶다. 아버지도 남들 못지않은 트라우마, 슬픔, 실망, 그리고 거부를 경험해왔다. 그러나 나는 아버지의 눈물 중 많은 부분이 자신이 예전에 한 행동에 대한 후회에서 나오는 것이라는 의심을 하지 않을 수 없다.

"고마워요, 아빠. 제게는 큰 의미가 있는 말이에요. 엄마에게 안부 전해주시고, 다음 주에 전화하겠다고 말씀드려주세요."

이런 식으로 마음을 열 수 있으면 어쩌면 어머니와도 이 문제에 대해 다시 이야기해볼 수 있을지 모른다. 지금까지 수백 번 시도해본 것과 다르지 않을지도 모르지만 알 수 없는 일이니까.

밤 근무를 연달아 했고, 코로나 봉쇄 조치가 완화되면서 며칠 휴가를 낼 수 있게 됐다. 가족 생각을 계속 하면서 나는 할머니를 뵈러 가야겠다고 결심했다.

"오늘 저 오는 거 기억하고 계세요?" 가기로 한 날 아침, 나는 할머니에게 전화를 해서 그렇게 말한다.

"물론이지!" 할머니가 수화기 저편에서 거짓말을 한다. "오늘 다른 일정은 없는지 확인해보자." 할머니가 필요로 하는 모든 것이 실려 있는 카트에서 종이 다이어리를 찾느라 부스럭거리는 소리가 들려온다. 핸드폰 케이스, 안경, 빗, TV 가이드 잡지, 그리고 잘 나오지도 않는 볼펜이 100개쯤 올라가 있는 카트다. 할머니의 다이어리가 올해 것인지도 모르지만, 별 상관은 없다.

"오늘 할머니가 너 만날 시간이 있구나!" 할머니가 마침내 말한다. 관절염이 있는 손가락으로 오늘 날짜의 텅 빈 사각형이 있는 페이지를 누르고 있을 할머니 모습이 그려진다. 그 빈 사각형 앞뒤의 사각형들도 모두 텅 빈 채 하얗게 남아 있을 것이다.

할머니 댁 앞에서 나는 급속 항체 검사를 해본다. 음성이다. 할머니는 이미 코로나에 걸렸었지만 가벼운 감기처럼 금세 회복했다. 늘 그렇듯 뒷문이 열려 있다. 안에 들어간 나는 손을 씻고 점심 준비를 하고 있는 요양사 리타와 그간의 소식을 주고받는다. 거실로 들어가니 휠체어에 앉은 할머니가 늘 같은 자리에서 나를 반기고, 나는 할머니의 볼에 입을 맞춘다. 거리 두기가 당연해진 시절이라, 오랜만의 스킨십에 할머니는 미소를 짓는다.

"할머니, 벤지 왔어요." 나는 알코올 젤로 막 소독한 손으로 할머니의 손을 잡는다.

"아, 왔니, 벤지!"

"할머니, 앞으로는 턱수염 기른 모르는 남자가 볼에 입 맞추려고 하면 그게 누구인지 일단 확인부터 해보시는 게 좋겠어요."

"이 바보 같은 할머니를 보러 와주다니 정말 착하구나."

"천만에요, 착하게 살고 계시는 거죠?"

"경찰에 잡혀갈 정도는 아니지."

15년 동안 걷지도 못했지만 90대가 되도록 강철 같은 체력을 유지하고 있는 할머니는 의학의 신비다. 우리 할머니는 천하무적이다.

"또 봉쇄 조치가 내려질 경우를 대비해서 좀 이르지만 크리스마스카드하고 꽃을 가져왔어요."

"아, 정말 아름답구나. 무슨 꽃이니?" 할머니는 긴 줄기 끝에 핀 노란 꽃을 이집트 상형문자라도 해독하듯 찬찬히 들여다본다.

"튤립이에요."

"아, 맞다." 할머니가 말한다.

나는 거실에 앉아 있는 또 다른 사람에게 인사를 하려고 몸을 돌린다. 창가 옆에 놓인 의자에는 늘 그렇듯 삼촌이 앉아 있다.

"안녕하세요, 토머스 삼촌." 내가 삼촌에게 말한다.

"안녕, 벤저민." 삼촌은 언제나처럼 단조로운 말투로 대답하고, 우리는 빨간 크리스마스카드 봉투를 교환한다.

"어떻게 지내셨어요?" 나는 정신과 의사가 아니라 조카가 하는 말처럼 들리도록 노력하면서 명랑하게 묻는다.

"난 괜찮아. 응, 괜찮아."

"퇴원하신 거 보니 좋네요."

삼촌은 이제 더는 광기 어린 눈을 크게 뜨고 있지 않다. 집안 유전으로 머리카락이 별로 남지 않은 머리를 뒤로 젖히고, 목을 계속 돌리고 있다. 익숙해서 안심이 되는 '삼촌다운' 모습이다.

세상의 종말을 예고했던 삼촌의 말이 거의 맞아떨어진 셈이다. 전 세계를 휩쓴 팬데믹이 수백만 명의 목숨을 앗아갔으니까. 그리고 이제 기후 위기로 인해 엄청난 재앙을 초래하는 날씨가 거의 날마다 보도되고 있다. 삼촌이 현대의 노스트라다무스여서가 아니라 그저 불운한 우연일 뿐이다. 정신병원 건물 앞에 달린 고장 난 시계가 하루에 두 번 맞는 것과 비슷하다.

"금요일이니 연주를 하실 거죠?"

"응, 맞아." 토머스 삼촌이 수줍게 대답한다.

"좋아요, 제가 차를 가져올게요." 내가 말한다.

나는 부엌에서 차를 만들어 머그잔에 담아 쟁반에 받치고 돌아와 할머니 입술에 잔을 대준다. 할머니가 항상 차를 원한다는 것 하나는 확실히 예측할 수 있는 일이다.

그사이 삼촌은 클라리넷을 꺼내고 리드에 바람을 불어 넣어 악기에서 커다란 소음이 새어 나오게 하고 있다.

"워밍업 중이야." 삼촌이 우리를 안심시킨다.

최근 클라리넷을 배우기 시작한 삼촌은 금요일마다 와서 할머니 앞에서 연주를 한다. 하체가 마비되어서 휠체어에 앉아 있어야 하는 청중은 어디로 도망가질 못하니 꽤 좋은 아이디어다. 가끔 혼자서 독립적으로 사는 집이 있는 근처 마을에서 버스킹도 한다. 삼촌은 사람들이 클라리넷 연주를 그만하라고 준 돈이 가장 많다고 농담을 하기도 했다.

삼촌이 베니 굿맨은 아니지만 정신 질환 치료의 성공담인 것은 분명하다. 스물네 살에 처음 정신병원에 입원하는 경험을 했지만 그 후 소포를 배달하는 밴을 모는 일을 할 수 있었다. 심지어 나중에는 원래 직업이었던 건축 일도 다시 시작하는 데 성공했다. 여러 번의 재발과 입원이 있었지만 삼촌은 건축가로 30년 동안 일했다. 운 좋게도 이해심 많고 아낌없이 지지해준 상사가 있었던 것도 도움이 됐을 것이다. 바로 할아버지였다.

토머스 삼촌이 〈그린 슬리브Greensleeves〉와 〈윌 예 고, 라시 고Will Ye Go, Lassie, Go?〉, 〈위 위시 유 어 메리 크리스마스We Wish You a Merry Christmas〉를 연주하고 할머니가 그에 맞춰 노래를 부른다. 노래 가사는 모두 할머니 머릿속 어딘가에 신비롭게 저장되어 있는 것이 분명하다. 30분이 지나자 삼촌은 숨이 차서 더 이상 연주를 못 하게 되고, 청중 중 절반만 깨어 있다.

"할머니가 너무 흥분해서 피곤해지셨나 봐요." 내가 삼촌에게 웃으며 말한다.

"할머니는 괜찮아, 괜찮아."

"네, 할머니는 괜찮으세요." 그게 다가 아니라는 것을 알면서도 나는 그렇게 대답한다.

가족과 있을 때도 눈에 보이는 모든 사람을 진단하려 하는 의사 본능을 잠재우기 힘들 때가 있다. 토머스 삼촌(편집조현병, F20.0)에게 현재 복용중인 향정신성 약물에 관해 묻거나, 아무렇지도 않은 것처럼 가장한 채 할머니(혈관성 치매, F01.0)의 인지능력 쇠퇴를 모니터링하는 것이 그 예다. 나는 그것이 사랑의 표현이고, 진료를 기다릴 필요 없이 공짜로 의사의 조언을 듣는 것이라 생각하고 싶다.

"할머니는 괜찮으시지만 치매가 점점 더 악화되는 것 같죠?" 내가 덧붙인다.

"그렇게 생각하니?"

"네, 안됐지만 그런 것 같아요."

"난 그런 것 같지 않은데." 삼촌이 말한다.

할머니가 눈을 뜬다. 누군가 자기 말을 하니 귀가 간지러웠거나, 음식 냄새가 거실로 흘러 들어와서 그랬는지도 모른다.

"할머니, 안녕히 주무셨어요? 지금 막 할머니 이야기를 하고 있었어요." 내가 말한다.

"아이고, 애야, 내가 무슨 짓을 했는데?"

"아무것도 아니에요. 아무것도." 나는 할머니 팔을 쓰다듬으며 말한다. "저랑 게임 한판 하실래요? 할머니 기억력을 시험해보고 싶어서요."

"그래, 좋아. 내 기억력에는 아무 문제도 없거든."

나는 치매 진단을 위한 정신장애 신속 평가의 질문 열 개를 한다. '여기가 어딘가? 생년월일은? 제2차 세계대전이 시작된 해는?' 등의 질문이다.

"좋아요, 다음 질문으로 넘어가죠. 지금 총리가 누구예요?"

나는 할머니가 이 질문에 대한 대답은 알 수도 있다고 생각한다. 텔레비전이 항상 켜져 있고 보리스 존슨에 대한 뉴스는 늘 끊이지 않기 때문이다.

"아, 그래, 그놈 이름이 뭐더라? 그 부정직하고, 말 더듬거리는 보수당 놈?"

나는 할머니가 맞는 대답을 했다고 계산한다.

그러나 전반적으로 점수가 낮은 걸로 봐서 치매가 점점 심해지는 게 확실하다.

"그리고 할머니, 제가 누군지 아시겠어요?" 나는 힌트를 주기 위해 내 얼굴을 가리킨다. 테스트는 이미 끝났다. 그저 할머니가 모르는 사람이 되는 것이 너무 싫다.

할머니가 멍한 표정으로 나를 쳐다본다.

"벤지예요. 할머니 아들 존의 첫째."

"오, 벤지, 왔구나." 할머니가 말한다. "이 바보 같은 할머니를 보러 와주다니 정말 착하구나."

"할머니 뵈러 오는 거 좋아요. 그리고 이분은 누구예요?" 나는 물병과 유리잔 몇 개를 가지고 들어오는 리타를 가리킨다. 리타는 지난 20년간 할머니를 위해 음식을 하고, 화장실에 모셔 가고, 씻겨드리고, 밤에 침대에 눕혀드리는 일을 해온 두 명의 요양사 중 한 명이다. 할머니가 재미있다는 표정으로 나를 본다.

"제가 필리파예요, 리타예요?" 리타가 자기 이름을 특히 더 크게 말한다.

“필리파.” 할머니가 자신 있게 대답한다.

“거의 맞추셨어요.” 리타는 애정 어린 손으로 할머니의 은발을 한 번 쓸어 넘기고 부엌으로 돌아간다.

삼촌은 클라리넷을 분해해서 하나하나 조심스럽게 케이스에 집어넣고, 할머니는 그 모습을 지켜보고, 나는 그런 할머니를 자세히 관찰한다. 오랜만에 할머니 얼굴에 혼돈이 아니라 명징함과 부드러운 애정이 깃들어 있다.

삼촌이 처음으로 정신과에 입원해서 6개월이라는 긴 시간을 그곳에서 지낼 때 할머니는 우리 아버지 다음으로 삼촌의 병문안을 자주 갔었다. 할머니는 늘 혼자 병원에 갔다. 당시만 해도 할아버지는 정신 질환을 인정하지 않거나 인정하지 못하는 수많은 가족 중 한 명이었기 때문이다. 적어도 처음에는.

하지만 진정한 사랑은 무조건적이다. 좀 색다른 방법이긴 하지만 어머니도 늘 내게 그 이야기를 하곤 했다. 자기 전 이불을 덮어주면서 어머니는 항상 내가 학살극을 벌여도 나를 사랑할 거라고 말했었다.

특히 삼촌과 할머니 사이의 애정은 일방적인 게 아닌 것 같다. 배우자가 없으니 삼촌의 삶에서 가장 중요한 여성은 할머니고, 삼촌은 할머니를 매주 세 번씩 빠짐없이 방문한다.

화요일에는 할머니가 필요한 걸 사다 드리고, 집 안에서 필요한 일들을 한다. 금요일에는 연주를 한다. 그리고 주말에는 할머니를 휠체어에 태워 수십 년간 할머니가 주일학교를 운영했던 교회로 모시고 간다. 교회가 끝난 다음에는 함께 점심 식사를 한다.

자타가 공인할 정도로 대화에 능숙하지 않은 삼촌은 대체로 아무 말 없이 할머니와 함께 앉아만 있다. 그러나 그것은 사랑이 깃든 함께하는 침묵이고, 삼촌의 조용한 동행을 할머니는 모두 인지하고 있는 듯하다.

"그리고 이 사람은 누구예요, 할머니?" 내가 마지막으로 삼촌을 가리키며 묻는다.

"토머스지." 할머니는 주저 없이 대답한다.

"여보세요, 벤지? 엄마야." 일요일에 전화했더니 어머니가 받는다. "아빠는 밖에서 온실 짓느라 바쁘시다."

"온실이라뇨?"

"집 벽에 붙여서 천장과 벽을 유리로 지은 방 같은 거?"

나는 나와 동생들이 늘 공감하고 좋아했던 시트콤 〈폴티 타워스Fawlty Towers〉에서 농담을 빌려 온다. "그럼 나중에 집을 왼쪽으로 조금 옮기면 어떨까요?"

"하하!" 어머니는 비꼬는 투로 웃는다. "필요한 일이야."

"매슬로의 욕구 단계에 속하는 일은 아니지 않아요, 엄마? 음식, 피신처, 안전, 여름 별장."

"언젠가 네 집을 갖게 되면 너도 이해할 수 있게 될 거야." 어머니는 그렇게 말했고, 나는 내 약점을 꼬집어 빈정거리는 어머니의 농담에 웃는다.

"이제 저희 모두 제 밥벌이는 하니까 엄마는 은퇴하시고 아빠는 공사 그만하셔도 되지 않을까요? 이제 삶을 좀 즐기셔도 될 것 같은데요."

"우리 아들, 그 이야기는 시작하면 끝이 없으니 그만두자. 너네가 밥벌이를 한다고는 하지만, 샘은 이제 고작 방 하나 구한 정도잖니."

어머니는 항상 걱정거리를 찾아낼 것이고, 아버지는 계속 집에 뭔가를 더 붙여 짓는 프로젝트를 구상할 것이라는 사실을 나도 받아들일 필요가 있다. 아버지가 뭔가를 계속 짓는 것은 더 나은 삶을 향해 나아가는 것이다. 어머니가 끊임없이 뭔가에 대해 걱정을 하는 것은 자기 자신에 대해 생각하지 않아도 되기 때문이다. 그러나 내가 그 사실을 지적하면 어머니는 절대 좋아하지 않는다.

"셰프, 예술가, 은세공사는 돈을 잘 벌기가 쉽지 않아." 어머니가 계속 말을 잇는다. "적어도 너는 괜찮으니 다행이야. 물가가 비싼 런던에 사는 NHS 의사지만 맛있는 음식 사 먹을 돈은 있을 테니까."

지금은 수선화 병동에서 먹던 '쓰레기봉투 점심'에 관해 이야기하기에 적절한 시기는 아닌 것 같다.

"그리고 너네 사촌들은 모두 아이를 낳았잖니."

사촌 중 절반 정도만 아이가 있지만 우리 어머니와 과장은 늘 함께 다니는 절친 관계다.

"나도 할머니가 되고 싶어. 손주 딱 한 명만 있으면 더 바랄 것이 없겠다."

나는 '더 바랄 것이 없겠다'는 부분에서 어쩔 수 없이 웃고 만다. 카메오 블루 색 폭스바겐 비틀 이후로 그 표현은 수없이 많이 들어왔다.

"엄마, 아들이 넷이나 되니 언젠가 우리 중 한 명은 아이를 하나쯤 낳을 날이 있겠죠. 실은 오늘 하고 싶은 이야기가 있어요. 제가 상담을 받아온 거 아시죠?"

"그럼, 알고 있지. 그 조지프라는 이상한 사람하고. 그 사람이 또 네가 끔찍한 아동기를 거쳤다고 생각하게 했니? 그 사람 뭐가 뭔지 모르는 것 같아. 자격은 있는 게 맞아?"

"네, 엄마. 자격증 있어요."

"네 개 공포증에 도움을 준 것 말고는 묵은 구정물을 뒤집기만 하는 것 같은데?"

"조지프는 앞으로 나아가려면 과거를 이해해야 한다는 말만 했어요. 그래서 몇 가지 엄마와 나누고 싶은 이야기가 있어요."

"아, 그래?" 어머니는 과장된 초조함을 담아 말한다.

아버지와의 통화 후 카타르시스를 경험한 나는 이번에도 직진하기로 결심한다.

"엄마, 가족 중 유일한 여자로 사는 게 쉽지는 않았을 것 같아요. 제가 남동생만 셋 있다고 하면 사람들은 항상 '아들만 넷? 어머니가 불쌍하시네요!' 하고 말해요. 그리고 아버지가 평생 집 짓는 것에만 매달리는 동안 온 가족을 혼자서 재정적으로 책임지느라 정말 힘드셨을 거예요. 제가 그런 걸 모두 당연시했던 것 같아요. 죄송해요."

"고맙구나, 우리 아들."

"그리고 일하면서 받은 스트레스, 사회적 고립, 아빠로 인한 짜증을 푸는 가장 쉬운 방법이 그냥 한잔……."

어머니는 기침을 해서 내 말을 가로막는다. "벤지, 이 이야기는 내일 하면 안 되겠니?" 어머니가 패닉에 빠진 목소리로 말한다.

"내일이요?"

"응, 내일. 그게 낫겠어. 아빠가 아직 안 들어오셨는데 먹을 걸 준비해야 하고. 그리고 다림질할 게 산더미처럼 쌓여서……."

"그렇지만……. 지난번에도 똑같은 말씀을 하셨잖아요, 엄마." 나는 그냥 밀고 나가기로 한다. "그냥 사랑한다고 말하고 싶었어요. 그리고 엄마를 항상 보호해드리지 못해서 죄송했어요. 아빠와 엄마 사이에서……."

어찌된 일인지 나는 울고 있다. 물론 대본에는 없는 일이다. 나는 말을 더 잇지 못했고, 어쩌면 이 드문 감정 표현이 어머니를 한계에 이르게 한 것 같기도 하다.

"전화해줘서 고마워, 우리 아들. 하지만 지금 이 이야기는 할 수가 없구나. 괜찮지?" 어머니도 목이 메기 시작한다. 이제 우리 둘 다 흐느낌을 감추지 못한다. "미안해, 지금은 얘기 못 하겠어. 사랑해, 내 새끼. 정말 사랑해." 어머니는 그렇게 말하고 전화를 끊는다.

29

새로운 시작들

영국 전체가 마지막 순간까지 결정을 못 내리다가 결국 봉쇄 상태로 크리스마스를 지낸 다음 새해를 맞이했다. 벌써부터 2021년은 전망이 더 좋아 보인다. 오늘은 내가 백신을 맞는 날이다.

내가 병원의 자동문을 통과해 들어가자 천장에 달린 열 감지 카메라에서 녹음된 목소리가 울려 퍼진다. "정지— 고온 감지!" 따분한 표정을 한 NHS 경비가 내게 그냥 들어가라고 손짓을 하며 말한다. "저걸 히터가 설치된 문 옆에 달아놓을 일이냐고요."

'자원봉사자' 명찰을 단 여성이 임시로 설치된 백신 센터로 가는 길을 안내한다. 똑바로 가다가 왼쪽, 오른쪽, 똑바로, 엘리베이터로 내려가서, 왼쪽, 오른쪽, 다시 왼쪽으로 가면 나온단다. 물론 결국 나는 완전히 엉뚱한 곳에 도착한다.

휘파람을 불며 빨래를 가득 실은 카트를 끌고 지나가던 포터가 나를 구출해준다. 포터들은 이 병동에서 저 병동으로 침구, 환자, 차가운 시신 등 뭐든 옮기는 일을 하는 끝없이 명랑한 사람들이다.

“아, 길을 잃으셨군요.” 그는 백신 센터로 가는 길을 묻는 내게 말한다. “따라오세요. 안내가 잘 안 되어 있긴 해요. 백신 접종 거부자들 못 오게 하려고.”

하지만 백신 접종 찬성자들도 못 오게 하는 것 같다.

그는 나를 백신 센터까지 데려다준다. 내 차례가 되자 간호사의 안내로 작은 부스에 들어간 나는 소매를 걷어 올린다. “오늘은 화이자 백신을 맞으실 거예요. 들어보셨죠?” 그녀가 말한다. “그렇게 오랫동안 백신이 나오길 기다렸는데 세 가지가 한꺼번에 나왔잖아요.”

한 번 ‘따끔’한 후 나는 코로나바이러스 면역의 세계로 발을 들인다. 나는 이것이 너무나 역사적인 순간처럼 느껴져서 간호사에게 깊이깊이 감사의 인사를 하고, 그녀는 결국 이렇게 말한다. “음, 제가 백신을 발명한 사람이 아니란 건 아시죠?”

그건 잘 알죠. 몇 달 전에 백신을 발명한 사람을 쫓아서 거리를 뛴 적이 있는걸요!

나는 백신 거부 반응이 있을 경우에 대비해 대기실에서 잠깐 기다린다. 방 전체가 고요하다. 드물게 강제로 15분간 성찰의 시간이 주어진 것이다. 모두가 꿈꾸던 치료제가 이제 현실이 되었다. 그러나 이 획기적인 백신은 이미 희생된 전 세계 수백만 명의 사람에게는 너무 늦어버린 후다. 그중에는 일선 NHS 의료진과 돌봄 직원도 있다. 예를 들어, 내가 비상근무로 나갔던 응급실의 주근깨가 난 활기찬 접수창구 직원, 이제는 더 이상 보이지 않는 그 직원처럼.

제2차 세계대전의 폐허 속에서 얻은 한 가지 긍정적인 소득이 NHS의 설립이었듯이, 놀랍게도 이번 위기에서도 좋은 일들이 다소 있었다. 마치 산불이 휩쓸고 간 자리에 푸르른 싹이 돋아나듯 말이다. 전 세계가 잠깐 멈춤의 시간을 보내는 동안 야생동물들이 번성했고, 이제는 도시에 사는 나와 에스더마저도 아침이면 새소리에 잠이 깨곤 한다. 한때 오염됐던 베니스의 운하들이 이제는 맑게 흐른다는 소식도 들린다. 심지어 테러 단체 ISIS마저 감염을 우려해서 유럽을 타깃으로 삼지 말라는 지령을 내렸다고 한다. 정말이지 모든 구름 뒤에는 은빛 햇살이 숨어 있게 마련이다.

나는 이제 정신과 의사 수련 과정의 마지막 직장에서 일하고 있다. 이 말은 1년 후면 나도 정신과 전문의가 될 자격이 생긴다는 의미다.◆ 이렇게 높은 지위와 함께 특권도 따라와서, 새로 부임한 외래 진료 센터에서는 햇빛이 들어오는 창문이 있는 진료

◆ 전문의 수련 과정은 힘들고 우울하기 짝이 없지만, 적어도 텔레비전에서 본 바에 따르면, 내가 전문의가 되면 인사과의 누군가가 내게 고급 승용차와 골프채를 선물할 게 틀림없으니 한껏 기대하고 있다.

실을 갖게 되는 사치까지 누리고 있다. 책장에 꽂힌 책들은 수련 기간 동안 내가 겪은 정서적 롤러코스터를 잘 보여준다. 이곳저곳으로 이사를 다니면서도 잘 견뎌준 내 튼튼한 선인장은 이제 창가에 앉아서 쏟아지는 햇살을 듬뿍 받는다.

훈련 과정에서 반복적으로 좌절감을 느꼈던 부분 중 하나가 같은 환자를 몇 번 본 후 다음 부임지로 옮겨 가야 한다는 점이었다. 다시 보지 못하게 된 후에는 그들이 어떻게 지내고 있는지 항상 궁금하다. 기적적으로 나았을까? 더 나빠지지는 않았을까? 아직 살아는 있을까?

팬데믹이 시작되기 훨씬 전부터 사회적 거리 두기를 실천하고 있던 말콤 같은 사람들, 병원을 밥 먹듯 드나들던 페이지 같은 사람들, 우연한 만남에서 탈출구를 발견하는 세바스천 같은 사람들. 팬데믹이 시작된 후 '두뇌 화학물질'이 모두 동시에 수수께끼처럼 교란되어서 항우울증제를 복용하기 시작한 전 세계 수백만 명의 안톤 같은 사람들.

하지만 한 NHS 트러스트에서 같은 지역을 대상으로 일하다 보니 가끔 이전 근무지에서 봤거나 당직을 설 때 만났던 익숙한 이름들과 얼굴들을 마주칠 때가 있다. 한 명의 의사가 환자를 평생 돌보는 전통적인 '연결성이 있는 돌봄'이 어땠을지를 엿볼 수 있는 드문 기회다. 그런 환자들이 여전히 고통을 받고 있는 모습을 접하면 정말 의기소침해진다. 하지만 항상 그런 사례만 있는 건 아니다.

나랑 비슷한 나이, 아니 거의 정확하게 나와 동갑인 남자가 자리에 앉는다. 깨끗한 옷을 입고, 턱수염도 잘 다듬어진 상태다. 배낭을 가지고 있지도 않고 어깨에 침낭을 두르고 있지도 않다.

"타리크, 다시 만나서 정말 반가워요." 내가 말한다. "이제 이 팀과 함께 일하고 있어요. 좀…… 달라 보이시네요."

어떤 사람은 과학의 법칙을 뛰어넘어 자살 시도에서 살아남기도 한다. 보는 시각에 따라 신의 가호일 수도 있고, 천운일 수도 있지만 어떤 힘이 작동해서 그 사람에게 제2의 인생을 살 기회를 준다. 치명적인 용량의 파라세타몰을 게워내고, '양동이를 걷어 찼'는데 목이 졸리는 대신 밧줄이 끊어지거나 기둥이 부러진다. 자동차 배기관에 호스를 연결해 차 안으로 연기가 들어오게 해 뒀는데 차가 시동이 걸리지 않는다. 타리크처럼 칠흑같이 깜깜한 밤에 15미터 높이의 다리에서 뛰어내렸는데 빽빽한 관목 덤불이 쿠션이 되어주는 경우도 있다.

마지막으로 타리크를 본 건 1년도 더 전에 그가 투신자살을 시도해서 실려 온 응급실에서 내가 당직 근무를 하고 있던 때다. 그는 자살 시도에서 살아남은 사람들 중 일부가 갖는 후회, 발이 다리 난간을 떠나는 순간 끔찍한 실수를 저질렀다는 후회 같은 것도 하지 않았다. 상황의 무게, 이 말이 의미하는 모든 의미에서의 무게가 세차게 자신을 내리칠 때마저 후회하지 않았다. 타리크는 번뜩이는 깨달음을 얻지도, 밝은 빛을 보지도 않았다. 그날 그가 유일하게 유감으로 생각한 것은 자신의 자살 시도가 성공하지 못했다는 사실뿐이었다.

"어떻게 지내세요?" 내가 묻는다.

"괜찮아요. 좋은 날도 있고, 나쁜 날도 있고……. 그래도 요즘은 좋은 날이 대부분이에요."

"병원은 어땠나요?"

"나쁘지 않았어요. 그건 그렇고 응급실에서 선생님한테 소리소리 질러서 미안했어요."

"괜찮습니다. 강제 입원 조치를 당하는 게 기분 좋은 일은 아니지요. 이해해요. 병원에서 어땠는지 이야기 좀 해주세요."

"선생님이 늘 이야기하던 알코올 디톡스 프로그램을 거쳐서 술을 끊었죠. 그룹 치료에도 참여하고. 거기서 친구들도 만났어요. 술에 전 녀석들 말고요. 사회복지사가 집도 마련해줬어요. 주류 판매점 위층이긴 하지만요……." 그가 짓궂은 미소를 짓는다.

나는 반은 믿을 수 없어서, 반은 전혀 놀라운 일이 아니라는 생각에 웃는다.

"병동 정신과 의사 선생님이 제게 슬퍼하며 기릴 필요가 있다고 말씀해주셨어요……. 타이슨뿐 아니라 모든 것에 대해서요."

"타이슨 일은 정말 안됐어요."

훨씬 더 깔끔한 복장을 한 타리크를, 완전히 다른 진료실에서, 카펫도, 컴퓨터 케이블도 없고 목숨을 위협받지도 않으면서 만나니 이상한 느낌이 든다.

"녀석도 살 만큼 살았죠. 제가 나름 잘 돌보기도 했고요."

"그리고 새로 맡은 책임도 있는 것 같은데요?" 나는 그의 무릎에 앉아서 하품을 하고 있는 새끼 불도그를 보면서 말한다.

"애는 홀리필드예요."

우리는 함께 쿡쿡 웃는다. 순간이지만 처음으로 타리크가 활짝 웃는 모습을 본다.

진료 시간이 거의 다 되어간다. 타리크는 우울증을 앓고 있지 않다. 입원해 있을 때도 약이 필요 없었다. 그저 하루에 위스키를 3리터씩 마시지 않고, 상담사와 이야기를 하고, 이 나라의 복지 정책을 통해 더 이상 노숙을 하지 않아도 될 거라는 신뢰를 갖고, 또 다른 살아갈 의미를 찾는 것이 그의 치료법이었다.

"정말 잘하셨어요. 진심이에요. 술을 끊는 게 헤로인 끊기보다 더 어렵다고들 하더라고요. 정말 기쁩니다."

그가 다시 활짝 웃어 보인다.

"헤로인을 시작하시라는 말은 아닙니다." 내가 그렇게 덧붙이고, 우리는 다시 함께 웃는다.

NHS 정신과 의사의 슬픔은 환자가 회복하면 그들에게 작별을 고하고 다른 환자에게 그 자리를 내줘야 한다는 점이다.

"우울증 클리닉에 또다시 오지 않으셔도 될 것 같아 보이네요. 차트를 보니 마약 및 알코올팀에서 지원을 잘 받고 계시는 것 같아요. 치료를 종결해도 된다고 생각하세요?"

"물론이죠." 그가 말한다.

인생 역전까지는 아니지만 그가 제대로 된 방향으로 한 걸음 내디딘 것은 확실해 보인다. 아름다운 황혼을 향해 걸어가는 타리크의 모습 위로 '그는 오래오래 행복하게 살았습니다'라는 자막을 올리는 것은 시기상조일 것이다. 카를로 디클레멘테Carlo DiClemente와 제임스 프로차스카James Prochaska의 '변화 단계 모델'에서는 행동 수정의 과정이 다음과 같은 6단계를 거친다고 설명한다. 사전 숙고, 숙고, 준비, 행동, 유지, 종결 단계를 거치는데, 일부 사람들은 불길하게도 재발로 끝이 난다. 아마도 싸구려 위스키 한 병 가격에 두 병을 할인해서 파는 주류 판매점 위에 살면 재발의 위험이 약간 더 높을 것이다. 하지만 지금 당장은 타리크가 이루어낸 성취를 기념하며 거품이 나는 사과 주스로 축배를 들 것이다.

시간이 지나면서 타리크가 너무 건강해 보이는 건 아니었는지 의심하면서 걱정하는 내 버릇이 고개를 들 것이 분명하다. 그리고 그의 활기찬 기분이 몇 잔 들어가서 취하지는 않고 기분만 알딸딸하게 좋은 최적의 순간에 나를 만나서가 아니라 정말로 회복되어서 그런 것인지도 걱정할 것이다.

"타리크, 끝내기 전에 이야기하고 싶은 게 있으세요? 무슨 이야기라도 좋아요."

"아니요, 없는 것 같아요." 그는 그렇게 말하고 털 뭉치 홀리필드를 팔에 끼고 서서 문 쪽으로 향한다. 그러다가 말한다. "아, 하나 있어요."

오, 맙소사!

어떤 환자들은, 특히 남성 환자들은 어려운 문제를 가장 마지막까지 남겨두는 경향이 있다. 의사를 아예 만나지 않는 경우가 더 많지만 말이다. 그래서 일상적인 진찰과 상담을 한 후 마지막에 폭탄을 던질 때가 있다. 이런 관행에는 심지어 '문고리 현상'이라는 이름까지 있다. '그건 그렇고요, 왼쪽 가슴에 짓누르는 듯한 통증이 있어요'라든지 '자살 다리로 돌아가는 지름길은 어딘가요?' 혹은 '아, 한 가지만 더요, 제3급 총기 소지 자격증은 어떻게 따나요?' 등의 질문들 말이다.

"뭔가요?" 내가 묻는다.

"어, 제가…… 음…… 하고 싶은 말이…… 그러니까……."

그는 말하기 전 나와 잠시 눈을 맞춘다. 전에는 황달기가 있던 눈이 이제는 건강한 크림색이다.

"고맙습니다." 그가 말한다.

그 순간 조지프가 말하던 불가사리 우화가 이해된다. 나는 차오르는 눈물을 삼키려고 눈을 열심히 깜빡인다. 그러고는 이메일 하나가 내 주의를 끌기라도 한 듯 컴퓨터를 쳐다본다. 우울증 클리닉에서 우는 정신과 의사는 좋은 모델이 아니지 않은가.

하지만 어쩌면 오랫동안 끔찍한 무감각 속에서 헤맨 끝에 이제 감정을 느낀다는 것, 아니 감정과 다시 연결된 느낌이 든다는 것에 기뻐해야 할지도 모르겠다. 처음 훈련을 시작할 때만 해도 나는 환자들이 내게 영향을 줄까 봐 걱정했지만 이제는 안다. 연민에 지친 나머지 의사가 환자들에게서 영향을 받지 못하는 것이 더 큰 문제라는 것을.

나는 다시 그에게 몸을 돌려 말한다. "천만에요, 타리크."

"다시 못 만날 경우에 대비해서 제가 가기 전에 홀리필드 한번 쓰다듬어보실래요?" 타리크가 제안한다. "선생님 개 공포증 치료에 도움이 될지도 몰라요."

몇 년 만에 처음으로 대면 상담을 하러 가서 나는 조지프의 새 화장실을 사용한다.

화상으로 상담을 할 때 그는 봉쇄 기간에 자기가 화장실을 직접 개조했다고 경고를 했었다. 자기가 이 말을 하는 이유는 상담을 받는 '공간'의 일정성이 안정감을 유지하는 데 매우 중요하기 때문이라고 설명했다. 벽에 새 그림을 건 것만으로 완전히 무너져버린 환자도 있었다고 한다. 또 부분적으로는 그가 봉쇄 기간에 자기가 해낸 DIY 프로젝트를 뽐내고 싶은 마음도 살짝 느껴진다. 이제 1970년대 스타일의 아보카도색 화장실이 없어지고, 미니멀한 새 화장실이 생겼다. 최신 유행의 각진 세면대에서 손을 씻다가 변한 것이 화장실만은 아니라는 생각을 문득 한다.

대기실에서 기다리는 나를 데리러 조지프가 나왔을 때 우리는 18개월 만에 처음으로 실물 대면을 한다. 그리고 상대가 그사이 얼마나 더 나이가 들어 보이는지 보고 놀란 기색을 겨우 감춘다. 가까이에서 보니 그의 머리카락은 이제 완전히 하얗게 셌고, 나도 흰머리가 나기 시작하고 눈가에 잔주름이 잡힌다.

"안녕하세요!" 그가 따뜻하게 인사한다.

나는 자동적으로 그의 푹 꺼진 소파에 몸을 던진다. 처음에는 거기 눕는 것이 그토록 두려웠지만, 이제는 내 등이 그 소파의 굴곡을 기억한다. 천장에 사는 거미(혹은 그의 제자나 자손)는 여전히 건재하다. 머리를 조지프 쪽으로 하고 누웠으니 그는 점점 더 머리카락이 없어져가는 내 정수리가 잘 보일 것이다. 썰물에 따라 물이 빠지면서 점점 더 커져가는 무인도를 위에서 내려다보는 느낌일 것이다. 나는 나이가 더 들고 나면 머리카락 이식에 돈을 투자할 필요가 있을 것이라는 사실을 받아들이게 됐다.

나는 고개를 젖혀 그의 얼굴을 보려고 해보지만 콧구멍밖에 보이질 않는다.

"다시 뵈니 좋네요. 제 말은…… 3D로 다시 뵈니 좋다고요."

"저도 반가워요. 화상으로 상담을 받는 건 콘돔을 끼고 섹스를 하는 것과 비슷하다고 사람들이 그러더라고요. 절대 같을 수가 없는 거죠."

"프로이트적인 말씀이네요." 나는 그렇게 말하면서 조지프의 성생활이 안전할까 걱정한다.

"자, 근황을 이야기해보세요. 고향에 가는 건 성공했나요?"

봉쇄 조치가 완화되면서 다른 많은 사람과 마찬가지로 나와 에스더도 우리 식구들을 직접 만날 기회가 있었다.

나는 우리가 함께 뉴캐슬까지 기차를 타고 간 이야기며, 이번에는 화장실에 숨을 필요도 없었다는 이야기 등을 한다. 에스더의 어머니와 아버지를 만나기로 한 퓨전 식당에 들어가기 전, 에스더는 내게 동남아시아 출신인 자기 부모님은 감정보다 음식에 관해 이야기하는 쪽을 선호한다고 다시 한번 강조했다. 내가 정신과 전공이라 말하자 그녀의 어머니는 다 안다는 미소를 지으며 말했다. "아, 그래서 에스더를 만나는구나. 재가 우리 집에서 제일 이상한 애거든." 내가 에스더의 어머니한테 직장이 만족스러운지 묻자 그녀는 손을 저으며 말했다. "아니, 아니야. 난 상담 같은 거 필요 없어!" 그런 다음 딤섬에 관해 이야기하기 시작했다. 메뉴를 받아 든 후 에스더는 내가 맵고 짜지 않은 순한 맛의 음식을 선택할 거라고 말했다. 시골 사람들은 자극적인 음식을 잘 먹지 못하기 때문이란다. 그래서 나는 가장 맵다는 표시인 고추 세 개가 그려진 음식을 주문했다. 보글보글 끓는 채로 온 레드 커리는 처음에는 괜찮았지만 30초 후 나는 물 세 잔과 요거트 한 대접을 먹어야 했다.

나는 조지프에게 그 식사 후 아버지가 우리를 차로 데리러 와서 주변에 아무것도 없는 오지에 있는 우리 고향집까지 간 이야기를 했다. 그리고 에스더가 '목가적'이라고 했다는 이야기도.

"음…… 아무 문제도 없었어요?" 조지프가 묻는다.

봉쇄 기간에 조지프는 집에서 폭력을 휘두르거나 과음을 하는 사람들이 급증한다는 신문 기사를 읽었다고 자주 언급했었다. 그러나 나는 이 전국적인 현상이 얼마간은 사회적 거리 두기가 원인이라고 생각했고, 우리 부모님은 그 기간을 별 문제 없이 무사히 넘겼다.

"네. 부모님은 요즘 꽤 잘 지내시는 것 같아요."

시간이 어머니의 분노를 좀 누그러뜨리고 어머니의 치열한 감정과 반응 방식의 강도를 약화시켰다. 요즘 어머니는 주말에만 술을 마신다. 아버지도 일을 덜 벌이고, 체력도 약해져서 시내에 나가면 가끔 젊은이들이 짐을 들고 가는 데 도움이 필요하냐고 묻기도 한다. 몇 년 동안 아버지가 화를 내거나 공격적인 행동을 하는 것은 보지 못했다.

“하지만 절대 변하지 않는 것도 있어요.” 내가 말을 잇는다. “어머니는 곧 은퇴할 거라고 말은 하지만 계속 새 환자를 받아요. 일을 하지 않으면 더 스트레스를 받는 사람이 우리 어머니가 아닐까 하는 생각이 들기 시작했어요.” 조지프는 무슨 말인지 알겠다는 듯 미소를 짓는다. 자기도 일흔 가까이 되었을 것이다. “그리고 아버지도 계속 집을 여기저기 고치고, 방을 개조하는 일을 멈추지 않고 있어요. 아래층 화장실 문을 열었는데 무슨 이유에서인지 아버지가 거기를 자그마한 보조 주방으로 바꿔둔 거예요.”

조지프는 웃음을 터뜨린다. “어머니는 직업이라는 벽을 계속 유지해야 하고, 아버지는 실제 벽을 계속 짓고 계시는군요.” 고령에도 불구하고 조지프는 여전히 날카롭다. “가족들은 에스더를 어떻게 생각했어요?”

“좋아하는 것 같아요. 에스더가 재미있다고 하더라고요. 하지만 강렬하다고.”

“본인이 강렬한 걸 좋아하잖아요.” 조지프가 그렇게 말하자 우리는 함께 웃는다.

“어머니가 헤어지라는 말도 하지 않았어요. 엄청난 발전인 거죠. 그리고 얼마 지나지 않으면 가족이 하나 늘어요.” 나는 신나서 말을 잇는다.

어른이 되고 나서 우리 가족은 나와 동생들이 왜 사촌들에 비해 안정적인 관계를 만들고 아이를 가지는 일에 훨씬 뒤처지는지에 관해 조용히, 어머니와 할머니의 경우 그다지 조용하지 않게 궁금해해왔다. 내 경우 에스더 전까지는 진지한 관계의 파트너가 없었다는 사소한 생물학적 장애가 있었지만, 가끔은 내가 나쁜 아버지가 되거나 아이를 행복하지 않은 사람으로 키울까 걱정해온 것도 사실이다. 하지만 동생 조시는 그 모든 걱정을 떨쳐버렸다.

봉쇄 기간이었던 몇 주 전 크리스마스 날, 우리 가족은 각자 집에 앉아서 화상 화면을 켜고 각자의 비밀 선물을 열었다. 조시는 어머니에게 《좋은 할머니 되기 가이드The Good Granny Guide》를 선물했다. 책갈피 안에 끼워진 태아의 초음파 사진의 도움을 받아 그 책이 무슨 의미인지 마침내 깨달은 어머니는 벌떡 일어나 아버지를 한 번 껴안은 다음 환호성을 올리며 부엌 안을 뛰어다녔다.

"아들이래요." 내가 말을 계속한다. "우리 가족은 남자아이밖에 못 만들어요."

우리가 집에 도착하기 전 어머니는 다락에서 우리가 어릴 때 입었던 옷을 모두 꺼내놓았다. 이미 파이넌이라고 이름까지 지은 아기가 태어나면 물려주기 위해서였다. 파랑과 하얀색 줄무늬가 있는 멜빵바지와 손으로 만든 조각보 킬트 등이 모두 완벽하게 보존되어 있었다. 그리고 아버지는 우리가 아기 때 우스운 짓을 하는 모습을 찍은 캠코더 테이프들을 찾아냈다. 모두 앉아서 그 영상들을 보는 동안 아버지는 아버지답게 내내 눈물을 흘렸다.

우리 가족의 DNA에 조현병, 폭력, 알코올중독, 대머리 유전자가 있는지는 모르지만, 사랑하는 유전자가 있다는 것도 분명하기 때문이다.

"우리 부모님은 좋은 사람들이에요. 아시죠, 조지프?"

"잘 알지요." 그가 진심을 담아 대답한다.

우리가 각자 그 말에 관해 생각하는 동안 잠시 침묵이 흐른다. 그러다 조지프가 더 이상 참지 못하고 묻는다.

"그래서 내가 직접 고친 화장실 어때요?"

감사의 말

무엇보다도 먼저, 우리의 이야기를, 적어도 내가 기억하는 버전의 이야기를 할 수 있도록 허락해준 우리 가족에게 감사한다.

이제는 더 이상 작지 않은 세 동생, 조시, 게이브, 샘은 내가 진짜 기억과 잘못된 기억들을 구분하고 보충하기 위해 끊임없는 전화로 괴롭힌 시간들을 잘 견뎌주었다.

아버지와 어머니는 어려운 가족사를 무시하고 그저 잊히기를 기다리는 대신 그에 관해 이야기하는 꽤 현대적인 생각을 기꺼이 받아들여주셨다. 거기에 더해 이 책의 큰 부분을 고향집 커다란 마당 끝에 있는 캐러밴에 앉아서 끝낼 수 있도록 허락해주신 것도 정말 감사하다. 가끔은 완벽한 고립도 좋을 때가 있다는 사실을 알게 됐다. 두 분 모두 사랑합니다.

커티스 브라운 에이전시의 루시 모리스는 현명하고 바지런하게 나를 돌봐줬고, 나를 처음 발견해준, 폭풍 같은 힘을 가진 캐스린 서머헤이스, 그리고 그녀의 슈퍼 히어로 부관 로지 피어스에게도 감사의 마음을 보낸다.

봉쇄 기간에 등록했던 온라인 글쓰기 강좌 '커티스 브라운 크리에이티브'에서 나는 뛰어난 강사 캐시 렌첸브링크의 가르침을 받았다. 그리고 제니퍼 커슬레이크는 내 글을 에이전트에게 보낸다고 말한 후, 한 시간 만에 관심을 보이는 에이전트를 찾아내주었다.

조너선 케이프와 빈티지 출판사의 팀에게도 마음의 빚을 많이 졌다. 특히 편집자 벤 헤밍과 제니 딘은 각각 끝없는 차분함과 열성으로 내 글을 다듬어주었다. 두 사람 모두 지금쯤 어떤 작가들은 마감일이 10년 지난 후에 원고를 보내기도 한다고 내게 말했던 것을 후회하고 있을 것이다. 나는 2년밖에 늦지 않았으니 그다지 나쁜 성적은 아니라고 생각한다.

조금 나중에 팀에 합류했지만 책에 관한 한 마법사의 손길을 지닌 제이미 콜먼도 고마웠다.

카피에디터 데이비드 밀너는 그칠 줄 모르는 내 수정 요구를 모두 참아내주었고, 빈티지 출판사의 홍보, 마케팅, 세일즈 팀의 미아 퀴벨스미스, 마야 코피, 카트리나 노던, 아멜리아 루센은 이 책이 대중들에게 다가가게 해주었다.

에스더는 책에서나 실제로나 많은 사람의 최애 캐릭터다.

실은 나의 놀랍고도 멋진 양가 할머니를 합쳐서 만든 캐릭터인 '할머니'에게도 감사한다.

이 책에 자신의 이야기를 포함시키는 것을 흔쾌히 허락한 삼촌, 고맙습니다.

내 심리 상담사 조지프에 대해서도 물론 고마움을 전한다.

조언을 아끼지 않았던 희극인 친구들에게도 진심으로 감사하다. 제이크 베이커, 리치 하디스티, 맷 허친슨, 에드 패트릭, 조니 화이트 리얼리리얼리, 이언 스미스, 데이브 그린, 벤 클로버, 그리고 조던 브룩스 등이 그들이다. 리처드 토드는 특히 각 장면에서 더 많은 의미를 찾도록 도움을 줬다. 댄 오드릿과 캣 버터필드는 모든 상황에서 재미를 발견했다. 크리스 스톡스는 이 책의 제목을 지어주었다. 수많은 동료의 도움을 받았지만 원고지 제한 매수를 이미 넘겼으니 일일이 열거하진 않겠다. 하지만 각자 자기 이야기를 하고 있는 것인지 잘 알 것이다.

내 오랜 친구들 알, 헨리, 나피사, 시, 매티, 바스, 펠릭스, 올, 피트, 닉, 드래건, 제니는 전화와 만남을 통해 나를 격려하고 각 장을 읽고 코멘트를 해주었다.

국제 스토리텔링 이벤트인 더 모스The Moth에서 런던의 밤을 개최할 때 사회자로 참석한 나는 실제 자기에게 벌어진 이야기를 5분 만에 하는 방법을 배웠다. 거기서 8만 단어짜리 책을 쓰는 부담스러운 일로 옮겨간 것이다.

끝없는 인내심을 지닌 하우스 프로덕션스의 줄리엣, 해리엇, 몰리, 칼은 상상력을 발휘해 내 책을 스크린으로 옮겨주었다. 그리고 CBC 각본 쓰기 코스에서 만난 수재나 워터스도 도움이 되는 조언을 많이 해주었다.

이 책을 쓰는 동안 양분과 집중력을 제공해준 자파 케이크와 요크셔티를 만들어준 분들께도 감사한다. 자파 케이크와 요크셔티 없이는 아무것도 못 했을 것이다.

초기 원고를 읽고 의사 자격증을 잃지 않는 데 필요한 조언을 해준 정신과 의사 친구들에게도 감사한다. 맥스 펨버턴, 에이미 제브릴, 댄 휴스, 세넘 레버슨, 로라 코브, 조니 마텔, 마크 호로비츠, 그레이엄 캠벨 등이 그들이다. 등장인물들의 이름을 빌려온 과거의 정신과 의사들 중 일부는 좋은 평가를, 일부는 나쁜 평가를 받는 사람들이다. 그리고 정신의학을 더 인간적이고 연민이 가득한 분야로 만들기 위해 매진하는 모든 동료에게도 고마운 마음을 보낸다.

그리고 마지막으로, 물론 부모님께 감사드린다.

주

프롤로그

1 정신건강센터(Centre for Mental Health) 자료를 참고했다(2023년 기준). www.centreformentalhealth.org.uk/parity-esteem.

2 NHS 잉글랜드(NHS England) 자료를 참고했다(2023년 기준). www.england.nhs.uk/statistics/statistical-work-areas/bed-avAilability-and-occupancy/bed-data-overnight/.

3 영국정신과의사협회(Royal College of Psychiatrists) 자료를 참고했다(2019년 기준). www.rcpsych.ac.uk/news-and-features/latest-news/detail/2019/11/05/hundreds-more-psychiatric-beds-needed-to-help-end-practice-of-sending-patients-hundreds-of-miles-for-treatment-says-rcpsych.

1부 전구증

1 영국의학협회(British Medical Association) 자료를 참고했다(2023년 기준). www.bma.org.uk/bma-media-centre/junior-doctors-can-make-more-serving-coffee-than-saving-patients-bma-warns-ahead-of-three-day-strike.

2 Andrew Scull, *Madness in Civilization* (Thames Hudson, 2015).

3 Aamna Mohdin, 'Mental Health Act reforms aim to tackle high rate of black people sectioned', *Guardian*, 13 January 2021.

4 Peter Moszynski, 'GMC to look into higher number of complaints against overseas trained doctors', *British Medical Journal*, 1 August 2007.

5 Luke Sheridan Rains et al., 'Understanding increasing rates of psychiatric hospital detentions in England: development and preliminary testing of an explanatory model', *BJPsych Open*, 14 August 2020.

2부 질병

1 National Confidential Inquiry into Suicide and Safety in Mental Health(NCISH), 2016.

2 'Homicide in England and Wales: year ending March 2022', Office for National Statistics, 2022.

3부 회복

1 Joanna Moncrieff et al., 'The serotonin theory of depression: a systematic umbrella review of the evidence', *Molecular Psychiatry*, 20 July 2022.

2 C. M. France, P. H. Lysaker R. P. Robinson, 'The "chemical imbalance" explanation for depression: Origins, lay endorsement, and clinical implications', *Professional Psychology: Research and Practice*, 38(4), 2007.

3 Andrea Cipriani et al., 'Comparative efficacy and acceptability of 21 antidepressant drugs for the acute treatment of adults with major depressive disorder: a systematic review and network meta-analysis', *Lancet*, 21 February 2018.

4 James Davies, *Sedated: How Modern Capitalism Created Our Mental Health Crisis* (Atlantic Books, 2022).

5 Adam O. Horvath B. Dianne Symonds, 'Relation between working alliance and outcome in psychotherapy: A meta-analysis', *Journal of Counseling Psychology* 38(2), 1991.

6 Adam Rogers, 'Star Neuroscientist Tom Insel Leaves the Google-spawned Verily for ... .a Start-up?', *Wired*, 11 May 2017, www.wired.com/2017/05/star-neuroscientist-tom-insel-leaves-google-spawned-verily-startup/?mbid=social_twitter_onsiteshare.

옮긴이 김희정

현재 가족과 함께 영국에 살면서 전문 번역가로 활동하고 있다. 옮긴 책으로《랩 걸》,《배움의 발견》,《소방관의 선택》,《어떻게 죽을 것인가》,《장하준의 경제학 강의》,《장하준의 경제학 레시피》,《살아 있는 모든 것에 안부를 묻다》,《나는 메트로폴리탄 미술관의 경비원입니다》(공역) 등이 있다.

어떤 마음은 설명되지 않는다

초판 1쇄 발행 2025년 8월 29일

지은이 벤지 워터하우스
옮긴이 김희정
발행인 김형보
편집 최윤경, 강태영, 임재희, 홍민기, 강민영, 송현주, 박지연, 김아영
마케팅 이연실, 김보미, 김민경 **디자인** 김지은, 박현민 **경영지원** 최윤영, 유현

발행처 어크로스출판그룹(주)
출판신고 2018년 12월 20일 제 2018-000339호
주소 서울시 마포구 동교로 109-6
전화 070-4808-0660(편집) 070-8724-5877(영업) **팩스** 02-6085-7676
이메일 across@acrossbook.com **홈페이지** www.acrossbook.com

ISBN 979-11-6774-225-4 03840

만든 사람들
편집 송현주 **교정** 김정현 **표지디자인** [★]규 **본문디자인** 송은비 **조판** 박은진